中国城市经济研究概观

ZHONGGUO CHENGSHI JINGJI YANJIU GAIGUAN

◎ 李 澜／主编

中央民族大学出版社
China Minzu University Press

图书在版编目（CIP）数据

中国城市经济研究概观／李澜主编. —北京：中央民族大学出版社，2011.3

ISBN 978-7-81108-968-4

Ⅰ.①中… Ⅱ.①李… Ⅲ.①城市经济—经济发展—中国—高等学校—教材 Ⅳ.①F299.2

中国版本图书馆 CIP 数据核字（2011）第 025772 号

中国城市经济研究概观

主　　编	李澜
责任编辑	李苏幸
封面设计	布拉格
出 版 者	中央民族大学出版社
	北京市海淀区中关村南大街27号　邮编：100081
	电话：68472815（发行部）　传真：68932751（发行部）
	68932218（总编室）　　　68932447（办公室）
发 行 者	全国各地新华书店
印 刷 者	北京宏伟双华印刷有限公司
开　　本	787×1092（毫米）　1/16　印张：23.625
字　　数	380 千字
印　　数	1000 册
版　　次	2011年3月第1版　2011年3月第1次印刷
书　　号	ISBN 978-7-81108-968-4
定　　价	58.00 元

版权所有　翻印必究

本书编写分工

主　编：李　澜

副主编：赵培红　刘江荣　德青措

编委会成员（按姓氏拼音排序）：
德青措　吕　丹　刘江荣　李　澜　李　力
孟祥迪　任正实　张　博　赵培红

参加编撰人员（按姓氏拼音排序）：
巴特尔　白亚楠　陈玉玲　戴婧妮　德青措
董　婷　鸿嘎鲁　韩　坤　黄　涛　刘江荣
刘廷兰　刘　睿　刘艳艳　吕　丹　李　力
马　丹　马智渊　孟祥迪　牛艳芬　任正实
汪德德　王晓倩　杨　博　杨勇杰　于　梦
张　博　张文娜

前　言

1851年5月1日首届世界博览会在英国伦敦召开，亦称为"万国工业博览会"。当时展览会上以引擎、水力印刷机、纺织机械等工业产品向参观者展示了现代工业的发展，预示了人类工业化生产时代的到来，标志着城市发展史揭开了崭新一幕。时隔159年，第四十一届世界博览会在中国上海隆重举办，"城市，让生活更美好"（"Better City, Better Life"）成为本届世博会的核心主题，以此标志着在后工业化时代人类共同进步的希望寄托在城市的科学发展、和谐发展和创新发展之中。目前，全球人口约50%居住于城市，中国的城市化率2009年也已达到46.6%[①]。作为人类重要的聚落空间，城市不仅是经济迅速成长的激增点、财富快速增长的聚金地，而且也是人们实现自由发展、充分发展、全面发展的追求地；城市不仅是人类科技进步的发明地、现代文明的创造地、美好生活的幸福地，而且也是促进农村现代化、推动区域发展的动力源。从某种程度而言，中国改革开放三十余年的伟大成就即集中体现于城市的发展之中，令世人瞩目的城乡巨变、东西巨变即凝聚于城市化的进程之中。抑或言之，这也正是我们编撰《中国城市经济研究概观》的现实背景和重要价值所在。

然而，客观而言，编撰此书尽管有价值、有意义，但是有难度！其难主要有三：一是，改革开放三十余年，伴随着经济的迅速发展，中国的城市发展日新月异，选择对中国城市经济全面考察的视角不易；二是，城市发展内容的丰富、问题的繁杂是始料未及的，中国城市经济的研究范围极广、资料浩瀚，选择能够集中反映该领域研究动态和前沿的议题不易；三是，尽管理论源于实践而高于实践，但理论研究总有滞后现实之憾。能否在概括汗牛充栋的既有研究基础之上，归纳梳理中国城市经济发展问题的特殊性，为今后中国特色的城市经济理论和实践的发展提供一定的启发和借鉴则更不易。

除上之外，还有一不难之难。始创于1979年的中国少数民族经济专业明确以为各民族和民族地区的现代化建设培养造就高层次民族经济专业人才

[①] 数据来源：《中华人民共和国2009年国民经济和社会发展统计公报》，中华人民共和国国家统计局2010年2月25日发布。

为办学目标，城市经济学为该专业研究生专业必修课之一，城市经济研究尽管专题研究不多，但学术思考的独立性较强，大量工作体现于民族地区经济社会发展问题的研究之中，如民族地区城市发展问题、城镇化与民族地区发展关系、边疆地区沿边城市发展、民族地区城乡一体化建设，等等，从事民族经济研究具有一定的城市经济研究理论和实践基础，但却难以组织城市经济专业研究团队。亦正因如此，本人在完成《西部民族地区城镇化——理论透视·发展分析·模式构建》（2005年）的研究后，基于在民族经济专业从事城市经济教学以及民族地区经济发展战略研究的需要，虽早就拟订了系统编撰改革开放以来，特别是进入21世纪以来中国城市经济发展及其理论研究动态的计划，但一直未能遂愿。直到2009年秋季，一批充满活力和进取精神的民族经济专业学子——2008级中国少数民族经济专业27位硕士生的积极参与，才促使我启动了这一编撰计划。从选题到编撰完稿历时整整15个月，主要工作的展开包括：一是根据城市经济学的教学设计，利用课堂教学时间，全体研究生围绕中国城市圈（群）演化与发展、城市土地利用、城市开发区建设、城市化等专题内容分组展开学习与讨论；二是按教学要求及指导意见，每位研究生对所参与讨论的主题进行研究综述，重点把握国内相关研究动态；三是组成《中国城市经济研究概观》编委会，在前期讨论及研究综述的基础上，组织研究生们按照统一的撰写要求进行分工撰写。可以说，今天呈献给读者的文稿既是我们的教学成果也是师生集体努力的结晶。诚然，字里行间也许还不完善、也许还显稚拙，但我们毕竟迈开了艰难跋涉的步子，古人云："学而时习之不亦乐乎"，如果把我们今天的工作作为"学"的结果，那么，未来我们为中国城市发展，特别是体现民族经济研究特色的西部城市发展所做的研究将成为"习"的目标，我们当需更加努力！

全书主要内容共分为四篇二十五章：第一篇城市群（圈）的发展特点和发展趋势，共七章，主要对珠江三角洲城市群、长江三角洲城市群、京津冀城市群、中原城市群、关中城市群、成渝城市群以及西部民族地区正在发展中的城市群的演化历史、城市发展动力机制、城市体系结构、城市职能以及城市群未来功能定位、结构调整、产业规划、发展趋势等问题的研究进行归纳与梳理，并对珠江三角洲城镇群协调发展、长江三角洲城市群区域一体化、中原城市群发展战略选择等问题进行了探讨；第二篇中国城市发展中的各类经济开发区建设，共六章，着重从对外开放区域对中国城市的发展作用着眼，对相关理论和现实问题进行综述，文中以浦东新区、南京高新技术开发区、天津保税区、珲春边境经济合作区等开放地区为例，对中国对外开放区域建设的经济社会动因以及经济开发区对城市发展的积极影响进行了研究概括；第三篇中国城市发展中的热点问题，共七章，通过案例导入，多角度地分析了城市发展中所存在的城市贫困、城市交通、城市就业、城市土地利用、城市住房、城市竞争力、城市环境等热点问题，核心思想在于城市发展中的一系列热点问题，既在发展中产生也将在发展中解决，城市的科学发展、创新发展将在不断地解决各种城市发展问题中实现；第四篇中国城市化进程中的"21世纪战略"，共五章，主要在前三篇对中国城市发展问题进行专题梳理与分析的基础之上，将考察视角聚焦于21世纪中国城市化道路的探索中，围绕中国特色的城市管理体制改革、城市发展模式的选择、城市发展转型、建设国际化城市等城市发展战略的实施，由点及面地勾勒中国城市面向未来、面向世界的可持续发展动向。

与以往的同类研究相比较，本书较为明显的特点在于对中国城市经济发展研究的范围涉及较宽，以博采众长、点面结合为编撰原则，不仅突出了中国改革开放前沿地带——东部沿海地区的城市发展，而且也兼顾了经济发展滞后区域——西部地区的城市成长；不仅梳理了中国城市化进程的基本演变规律及存在问题，而且具有针对性地归纳了中国城市化推进过程中所面临的特殊问题；不仅侧重中国城市经济研究的静态分析成果，而且也关注了中国城市经济发展的动态研究。此外，不囿于既有城市经济理论研究的框架和研究成果的限制，突出案例引入的现实性、生动性，强化对相关研究理论综述的可读性及可借鉴性，也是书中欲意体现的编撰特点。愿此书能够抛砖引玉，为关注中国城市经济发展的有识之士以及对中国城市经济研究怀有志趣的学子提供有益的借鉴和参考，并真诚地接受读者的拨冗指正。

同时，在此书付梓出版之际，我们由衷地感谢书中文献资料所及的各位专家学者，正是他们的大量研究成果支撑着本书编撰的核心内容，离开了这些研究成果，我们难以在有限的时间、有限的人力条件下完成对中国城市经济研究的概括与梳理工作，更难以全面、深入地论及浓缩了中国改革开放以来一系列突出问题的城市问题；感谢中央民族大学出版社领导以及政经编辑室李苏幸主任的大力支持与关心，没有他们对本书的关注与指导，我们的工作成果也将难以与读者们见面。诚然，我们深知书中难免存有疏漏，而且更难免存有偏颇之见，恳请各位专家学者不吝赐教，并对文中取舍不当及注释不清之处予以矫正与谅解。

众所周知，未来的城市不仅为实现人的美好梦想提供奋斗机会和居住家园，而且更为实现人类的进步目标提供优质、高效的发展空间。城市将越来越令人关注、越来越具有发展前景；城市研究将越来越为社会所重视、越来越具有探索价值……今天，我们的工作刚起步！随着中国城市化进程的不断迈进，我们的研究亦将不断深入、不断提升！

李 澜

2010 年 11 月 16 日

目 录

第一篇 城市群（圈）的发展特点和发展趋势 …………………… (1)

第一章 珠江三角洲城市群 ……………………………………… (2)
一、珠江三角洲城市群概况 ……………………………………… (2)
二、珠三角城市群空间结构的演变 ……………………………… (8)
三、大珠江三角洲城镇群协调发展规划（节选） ……………… (13)

第二章 长江三角洲城市群 ……………………………………… (17)
一、长三角城市群的形成与发展 ………………………………… (17)
二、长三角城市群城市发展动力机制研究 ……………………… (20)
三、长三角城市群城市职能特点 ………………………………… (22)
四、长三角城市群区域一体化推进现状 ………………………… (25)
五、长三角城市群发展趋势 ……………………………………… (28)

第三章 京津冀城市群 …………………………………………… (31)
一、京津冀城市群结构特点及其发展条件 ……………………… (31)
二、京津冀城市群的发展历程 …………………………………… (33)
三、京津冀城市群的发展现状 …………………………………… (35)
四、京津冀城市群的发展趋势 …………………………………… (41)

第四章 中原城市群 ……………………………………………… (48)
一、中原城市群的形成背景 ……………………………………… (48)
二、中原城市群发展优势及其动力机制 ………………………… (51)
三、中原城市群与长三角城市群、武汉城市圈的比较 ………… (53)
四、提高中原城市群发展水平的主要策略 ……………………… (58)
五、中原城市群发展战略思考 …………………………………… (60)

第五章 关中城市群 ……………………………………………… (67)
一、关中城市群形成的背景 ……………………………………… (67)
二、关中城市群发展现状 ………………………………………… (68)
三、关中城市群发展的动力机制研究 …………………………… (69)
四、关中城市群各城市职能特点及存在的问题 ………………… (71)
五、关中城市群发展趋势 ………………………………………… (75)

第六章 成渝城市群 (78)
    一、成渝城市群的界定及地域划分 (78)
    二、城市等级规模分布特点 (79)
    三、城市空间布局特点 (80)
    四、成渝城市群职能组合 (82)
    五、成渝城市群统筹发展的相关研究 (83)
    六、成渝城市群可持续发展面临的主要问题 (85)

第七章 西部地区正在构建中的城市群 (88)
    一、乌鲁木齐城市群 (88)
    二、呼包鄂城市群 (93)
    三、银川城市群 (96)
    四、黔中城市群 (99)

第二篇 中国城市发展中的各类经济开发区建设 (103)

第八章 经济技术开发区
    ——以上海浦东新区为例 (104)
    一、我国经济技术开发区建设的背景及概况 (104)
    二、经济技术开发区的功能分析 (113)
    三、案例分析——上海浦东新区开发建设 (115)
    四、对开发区未来发展的思考 (121)

第九章 高新技术产业开发区
    ——以南京高新区为例 (125)
    一、中国高新区发展的理论基础与实践基础 (125)
    二、我国高新区对城市发展的作用 (127)
    三、案例分析——南京高新技术产业开发区 (129)
    四、我国高新区发展过程中存在的问题与未来发展 (133)

第十章 中国高新技术产业开发区的兴起及其二次创业问题 (136)
    一、世界高新区的发展历程 (136)
    二、中国高新区的发展 (137)
    三、我国高新区发展中存在的问题 (142)
    四、我国高新区的"二次创业" (145)

第十一章 全球化视野下的中国保税区发展之路 (149)
    一、中国保税区概况 (149)

二、中国保税区的经济效应及影响 …………………………… (155)
　　三、案例分析——上海外高桥保税区 …………………………… (157)
　　四、中国保税区发展至今存在的问题 …………………………… (159)
　　五、解决问题的思路 …………………………………………… (162)
第十二章　保税区对城市（母城）的发展作用 …………………… (166)
　　一、保税区功能定位 …………………………………………… (166)
　　二、保税区对城市（母城）发展具有重要的推进作用 ………… (168)
　　三、案例分析——天津保税区 …………………………………… (173)
　　四、启示：西部地区建立保税区的可行性思考 ………………… (176)
第十三章　中国边境经济合作区的建立及其作用 …………………… (179)
　　一、边境经济合作区的界定 …………………………………… (179)
　　二、边境经济合作区建立的经济社会动因 …………………… (180)
　　三、边境经济合作区的主要作用 ……………………………… (182)
　　四、案例分析——中国第一个边境经济合作区 ………………… (184)

第三篇　中国城市发展中的热点问题 ………………………………… (189)
第十四章　中国城市贫困问题 ………………………………………… (190)
　　一、案例导入：数字解读城市农民工的艰难 …………………… (190)
　　二、城市贫困的界定 …………………………………………… (192)
　　三、贫困人口的测度 …………………………………………… (194)
　　四、中国城市贫困现状 ………………………………………… (195)
　　五、城市贫困产生的原因 ……………………………………… (200)
　　五、城市贫困的影响 …………………………………………… (204)
　　六、城市反贫困政策选择 ……………………………………… (206)
第十五章　中国城市住房问题 ………………………………………… (208)
　　一、案例导入：厦门市住房建设与发展 ………………………… (208)
　　二、目前中国城市住房存在的问题 …………………………… (211)
　　三、解决中国城市住房问题的对策与建议 …………………… (214)
第十六章　中国城市竞争力发展问题 ………………………………… (219)
　　一、案例导入：苏州以城市精神凝聚城市竞争力 ……………… (219)
　　二、城市竞争力与城市核心竞争力 …………………………… (221)
　　三、影响城市竞争力的主要因素 ……………………………… (225)
　　四、城市竞争力的形成模式 …………………………………… (227)

五、目前我国城市竞争力发展中需要强调的突出问题 ………… (229)
　　六、提高城市竞争力的思考 ……………………………………… (231)
第十七章　中国城市交通问题 ………………………………………… (237)
　　一、案例导入：北京市的交通发展 …………………………… (237)
　　二、城市交通与城市发展的关系 ……………………………… (241)
　　三、我国城市交通面临的主要问题 …………………………… (246)
　　四、改善城市交通，实现美好城市的建设目标 ……………… (249)
第十八章　中国城市就业问题 ………………………………………… (253)
　　一、案例导入："马路经济"对城市就业问题的折射 ………… (253)
　　二、城市就业理论综述 ………………………………………… (255)
　　三、影响中国城市就业的相关问题 …………………………… (260)
第十九章　中国城市土地开发利用问题 ……………………………… (267)
　　一、案例导入："梅州模式" …………………………………… (267)
　　二、城市土地利用的基本特征 ………………………………… (268)
　　三、城市土地利用类型及利用模式的划分 …………………… (270)
　　四、中国城市土地开发利用中的问题及成因 ………………… (271)
　　五、提高城市土地利用效率的主要设想 ……………………… (274)
第二十章　中国城市与环境协调发展问题 …………………………… (277)
　　一、案例导入：经济飞速发展下城市环境问题频发 ………… (277)
　　二、城市环境危机的种类、成因及危害 ……………………… (278)
　　三、城市环境特征 ……………………………………………… (282)
　　四、城市环境发展趋势的经济学分析 ………………………… (283)
　　五、中国城市环境可持续发展对策 …………………………… (290)

第四篇　中国城市化进程中的"21世纪战略" ……………………… (294)
第二十一章　城市化进程中的"撤县并市" ………………………… (295)
　　一、案例导入：顺德区划变迁 ………………………………… (295)
　　二、"撤县设市"与城市发展 ………………………………… (296)
　　三、"撤县（市）设区"与城市发展 ………………………… (299)
　　四、关于民族自治县"撤县并市"的特殊性思考 …………… (304)
第二十二章　城市化进程中发展动力的多样化 ……………………… (307)
　　一、案例导入：旅游业推动丽江发展 ………………………… (307)
　　二、城市化动力相关理论综述 ………………………………… (308)

三、对我国不同类型城市发展动力的思考 …………………… (316)
　　四、主要结论 ………………………………………………………… (320)
第二十三章　城市化进程中的资源型城市转型 ………………… (323)
　　一、案例导入：城市转型的成与败 ……………………………… (323)
　　二、资源型城市的特征与转型的理论基础 …………………… (324)
　　三、资源型城市存在的问题 ……………………………………… (325)
　　四、对资源型城市转型的建议 …………………………………… (328)
第二十四章　城市化进程中的户籍制度改革 …………………… (333)
　　一、案例导入：上海实施户籍制度改革新政 ………………… (333)
　　二、中国户籍制度的形成及历史作用 ………………………… (333)
　　三、中国现行户籍制度的弊端 …………………………………… (336)
　　四、城市化进程与户籍制度改革的相关思考 ………………… (340)
第二十五章　在世界城市格局中建设"世界城市" ……………… (345)
　　一、案例导入：北京将启动"世界城市"行动计划 …………… (345)
　　二、世界城市概念的历史演化 …………………………………… (346)
　　三、世界城市网络格局的形成与发展 ………………………… (348)
　　四、新兴世界城市发展的路径选择 …………………………… (352)
　　五、奥运会后北京国际化的战略要点 ………………………… (357)
后记 ……………………………………………………………………………… (362)

第一篇　城市群（圈）的发展特点和发展趋势

作为一种重要的城市空间组织形式，城市群是在特定的区域内云集相当数量的不同性质、类型和等级规模的城市，以一个或两个特大城市为中心，依托一定的自然环境和交通条件，城市之间的内在联系不断加强，共同构成的一个相对完整的城市"集合体"。城市群的出现和发展有利于解决行政区划分割造成的区域经济联系松散、产业分工不合理等诸多问题，在拉动区域经济发展中能够发挥重要的极核作用。世界城市化历程显示，以大都市为核心的城市群是一国或地区中经济最为活跃的集中区域，在主导国家经济乃至引领全球经济中发挥着重要作用。

改革开放30余年来，在工业化和城市化的不断推进下，中国东部发达地区已经形成了珠江三角洲城市群、长江三角洲城市群、京津冀环渤海城市群，同时，分布于中部和西部地区的中原城市群、关中城市群、成渝城市群等也已初具规模，成长步伐在不断加快。在跨入新时代的国家发展构想中，城市群将成为中国实施21世纪区域经济发展战略的重要高地。

第一章 珠江三角洲城市群

珠江三角洲位于中国内地最南端的省份——广东省的中南部，东南部开敞面向大海，北、西、东北部山地半环，是一个相对独立的地理单元。优越的地理位置为珠江三角洲与海外的联系提供了便利的条件。珠江水系在这里八面入海，港口众多，且位于太平洋西岸国际航运的中间。珠江水系的最大特征是复合水系，这点与长江、黄河不同。西江、北江和东江水系汇合于三角洲区，使广州称为"三江汇总"。[①] 珠江三角洲地处亚热带南部，气候温暖，雨量充沛，河流纵横，土地肥沃，物产丰富，人口稠密，文化发达，华侨众多，区域经济发展水平较高，对外经济联系领先于全国。

一、珠江三角洲城市群概况

（一）珠江三角洲城市群的地域范围

1. 珠江三角洲城市群的基本界定

狭义的珠江三角洲城市群，根据1995年《珠江三角洲经济区现代化建设规划纲要（草案）》（1996—2010年），包括广州、深圳、珠海、佛山、东莞、江门、中山7市及惠州市的惠城和惠阳区、惠东和博罗县，以及肇庆市的端州和鼎湖区、高要和四会市[②]。

表1.1　2008年珠江三角洲城市群主要城市常住人口与市域土地面积比较

城市 \ 比较项	年末各城市常住人口数 数量（万人）	年末各城市常住人口数 占广东省比重（%）	市行政区域土地面积 数量（km²）	市行政区域土地面积 占广东省比重（%）	人口密度（人/km²）
广州	1018.20	10.67	7434	4.13	1370

[①] 任美锷：《中国的三大三角洲》，高等教育出版社1994年版，第221页。
[②] 参见广东省住房和城乡建设厅、香港发展局及规划署和澳门运输工务司联合发布的《大珠江三角洲城镇群协调发展规划》，2009-10-28。

比较项 城市	年末各城市常住人口数 数量（万人）	年末各城市常住人口数 占广东省比重（%）	市行政区域土地面积 数量（km²）	市行政区域土地面积 占广东省比重（%）	人口密度（人/km²）
深圳	876.83	9.19	1953	1.09	4490
珠海	148.11	1.55	1688	0.94	878
东莞	694.98	7.28	2465	1.37	2819
佛山	595.29	6.24	3848	2.14	1547
中山	251.09	2.63	1800	1.00	1395
惠州	392.71	4.11	11158	6.21	352
江门	414.27	4.34	9541	5.31	434
肇庆	380.29	3.98	14856	8.26	256
9市合计	4771.77	49.99	54743	30.44	—

数据来源：《广东统计年鉴2009》。

广义的珠江三角洲城市群还包括港澳两市，它是行政概念与地理、经济概念在空间上的融合，是目前粤港澳一体化最具活力的象征，亦称大珠江三角洲城市群。该城市群目前拥有4个具有全国和国际影响力的中心城市，即香港、澳门、广州和深圳，其中香港是具有全球影响力的国际化城市。但是，由于存在着由"一国两制"决定的制度边界，这些城市虽然在改革开放30余年的经济合作中得到了快速发展，但主要还是以各自的优势发挥着全球城市的部分功能，或者说它们共同发挥着城市群核心城市的功能，而未能在更大的区域和更多的领域发挥更大的城市辐射效益。

该城市群除了拥有上述中心城市外，还有7个行政上的地级市和510多个街道和镇建制的工业化城镇（图1.1）。它们以香港、广州、深圳、澳门为功能核心，沿交通干线绵延分布在4万多平方公里的土地上，已经呈现出多中心城镇群发展格局。首先，香港、澳门、广州、深圳已成为区域内具有全国乃至全球意义的中心城市；其次，珠海虽然与深圳同为经济特区，但由于经济发展水平和辐射带动力略显不足，中心性低于上述四个核心城市却高于其他地级市；第三，其余6个地级市由于区位和经济发展水平不同，表现出不同的层级性，佛山、东莞和中山为次区域级中心，惠州、肇庆和江门为地方性中心；第四，数百个工业化城镇以传统农村居民点为空间依托，逐渐壮大，散布在广大的三角洲地区。

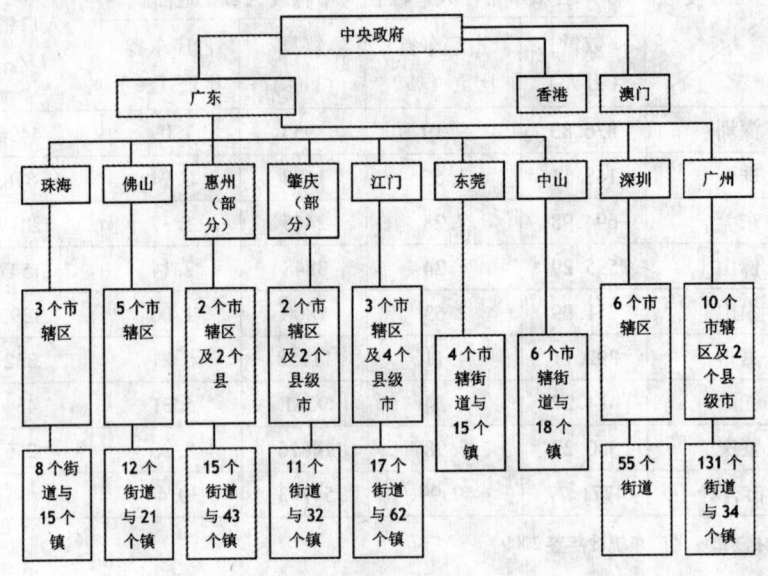

```
                         中央政府
            ┌───────────────┼───────────────┐
          广东             香港           澳门
  ┌──┬──┬──┬──┬──┬──┬──┬──┐
 珠海 佛山 惠州 肇庆 江门 东莞 中山 深圳 广州
        （部分）（部分）
```

| 3个市辖区 | 5个市辖区 | 2个市辖区及2个县 | 2个市辖区及2个县级市 | 3个市辖区及4个县级市 | 4个市辖街道与15个镇 | 6个市辖街道与18个镇 | 6个市辖区 | 10个市辖区及2个县级市 |
| 8个街道与15个镇 | 12个街道与21个镇 | 15个街道与43个镇 | 11个街道与32个镇 | 17个街道与62个镇 | | | 55个街道 | 131个街道与34个镇 |

图 1.1 大珠三角城市群市级以上的行政构成

资料来源：根据广东省住房和城乡建设厅、香港发展局及规划署和澳门运输工务司联合发布的《大珠江三角洲城镇群协调发展规划》（2009年10月28日）绘制。

2. 泛珠三角区域

根据2003年6月3日签署的《泛珠三角区域合作框架协议》，泛珠三角区域的范围包括：福建、江西、湖南、广东、广西、海南、四川、贵州、云南九个省（自治区）以及香港、澳门两个特别行政区，简称"9+2"。珠三角是目前全国经济发展最具活力的地区之一，大珠三角是目前世界上最具发展潜力的地区之一，而泛珠三角经济圈则是更具潜力的地区。泛珠三角区的建立，实际上是沿珠江流域的省区合作，共同发展。泛珠三角经济圈的建立，有利于整合各省区资源，发挥各省区比较优势（参见表1.2）。广东周边省区可以获得广东的技术、资金等优势，在吸收产业转移的同时，形成自身的主导产业，拓展与东盟的经贸关系。[①] 配合CEPA的实施，粤港经济的融合，港澳台的投资可以渗透到大西南等偏远地区，逐步消除内地与港澳台

---

① 于宁主编：《聚焦泛珠三角"9+2"合作风起云涌，人民日报追踪透视》，广东教育出版社2004年版，第15页。

之间资源要素和企业产品自由流动门槛，逐步达到产品市场一体化和投资市场自由化，使港澳台、两广和大西南形成互动，拉动整个港澳台经济圈。

表1.2 泛珠三角区域"9+2"的比较优势

行政区划	各省（自治区、特别行政区）产业发展的比较优势
广东	电子信息产业、制造业、高新技术、食品、纺织
福建	港口、山海资源、对台人缘优势
江西	自然资源、生态环境、瓷器、农副产品
湖南	农业、工业、文化深厚
广西	农业、矿产、水电建设、海洋资源、旅游
海南	农业、旅游业、海洋产业
四川	农产品、工业、科技
贵州	能源资源、旅游、药业、农业、电子工业、航空、物流
云南	矿产、水能、旅游、地理、文化
香港	金融业、物流业、专业服务领域、旅游
澳门	旅游、博彩业、开放市场、经营成本低

注：根据泛珠三角区域合作与发展论坛网站整理。

（二）珠江三角洲城市群的经济地位

珠三角是广东省的经济中心，虽然土地面积只占全省的30.5%，但2008年的国内生产总值却占全省的79.4%。此外，珠三角已逐渐成为一个具有吸引力的消费市场。过去二十多年，珠三角消费品的零售额由1990年的424.35亿元人民币，激增至2008年的9366.47亿元人民币。2008年的消费品零售额较一年前增加19.9%，占全省总零售额的73.3%。[①]

2008年，大珠三角城市群经济总量达46178.92亿元，在仅占我国不到0.45%的土地面积上，创造了占全国13.77%的经济总量，[②] 是我国经济效益最高的城市群，与国际其他地区相比较，大珠三角城市群经济总量已超过新加坡和我国台湾地区，在亚洲地区仅次于日本、韩国和印度，是国家名副其实的经济核心区，在国家经济发展中起着举足轻重的作用。

---

① 数据来源：《广东省统计年鉴2009》。
② 数据根据《广东省统计年鉴2009》、中国国家统计局网站计算整理而成。

此外，大珠江三角洲还是全球公认的世界制造业基地。港澳（尤其是香港）利用其原有的产业基础和国际联系，居于生产的融资和管理、产品的设计和销售等高端环节，主要承担着生产体系中"店"的角色；珠三角则凭借其相对丰富的土地、劳动力、原材料等资源，居于工厂的建设和运营、产品的生产和组装等低端环节，主要承担着生产体系中"厂"的角色。"前店后厂"式的组织形式，使珠三角的产品可以在严格的国际市场准入的条件下，直接进入发达国家的主流市场，从而获得高速发展的动力，在30年的时间里，成为世界级的制造业基地。

（三）珠江三角洲城市群的发展

改革开放前，珠三角大部分地区尚未发展。珠三角早期以务农为主，直到国家在上世纪70年代末推行改革开放政策，才成为全球发展最快的地区之一。珠三角的经济结构近年出现了新一轮的转变，由从前以制造业为主，逐渐发展为知识型的经济体系。广东省一直积极拓展服务业，发展较高增值的服务。另一方面，珠三角又在不断增加汽车制造、石油化工及设备制造等高增长和具有长增值链的高科技产业及重工业的比重。因此，珠三角正转型为生产力高、科研发展力强的城市群。

珠三角已逐渐成为一个具有吸引力的消费市场。过去30年间，珠三角消费品的零售额由1980年的70.7亿元人民币，增至2008年的9366.47亿元人民币（见表1.3）。珠三角人民收入逐年增加，生活水平也有很大的提高（见表1.4）。2008年的消费品零售额较一年前增加19.9%，占全省总零售额的73.7%以上。[①]

表1.3 珠江三角洲的主要经济指标（按当时价格计算）

	1990	1995	2000	2003	2005	2008
年末常住人口（百万人）	2369.93	3292.03	4289.78	4463.55	4547.14	4771.77
地区生产总值（亿元人民币）	1006.88	4076.16	8421.32	12956.68	18244.47	29745.58

---

① 数据根据《广东省统计年鉴2009》计算整理而成。

	1990	1995	2000	2003	2005	2008
第一产业（亿元人民币）	153.78	346.42	457.76	508.88	574.83	711.45
第二产业（亿元人民币）	441.65	1983.39	4009.14	6263.90	9230.09	14964.60
第三产业（亿元人民币）	411.45	1746.34	3954.41	6183.91	8439.55	14069.52
固定资产投资总额（亿元人民币）	264.34	1515.82	2364.71	3749.51	5328.37	7829.03
消费品零售总额（亿元人民币）	424.35	1694.6	3204.99	4497.21	5851.86	9366.47
出口总额（亿元人民币）	222.21	513.31	847.77	1450.56	2273.18	3872.08
实际利用的外资（亿元人民币）	12.36	79.47	103.87	137.41	113.34	169.21
政府收入（亿元人民币）	97.98	275.26	599.06	867.88	1218.48	2248.16
政府支出（亿元人民币）	80.03	322.81	690.64	1113.18	1567.22	2550.77
城乡居民年终储蓄存款（亿元人民币）	—	—	6699.12	11146.36	15257.09	21991.67

数据来源：《广东省统计年鉴2009》。

表1.4 2008年珠三角主要城市的生产总值及居民的收入情况

比较项 城市	国内生产总值（亿元）	年增长率（%）	人均国内生产总值（元/人）	年增长率（%）	消费品零售总额（亿元）	年增长率（%）
广东	7560.67	12.3	85854	9.5	2878.46	20.9
深圳	7806.54	12.1	89814	10.2	2251.82	17.6
珠海	992.06	9.0	67591	7.8	359.74	19.3
东莞	3702.53	14.0	45159	12.4	838.23	20.5
佛山	4333.30	15.2	72975	14.3	1177.84	24.4

比较项 城市	国内生产总值（亿元）	年增长率（%）	人均国内生产总值（元/人）	年增长率（%）	消费品零售总额（亿元）	年增长率（%）
中山	1408.52	12.5	56016	10.1	476.95	20.5
惠州	804.71	11.5	45159	9.1	261.05	19.7
江门	713.33	10.5	45975	12.5	209.07	20.8
肇庆	223.75	13.3	42043	12.3	83.21	18.8

数据来源：《广东省统计年鉴2009》。

二、珠三角城市群空间结构的演变

珠三角城市群是指分布在珠三角区域的广州、深圳、珠海、中山、佛山、东莞、江门、肇庆（部分）和惠州（部分）共9个城市。香港、澳门回归后，港澳与珠三角经济的联系进一步加强。大珠三角区域的概念随之产生，原珠三角9个城市加上香港和澳门构成了大珠三角城市群。从20世纪中叶到21世纪初，大珠三角城市体系的空间结构经历了"增长点—增长极—增长轴"的发展轨迹。[①]

（一）珠三角城市空间结构的演变轨迹

1."增长点式"空间结构（改革开放前）

改革开放前，在大珠三角区域内，只有香港成为这个区域耀眼的经济增长点。这一时期，港澳与珠三角之间的经济联系也出现明显的边界分割；珠三角内部的城镇空间格局仍以广州为中心，但功能衰退，关系松弛。

1979年，香港国内生产总值（GDP）为1075.45亿港元，而广州仅为48.75亿元人民币，深圳为1.96亿元，香港的GDP是广州的6.8倍，是深圳的170倍。紧跟香港之后的是澳门，由于澳门地域狭小，GDP仅为5.5亿美元，但是澳门的人均GDP却达到了1790美元，是广州人均GDP的2.8倍。香港和澳门凭借自由港和区位的优势，从1960年代开始发展外向型经济，带动了整个城市经济体系的发展。由于实行与中国内地不同的政治体

---

① 李晓莉：《大珠三角城市群空间结构的演变》，载《城市规划学刊》2008第2期，第49页。

制，香港和澳门的经济发展能量很大程度上局限于本土，并未能辐射到周边珠三角城市和地区，形成了与周边城市悬殊的经济发展状态。

1979年以前的珠三角地区（不包括香港、澳门），除了传统农业（粮食、蔬菜、水果、花卉、肉类）以外，有的就是传统的手工业行业，比如陶瓷、制糖、铸造、纺织、爆竹、医药、造纸、烟花、食品和小五金等行业。这些部门的技术水平都较低，处于手工操作、半机械化状态，生产设备70%以上属于1930年代至1950年代的水平，只有约30%接近1960年代水平。

2．"增长极式"空间结构（改革开放到20世纪末）

1978年，中央政府把广东省定为综合改革实验区，批准广东实行特殊政策和灵活措施（包括财政包干、建立经济特区、扩大各级自主权等）发展经济。为了吸引外资发展经济，广东省于1980年设立了深圳、珠海两个经济特区，在特区内实行税收等多项优惠措施。1985年，又成立了珠三角开放区，区域开放政策开始"从点到面"。一旦政策的阻碍得以解除，香港的经济能量立刻辐射到整个珠三角，首先受惠的是仅一河之隔的深圳，然后是东莞、广州，乃至整个珠三角区域。

深圳的崛起，使之成为与广州并肩的中心城市，以广州和深圳为双中心的城市群体成为珠三角城市群结构特征。而后，珠海、佛山、中山、东莞、江门、肇庆等相继进入大城市之列，城市群体功能呈多样化，交流更加密切，发展为城乡一体、类型完备的多层次城镇体系，双核模式逐渐向网络化、多中心模式演化。目前珠三角地区已经形成东中西三大城市群体，东翼地区包括深圳、东莞和惠州三个城市，中部以广州为中心，包括佛山市（顺德、南海），西翼地区指珠江口以西、银湖以东地区，包括珠海、中山、江门、肇庆。这三大城市群在空间布局上呈"人"字形结构。香港和澳门的回归，珠三角城市群将以新的组团方式出现，形成大珠三角城市群。我们可以用图1.2表示其多极点格局的演化。粗箭头始端表示此城市为区域格局形成的主要推动力；细箭头时段表示此城市为区域格局形成的次要推动力。

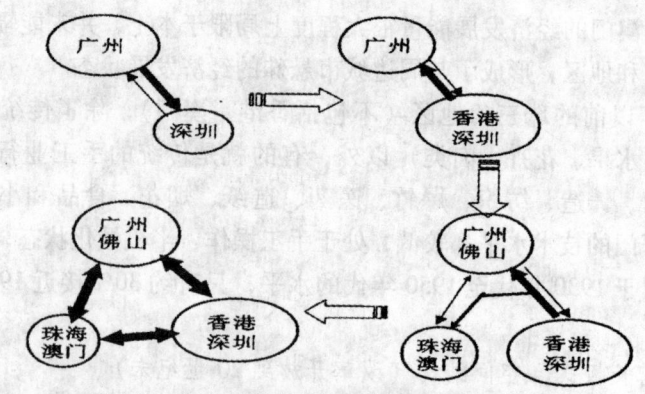

图1.2　珠三角城市群多极点格局模式的演变①

3. "增长轴式"空间结构（2001年至今）

进入新世纪，促进珠三角经济发展和城市化的动力机制发生了巨大的变化，原来的外资导向型的工业化模式和城市化模式也因此出现了新的趋向，新的动力主要来自于城市经济的发展、国际国内联系的加强以及民间资本的壮大。

香港在遭遇了亚洲金融危机后，探索着如何从"产业空心化"向更高层次经济体系转变的道路，其他城市则在发展的基础上，进一步探索如何减少外资依赖性，增加自主性，走向国际市场的发展道路。如今，形成了以广州为中心的内部交通网络和以香港为中心的外部交通网络，为珠三角迅速融入全球发展奠定了基础。

从1997年到2009年十多年间，大珠三角在三个经济增长极的带动下，一些中小城市经济慢慢发展起来了，沿着广深高速公路、广深铁路、105国道、325国道这几条交通主干线，香港、东莞、广州、佛山、中山、珠海、澳门等城市连成了一条经济发展轴。经过多年的发展，大珠三角城市之间的经济差距在不断地缩小。新崛起的深圳，已与广州齐头并进，成为珠三角城市群乃至中国内地经济发展势头最为强劲的城市之一，它与香港、广州、澳门、珠海连贯整合，使大珠三角城市群焕发出巨大的活力与潜能。现在，香港、澳门、广州和深圳处于大珠三角城市体系的第一梯队；佛山、东莞、珠

---

① 贺建风：《珠三角城市群形成与空间结构演变研究》，载《现代商业》2007年第20期，第181页。

海、中山处于第二梯队；两个梯队共同构成了珠三角城市经济的内圈层结构，惠州、江门、肇庆则处于第三梯队，构成了珠三角城市经济的外圈层结构。

(二) 珠三角城市空间结构演变的机理动力

1. 政策因素是珠三角城市经济起飞的首要因素

在人类社会经济发展中，自然因素对城市体系空间结构形成起到十分重要的作用，但在珠三角城市经济起飞过程中，最重要的却不是自然因素，而是政策因素。改革开放是珠三角经济起飞的启动器。1978年，广东经济在全国居中下水平，在此之前连续14年发展速度低于全国平均水平，物资缺乏，市场供应紧张。虽然，被誉为"亚洲四小龙"的香港就在大珠三角区域内，但是，由于体制的阻碍，香港经济的发展并没有惠及珠三角区域。为了探索经济发展的道路，摆脱贫困落后，中央决定在广东试行改革开放，实行特殊的经济政策。在国家计划指导下，适当利用市场调节，在计划、物价、劳动工资、企业管理和对外经济活动等方面，扩大地方管理权限，试办深圳、珠海、汕头三个经济特区。从1978年开始，珠三角便利用特殊政策、灵活措施踏上了经济起飞之路。

2. 地缘优势是珠三角城市经济发展的重要原因

政策的障碍解除之后，经济要素的空间扩散在珠三角地区内进行，新的劳动地域分区形成，产业的升级和重组以及空间转移是必然的趋势。在珠三角前期的发展中，香港的经济辐射作用十分重要。这一时期，香港制造业赖以高速增长的低生产成本优势已逐渐丧失，制造业进行产业转移的要求十分迫切。而此时的珠三角不仅拥有丰富廉价的自然资源和劳动力，而且投资环境也在不断改善。在此背景下，香港在珠三角的投资由试探性投资转变为大规模、全方位的进入，大量中小型的香港制造企业将劳动密集型产业大规模迁入珠三角。可以说，香港资金在珠三角地区的投资成为该区域经济增长的启动器。随着改革开放三十多年的积累，大珠三角城市经济取得了高速的增长，投资环境进一步改善。

经济全球化、现代化交通和通讯网络更是加强了城市间产业的聚集与扩散。国际上的大中型跨国公司和集团开始成为投资主力，投资领域也拓宽到交通、能源等大型基础设施，以及房地产、金融、证券、零售业等第三产业。投资最早在深圳、东莞、广州、珠海聚集，然后依次扩散到中山、佛山、惠州、肇庆、江门等城市，乃至整个珠三角腹地。投资的增加形成一股巨大的向心力，周边省市人才、资金、技术源源不断地向珠三角地区聚集。这些要素的聚集与扩散又进一步促进了投资的增加、环境的改善、新城市的产生、区域交通干线的建设和城乡融合发展，产生循环累积作用，促进城市体系空间结构的变化。

3. 交通网线的完善促使珠三角城市空间结构向轴式和网络式发展

区域发展进入成熟阶段，自然、政策因素在城市体系空间结构形成中的作用显得越来越小。交通网络体系和通讯网络体系的迅速形成促使各种要素在城市之间自由流动，城市间作用力增大，城市体系空间结构沿交通干道成轴式发展。

目前，珠三角城市群空间上已经产生了四条明显的产业密集带：①从深圳市的蛇口、西乡、沙井，东莞市的长安、虎门、厚街，至广州市的黄埔、芳村的广深高速公路沿线产业密集带；②从深圳市的盐田、布吉，东莞市的凤岗、塘厦、清溪、樟木头、常平、石龙，至广州经济技术开发区的广深铁路产业密集带；③从佛山市的黄歧、盐步、大沥、张槎、南庄、西樵、乐从、龙江、九江至江门的325国道产业密集带；④从佛山的北洛、伦教、容桂，至中山、珠海的105国道产业密集带。珠三角区域沿着广深高速公路、广深铁路、105国道、325国道形成了一条经济增长轴。

从现在到2020年，珠三角城市群将继续规划完善高速公路、铁路、城际轨道、机场、海港等交通通道和交通枢纽，构筑由"两环八横十三纵"的高速公路网络、"三横七纵"的干线铁路网络、"四横四纵"的城际轨道网络①。以及由五大机场、四大深水枢纽港共同组成的水陆空并举、干支相连的综合交通体系，形成多元化的交通网络分布，实现对外强化区域辐射、对内促进区域协调的交通运输功能。可以预见，凭借发达的交通网络，珠三角城市群之间的经济联系将更加紧密，城市空间结构也会从轴线型的发展向网络型方向发展。

---

① 两环八横十三纵："两环"是指珠三角环形高速、广州外环；"八横"是指珠三角北部高速、广贺高速、广梧高速、广惠高速、珠三角中部高速、江中高速、沿海高速、深惠沿海高速；"十三纵"是指广湛高速、新台高速、江肇—江珠高速、广珠西线（太澳）高速、广清高速（北延）、京珠高速、广从高速（北延）、广深沿海高速、广深高速、增深高速、博深高速。

三、大珠江三角洲城镇群协调发展规划（节选）①

2009年10月28日，香港发展局及规划署联同广东省住房和城乡建设厅和澳门运输工务司，在澳门联合发布《大珠江三角洲城镇群协调发展规划》。按照规划，香港继续巩固亚洲国际都会的地位，努力建设享有优质生活的全球城市。珠三角要建设成为世界级的先进制造业和现代服务业基地及全国重要的经济中心；澳门则作为世界最具吸引力的旅游休闲中心和区域性商贸服务平台。

（一）大珠江三角洲城镇群发展目标

大珠江三角洲城镇群发展目标包括总体目标、分区目标和分期目标。

1. 总体目标

澳港粤三地合理建设充满活力与生机、具有全球竞争力的协调可持续的世界级城镇群。具体表达为：（1）具有全球竞争力和影响力的世界城市区域；（2）具有创新能力的世界级先进制造业基地；（3）高度开放的世界级现代服务业中心；（4）辐射国内外两个扇面的世界级交通枢纽；（5）具有世界影响力的文化中心；（6）富足、文明、和谐、宜居的优质生活圈。

2. 分区目标

珠江三角洲地区要建设成为世界级的先进制造业和现代服务业基地及全国重要的经济中心；香港要继续巩固亚洲国际都会的地位，进一步提升为全球最重要的现代服务业中心之一，努力建设享有优质生活的全球城市；澳门要成为世界上最具吸引力的旅游休闲中心和区域商贸服务平台。

3. 分期目标

近期（2012年）以应对金融危机为主要目标，通过区域合作、产业结构调整、政府宏观调控等手段，将金融危机的负面影响降到最低；中期（2020年）实现城镇群内要素流动基本无障碍，城镇群整体空间结构得到全面优化，珠江口湾区具备世界最发达城市区域的雏形；远期（2030年）城镇群内外各种要素流动更为便利，内部实现区域经济高度融合，成为高度发

---

① 本节节选自2009年10月28日公布的广东省住房和城乡建设厅、香港发展局及规划署和澳门运输工务司联合发布的《大珠江三角洲城镇群协调发展规划》第36—76页。

达的世界级城镇群。

(二) 大珠江三角洲城镇群发展策略

大珠江三角洲城镇群的发展策略包括空间结构优化、高可达性和优质环境三大空间发展策略。

1. 空间结构优化策略

空间结构优化策略：构建一湾三区集聚，三轴四层拓展，三域多中心发展的整体空间结构。

(1) 一湾三区

"一湾三区"指珠江口湾区和广佛、港深、澳珠三大都市区。它们是大珠三角城镇群经济、社会及生态环境的核心区。"一湾三区集聚"旨在通过高效的空间组织方式，打造具有全球性引力的集聚空间。对外，一湾三区以大珠三角城镇群"标志"的角色形成类似于纽约、伦敦、东京等全球城市功能的核心空间。对内，以大珠三角城镇群"中枢"的角色带动大珠三角城镇群、环珠三角地区的整体发展，进而发挥全国经济中心的作用。

(2) 三轴四层

"三轴四层"包括穗深港发展轴、穗珠澳发展轴、沿海发展轴以及以珠江口湾区为核心层、大珠三角外围地区为集聚扩展层、环珠江三角洲区为直接腹地层、泛珠三角区域为腹地层的四层次发展空间。"三轴四层拓展"力求在强化"一湾三区"核心功能的同时，带动大珠三角外围地区和环珠三角地区的发展，形成扩展腹地和市场范围的梯度空间。

(3) 三域多中心

"三域多中心"指港深莞惠、广佛肇和澳珠中江三个次区域，以及区域内各类功能中心。"三域多中心"发展强调了大珠三角城镇群的均衡发展，以及大珠三角城镇群中心城市、次区域级综合性中心、经整合的次区域级专业化中心和专业镇的发展。其主要目的是，为落实《珠三角规划纲要》提出的三大经济圈，推动区域协同发展、均衡发展、差异化特色发展并为精明增长提供功能空间。

2. 高可达性策略

高可达性策略包括，构建对外以珠江口湾区为枢纽，城际"一小时交通圈"，跨界"无缝衔接"的层次分明的交通网络。

(1) 对外以珠江口湾区为枢纽

对外以珠江口湾区为枢纽：是指在环珠江口地区构建良性竞争、有机合作、高效运营的多机场系统与组合港系统，进一步加强重要交通基础设施节点（机场、港口）间的联系，增强区域对外交通的整体性和可达性，强化珠江口湾区整体的对外交通枢纽地位。

（2）城际一小时交通圈

城际一小时交通圈，是指在大珠三角城镇群内部通过以轨道交通和高速公路为主的交通基础设施建设，构建"湾区一小时交通圈"、"次区域网一小时交通圈"及"都市区一小时通勤圈"。

（3）跨界"无缝衔接"

跨界"无缝衔接"，是指在香港、澳门与珠三角地区之间，通过跨界交通线路组织和口岸基建合作，尽量减少因制度边界存在造成的交通阻滞，降低因口岸通关造成的时间和经济成本，提高大珠三角城镇群整体交通效率。

3. 优化环境策略

优化环境策略包括，构建区域整体生态安全格局，合力推进区域环境治理，落实各地环境保护责任。

（1）构建区域整体生态安全格局

构建区域整体生态安全格局，是指以"三江"为河流生态廊道，"七脉"为山体生态廊道，"三纵三横"为交通生态廊道，着力保护对区域有重要生态影响的功能能源点和生态节点，构筑以绿水青山为主体的网状生态空间结构，并以区域绿地作为重要的景观要素构建维护大珠三角城镇群资源环境的、点线面结合的网状生态安全格局。

（2）合力推进区域环境治理

合力推进区域环境治理，是指合力推进区域天气环境、流域水环境治理，强化重点污染源及重点污染区域的环境综合整治，共同保护珠江生态环境安全，打造宜居"湾区"的优质生态环境。

（3）落实各地环境保护责任

落实各地环境保护责任，是指进行生态用地建设与保护责任分区，明确各地在生态用地建设与保护中的职责，共同落实区域内环境治理工程及相关技术措施，提升区域的环境保护水平，推进共同环境目标的实现，以保障区域生态环境保护的阶段性成果。

（董婷）

参考文献

[1] 王兴平：《都市区化：中国城市化的新阶段》，《城市规划汇刊》2002年第4期。

[2] 姚士谋：《中国的城市群》，中国科学技术大学出版社1992年版。

[3] 朱英明：《我国城市地域结构特征及发展趋势研究》，《城市规划汇刊》2001年第4期。

[4] 藤田昌久、克鲁格曼等著，梁琦主译：《空间经济学》，中国人民大学出版社2007年版。

[5] DdaMata etal：Determinants of City Growth in Brazil，Journal of Urban Economics［J］，2007（62）．

[6] 顾朝林、张敏：《长江三角洲城市连绵区发展战略研究》，《城市问题》2000年第1期。

[7] 张京祥：《城镇群体空间组合》，东南大学出版社2000年版。

[8] 张祥建、唐炎华、徐晋：《长江三角洲城市群空间结构演化的产业机理》，《经济理论与经济管理》2003年第10期。

[9] 叶玉瑶：《城市群空间演化动力机制初探——以珠江三角洲城市群为例》，《城市规划》2006年第1期。

[10] 任美锷：《中国的三大三角洲》，高等教育出版社1994年版。

[11] 唐晓平：《聚焦都市圈：来自珠江三角洲的启示》，科学出版社2008年版。

[12] 李晓莉：《大珠三角城市群空间结构的演变》，《城市规划学刊》2008年第2期。

[13] 贺建风：《珠三角城市群形成与空间结构演变研究》，《现代商业》2007年第20期。

[14] 广东省住房和城乡建设厅、香港发展局及规划署和澳门运输工务司：《大珠江三角洲城镇群协调发展规划》，2009年。

[15] 于宁：《聚焦泛珠三角"9+2"合作风起云涌，人民日报追踪透视》，广东教育出版社2004年版。

第二章　长江三角洲城市群

从自然地理学的角度看，长江三角洲是指长江入海处，由于河水所含泥沙不断淤积而形成的大致成三角形的陆地。其范围北起通扬运河，南抵杭州湾，西至镇江，东到海边，包括江苏、浙江两省部分地区和整个上海市，是一片平坦的大平原。[①] 从城市经济以及现实区域经济发展来看，长江三角洲既非地理意义上的自然区，也非政域意义上的行政区和传统经济区划上的经济区，而是特指苏浙沪二省一市经济协作和联动发展所圈定的地域概念，实质是一个经济协作区，简称"长三角地区"、"长三角城市群"。长三角城市群是中国城市化程度最高、城镇分布最密集、经济发展水平最高的地区。长三角地区以上海市为中心，形成了包括上海、南京、苏州、无锡、常州、扬州、南通、泰州、镇江、杭州、嘉兴、宁波、绍兴、舟山、湖州、台州（2003年9月加入）等16个城市在内的城市群。根据2008年的统计数据，该城市群土地总面积11.01万平方公里，占全国总面积的1.15%；总人口达到8909万人，占全国总人口的6.67%；地区生产总值达到37681.92亿元，占全国GDP总量的12.53%；人均生产总值为42300元，是全国平均水平的1.88倍；中国经济实力最强的35个城市中有10个在长江三角洲，全国综合实力百强县长江三角洲就占了一半，世界500强企业有400多家在此落户。这里是全国人口和经济最为密集的大都市圈，是引领中国经济发展的重要增长极。

一、长三角城市群的形成与发展

长江三角洲地区在史前时代就创造了高度发达的农业文明，经过秦汉时期以及六朝时期的早期发展，至隋唐五代时期该区域经济开发逐渐进入高涨时期，农业、手工业、商业以及城市化发展迅速。经过唐五代时期的大规模开发后，长三角地区经济快速发展，社会财富不断增加，经济地位和重要性日益突出，为两宋时期的发展乃至明清时期的兴盛奠定了基础。

[①] 陈修颖、章旭健：《长江三角洲经济空间结构研究》，东南大学出版社2007年版，第13页。

(一) 宋元时期:"苏湖熟,天下足"

这一时期,长三角地区粮食品种和产量全国首屈一指,成为当时最大的粮食生产基地;同时商业性农业与经济作物发展迅速,主要有棉麻桑蚕、茶、渔业;纺织业也开始兴起,主要有丝织业、棉织业和麻织业;草市、市镇兴起和农村初级市场形成的同时,苏州、杭州中心大城市得到了快速发展。城市化是区域经济发展的重要引擎,这一时期长三角地区也形成具有龙头意义的中心城市苏州和杭州,在带动所属腹地经济发展和推进长三角地区内部社会经济联系加强和整体发展方面起到了重要作用。同时长三角地区确立了在全国经济中的领先水平,为今后社会经济持续发展和增长奠定了基础。①

(二) 明清时期:商业性农业发展迅猛

粮食生产以水稻为主,栽桑和植棉是当时农村主要副业。苏、杭、嘉兴、湖州都是著名蚕桑区。明代,江南已形成了多样化、商品化、专业化、有着充分市场机会的经济结构。其分工体系是:苏松、杭、嘉、湖、常、镇七府为主要的粮食产区,松江为主要的棉花产区,湖州为主要的桑蚕产区,其他如茶、蓝靛、桐、竹、木、盐,都有专业化的生产。专门的手工业生产也有很大发展。这种地域分工和行业分工,造就了江南地区相当广阔的市场,促使江南地区生产专业化水平的大幅度提高以及商品经济的发展。农村商品经济的发展,导致长三角市镇群的形成,初步形成了以苏州、杭州、南京为中心城市,松江、湖州、嘉兴、宁波等次中心城市和广大城镇为基础的发达的市场网络体系。

(三) 近代:上海全国经济中心地位的形成和确立

上海自1842年成为开放口岸以后,由于其优越的河口港条件,很快就发展成为一个国际大都市。对于周边地区,上海具有非常强的极化作用,吸引了大量的浙江、江苏等地的人才与资金。在长三角城市群演化进程中,各地都以逐利性为动力,通过生产要素的自由流动,既满足了各地区利益的最

---

① 陈剑峰:《长江三角洲区域经济发展史研究》,中国社会科学出版社2008年版,第173—210页。

大化，又形成了区域整体利益的最大化，促进了整个区域经济的迅速发展。

（四）改革开放以来：长三角城市群的形成

改革开放以来，长三角城市群的发展可以划分为以下四个阶段：第一阶段（1984年—1991年），以中小城市为主的中小城市发展阶段，城市之间的相互作用比较弱。20世纪80年代，是小城镇分散发展阶段。这一阶段，长三角城市化发展的主要动力来自乡镇工业的快速发展和农村人口向镇上的迁移，城市化进程主要来源于自下而上的推动，源于基层乡镇级政府发动、农民自主参与和乡镇企业为载体的乡村工业化；第二阶段（1992年—1996年），中小城市继续分散发展阶段，城市之间的相互作用开始明显；第三阶段（1996年—2000年），大城市迅速发展的阶段，在这一阶段随着大城市的发展，大城市与其他城市之间的相互作用开始加强。20世纪90年代，以开发区建设为主要动力的中心城市集聚发展阶段。南京、无锡、南通、扬州等市兴办了国家级或省级高新技术开发区，借助于各类园区的发展，中心城市、县域得到了迅速发展。同时，小城镇稳步发展；第四阶段（2001年至今），以大城市发展为带动的大、中、小城市均衡发展阶段，在该阶段城市之间的相互作用广泛，不仅存在于大城市和其他城市之间，而且其他城市之间的相互作用也不断增强。[1] 这一时期城市化发展已经从以农村工业化为主要推动力、以小城镇为主要空间载体的城市化模式逐步向以资本带动、制造业发展、开发区建设为主要推动力、以快速城市化和城市现代化为主要特征的城市化模式转变（见表2.1）。

对应于城市群发展的四个阶段，长三角制造业的集聚模式也呈现明显的阶段性特征：改革开放之初，长三角制造业集聚基本上是以乡镇企业和村办企业为主的小企业集聚，主要依托本地生产投入原料和廉价丰富的劳动力成本，生产纺织、服装和机械加工制造产品，表现为行业内集聚模式。到了1990年代前后，集聚在上海地区的大型纺织和机械加工企业逐渐向附近的江苏和浙江地区转移以及国际电子制造加工业逐渐进入，长三角地区制造业发展表现为以行业内集聚模式为主、行业间集聚开始显现。1990年代末，随着国际电子制造业不断向长三角地区的转移和集聚，逐渐出现以产品为区

---

[1] 王忠宏：《长三角区域经济一体化的现状与趋势分析》，载《长三角研究》，上海社会科学院出版社2008年版，第53页。

别的不同企业集聚区。江苏地区行业内集聚区之间的产业关联十分明显,浙江地区则突出表现为建立在行业内集聚上的围绕市场资源导向的行业间集聚现象。[①] 21世纪之后,地级以上城市以产品为区别的不同类企业集聚区域现象迅速发展,特别是上海、南京、杭州等城市以电子制造加工、信息产品、生物医药制造产品等生产不同类产品的企业集聚发展迅速,行业间集聚活动开始突出。

表2.1 长三角城市群的发展阶段

比较项 时间	阶段特征	空间演变	城市群内部城市间相互作用	制造业产业集聚模式
1984年至1991年	中小城市发展迅速,大城市发展缓慢	大批专业化产业区(镇)的形成	弱 ↓ 强	行业内集聚模式
1992年至1996年	中、小城市继续分散发展	专业化产业区发展、专业镇兴起		行业内集聚模式为主、行业间集聚开始显现
1996年至2000年	大城市发展迅速	城市规模普遍扩大、大城市作用逐渐突出		行业内集聚模式为主、行业间集聚活动开始活跃
2001年至今	以大城市发展为带动的大、中、小城市共同发展	大城市发展逐步向外扩展,相互发生作用的城市形成特定地理区域		行业内集聚模式仍然为主但逐渐淡化、行业间集聚活动开始突出

资料来源:左学金:《长江三角洲城市群发展研究》,学林出版社2006年版,第184页。

二、长三角城市群城市发展动力机制研究

长三角地区自20世纪80年代城市化快速推进以来,城市空间发展表现出工业集聚分散化和郊区城市化阶段特征,城市发展明显快于中国内地的大多数地区,该地区城市发展的动力机制,除生产力高速发展这一根本性因素

---

① 左学金:《长江三角洲城市群发展研究》,学林出版社2006年版,第182—185页。

之外，还存在众多具有区域特征性的因素。

（一）乡镇企业发展的内在推动

乡镇企业的发展在长三角城市群发展过程中具有极大的地方特色，同时又是推动该地区城市扩展的主要内部环境因素。

首先，乡镇企业的经济实力为城市建设提供了保障。长三角城市群是中国乡镇企业发展较早的地区，至改革前夕乡村工业化程度在全国已居领先地位。乡镇企业的经济实力为地方城市建设提供了保证，同时由于交通的完善，城市的服务半径扩大并覆盖到乡镇一级。

其次，乡镇企业为农村剩余劳动力找到了出路，加快了其向非农人口的转化。长三角城市群历史上便是我国人口稠密地区。农村剩余劳动力，绝大多数进入了当地的乡镇企业，并接受了城市化的生活方式，享受城镇公用设施，成为小城镇人口组成的重要部分。同时由于这部分"离土不离乡"人口的存在，加强了城乡联系，缩小了城乡差距，实质上促进了城乡一体化发展。

其三，乡镇工业进区，促进了小城镇的迅速发展。一般以现有小城镇为依托，设立各级工业区，同时，乡镇工业在经历了粗放型发展阶段之后，企业等级和规模发生了变化，"规模经济效应"要求企业向城市集中发展。因此，自20世纪90年代以来，涌现了一大批中小城市，如苏州吴县、常州武进、无锡锡山等都是最新设立的县级市。[1]

（二）国家政策的外部推进

政府政策对于一个地区的城市化发展进程影响重大，国家和城市政府对城市发展的影响主要体现在以下几个方面：（1）国家宏观政策的影响。国家政府通过对沿海地区实行政策倾斜的计划开发战略，推动了许多重大区域性基础设施建设，改善区域投资环境，加快了长三角城市群工业化和城市化进程。主要有沪宁杭铁路复线工程、沪宁杭高速公路、杭州至安徽宣城铁路、杭州至安徽宣城铁路、沿江铁路、沿海铁路、上海川沙国际机场等。高强度的固定资产投资，一方面促进了该地区发达便捷的交通、信息网络，另一方面也带动了工业化和城市化发展。（2）大型建设项目影响。重大项目

---

[1] 姚士谋：《长江三角洲地区城市空间演化趋势》，载《地理学报》1998年，第3—5页。

的建设，将带动人口和产业的空间集聚，从而推动工业化和城市化的进程。上海通过宝山钢铁、金山石化、嘉定汽车、张江电子等重大项目的投资，从而形成了钢铁城、化工城、汽车城、电子城等新城区，一下子就极大地拓宽了上海城区面积。（3）开发区建设的影响。自20世纪90年代后半期，许多城市抓住长三角城市群形成的机遇，加速了工业向园区集中、人口向城市集中、住宅向社区集中的"三集中"趋势，开创了以资本带动、制造业发展、开发区建设为主要推动力的"园区推动型"城市化发展模式，大大加快了城市化进程。[①]

（三）全球经济一体化的影响与作用

经济全球化促使资本、技术、劳动力等生产要素在全球范围内的自由流动，跨国资本在全球寻找资源最优配置的国家或地区，资本的流入和全球产业转移，使得经济全球化成为影响中国城市化的重要因素。全球经济一体化在长江城市群表现为随着改革开放，优越的区域环境及丰富的劳动力资源吸引了大量外资。目前，外资、合资企业已成为该地区乡镇工业的一个主要组成部分。同时，全球经济一体化推动着大城市产业结构升级，金融、贸易、信息等现代服务业在城市中心城区集聚发展，工业则开始向城市外围地区及附近小城镇扩散，城市空间随之外延。此外，为招商引资，许多城市政府还纷纷以老城区为依托，在郊区开辟各种类型的开发区，如上海浦东新区、苏州新加坡工业园区等，这些开发区成为城市空间扩展的新的生长点。

随着长三角区域内城际间轨道交通、杭州湾跨海大桥等重大基础设施的不断完善，以及经济全球化的日益推动，极大地促进了该区域的发展。2010年的上海世博会也是长三角城市群区域经济发展的千载难逢的机遇。上海的国际经济、金融、贸易、航运中心地位的逐步确立，对周边地区产生的辐射和带动作用将进一步增强。

三、长三角城市群城市职能特点

长三角城市群城市职能多样齐全，具有从国际到全国、区域、地方的不

---

① 章辉、吴柏均：《长三角城市化发展的影响因素及动力机制》，载《工业技术经济》2006年第47—48页。

同层次的中心城市，各类综合性、专业性、历史性、现代性的城市，加上坚实的经济文化基础，具备了强劲的发展潜质。

丁正源在《基于产业结构的城市功能分析——以长三角为例》中对长三角16市的空间格局和城市功能做了较为全面地分析，处于顶端和最核心的是长三角城市群的中心上海，离上海最近的圈层是苏州和嘉兴，这两个城市距离上海大约50公里。第二圈层的距离大约离上海100公里到150公里，有三个城市南通、无锡和常州。这一个圈层中南通和上海隔江相望，直线距离很短，但是并没有直接的公路、铁路交通联系，要通过苏南的长江大桥才能到达，这里也就认为上海与南通的距离为100公里到150公里。第三个圈层包括扬州、泰州、镇江和湖州，基本上离上海200公里到250公里。在最外层的是长三角南北两翼的两大核心城市——南京和杭州。这两个城市一方面在长三角城市体系中起着举足轻重的作用，另一方面又有自己的更广的发展腹地，同时又是江浙两省的省会，所以两个城市的功能特点相对独立。可以发现长三角这12城市组成的城市功能圈层，各个圈层的城市数量呈现1—2—3—4—2的分布状况[1]（见图2.1）。

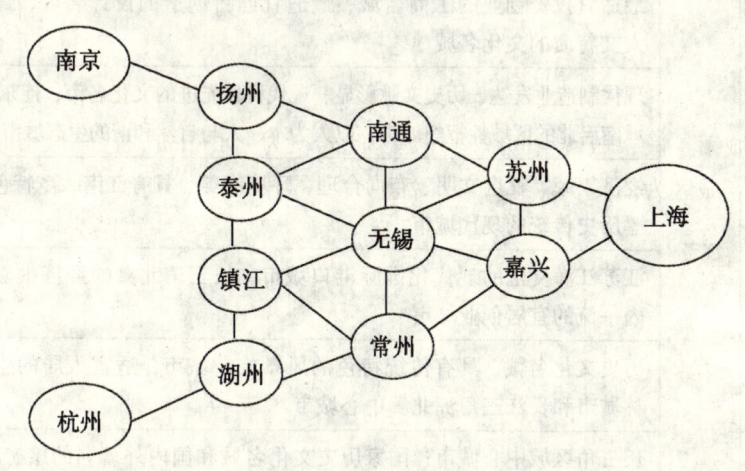

图2.1 长三角城市功能圈层简图

城市的地位与作用不仅要考虑其规模、经济实力以及区位，还要充分考

---

[1] 丁正源：《基于产业结构的城市功能分析——以长三角为例》，浙江大学，2008年，第23页。

虑其政治、经济、文化、历史以及未来发展的趋势等诸多方面的因素。第一圈层的上海是长三角城市群的龙头城市，同时也是国际经济、金融、贸易和航运中心。第二圈层的苏州是以高技术产业为主的外向型、现代化工业基地，同时也是国家历史文化名城和重要的旅游城市。第三圈层的无锡、南通、常州等城市，既是现代制造业基地，也是区域性物流中心。第四圈层的城市中既有国家历史名城，也有工贸港口以及出海门户。第五圈层的南京是全国重要的制造业、科教与研发基地，杭州是国际著名风景旅游城市（参见表2.2）。

表2.2 长三角城市功能

城市	省域	城市功能定位
上海市		我国重要的经济中心和航运中心，国家历史文化名城，并将逐步建成现代化国际大都市以及国际经济、金融、贸易、航运中心
南京市	江苏	长江国际航运物流中心、长三角国际制造业中心、全省现代服务业中心、全国重要科教中心、东部城市绿化中心等五大中心
无锡市		最适宜投资创业的工商名城、最适宜创新创造的设计名城、最富有人文特质的文化名城
常州市		现代制造业发达、历史文脉彰显、现代科教先进的文化名市；连东接西、承南启北的区域性枢纽城市；以人为本、人与自然和谐的生态城市
苏州市		经济繁荣、社会文明、布局合理、环境优美、具有江南水乡特色和丰厚历史传统的现代城市
南通市		江苏江海交汇的现代化国际港口城市、长三角北翼的经济中心和国内一流的宜居创业城市
扬州市		历史文化名城，具有传统特色的风景旅游城市，适宜人居的生态园林城市和长江三角洲北翼中心城市
镇江市		长三角区域中心城市；国家历史文化名城和国内外著名的旅游城市；山水型生态城市
泰州市		长江三角洲的工贸港口城市，水域一体的历史文化名城

城市	省域	城市功能定位
杭州市		省会城市、历史文化名城和长三角南翼中心城市、国际风景旅游城市；经济强市、文化名城、旅游胜地、天堂硅谷
宁波市		现代化国际港口城市，国家历史文化名城、长江三角洲南翼经济中心
嘉兴市		长三角经济强市、杭州湾滨海新市、江南水乡文化大市，长三角副中心之一
湖州市	浙江	太湖南岸的中心城市、省级历史文化名城、长三角生态旅游城市
绍兴市		经济强市、文化强市、生态绍兴、和谐绍兴
舟山市		我国重要的海洋渔业基地和海洋开发基地、现代化的港口和海岛旅游城市；港口旅游的中等城市，长江流域经济发展中的海岛城市
台州市		长三角地区先进制造业基地、东海沿海现代化港口大城市、中国民营经济创新示范区

资料来源：各城市总体规划、"十一五"规划。

四、长三角城市群区域一体化推进现状

目前，长三角区域内各级政府在依托市场推进的基础上，开展了一系列的经济技术合作，为长三角经济一体化发展提供有利条件。同时政府层面上各领域的合作也不断推进，主要包括旅游会展、科技教育、建设、环保、金融、商贸和物流以及市场等方面的合作。长三角城市群经济一体化发展现状评价如下：

（一）基础设施一体化初步形成

长三角城市群区域内，机场、港口、公路、水路、邮电、通讯等基础设施已经初步形成网络。近年来，重大基础设施建设取得突破性进展，先后开通了沪宁、护杭、乍嘉苏、宁杭、沿江等高速公路，完成了对原有国道、省道以及包括长江和运河在内的主要航道的拓宽和改造工作。一些新的大型基础设施建设项目，如沿海大通道、城际轨道交通以及国际航运中心的共同建

设，也在积极推进之中，机场、港口、公路、水路都已初步形成网络。多层次的信息通道也在加快建设，多家协作网站和信息交换网络建成。这表明，长三角城市群基础设施建设呈现出率先一体化的趋势。

（二）区域内产业分工体系初步形成

近年来，长三角城市群内在大批经济开发区的基础上，形成了许多各具特色的经济开发区，各城市也已经形成了自己的优势行业和特色产业。在一些产业领域内，不同等级城市之间的产业梯度正在形成。同时，区域内的经济合作不断发展。大批产业集群的出现凸显了地区比较优势，对促进区域产业分工体系的形成起到了推动作用。如浙江的产业集群主要为鞋业、轻纺、皮革、领带、五金、纽扣、低压电器、袜业等劳动密集型产业集群；上海则主要是以跨国公司或者大企业的集聚为主的电子信息、生物医药、汽车、化工、钢铁等技术密集和资本密集型产业集群；而江苏的产业集群，既有纺织、服装、轻工等传统产业集群，也有电子信息、金属制品、建材、电器、环保等新兴产业集群，三地的错位发展，促进了区域产业分工体系的形成。近年来上海一些劳动密集型产业和部分资本密集型产业已向江苏、浙江转移，上海正集中发展以金融、航运、物流、文化等为主的现代服务业和以汽车、电子信息、生物医药等为代表的制造业。

（三）区域一体化的政策环境较为有利

目前，长三角城市群内各级政府相继出台了一系列有助于区域经济一体化的政策和措施，同时国家将长三角区域经济社会发展规划列入了"十一五"规划。这为长三角经济一体化健康发展提供了有利的政策支持。目前，已形成了多层次的政府协调合作机制。建立了两省一市党政主要领导定期会晤机制；设立了由常务副省（市）长出席的沪苏浙合作与发展座谈会；完善了由16个城市市长参加的长三角地区经济协调会；加强了政府部门之间的协调。目前，在旅游、人才、质监、物流、通信、通关等方面的合作已取得实质进展，科技、市政、工商、教育、陆上运输管理等部门建立了联席会议制度或联络制度。为加强协调，2004年成立了长三角城市经济协调会办公室，负责协调、组织和实施长三角区域经济合作日常事务。①

（四）推进长三角区域一体化的主要障碍

1. 行政障碍

目前长三角各城市间一方面相互封锁，一方面盲目竞争，使原来水系相连、文化相融、交通相通、经济一体的整体区域空间各自为政、相互隔离，这样不仅造成基础设施重复建设和投资浪费，而且削弱了区域整体合力和竞争力。以行政区划分割为特征的制度性矛盾是长三角城市群发展中最重要、最根本的障碍。同时由于缺乏统一的视角和引导，彼此之间不能"兼容"，产业发展缺乏有效分工与整合，重复建设现象较为严重。城市群各个地区产业发展往往自成体系，缺乏合理的分工协作，产业结构趋同现象也较为严重。

2. 要素的自由流动受限

受条块分割的影响和不同行政区政府追求各自利益最大化的影响，长三角城市群政策法规不统一，市场机制不灵活。一些地方政府存在税收、资金、人才、技术方面的限制情况。地方分割严重阻碍了资源的自由流动和经济合作，干扰和制约了区内企业之间的市场运作，这在很大程度上阻碍了都市圈内市场一体化的进程，不利于长三角经济一体化的发展。

3. 区域内各城市缺乏准确定位和整体协调分工

长三角城市群拥有相当数量的不同性质、类型和等级规模的城市。长期以来，各城市之间在积极发展对外合作的同时，一定程度上忽略了各城市之间的分工协作和协调发展，在城市发展战略上缺乏统一协调。各城市之间在发展规划上缺乏整体观念，没有进行战略上的协调与分工，部分城市没有准确定位自己在长三角区域经济发展中的地位和作用，城市的发展缺乏特色，这也导致了长三角经济一体化发展的滞后。

4. 长三角各城市相互作用以分散为主

复旦大学王贵新教授对 2000 年长三角县级以上城市的规模顺序进行研究后指出，目前长三角地区城市群内部各城市之间的相互作用以分散化作用为主，长三角地区城市群较小规模城市的人口增长较快，城市之间的人口规模差异渐趋减小，整个城市群系统的阶层等级结构逐步向人口规模差异较小

---

① 张兆安：《大都市圈与区域经济一体化——兼论长江三角洲区域经济一体化》，上海财经大学出版社 2006 年版，第 208—220 页。

的均衡状态演变。

总的来看，长三角城市群要想实现进一步发展，在服务全国中发挥更大作用，在国际竞争中保持主动地位和领先优势，就必须率先转变发展方式，全面提升发展水平，加强创新，完善机制，着力打造区域合作一体化的实践平台，在更高的起点上实现新跨越。

五、长三角城市群发展趋势

《国务院关于进一步推进长江三角洲地区改革开放和经济社会发展的指导意见》中明确提出，到2020年，把长三角建成亚太地区重要的国际门户，全球重要的先进制造业基地，具有较强国际竞争力的世界级城市群。但随着长三角地区经济迅速发展，资源、环境问题日益突出。

（一）形成以产业集群为主要特征的世界先进制造业基地

长三角地区历来制造业发达，已经成为我国最重要的制造业基地。建成世界先进制造业基地是长三角地区参与世界产业分工，在近20年内的一种战略选择，也是可以看到的趋势。到2010年，长三角地区制造业占世界比重有可能达到2.1%，到2020年达到4%左右。

目前长三角城市群已经汇聚了许多具有国际影响力的制造业集群，随着世界先进制造业基地的建设和跨国公司的进入，一大批跟随核心企业的配套产业如物流、后勤服务、中小企业将会落户该地区。这种产业链的连锁转移，使得未来上海可望成为其中关键企业、核心企业的决策中心、控制中心和指挥中心，形成内资企业总部和外资企业总部、国有企业总部和民营企业总部共生竞争的产业群；而在整个长三角城市群，产业链条不断延长，形成研发中心与制造业基地协同、高端制造与低端加工基地并存的发展格局，并出现若干个横阔长三角三地的产业集群。

（二）建设世界级大都市经济圈

王忠宏在《长三角区域经济一体化的现状与趋势分析》中论证，根据区域经济一体化三阶段的划分和长三角地区的实际，从整体进程看，长三角城市群已进入到了基础设施建设向区域合作逐步扩大的阶段，尚未进入制度建设和整合阶段。从长三角区域经济一体化的发展过程来看，其合作的内容呈现出不断增加的趋势，表现为"五化"，即交通一体化、人才一体化、市场一体化、产业一体化、政策一体化。从长远的战略发展来看，长三角城市群区域经济一体化是一种必然的趋势。在这一总体趋势下，该地区将会从基础设施建设阶段、区域合作逐步扩大阶段过渡到制度建设和整合阶段，将会在各个领域呈现出经济一体化的整体推进状态（如图2.2所示）。

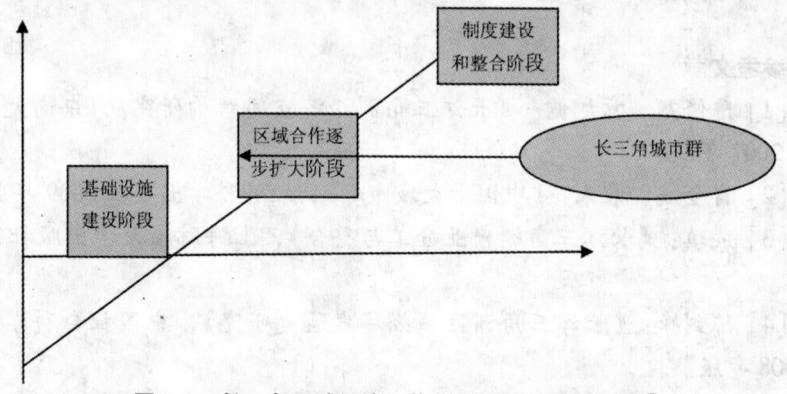

图2.2 长三角区域经济一体化所处的阶段判断图①

（三）加快长三角经济一体化进程

2010年世博会是长三角城市群加强合作实现共赢的良好机遇。上海"龙头"地位的构建，直接关系到对周边经济的辐射能力的提高，进而关系到长三角经济一体化的进程，世博会是上海产业发展的助推器。区域城市间的协调也已经加大，上海成为长三角新一轮产业发展的市场化平台并依托世博会进行产业的战略性结构调整。

2003年底在南京举行的长三角城市经济协调会第四次会议上，《以承办"世博会"为契机，加快长江三角洲城市联动发展的意见》正式签署，长三角城市经济协调会将着重围绕6方面开展工作：积极筹建"世博会"长三角工作机构；大力加强城市间发展规划的衔接；共同构建现代化区域交通网络；全面保护城市生态环境，联合制定区域生态建设和环境保护合作计划；深入开展专题合作，围绕"世博会"，共建长三角信息平台、人才资源服务平台、旅游共同市场、招商平台，有计划有步骤地引进技术和国际资本；共

---

① 王忠宏：《长三角区域经济一体化的现状与趋势分析》，载《长三角研究》，上海社会科学院出版社2008年版，第50页。

同制定《全面提升长三角城市形象和市民素质活动方案》，并在各城市实施。长三角城市群一定会以世博会为契机，围绕世博会展开合作，形成良好的经合博弈关系，加快区域经济一体化进程，提高区域综合竞争力，最终实现区域共赢。

（王晓倩）

参考文献

[1] 陈修颖、章旭健：《长江三角洲经济空间结构研究》，东南大学出版社2007年版。

[2] 肖金成、袁朱：《中国十大城市群》，经济科学出版社2009年版。

[3] 裴瑱：《长江三角洲产业分工与整合》，上海财经大学出版社2006年版。

[4] 陈剑峰：《长江三角洲区域经济发展史研究》，中国社会科学出版社2008年版。

[5] 左学金：《长江三角洲城市群发展研究》，学林出版社2006年版。

[6] 王忠宏：《长三角区域经济一体化的现状与趋势分析》，载《长三角研究》，上海社会科学院出版社2008年版。

[7] 姚士谋：《长江三角洲地区城市空间演化趋势》，《地理学报》，1998年。

[8] 章辉、吴柏均：《长三角城市化发展的影响因素及动力机制》，《工业技术经济》，2006年。

[9] 丁正源：《基于产业结构的城市功能分析——以长三角为例》，浙江大学，2008年。

[10] 史占中：《都市圈经济一体化中的产业集聚与整合》，上海三联书店2007年版。

[11] 张兆安：《大都市圈与区域经济一体化——兼论长江三角洲区域经济一体化》，上海财经大学出版社2006年版。

[12] 曹慧：《江苏城市化进程中的产业集聚问题研究》，中共江苏省委党校，2006（7）。

[13] 胡彬：《区域城市化的演进机制与组织模式》，上海财经大学出版社2008年版。

第三章 京津冀城市群

京津冀城市群是中国北方最大的城市群，经过多年的建设，已经成为我国北方地区促进对外开放和国际交流的门户，成为建设创新型国家的重要支撑区域，在我国的经济社会发展中具有重要的战略地位。

一、京津冀城市群结构特点及其发展条件

（一）京津冀城市群的界定与特点

根据国家发展改革委员会的界定，京津冀城市群包括北京市、天津市和河北省的石家庄、唐山、保定、秦皇岛、廊坊、沧州、承德、张家口8地市及其所属区域。从构成京津冀城市群的"2+8"个城市市区看，共有省级城市2个、地级市8个、县级市17个、县城82个、建制镇991个。区内的土地总面积19.36万平方公里，人口7525万人，占全国的5.75%。2005年，区内的总人口7465万人，其中城镇人口3940万人，城市化率为52.78%，比全国平均水平（42.99%）高9.79个百分点，2009年，京津冀区域国内生产总值3.4万亿元，同比增幅高出全国水平3.1个百分点。

京津冀城市群位于中国华北、东北、华东三大区域的结合部，背山面海，是北方入海的重要通道，且与韩国、日本隔海相望，是东北亚经济圈的重要组成部分。从区域发展结构上来看，京津冀城市群属于区域发展的点面性结构，北京和天津是我国的两大直辖市，相距137公里，呈特有的"双子座"态势，是这一区域经济高度发展的集合点。与之相对应的是以广阔空间将京津两点包围，在经济增长点和生产要素布局上以面的形式存在的河北省。京津冀城市群内各城市之间在地理上联系非常紧密。

随着城市化的快速推进，京津冀城市群的城镇体系已初具规模，基本形成了以特大城市北京和天津为中心，以8个大中城市为外围，以众多星罗棋布的小城镇为基础的城市群规模结构的雏形。在该城市群中初步形成了以北京—天津—石家庄为基础的大三角和以北京—天津—唐山以及北京—天津—保定为基础的小三角结构。而城镇的功能也已由传统较为单一的地方行政中

心逐渐转化为职能综合性与专业化相结合的现代化城镇，形成了复杂多样的职能网络结构。诸如白沟箱包、容城服装、留史皮毛、安国药都、安新鞋业、满城草莓、顺平水果、定州西城蔬菜、庞口农机件等十大专业市场，无一不是特色鲜明，与本地特色经济紧密结合。①

（二）京津冀城市群的发展条件

1. 地缘条件

京津冀城市群是环渤海地区的龙头，是连接东北、华北、西北，沟通国际的重要通道。处于华北大平原腹地，东临渤海，境内有海岸线487.3公里，是我国环渤海地区的咽喉地带，也是华北、西北地区的门户。北京作为中国的首都具有雄厚的经济基础，从国际区域经济的发展经验看，世界许多发达国家的城市由于毗邻首都，能够得益于首都效应，成长为国际经济大都市并在各自的区域内发挥着经济中心的主导作用。天津市正是随着北京市的发展而逐渐发展起来的。唐山等城市也由于地域上的联系紧密渐渐成为京津冀城市群的重要组成部分。

2. 交通条件

京津冀城市群是我国交通网络密集的区域之一，是海运、铁路、公路、航空和通信网络的枢纽地带，构成了以港口为中心，陆海空为一体的大交通网络体系。北京现为全国最大的交通枢纽和通讯枢纽，有26条铁路干线和2647条公路干线汇聚于此。天津港与世界170多个国家和地区的300多个港口有贸易来往。2009年货物吞吐量突破3.8亿吨，位居我国北方港口第一、全球第五。② 同时，国家正在积极筹建以京津为主轴，以石家庄、秦皇岛为两翼的区域快速路网，推动形成覆盖京津冀地区主要城市的区域"两小时交通圈"。伴随着区域经济的进一步整合，区域内的交通网络会进一步得到完善。

3. 资源条件

京津冀城市群不仅具有丰富的自然资源，还有丰富的科技资源、人力资源。本地区拥有海盐、铁矿石、煤炭、石油、石灰石等自然资源，是一个种类繁多、储量可观的资源密集地区，如滨海平原的海盐、唐山市的铁矿石、

---

① 魏达志：《城市群与城市国际化》，海天出版社2006年版，第204页。
② 有关内容请参见中央政府门户网站［EB/OL］. www. gov. cn/jrzg，2010 - 1 - 2。

开滦煤矿等。京津冀城市群的人才优势明显,京津地区在全国高校、知识和人才的密集程度远高于长江三角洲城市群和珠江三角洲城市群。此外,本地区还拥有较完善的科技成果产业化市场,包括技术市场、高技术实验室、工程技术研究中心等。

二、京津冀城市群的发展历程

从中国的封建王朝时期开始,国都的周围地区就与国都有着密切的联系,并且作为京师的防卫和物资供应基地。从辽代起北京成为首都,至清代,首都圈越来越大,形成了以北京为中心,半径300—400公里的城市群。这些城镇有其特别功能,如政治、军事、经济、交通方面,以支援服务首都,使其得以发挥全国的政治中心和文化中心的作用。①

(一) 中华人民共和国成立前

北京和天津自古以来就是本地区的两大核心城市,它们对周边地区的发展产生了重大影响。天津与北京的关系最为密切,天津城市的形成和发展与北京地位的上升密切相关。汉末以来,北京逐渐成为我国北方的军事重镇,需要大量军用物资的供给,华北各水系的沟通和大运河的修成,为天津枢纽地位的确立和城市的形成奠定了基础。北京成为首都后,作为全国最大的消费中心,北京所需的粮食及其他消费品主要由南方各省供应,这些物资大部分要通过海上经天津运抵北京,这有力地促进了天津城市的形成与发展。明清时期,天津一直是北京的门户和最主要的经济辅助城市。天津有着发达的漕运业和盐业。元初,天津盐业有了大的发展,年产量一般保持在1.6亿斤左右。② 1860年帝国主义开辟天津为通商口岸后,天津的贸易、金融和工业得到了迅速的发展,逐步成长为我国北方的经济中心和全国第二大工商业城市。北京则继续作为全国的政治中心和文化中心,这样两市的分工更加明确,协作水平有所提高。

唐山市是作为京津两市的原材料基地而发展起来的,主要为京津提供铁

---

① 史占中、罗守贵:《都市圈经济一体化中的产业集聚与整合》,上海三联书店2007年版,第181页。
② 陆玉麟:《区域发展中的空间结构研究》,南京师范大学出版社1998年版,第297页。

矿石、煤炭和建筑材料等。在当时的首都圈内的煤炭、钢铁、陶瓷、水泥等重工业企业大都落户在唐山。随着工业门类的增加，唐山的综合经济实力逐渐增强，并进一步加强了与京津两市的经济联系，构成了京津唐三角地带，在全国工业中占有重要地位。保定历史悠久，从战国时期至今已有两千余年的历史。自辽金建都北京以来，保定一直是京城的南部门户和重要的军事防卫地区，同时因建有许多著名书院而成为次文化中心。清代以来，保定长期为河北省省会所在地，与城市群内其余各市联系紧密，是该地区的物资集散中心。廊坊位于北京、天津之间，自古以来就是京津交流的重要通道，清末京山铁路的建成加强了廊坊与京津两大核心城市之间的联系。沧州毗邻天津，靠近渤海，我国历史上南北水路运输的大动脉南运河穿过沧州，使沧州成为京津与南方各省进行物资交流的必经之地。近代以来，随着秦皇岛港的建设，秦皇岛成为京津的能源补给基地和辅助性港口。承德市的形成与发展与清代避暑山庄的兴建密切相关，有"塞外京都"之称。张家口是通往内蒙古高原的重要通道，又是京津北部军事屏障，也是中俄贸易的重要场所。

（二）中华人民共和国成立后至改革开放前

中华人民共和国成立后，北京开始向经济中心方向发展，大力发展自己的工业，而且优先发展重工业。在此期间，北京的燃料动力、冶金、化工、电子、机械、建材等工业得到了迅速发展，工业生产水平有了很大提高。1970年，北京市工业产值突破100亿元大关，到1979年，全市工业产值达到213.4亿元。[①]

1958年前，天津较好地发挥了经济中心的作用，经济发展较快。1958年2月天津被划为河北省辖市，政治和经济地位大大降低，这对京津冀城市群各市之间的关系造成了很大影响。"文革"期间，京津两市及河北省各市的经济发展都受到了严重影响，北京的发展速度大大减缓，天津基本处于停滞状态，因此各区域之间的分工协作也无从谈起。这一状况大大限制了各区域优势的发挥，对京津冀城市群发展的影响一直持续到现在。

---

① 王力丁、樊凯、赵毅：《环渤海经济圈——北京卷》，社会科学文献出版社2007年版，第70页。

（三）改革开放后

京津冀城市群各市间的合作逐步在改革开放后展开。1983年，北京、天津分别成立了主管横向经济联合的职能机构，合作组织的出现使经济合作水平有了相应的提高。1986年，成立了环渤海地区经济联合市长（专员）联席会。随着合作的开展，城市圈内的联系也得到了增强，其中一个重要表现是京津冀之间大量的人口迁移：河北省各市的迁出人口中有半数左右是去往京津；同时，京津两市的迁出人口中也有一部分去往河北各市。① 但此阶段京津两地之间的分工协作一直在低水平徘徊。1992年，邓小平确立了加快环渤海地区发展的指导思想。在环渤海地区经济发展加速的大背景下，京津冀城市群作为环渤海地区重要的组成部分也随之在区域的分工协作中有了很大起色。通过多年努力，京津冀城市群各区域间的合作取得了较大的进展。天津充分发挥了港口优势和保税机能，京、冀两省市的大批企业迁入天津港保税区；河北省为京津市民提供煤、铁以及食品等资源。近年来，虽然京津冀城市群在某些方面的合作已经取得了实质性进展，但由于许多主、客观条件的限制，合作之路仍然任重而道远。

三、京津冀城市群的发展现状

（一）城市规模等级特点

据2009年的统计数据显示，在京津冀城市群非农业人口200万人以上的特大城市有北京、天津、石家庄3座，100万人以上的特大城市有唐山、邯郸2座，50—100万人的大城市有保定、秦皇岛、张家口、邢台4座，20—50万人的中等城市有廊坊、沧州、承德等共7座，20万人以下的城市有19座（见表3.1）。

---

① 王桂新：《中国人口迁移与城市化研究》，中国人口出版社2006年版，第509页。

表 3.1 2008 年京津冀城市群主要城市非农业人口数量

主要城市	非农业人口（万人）	主要城市	非农业人口（万人）
北京	924.86	张家口	74.43
天津	556.23	沧州	48.53
石家庄	240.72	廊坊	47.58
唐山	177.20	承德	37.21
保定	92.71	秦皇岛	81.81

数据来源：《中国统计年鉴—2009》，中国统计出版社 2009 年版。

京津冀城市群中首位城市的垄断性较强，但是城市的凝聚力不足，辐射力较弱。目前，整个城市群特大城市和大城市有北京、天津等 9 座，占整个城市群城市总数的比重为 25%，分别低于全国 31.82% 的平均水平和 29.18% 的沿海平均水平。但从河北省看，大城市占全省城市总数的比重为 20.59%，可见，尽管北京、天津这两个超级大城市位于京津冀城市群内，并且具有明显的首位作用，但是它们的作用仅局限于带动个别城市的发展，而对于另外的一些城市几乎没有辐射作用，而石家庄、唐山和邯郸这 3 座城市对周边城市的辐射力更弱，京津冀城市群中小城市居多。京津冀城市群的城市空间结构具有自仿射分形性质，在大中城市等级尺度上呈现分形模式。[1] 京津冀城市群的分形结构特征表明京津冀城市的自组织演化具有优化趋势，未来的城市规划应该充分利用现已发育的分形结构，着重培育良好的分维关系，促进京津冀城市体系的良性发展。

近几年来，北京、天津、石家庄等大城市的垄断地位有所下降。这主要是由于像北京、天津这样的特大城市已经发展到了一定程度，随之而来出现许多城市问题，以及国家在解决这些问题中采取一些限制大城市发展的政策，这些都导致特大城市对各种资源的吸引力在逐步下降。这就使得特大城市周围的中小型城市获得了不同程度的发展，使得等级差异在不断缩小。但是由于这种辐射作用发挥得还不够强，使得城市规模还未达到理想的状态。

虽然京津冀城市规模在大中城市的等级上表现出一定的分形模式，但是这种模式导致两极分化过于严重，城市发展速度不一。城市群内大城市发展

---

[1] 季慧斌、张舒：《中外大城市群研究》，辽宁人民出版社 2005 年版，第 173—174 页。

最快，职能重复，过度膨胀；中小城市发展缓慢，建设落后，未能发挥其应有作用。城镇网络体系极不完善，城镇的梯度、等级、布局结构很不合理，在功能定位上缺乏协调。

（二）空间分布特点

从京津冀城市群空间结构来看，几座特大城市沿铁路线布局，距离很近，再加上北京、天津两个核心城市的中心性很强，使得城市的腹地和经济吸引范围互相重叠交错，形成了多中心组团式的空间分布格局。而每个中心城市又形成了单心圈层式的结构，即围绕着市区由内向外，把市和郊县的全部地域分为各具功能又相互联系、有机组合的"市—郊—县—乡"四个层次。因此，京津冀城市群可由三大城市圈共同组成，即北京圈城镇群、天津圈城镇群、河北城镇群。

1. 北京圈城镇群

北京圈城镇群包括北京市及廊坊市北部的城镇，即以北京为中心，在周围形成了数个有密切联系的小城镇群，按空间层次结构可分为以下四个层次：

核心区：以北京市中心为半径大约4公里的范围内。这是北京市人口最密集的地区。该地区原来的工业和居住用地逐渐转化为效益更高的第三产业用地，城内的部分工业和居住人口逐步向郊区扩散和转移。这一地区要重点围绕政治文化中心的功能，大力发展以第三产业为主题的服务型产业，特别是加快发展面向国际国内的高层次、智力密集型的新兴服务业，同时严格限制一般加工业的发展。

内圈层：距离市中心4—15公里的环状地带。朝阳区的工业实力最强，第三产业也较发达，海淀、丰台区智力资源非常密集。该地区拥有众多高等院校、科研院所，技术力量雄厚，是北京城市郊区化和乡村城市化相互作用最强烈的地区，也是近些年来人口增长最快和建成区扩建的主要地区。

中圈层：距离市中心大约15—40公里的范围内。北京市规划建设的24个卫星城有2/3位于这个圈层，这个圈层除人均耕地和农业人口较多的大兴区外，其他区县非农业程度较高。门头沟和房山是能源重化工产业集中区，顺义、大兴、通州是农副产品生产基地，此外，卫星城在逐步发展，个别卫星城对疏散市区人口和截流外地进京人员的作用已较为突出。

外圈层：距离市中心大约40—70公里的范围内。这个圈层山地多，平原少，工业发展相对落后，旅游业发展快且有很大潜力，环境质量好，与北京市区的社会经济联系较密切，其受市区的辐射影响较强。

2. 天津圈城镇群

天津圈城镇群包括天津市及廊坊南部的永清县、大城县、文安县、霸州市。城市空间结构形成以中心市区和滨海新区为主体，以海河和京津冀高速公路为轴线的带状组团城镇群结构。天津滨海新区分布着塘沽区、汉沽区和大港区以及海河下游的部分地区，拥有北方最大的综合性港口，是我国北方最重要的通商口岸，首都的门户，也是全国唯一集聚了港口、开发区、保税区、海洋高新技术开发区和大兴工业基地的地区，它们紧密相连、互为依托，发挥了巨大的整合效应。此外，在西部建成以汽车制造和配套为特色的杨柳青汽车城，在南部建成以石油化工为特色的大港石化城，在北部建成以旅游业为特色的蓟县旅游城，在北部建成以优质钢管为特色的军粮城钢城等。

3. 河北城镇群

河北城镇群主要由唐山市和秦皇岛市为核心的域内城镇群组成。唐山市是我国东部沿海地区凭借优秀区位和丰富的资源优势而迅速崛起的能源原材料工业城市。其城市空间布局具有工矿城市显著的特征，呈现集中与组团相结合的形式。路南区和路北区集中连片，是唐山中心城市的中心区。中心区东邻的开平区是以生产煤炭、黏土矿、耐火材料和陶瓷为主的工矿镇。开平的东邻为古冶区，是开滦煤矿矿井较集中的地区。古冶区和开平区合称为东矿区。丰润新区是震后新建的以机械、建材、纺织为主的工业区。秦皇岛市由三片组成，即海港区、山海关区、北戴河区，外围有一个以采矿为主的小城镇石门寨。这两个市的外围是由各县的县城及一般建制镇组成，作为县、区的行政、经济、文化中心。

(三) 中心城市产业结构特点

北京是全国的政治文化中心和国际国内交往中心，也是全国的交通和通讯枢纽，人才、信息、技术等高级生产要素密集。产业具体情况是：中心城区第三产业发达，初步形成了以第三产业为主体，第二产业占一定比重的格局；近郊区是重要的工业基地，初步形成了以第二产业为主体，第三产业具有一定规模，第一产业适当保留的格局；远郊区县是重要的农副产品生产基地，形成了以第一产业为基础，第二产业为主体，第三产业初具规模的格局。全市整体状况是第一产业在北京经济结构中的地位正在逐步下降，第二产业中的建筑业发展较快，工业平均发展速度较慢，但各部门间差别较大，第三产业内部发展速度也十分不同。但发展第二产业与首都的性质不相符，为缓解北京发展的空间压力，促进首都产业结构的升级，北京可在发展时根据条件和时机将现有的汽车工业、重型机械、工业转移到天津；部分建材工业和机械工业转移至唐山；将制造业转移到秦皇岛。

天津市是离北京最近的港口城市，拥有全国最大的集装箱码头，也是一个历史悠久的商埠。改革开放30年来，天津市第一、第二、第三产业的比例从1978年的6.1：69.3：24.6转变为2008年的1.9：60.1：38。第三产业2008年实现增加值2024.09亿元，比上年增长14%，占国内生产总值的比重由1978年的24.6%上升到2008年的30.1%，成为全市经济增长的最大的拉动力量。[①] 但相比南部沿海地区天津市第三产业所占国内生产总值的比重仍不是很高，有很大的提升空间。

唐山市是河北省的中心城市，是重要的能源、原材料基地，拥有丰富的矿产与建材资源及港口资源。2008年，唐山市第一产业增加值286.96亿元，增长5.0%；第二产业增加值1596.07亿元，增长16.5%；第三产业增加值896.39亿元，增长15.4%。[②] 这种刚性的产业结构的惯性是制约唐山产业结构优化调整的最大限制因素。河北省第三产业与第二产业相比还处于次要地位，与京津两地第三产业发展程度相比还存在较大差距。

尽管京津冀城市群的产业已有初步的分工，有些地区的产业甚至还形成了一定的特色，但从总体上看，由于受行政区划等条件的限制，城市群内部产业同构的现象还比较严重（见表3.2）。2005年，北京、天津两市的39个工业行业中，石油加工、化学原料及化学制品、黑色金属冶炼及压延工业依然列前三位，并且三者的工业产值占工业总产值的比重分别达到19.81%和22.93%。在河北的8市之中工业总产值位居前六位的行业多半为能源、原材料产业，其中电力、热力的生产和供应业在各城市均居前六位，黑色金属冶炼及压延加工业除了保定市外，其他城市均居前六位，化学原料及化学制品制造业有六个城市排在前六位，先进制造业在各城市中的地位较弱，只有保定的交通运输设备制造业位居第一位，秦皇岛的交通运输设备制造业位居

---

① 中华人民共和国年鉴社：《中华人民共和国年鉴》，新华出版社2008年版。
② 河北省政府、统计局：《河北经济年鉴》，中国统计出版社2008年版。

第五位，张家口专业设备制造业位居第三位，保定和邢台的电气机械及器材制造业位居第五位。从各地方规划的产业发展方向来看，这种产业地域分工不明显的状况还有延续的趋势。"十一五"期间，北京市、天津市和河北8市的产业选择都具有某种同构性。如北京市、天津市和河北8市基本都将电子信息产业、汽车制造业、石化产业、医药产业等制造业作为今后发展的重点。[①]

城市群内产业结构的同构现象，引发了区内企业与企业之间、产业与产业之间的竞争，城市群内部的合作丧失了微观和中观基础。而各城市政府基于税收等方面的考虑，也没有合作的内在动力。这种状况造成了京津冀城市群内部长期的行政壁垒和市场隔阂，要素的自由流动受到各种非市场因素的干扰，严重影响了资源配置效率，延缓了整体产业提升的进程。不仅如此，产业同构也影响了城市功能的发挥。

表3.2 2006年京津冀城市群行业结构相似系数及结构差异度指数

京津冀城市群	京津	京冀	津冀	平均值
结构相似系数	0.769	0.652	0.645	0.689
结构差异度	0.288	0.417	0.409	0.371

数据来源：根据2007年《中国工业经济统计年鉴》相关数据计算所得。

（四）区域内城市竞争力状况

根据《2009年中国城市竞争力蓝皮书》分析，京津冀城市群所在的环渤海地区在综合区位竞争力排名中名列第三。在中国城市竞争力排名中，北京市综合竞争力排名第三（在全球城市竞争力排名中位居第66位），位于香港、上海之后，其表现最突出的是综合就业增长，名列第1位；综合市场占有率和综合收入水平均列第4位；综合环境资源成本尚可，名列第11位；但综合GDP增长和综合生产率不是很高，分别列第19位和第21位。天津市综合竞争力亦很强，居全国第10位，其综合市场占有率居第5位；综合生产率和综合收入都居于中等偏上水平；更为可贵的是在这种比较高的基础上其综合经济增长率和综合就业增长率表现较好。天津市有很强的人才竞争力，位居第7位，人力资源充足，配置比较有效。资本竞争力很强，居第6

---

① 黄征学：《京津冀城市群发展面临的问题及对策研究》，载《中国经贸导刊》2007年第11期，第47页。

位。科技竞争力方面也有很强优势，居第4位。进入前50名河北省市县的石家庄综合竞争力排名第31位，秦皇岛排名49位。河北省的工业竞争力在不断加强，一些主要工业产品如铁、钢、成品钢材位列全国第一，但整体制造业竞争力在全国范围内并没有绝对的优势。

主要城市竞争力状况显示，京津冀城市群发展具备良好的发展基础。但同时也面临一些亟待解决的问题：

第一，京津冀城市群经济发展整体水平有待提高。京津冀城市群的经济总量已经比较大，但是反映区域经济发展水平的人均地区生产总值要低于长三角和珠三角，2009年长三角、珠三角和京津冀城市群的人均GDP分别为48425.3元、67358.8元和41850.6元。

第二，核心城市对区域发展的带动作用不明显。京津冀城市群两大核心城市并存，低等级城镇数量过多，中等城市偏少。其中北京市的城市功能、技术和产业已开始向周边地区扩散；天津由于作为北方经济中心的发展和滨海新区的开发建设，在一定时期内极化作用正在增强。河北8市等次中心城市经济实力不强，与京津两市的发展水平差距显著，接受核心经济辐射能力有限，使城市群边缘地区很难分享中心城市的发展成果。

第三，区域一体化进程总体上滞后于长三角和珠三角。长三角城市群在信息一体化、人力资源一体化和金融一体化方面发展较好，珠三角在市场一体化和产业一体化方面走在了三大城市群的前列。京津冀城市群区域一体化进程中，除了在基础设施一体化方面发展较快、程度较高外，在信息、市场、人力资源、金融等产业一体化方面与长三角和珠三角都有一定差距。区域整体发展的理念尚未形成。

四、京津冀城市群的发展趋势

京津冀城市群发展的总体目标是：在全国改革开放的总体格局中，京津联合建成中国北方地区最大的经济、贸易、金融中心和国际化大都市区，建成以京津为中心，具有较强经济实力和科技开发能力的超大城市群，从而形成环渤海地区最重要的经济核心区，进而推动本地区的经济腾飞。为此，必须从多方面来促进京津冀城市群一体化的发展。

（一）合理调整城市群内各城市职能分工

从各地区的资源禀赋、比较优势和产业分工来分析，北京承担政治、文化、国际国内交往和高层次产业的职能分工；天津主要承担制造、物流和外向型经济的职能分工，以非农产品为原料的加工工业具有比较优势；河北各市主要承担自然矿产和劳动力资源供给、加工和生态等职能分工。北京的高技术产品和智力知识性产品流向京津冀城市群内的其他城市；天津的工业最终产品和高技术产品流向北京及河北；而河北各市的农副产品、矿产品、初级工业产品、轻重工业产品和部分高技术产品及劳动力要素流向京津。京津冀城市群的各市要向全方位的战略协作转变，根据自身的比较优势进行合理的分工，实现区域经济的联动发展。

根据《北京城市总体规划（2004—2020年）》，北京市的定位是国家首都、世界城市、文化名城，在城市群内主要发挥政治、文化、科技、教育和国际国内交往中心的职能。北京拥有全国最高的政府机构和政策咨询聚集度，应充分利用这一优势。北京要重点发展第三产业和高新技术产业，如金融保险业、旅游业、信息服务业等。由于历史原因，北京目前还存在着一些与其职能分工不相适应的产业，可根据条件和时机将这类产业转移到唐山、沧州等地。

天津市应充分发挥其沿海、靠近北京、资源丰富、产业基础良好等优势，建成京津冀城市群的外向型经济中心、制造业中心和港口物流中心。利用现有的优越条件建成京津冀城市群的制造业中心，重点发展机电工业和化工工业，尤其是电子及通信设备制造业、石油和天然气开采业、化学原料及化学制品制造业等。此外，天津也应承担一定的科教文化功能。

唐山市要建成京津冀城市群的重工业基地。主动接受京津的产业转移，充分利用自身丰富的煤、铁资源，重点发展钢铁、煤炭、陶瓷、建材等优势产业，增强机电、化工、电力、纺织等支柱产业的竞争力。同时，利用京唐港和曹妃甸码头，为重工业的发展创造强大的物流支持。石家庄主要承担医药、纺织中心以及一定的行政和商业职能，全力发展医药产业。廊坊要充分发挥与京津毗邻的区位优势，承接京津辐射，建成京津冀城市群中最富吸引力的投资热点地区和重要的科教文化基地，重点打造环北京产业带及环天津产业带。保定要在现有的基础上建成城市群的轻工业生产基地，同时具有开发旅游文化业的潜力。秦皇岛要以经济技术开发区为依托，把开放型经济做大做强,大力发展旅游业,工业方面要加快机械、造船、机电等行业的发展。沧州和秦皇岛同时要承担港口运输的职能。承德市与张家口市则要建成京津冀城市群的生态保护区域,在发展旅游业的同时可适当发展轻工业(见表3.3)。

表3.3 京津冀城市群主要城市职能比较

城市	城市群网络中的地位	城市职能
北京	城市群核心城市	国家首都、政治文化中心和国际交往中心,国家科技自主创新中心,现代服务业、文化创意产业、高科技研发业发达的国际大都市。
天津	城市群核心城市	北方经济中心,现代物流中心和世界级现代制造业基地、重化工产业基地,服务业发达,环境优美的国际港口城市。
唐山	城市群网络内层次中心城市	北方重化工产业基地,京津冀城市群主要重工业产品和能源供应基地,石油、铁矿业运输枢纽城市。
廊坊	城市群网络内层次中心城市	京津塘产业带上的主要节点城市,京津高科技产业生产基地,服务业发达,环境优美的旅游会展城市,疏散京津城市功能的卫星城市。
保定	城市群网络内层次中心城市	京—保—石现代制造业产业带上的重要节点城市,京津冀城市群现代制造业产业中心,华北腹地经济发展的领头羊,疏散北京城市功能的次中心城市。
石家庄	城市群网络内层次中心城市	华北连接中原、华南地区的交通枢纽,以医药、纺织业为主导产业的现代制造业基地,华北南部的商贸物流中心和区域经济中心。
秦皇岛	城市群网络内层次中心城市	著名的海滨旅游胜地,能源输出港和重要的出海口岸,京津冀滨海临港产业带节点城市,京津冀城市群生态屏障的组成部分和未来高新技术扩散区。
沧州	城市群网络内层次中心城市	京津冀滨海临港重化工产业带节点城市,石油化工、盐化工产业基地,连接冀中南、鲁、西北的能源输出港。

城市	城市群网络中的地位	城市职能
承德	城市群网络内层次中心城市	世界闻名的旅游休闲城市,京津冀区域水源涵养地,京津冀绿色生态农业和清洁能源基地。
张家口	城市群网络内层次中心城市	京津冀城市群连接东北、西北区域的交通枢纽,京津冀城市群的生态屏障,京津冀绿色生态农业和清洁能源基地。

数据来源:景体华、陈梦平主编:《2006—2007年中国区域经济发展报告》,社会科学文献出版社2007年版。

(二)改善城乡建设空间布局

为充分发挥京津的双核辐射优势,京津冀城市群未来的总趋势是逐步调整已形成的城镇、人口、工业、基础设施等空间布局,开发建设的方向为向东部沿海地带推进,京津两市将沿主要交通干线向外扩展,形成由京津塘高速公路城市产业带、京唐秦城市产业带和滨海港口城市产业带,共同组成以京津为中心的超大城市群。

1. 京津塘高速公路城市产业带

利用京津塘高速公路的便捷条件,把北京、廊坊、天津市区和塘沽连成一个城市产业带。京津城区特别是北京中心城区的功能要尽快调整,目标要高,能够与国际大都市相称;京津所辖郊县,要逐步建成京津二级市,使之与中心城区形成分工合理的网络。争取利用20年时间初步建成一座符合国际大都市特点的、高档次工业、第三产业协调发展的、依照国际惯例运行的现代化新城。

2. 北京—唐山—秦皇岛城市带

主要沿京秦电气化铁路和京秦一级公路分布,沿线城市经济互补性强,唐山能源矿产资源丰富,原材料工业发达,基础产业发展潜力大;秦皇岛是重要的出海口。沿线地区的通州、燕郊、蓟县、滦县等城镇的经济具有良好的发展前景。

3. 滨海港口城市产业带

沿渤海湾的天津、秦皇岛和沿海城镇京唐港、汉沽、塘沽属沿海开放城市或沿海开放地带,是首都地区通往海外的门户,又是开发渤海的陆上基地，有大片沿海滩涂荒地，丰富的资源也为发展能源工业、原材料工业及其他加工业提供了有利条件。随着资源的开发和经济的发展，在滨海地带发展工业和建设城市可使人口、经济、资源、生态之间的关系较易于协调。在今后发展中，要健全京津冀城市群地域空间规划体系，改善城乡建设空间布局，尽量突破行政区划的限制，搞好跨省、市的区域规划。同时也要建立强有力的二级经济中心和一批以工矿城镇和农村乡镇为主的三、四级中心，不断完善城市群的层次结构，共同组成规模性质不同的、相辅相成的、有机联系的城市群，加快京津冀城市群的空间一体化进程，使整个城市群协调、健康、可持续发展。

（三）强化城际间的交通网络

城际间的交通网络是形成区域经济一体化的基本条件，京津冀城际间的交通网络的完善与强化，将成为京津冀城市群经济迅速整合的加速点。推动要素资源沿交通网络便利而有效地流动起来，形成"点线布局"大中小城镇相结合的经济带。①

1. 建设发达的铁路、公路交通网络

由铁路、公路组成的陆上交通网络是区域空间结构的主要骨架，也是区域交通现代化的主要体现。京津冀城市群已初步形成了以北京为中心，以天津为枢纽，向其他城市辐射的较为发达的铁路、公路交通网络。一方面要在现有铁路网的基础上，提高列车运行速度；另一方面，各市可根据需要将现有的公路网升级，增加高速公路通车里程，形成京津冀城市群的高速公路网。于2008年8月1日投入运行的京津高速铁路完善了京津两地的快速交通体系建设，加强了京津两地的联系。为了促进首都机场与天津滨海国际机场之间的合作，筹划建设连接两个机场的高速轨道交通。

2. 加强各市航空港之间的合作

京津冀城市群内现有首都机场、天津滨海国际机场、石家庄机场等机场。其中，首都机场是城市群内最大的航空港，也是全国最大的航空运输中心。其他市的机场可作为首都机场的备降机场和分流机场。城市群内各机场之间的分工协作水平相对较高，但仍有待进一步提高。京津冀各空港要实现有效合作，实现机场资源的合理利用和优化布局，现有的四个机场可共同组

---

① 辛华：《京津冀城市群发展概况与趋势》，《中国国门时报》，2007-11-7。

建一个以首都国际机场为枢纽机场的航空运输集团,合理分工,联合打造我国最大的、分工协作水平最高的空港群,为京津冀城市群区域整体利益的最大化提供服务。

3. 建成分工协作的港口群

相邻港口之间的分工协作可以使各港口资源得到充分利用,实现优势互补。国际上不乏相邻港口之间进行有效合作的成功范例,如日本的东京港口群、美国的纽约港与新泽西州港、德国的不莱梅港与汉堡港等。[①] 京津冀城市群内各港口缺乏有效的分工协作,没有发挥出港口群的整体优势,但各港口特点各异,具有分工协作的基础。应该整合各港口现有资源,进行统筹规划,根据各港口的区位及自身特点进行分工,建成以天津港为核心港,以秦皇岛、黄骅港和京唐港为枢纽港,以其他小港为辅助港的分工协作港口群。在此基础上,根据京津冀城市群区域经济发展的需要,进一步加强各港口及与之相配的陆上交通体系,延伸港口腹地,增强各港口的集散、辐射功能。港口所在城市及其腹地城市之间要根据需要改善彼此间的陆上交通体系。

(四) 强化市场建设和服务业合作

首先,建立统一市场体系,促进城市群内生产要素和商品的自由流动。建立统一的商品市场准入条件、统一的市场运行规则和统一的市场调控和监管,加大对城市群内商品市场违规行为的惩处力度;借助北京金融总部集聚的优势和天津滨海新区的政策优势,联手打造京津冀城市群一体化的资本市场,促进京津冀经济合作;推动京津冀城市群内任职资格互认和高层次人才智力互享,促进人才开发一体化;打破行政界限的阻隔,以建立京津冀城市群内统一的产权交易市场和通讯市场为突破口,逐步完善产权市场和信息市场一体化建设。其次,强化地域性强的产业的合作,发展大旅游业。京津冀城市群旅游资源丰富,可实现"古色"、"绿色"、"红色"和"蓝色"相结合,也可以融历史文化游与自然景观游为一体,合作的前景非常广阔。[②] 除此之外,以皇家旅游为题材,可以将北京的皇家宫殿、古建筑和园林,承德的避暑山庄,遵化市的清东陵和保定易县的清西陵等组合在一起,构成一条

---

① 张召堂:《中国首都圈发展研究》,北京大学出版社2005年版,第206页。
② 黄征学:《京津冀城市群发展面临的问题及对策研究》,载《中国经贸导刊》2007年第11期,第48页。

精品旅游路线。第三，强化竞争性弱的产业的合作，发展现代服务业。京津冀城市群内部服务业的层级鲜明，这为京津冀城市群服务业合作提供了重要基础。而对于主要依赖资源禀赋形成的服务业，如物流业，则可以依托各自的优势形成分工明确、优势互补的产业网络。

（孟祥迪）

参考文献

[1] 裴志扬：《城市群发展研究》，河南人民出版社 2009 年版。

[2] 赵晓雷：《城市经济与城市群》，上海人民出版社 2009 年版。

[3] 李玉江：《城市群形成动力机制及综合竞争力提升研究》，科学出版社 2009 年版。

[4] 中华人民共和国国家统计局：《中国统计年鉴》，中国统计出版社 2009 年版。

[5] 中华人民共和国年鉴社：《中华人民共和国年鉴》，新华出版社 2008 年版。

[6] 史占中、罗守贵：《都市圈经济一体化中的产业集聚与整合》，上海三联书店 2007 年版。

[7] 刘富江：《中国工业经济统计年鉴》，中国统计出版社 2007 年版。

[8] 王力丁、樊凯、赵毅：《环渤海经济圈——北京卷》，社会科学文献出版社 2007 年版。

[9] 魏达志：《城市群与城市国际化》，海天出版社 2006 年版。

[10] 张召堂：《中国首都圈发展研究》，北京大学出版社 2005 年版。

[11] 李慧斌、张舒：《中外大城市群研究》，辽宁人民出版社 2005 年版。

[12] 陆玉麟：《区域发展中的空间结构研究》，南京师范大学出版社 1998 年版。

[13] 王桂新：《中国人口迁移与城市化研究》，中国人口出版社 2006 年版。

[14] 兰学莉、温夫成、李英：《京津冀城市群发展战略研究》，《企业经济》2009 年第 9 期。

[15] 张敏：《城市群的功能、结构及发展动力》，《经济与社会发展》2009 年第 4 期。

第四章 中原城市群

中原城市群的组成是以河南省省会郑州为中心，包括洛阳、开封、新乡、焦作、许昌、平顶山、漯河、济源在内共9个省辖（管）市，下辖14个县级市，34个县，843个乡镇。土地面积5.87万平方公里，人口3950万，① 分别占全省土地面积和总人口的35.11%和40.14%。中原城市群可分为三个层次：第一层次是大郑州都市圈；第二层次以大郑州都市圈为中心，以洛阳、济源、焦作、新乡、开封、许昌、平顶山、漯河等8个中心城市为节点，构成中原城市群紧密联系圈；第三层次为外围带。从形状上看，可形象地称为"钻石"城市群。②

一、中原城市群的形成背景

（一）拥有悠久的城市历史

中原地区是我国古代文明的重要发祥地之一，也是我国较早出现城市的地区之一，其悠久的历史对中原城市群的形成有着至关重要的作用。

表4.1 中原地区城市建制沿革

城市	建市时间	建制沿革简述③
郑州	1948年	商代中期，郑州曾为都城；西周时期，称管国，为当时周朝之东方重镇；1933年为河南省第一行政督察专员公署驻地；1948年设郑州市；1954年为河南省省会。
洛阳	1949年	从中国第一个王朝——夏朝起，先后有商、西周、东周、东汉、曹魏、西晋、北魏、隋、唐、后梁、后唐、后晋等13个王朝在此建都，是中国建都最早、历时最长、朝代最多的古都。

---

① 数据来源：中国城市统计年鉴编辑部：《中国城市统计年鉴2009》，中国统计出版社2010年版，第54页。
② 陈梦筱：《中原城市群城市竞争力实证研究》，载《经济问题探索》2007年第2期，第33—39页。
③ 注：此简述仅为各城市在历史上具有重要地位时期的沿革史。

城市	建市时间	建制沿革简述
开封	1949年	战国时期为魏国都；宋代为首都京东城；明清为河南省会；1949年设市，为河南省省会；1954年省会迁往郑州，开封为省辖市。
新乡	1949年	秦汉时为东郡、三川郡、河内郡地；曹魏以后千余年间屡置郡置州；1949年8月设为平原省省会；1952年11月，平原省撤制，新乡划归河南省。
焦作	1956年	汉代以后反复曰河内郡、怀州；1913年改名泌阳县，1945年成立焦作市。
许昌	1948年	公元前8世纪，周封文叔于许，称许国；公元221年，魏文帝废汉立魏后，改许县为许昌，沿用至今。
平顶山	1957年	1957年设市，是在煤矿点基础上建立起来的新城市。
漯河	1950年	明朝永乐年间已发展为贸易重镇；1948年设立县级市；1950年设市；1986年改为地级市。
济源	1988年	周朝先后于此设置三县，均属河内郡；元初改称济源，沿用至今；1988年成立济源市（地级），属焦作市管辖；1997年为省辖市。

资料来源：苗长虹：《中国城市群发育与中原城市群发展研究》，中国社会科学出版社2007年版。

（二）区域竞争压力促成中原城市群发展抉择

从国内外城市群发展的经验看，城市群在区域经济发展中的功能和作用，主要是加快要素聚集，促进产业融合，增强辐射带动力，提高整体竞争力。近年来，在我国中西部地区，长株潭、成渝、武汉、关中等一批城市群正在悄然崛起，城市群已经成为区域经济竞争的主要载体，在未来区域经济发展及其竞争中具有重要的作用和地位。在这种形势下，地处中原的河南省有三条可供选择的发展路径：一是"搭车"发展，即将经济发展的侧重点放在地缘关系较近的长江三角洲城市群和环渤海城市群，通过加强与它们的经济联系而接收其辐射带动，但空间距离却是其最大的障碍；二是继续维持现有的各自为政的区域经济发展格局，这样可以避免城市整合中的矛盾和冲突，但是却不利于提升区域综合实力，从而导致河南在全国区域经济竞争中的能力将会越来越弱；三是集中力量发展以郑州为核心的中原城市群，使之尽快成长为河南区域发展的增长极，以带动河南区域经济的发展。显然，通过发展中原城市群，然后带动河南区域经济的发展是一条切实可行的道路。①

（三）城市职能定位决定着中原城市群的发展方向

城市群的经济发展方向取决于区域内各城市的职能定位。根据河南省"十一五"规划目标，中原城市群9个地级城市功能定位见表4.2所示。

表4.2 中原城市群的城市职能定位

城市	城市职能定位
郑州	中原城市群的中心城市，中国历史文化名城，国际文化旅游城市，全国区域性中心城市，全国重要的现代物流中心，区域性金融中心，先进制造业基地和科技创新基地。
洛阳	中原城市群的副中心，中国以历史文化和花卉为主的国际文化旅游中心城市，全国重要的新型工业城市、先进制造业基地，科研开发中心和职业培训基地，中西部区域物流枢纽。
开封	中国历史文化名城，国际文化旅游城市，中原城市群重要的轻纺、食品、医药和精细化工基地，郑州都市圈的重要功能区。
新乡	中原城市群的高新技术产业和加工制造业基地，河南省职业培训基地，中国现代农业示范基地，中原城市群北部区域物流中心。
焦作	中原城市群的能源、重化工、汽车零部件制造基地，国际山水旅游城市。
许昌	中原城市群高新技术产业、轻纺、食品、电力装备制造业基地，农业科示范基地和生态观光区。
平顶山	中国中部化工城，中原城市群化工、能源、原材料、电力装备制造业基地，河南省历史文化和自然旅游基地。
漯河	立足于成为中国食品城，中原城市群轻工业基地，生态农业示范基地，中原城市群南部区域物流中心。
济源	以能源和原材料为主的加工制造业基地，以历史文化和自然景观为主的生态旅游城市。

资料来源：苗长虹：《中国城市群发育与中原城市群发展研究》，中国社会科学出版社2007年版。

---

① 许叔明、刘静玉：《中原城市群的形成与发展分析》，载《许昌学院学报》2006年第2期，第144—148页。

二、中原城市群发展优势及其动力机制

(一) 发展优势

1. 区位优势突出。中原城市群地理位置适中,自然条件优越,交通四通八达,具有承东启西、实施东引西进战略、实现中部崛起的最佳地理位置。[①]

2. 城市的架构比较合理。郑州的副中心洛阳工业基础比较雄厚,焦作和平顶山能源资源非常丰富,南有徐昌,北有新乡,东有开封,西有洛阳,城市结构非常合理。另外,大中小城市体系也比较合理。

3. 资源禀赋条件好,农产品资源丰富。该区域是矿产资源的富集区域,已发现矿种超过河南省的3/5,其中钼矿、铝土矿等在河南省乃至全国占据明显优势,主要资源禀赋条件好,开发利用方便。农产品资源也在全省乃至全国占有重要地位,拥有许多全国重要的农业生产基地,是我国粮食作物和经济作物的主要产地。近年来在农产品加工上有很大的发展,像双汇的火腿肠,南街村的方便面,新乡、开封的食品加工,在全国有很大影响。

4. 历史文化底蕴厚重。北宋以前,中原城市群区域长期为古代中国政治、经济、文化中心,洛阳、开封在中国七大古都之列,郑州又被评为中国第八大古都。该区域是中国古代先进文化和文明的发祥地之一,具有共同的历史和文化积淀,富有生生不息、开拓进取和兼容并蓄的优良文化传统。[②]

5. 教育、科技水平较高。中原城市群是河南省的高校密集区,区内普通高等学校占全省的75.6%,普通高校在校生占全省的81.4%;全省424个硕士学位授予点、35个博士学位授予点和3个国家级重点学科,全部在本区域。[③]

(二) 发展动力

1. 产业发展驱动。中原城市群构建区域产业体系的指导原则是,从城市群总体发展格局出发,因地制宜,突出城市的优势产业,强调城市产业的

[①] 仲利娟:《中原城市群经济发展前景》,载《消费导刊》2009年第1期,第87页。
[②] 陈梦筱:《中原城市群城市竞争力实证研究》,载《经济问题探索》2007年第2期,第33—39页。
[③] 河南省统计局:《河南统计年鉴2005》,中国统计出版社2005年版,第101页。

趋异和互补。① 中原城市群蕴藏有丰富的自然资源和人文资源。煤炭等资源的开发导致了焦作、平顶山等城市的兴起；郑州依托其全国性的交通枢纽地位、国家重点建设工程中的3项及其郊县丰富的矿产资源迅速崛起；新乡借助其轻纺、能源、电子电器工业的发展而兴起；20世纪50年代著名的156项国家重点建设工程中的7项放在洛阳，带动了洛阳市的迅速发展；凭借优越的农业生产条件和迅速发展的外向型民营经济，许昌城市化进程迅速；漯河市在农副产品基础上的食品加工工业对城市的迅速发展具有很大的促进作用；济源的原材料加工工业、电力工业和旅游产业发展迅速；作为老省会城市、国家历史文化名城、全国优秀旅游城市的开封也在逐渐壮大。

2. 区域网络化组织发展驱动。我国两大铁路干线京广线和陇海线纵横穿越中原城市群区域并在其核心城市郑州市相交，此外区内还有焦枝、新荷、深埠等铁路干线和连霍、京珠高速公路、国道107、106、310以及其他较低级别的公路网络纵横分布；有郑州、洛阳两个航空港，加上穿越本区的正在建设中的"西气东输"和"南水北调"工程，以区域内部各个城镇为核心的区域性市场网络以及以郑州为核心的中原城市群市场网络已经形成。

3. 区域发展需要驱动。中原城市群的出现也是河南省区域经济发展的必然要求与结果。构建以郑州为核心的9市在内的中原城市群也正是意欲打造河南的区域经济发展的增长极。经过长时间的经济增长和积累后，中原城市群完全可以承担区域经济增长极的角色，从而对河南区域经济发展起到辐射与带动作用。

4. 政府宏观调控行为驱动。构建以郑州为核心的中原城市群建设规划始于1994年中国新亚欧大陆桥发展研究会联络处（郑州市政府陇兰办）提出的"十大"建设课题之一，并于1996年正式列入河南省"九五"计划和2010年远景建设规划。② 经过长时期的审视和选择，2003年8月公布的《中原城市群经济隆起带发展战略构想》构造了以郑州为核心的9个城市在内的中原城市群的概念框架，提出了中原崛起的发展战略，进一步构造中原城市群的产业框架、区域城镇体系、基础设施建设等。

---

① 李建庄：《中原城市群经济一体化发展研究》，载《中州学刊》2009年第5期，第277—278页。

② 龙同胜、邓志军、胡廷贤、荆体增：《呼唤中原城市群》，载《决策探索》2000年第10期，第5—6页。

三、中原城市群与长三角城市群、武汉城市圈的比较

(一) 城市群竞争力比较

城市群综合竞争力大小由城市群先天竞争力、城市群现实竞争力、城市群成长竞争力决定,中原城市群的综合竞争力在全国排名第九,表4.3对影响综合竞争力的三个参数分别进行了对比和分析。

表4.3 2008年中国城市群竞争力排名

城市群	综合竞争力[①]	先天竞争力	现实竞争力	成长竞争力
长三角城市群	1	1	2	1
武汉城市圈	7	10	10	5
中原城市群	9	7	13	8

数据来源:中国城市统计年鉴编辑部:《中国城市统计年鉴2008》,中国统计出版社2009年版。

1. 城市群先天竞争力

城市群先天竞争力指的是城市群自然竞争力,或者初始性竞争力,也就是这个城市群所在的区域能够提供人口聚集的自然条件,同时有相应的土地资源以供发展,还有较为丰裕的淡水资源。这些基本生存和发展条件是大自然赋予的,因此称为先天竞争力。城市群先天竞争力的核心概念是人口规模,因为人口规模的大小本身就拥有丰富的含义,反映了当地良好的气候条件和土地状况等一系列因素。[②]

就先天竞争力而言,中原城市群排名第七,虽落后于经济发达的长三角城市群,但是却优于同是中部发展中的武汉城市圈。由此可以看出,中原城市群先天性优势很具有竞争力。中原城市群城市密度较高,2008年在中国33个城市群中位居第四位;区域内人口密度达665人/平方公里,是我国人

[①] 城市群综合竞争力 = F(城市群先天竞争力,城市群现实竞争力,城市群成长竞争力)。
[②] 中国城市群竞争力分析 [EB/OL],中国网,http://www.china.com.cn/aboutchina/zhuanti/08jingzheng/2008 - 10/14/content_ 16609695.htm,2010 - 3 - 9。

口密度最大的区域之一。城市土地密度的得分值也较高，居于第六位。郑州虽是后起的城市，由于其得天独厚的交通优势，得以后来居上，成为中原城市群的中心。各城市发展势头强劲，经济联系日益紧密，基本形成了以郑州为中心、一个半小时通达的交通网络，具备了一体化发展的基础和条件（如图4.1所示）。①

图4.1 中原城市群区位图

2. 城市群现实竞争力

城市群现实竞争力是城市群当前竞争力，表现的是城市群目前所体现的产出能力、经济效率和结构等状况。城市群现实竞争力 = F（经济规模竞争力，经济质量竞争力，经济结构竞争力，经济开放竞争力，投资竞争力，体系结构竞争力，经济效率竞争力）。经济开放竞争力指的是该城市群和群外区域之间的经济往来。用进出口额、外资额和国际旅游收入这三个指标能够较好地反映城市群的开放能力。投资竞争力指的是城市群内部的投资能力。用人均储蓄余额和居民储蓄规模能够较好地体现。体系结构竞争力指的是城

---

① 33个城市群竞争力点评与排名 [EB/OL]，中国网，http：//www.china.com.cn/aboutchina/zhuanti/08jingzheng/2008-10/15/content_ 16613032. htm，2010-3-9。

市群内部体系状况。分别用中心城市首位度和分工状况来表示。①

2008年,中原城市群的GDP规模在中国33个城市群中位居第七位,城市群分工程度较高,排名为第五;对外贸易特征不明显,各项相关指标得分排名均在15名之后;人均指标排名处于中游水平;城市化水平是综合排名前10的城市群中最低的一个城市群,仅为第18位。虽然先天竞争力排名第7位,但由于对外开放程度和城市化水平不高,中原城市群现实竞争力排名仅居13位。②

3. 城市群成长竞争力

城市群成长竞争力是后天性竞争力,是决定城市群发展潜力、成长速度的驱动力、持续的增长能力,决定着城市群未来发展能力。可以说,这是城市群竞争力三个层面中的核心竞争力,也是可以通过相应措施改变的。这就为相应政策制定提供了相应的理论基础。

城市群成长竞争力 = F(速度竞争力,人口增长竞争力,科教文卫竞争力,基础设施竞争力,可持续发展竞争力,中心城市竞争力)。人口增长竞争力指的是该城市群人口数量增长的速度,分为群内常住人口增长速度和群外移民增长速度。反映了城市群内人力资源储备力量,也表明了对城市群外人口的吸引能力。科教文卫竞争力指的是该城市群内涵竞争力的重要表现,是城市群竞争力成长的核心要素。基础设施竞争力指的是该城市群内和城市群外的交通设施的发达程度。群内的基础设施程度决定了城市群未来的密切程度和交易成本的降低,对城市群发展至关重要。群外的交通便利程度则表现了该城市群在整个国家的交通地位,是该区域能够成为城市群并持续发展的重要因素。可持续发展竞争力指的是对城市群发展经济的成本问题,随着我国建立节约型社会和转为集约型增长方式的力度不断加强,该竞争力决定着城市群在未来的持续发展能力。中心城市竞争力指的是城市群中心城市的能力大小问题,城市群的关键标志就是中心城市的存在,中心城市竞争力大小对城市群未来发展至关重要。在这里用企业辐射指数和中心城市行政级制

---

① 中国城市群竞争力分析 [EB/OL],中国网,http://www.china.com.cn/aboutchina/zhuanti/08jingzheng/2008 - 10/14/content_ 16609695. htm,2010 - 3 - 9。

② 33 个城市群竞争力点评与排名 [EB/OL],中国网,http://www.china.com.cn/aboutchina/zhuanti/08jingzheng/2008 - 10/15/content_ 16613032. htm,2010 - 3 - 9。

进行衡量。①

中原城市群经济增长速度较慢，2008年，中国33个城市群中中原城市群GDP增长率居于第25位。工业废物综合利用率偏低，而工业污水排放处理达标率较高，说明尽管在环境治理方面有一定的优势，而在生产资料有效利用方面还显不足。此外，该城市群的中心城市竞争力不足，表现为行政级别这一指标得分值偏低，位次仅为第23位。但在科技水平、医疗质量及文化设施方面工作比较到位，三者的排名均为第7位。另外，在关系城市群未来人力资源水平的教育质量这一指标名次较低，仅列在第19位。② 由于以上参数指标的影响，中原城市群成长竞争力排名第8位，均落后于中原长三角城市群和武汉城市圈。

（二）中心城市发展水平比较

1. 中心城市综合实力比较

在城市群中起着核心和支撑作用的，是区域经济增长的核心极点，城市群的竞争归根结底是中心城市的竞争。但目前，郑州市作为中原城市群的中心城市，首位度低，经济实力薄弱，综合竞争力较差，对中原城市群的带动作用不强。表4.4为中原城市群的中心城市郑州，与经济发展水平较高的长江三角洲城市群的中心城市上海，以及同是中部的发展中的武汉城市圈的中心城市武汉的综合实力的比较。

表4.4 2008年上海、武汉、郑州三大中心城市综合实力比较

城市	总人口（万人）	占全国比例（%）	总面积（km²）	占全国比例（%）	GDP（亿元）	占全国比例（%）	人均GDP（元）	综合竞争力排名
上海	1373	1.13	6340	0.07	12066	4.34	68201	3
武汉	910	0.75	8467	0.09	2709	0.97	47526	23
郑州	787	0.65	7446	0.08	1026	0.37	35499	36

数据来源：倪鹏飞：《中国城市竞争力报告》，社会科学文献出版社2009年版。

由表4.4可知，2008年，郑州不论是从总量GDP还是人均GDP均远远

---

① 中国城市群竞争力分析［EB/OL］，中国网，http://www.china.com.cn/aboutchina/zhuanti/08jingzheng/2008-10/14/content_16609695.htm，2010-3-9。

② 33个城市群竞争力点评与排名［EB/OL］，中国网，http://www.china.com.cn/aboutchina/zhuanti/08jingzheng/2008-10/15/content_16613032.htm，2010-3-9。

低于上海,同时也低于同是中部发展中城市群的中心城市武汉。这说明中原城市群中心城市的经济实力与发展水平还比较低。从城市首位度和城市综合竞争力在全国的排名来看,中原城市群中心城市的首位作用和综合竞争力也是比较薄弱的,导致中心城市主导作用不明显,对区域发展的牵引带动作用相对较弱。

2. 中心城市分项竞争力

郑州作为中原城市群的核心城市,各分项指标与长三角城市群的中心城市上海之间有较大差距,也远落后于武汉。尤其是在结构竞争力、综合区位竞争力、环境竞争力、制度竞争力、政府管理竞争力、企业管理竞争力、开放竞争力这几个方面,均位于40名以后(见表4.5)。可见,作为中原城市群内的中心城市,郑州发展实力较弱。

表4.5 2008年上海、武汉、郑州三个中心城市分项竞争力在全国的排名

城市	人才竞争力	资本竞争力	科学技术竞争力	结构竞争力	基础设施竞争力	综合区位竞争力	环境竞争力	文化竞争力	制度竞争力	政府管理竞争力	企业管理竞争力	开放竞争力
上海	3	2	2	3	1	2	19	24	19	2	7	8
武汉	11	11	7	39	23	13	37	25	17	26	33	28
郑州	25	30	21	47	31	42	47	32	48	42	41	41

数据来源:倪鹏飞:《中国城市竞争力报告》,社会科学文献出版社2009年版。

3. 中心城市首位度比较

由表4.6可以看出,中原城市群的首位城市郑州的首位度仅为上海首位度的1/2,武汉的1/3。这说明作为城市群的核心城市,郑州总体规模不够大,经济实力不够强。

表4.6 2007年三大城市群中心城市首位度对比[①]

城市	上海	武汉	郑州
首位度	2.05	3.24	1.05

资料来源:国家统计局城市社会经济调查司编:《中国城市统计年鉴2008》,中国统计出版社2009年版。

---

① 本文所指的城市首位度是指"两城市指数",即用首位城市与第二位城市的人口规模之比的计算方法:$S = P1/P2$。

四、提高中原城市群发展水平的主要策略

（一）提高中原城市群对外开放和城市化水平

1. 积极发展外向型经济

中原城市群地处内陆，与沿海省市的发展差距虽然由来已久，但在改革开放以前，差距并不是太大。然而经过30年的改革开放，河南经济自身得到长足发展的同时，与沿海的发展差距急剧拉大，并且有不断拉大的趋势。这其中的一个主要原因就是对外开放的力度不够、经济外向度不高。就中部城市群来讲，2006年，中原城市群、武汉城市群、长株潭城市群的进出口额分别为75.4亿美元、101.6亿美元、68.1亿美元，中原城市群虽居第2位，但绝对量很少。从实际利用外资额来看，中原城市群位居第三位，为13.3亿美元，仅为长株潭城市群的62.1%。从外商直接投资占城镇固定资产比重看，武汉城市圈在中部地区的对外开放程度最高，为9.9%，长株潭城市群为8.80%，中原城市群开放度最低，仅为3.7%。如果与珠三角、长三角的经济外向度相比，则差距就更大，这一问题若不尽快解决，城市群的综合实力就很难提高，城市群对区域经济发展的带动作用就很难发挥出来。[①]

2. 加快工业化和城镇化进程

工业化与城市化是农业社会向工业社会、传统社会向现代社会转变过程中产生的两种经济现象。工业化程度是一国或地区经济发展水平的重要标志，城市化是工业革命的结果，是伴随工业化过程而兴起的人口大规模迁徙运动。从本质上讲，工业化是推动城市化发展的最基本动力。工业化所带来的社会生产力的进步不断为城市化的发展创造必要条件，同时，城市化的推进又为工业化的进一步发展提供新的基础，二者相辅相成，共同推进经济结构的转变。[②] 然而，改革开放初期，沿海地区发展很快，要素向沿海地区集中，因而造成中部地区要素向外流失比较严重。这是中原城市群工业化进程

---

① 朱杰堂：《中原城市群的突出问题与对策建议》，载《郑州大学学报》2009年第2期，第77—80页。

② 雒海潮、苗长虹：《中原城市群地区城市化水平分析与预测》，载《洛阳工业高等专科学校学报》2006年第1期，第61—64页。

中一个重要的制约因素。同时,在全国范围内,中原城市群的城镇化水平与其他两个城市群相比较,还处于较低的水平。不仅与经济发达的长三角城市群相比差距很大,即使与同处于中西部省区的武汉城市群相比,仍有比较大的差距。目前,工业化、城镇化水平偏低已成为中原城市群经济发展的"瓶颈"。因此,加快工业化和城镇化的推进应成为提高中原城市群发展水平的重要决策。

(二) 提高中原城市群人力资本存量和科技创新能力

1. 提升中原城市群的人力资本存量

在全球化的竞争中获得优势,不能简单地依靠降低劳动力的价格,关键是使劳动力的竞争力上升,提高竞争优势。竞争优势不仅与价格有关,更与劳动力的技能、素质、创新能力有关。如果国家想提高本国劳动力的竞争优势,只有靠教育、职业培训等手段,提高劳动者的创新能力和技能,使本国能够生产高技术、高附加值的产品。具体到我国和中原城市群,虽然劳动力价格较低,但许多劳动力的素质也非常低,使很大一部分比较优势没有能够转化为竞争优势。随着全球化的发展,面对更加激烈的竞争,中原城市群必须进一步提高劳动者素质,使中原城市群在劳动力方面的比较优势转化为竞争优势。由于人力资本投资具有很强的正外部性,而投资者只能从中获得一部分收益,其他收益由其他人、社会团体或整个社会获得,所以,单靠个人投资,将导致投入的减少,政府必须进行必要的投资以弥补私人投资的不足。具体来说,政府应加强基础教育,使更多人可以享有接受高等教育的机会,加大在公共卫生、医疗保健方面的投入,健全社会保障制度等。为了提高中原城市群劳动力的竞争力,政府必须担负起自己应有的责任,通过加大培训和再培训力度等各种形式,使劳动者更加适应劳动力市场的要求。通过发展高等教育,大力培养创新人才。

提升中原城市群的人力资本存量,要大力发展科教文化事业。充分发挥郑州、洛阳、开封等城市科技、教育、文化基础较好的优势,带动本区域科教文化发展,构建中西部地区重要的科教文化中心。进一步整合科技资源,以体制创新推动技术创新,把中原城市群的整体研发水平和技术创新能力提高到一个新的层次。

2. 提高中原城市群的科技创新能力

培育研发中心密集区,提高科技创新能力。中原城市群加大科技创新投入、提高科技创新能力，有两条途径可以选择：一是依靠政府的力量，由政府增加投入；二是依靠市场的力量，通过培育研发中心密集区，提高科技创新能力。显然，中原城市群的崛起应该是以市场为主导的过程，这将保证中原城市群是真正具有竞争力的。

目前，我国各地区都在利用跨国公司研发中心向中国扩散和国内企业重视研发的有利时机，培育各种研发中心。这些中心大多是服务于产品的研发，旨在提高有关产品的国际竞争能力，与东道国中国本土的科研教学或经营单位有较密切的业务合作关系，所使用的研发人员在逐步本地化。吸收跨国公司在华建立研发中心的直接投资，吸引跨国公司在华的非股权安排参与，可以为增强中国的技术力量作出贡献。中原城市群应该抓住这些机会，争取培育中原城市群体系内的研发中心密集区。同时，中原城市群应该通过一些优惠措施促进本地研发的发展。利用多种方法，吸引研发中心落户此区域。

五、中原城市群发展战略思考

(一) 可持续发展战略选择

1. 中原城市群发展面临环保压力

生态环境不仅影响经济社会的可持续发展，而且关系到人类的生存。没有生态的可持续性，就没有经济社会的可持续发展。生态环境已经成为可持续发展的制约因素。中原城市群的产业多以资源消耗型为主导，这类产业耗能大，利用率低，"三废"排放量大，对环境造成了重大污染。虽然各个城市内部也曾采取一些措施治理污染，但力度还不够，污染问题依然存在。中原城市群单位区域面积 SO_2 排放量达到 15.19t/km^2，是武汉城市群（6.33t/km^2）的两倍多。按照国家大气质量二级标准，SO_2 排放量超过 6t/km^2 时就会达到污染，中原城市群则是其 2.5 倍还多，显然已经严重超标。[①] 在 2007 年全国排名的 10 大污染城市榜中，洛阳名列其中；2008 年全国 10 大污染城市榜中，焦作名列其中。

[①] 朱永红、郭佳俊：《中原城市群可持续发展存在的问题及对策》，载《跨世纪》（学术版）2008 年第 11 期，第 9—10 页。

2. 走循环经济发展之路

首先是加大力度改善生态环境。

第一，加强生态修复。建立生态城市体系，抓住国家实施生态重点治理的机遇，认真抓好河南低山丘陵地区退耕还林还草和天然林保护工程及通道、农田防护林建设；建立太行山绿化工程、黄河中游防护林工程、平原绿化工程、防沙治沙工程、天然林保护工程、城市绿化及城郊生态工程、交通通道绿化工程、生态环境保护工程、防治沙漠化及农田林网工程和可持续发展试验区、农业生态示范区、自然保护区、生态示范区、水污染治理及城市环境综合整治等一系列生态环境保护与建设工程。对于环境招致破坏和生态退化的区域要尽快治理和修复，加快建设自然保护区，保护生物的多样性，控制水土流失，实现建设国家生态城市的目标，提升中原城市群经济可持续发展的生态支撑体系。

第二，强化环保意识，加大城市群系统内环境保护力度。要严格实行污染物排放总量计划控制，全面治理大气污染，加大对烟尘、粉尘和机动车尾气污染的治理力度，有效消减二氧化硫和烟尘排放量；着力提高工业固体废物、生活垃圾的综合利用和无害化处理率，把中原城市群建成一个天蓝、水清、地绿、景美的人与自然和谐的生态城市群。

第三，实现中原城市群系统内自然资源的永续利用。在中原城市群发展中，对于水、土地、矿产等自然资源的开发，必须坚持开源、节流、保护并举、以节约为主的方针，加强水资源统一规划与管理，改变农业传统灌溉方式，推广先进节水灌溉技术。要严格限制高耗水项目发展，限制对地下水无序开采和超采；加强土地管理，保护耕地总量，合理控制新增建设用地，加大复垦力度；加强对矿产资源开发的监督和管理，坚决制止滥采滥挖、采富弃贫等浪费资源的行为，实现有序利用，调控开发总量，提高矿产资源综合利用率。[①]

其次是提升生态环境承载力。

第一，大力加强生态建设。有效治理环境污染，合理开发利用资源，加快发展循环经济，促进区域可持续发展。

第二，加强环境治理和保护。以治理城市污染为重点，继续加强工业点

---

① 奚青梅：《中原城市群经济可持续竞争力问题研究》，载《当代经济》2008年第1期，第96—97页。

源污染治理，控制农村面源污染，大力发展循环经济，促进区域环境质量的持续好转。

第三，提高水资源和土地保障能力。通过建设大型水利工程、优化水资源配置、控制开采地下水、大力推广应用节水技术、发展中水回用和推行阶梯水价等综合措施，科学开发和节约利用水资源，确保满足水资源需求。在全省耕地占补平衡的前提下，对中原城市群建设发展用地予以倾斜支持。大力开展土地整治，合理开发土地后备资源，节约集约利用土地，提高土地利用效率。

第四，加强城市空间发展的规划和管理。对各城镇总体规划控制区范围以外地域上的生态敏感区、城市水源涵养地、滞洪区、省级以上重点文物遗址、地质灾害易发区、重要矿产资源埋藏区等实施空间管治，禁止在管治范围内进行有损环境和资源的各种活动。①

(二) 城市群合作战略选择

由于河南省居中的地理位置和人口大省等特征，周围城市群较多，但联系都不够紧密，使得中原城市群处于相对独立的发展状态。如何顺应各城市群和区域经济的发展趋势和规律，正确处理中原城市群与周围其他城市群的关系意义重大。

1. 与长江三角洲城市群——融合支撑

经过中华人民共和国成立以来60多年，特别是改革开放30多年的飞速发展，长江三角洲地区已成为我国经济、文化、科技最发达的地区，其经济实力已超过珠江三角洲和环渤海地区，在我国经济建设中具有举足轻重的地位，素有"金三角"之称。各城市依托上海已形成了经济实力强、社会发展水平高的城市群体。区内城市工业技术基础雄厚，产业门类配套齐全，资源加工能力强，人口密度、技术水平、管理水平和综合经济效益均处于全国领先水平，且大多数城市都有主导产业和优势产品。其中，汽车、钢铁、石化、电气、信息等一系列产品以及提供的金融、保险、商贸、航运、电信等服务在全国都占有重要地位。同时，长江三角洲也是河南省东引和经济联系的主要地区。中原城市群应借助长三角在产业、信息、与外界联系等方面的

---

① 《中原城市群发展纲要》，河南广播网：http://henan.sina.com.cn/news/2009-08-11/1449560.html，2010-3-9。

优势,积极主动向长三角融合,凭借中原地区区位、交通、资源、劳动力等方面的优势,成为长三角产业转移的最佳地区,为长三角的发展提供支撑,同时也为自身的发展寻找外力,使该地区在长三角的带动下能够得到快速发展。

2. 与京津冀城市群——互补合作

北京市是我国政治、文化、金融、信息、高科技产业基地,天津市有良好的港口与外交流,其滨海新区开发开放被列入国家"十一五"规划,京津地区石油化工、钢铁、机械、电子、轻纺等有较好的合作基础。2004年2月16日,在北京市第十二届人大第二次会议上,北京市市长王岐山在《政府工作报告》中指出,将发展以现代制造业为主的"总部经济"。京津唐地区在未来IT业的创新发展潜力也非常巨大,京津拥有雄厚的科研力量,在研发及促成电子信息产业科技成果转化方面,这一地区均得天时地利。京津冀城市群是河南省农产品和南水北调的主要接受地区,中原城市群在为京津冀城市群提供能源、原材料等补充的同时,应积极与京津冀城市群合作,借助该城市群的信息、技术、资金等方面的优势,尽快提高自己的创新能力和对外合作能力,从而提高本地区的综合竞争能力,实现经济的快速发展。有专家指出,这一区域的生态农业资源和旅游资源产业调整将产生更多的商机,而河南省作为农业大省和旅游大省,更是能够为京津冀城市群提供补充,并能加强此方面的合作。

3. 与山东半岛城市群——合作竞争

作为黄河中下游的两大城市群,在经济基础、产业结构、资源条件等方面有很多相似之处,如都已基本形成门类比较齐全、支柱产业优势比较明显的工业体系,同时也都是全国重要的农业生产基地和驰名中外的旅游胜地等。因此,两大城市群在加强合作的同时又不可避免地存在竞争。山东半岛城市群是黄河下游地区的主要入海门户,近年来,在政府的重视下,得到了快速发展。山东省政府提出以山东半岛城市群为主体,全面参与日韩产业协作,建立山东省与日韩产业协作区,在国际化竞争与合作背景下营造中国第三大制造业基地。具体内容包括:以承接日本、韩国的产业转移为重点,主动迎接国际分工的挑战,发挥地缘优势,搞好与日韩产业协作区的协调建设;以半岛城市群为依托,以各类开发区、加工贸易区和大企业集团为载体,加大对日韩及台湾地区的招商引资力度,创建吸引外资的国际一流理想创业地区,使半岛城市群成为日韩产业转移、对外投资的首选区,同时吸引其他发达国家和地区的产业转移。而中原城市群在国外合作方面没有山东半岛城市群的区位优势，应该加强与该城市群的联合与合作，同时要扬长避短，合理定位，力争在一些领域特别是先进制造业和高技术产业领域实现跨越式发展。

4. 与武汉城市群——错位共起

近年来，在国家西部大开发、振兴东北老工业基地战略实施的同时，中央也提出了中部崛起战略，中部六省都积极想成为中部崛起的龙头老大，其中呼声最高的就是湖北省和河南省。武汉是中部地区的特大城市，历史上就是区域经济中心，具有较好的产业基础。而郑州近年来的发展也不容小视，特别是中原城市群的整体实力与武汉城市群不相上下。中原城市群与武汉城市群分属黄河中下游和长江中游，不仅是中部崛起的重要战略平台，也分别是黄河经济带和长江经济带发展的重要战略平台，是东西部地区资源、信息、技术等交流和交换的战略节点，又是我国中部的2个最大的城市群。应各自发挥自身特色优势，错位发展，共同崛起，成为我国中部崛起的2个重点地区。

5. 与关中城市群——联合合作

我国西部基础设施薄弱，尤其是城市数量偏少，以高原山区为主的农村面积广阔却土地贫瘠，致使城市对农村的辐射力相对较弱，经济、科技、教育发展水平滞后。因此，建设以中心城市为核心的城市群，是政府推进西部大开发的一项重要战略。而关中城市群正是西部大开发的核心，其中西安是城市群的核心，也是西北地区的首位城市，与长三角、珠三角、京津冀城市群相比，关中城市群在经济发展上还有一定差距。陕西省政府决定利用自身能源、人力资源优势和人力资源价格相对低的优势来吸引沿海发达地区的产业向本地转移。中原城市群和关中城市群作为黄河经济带上的2个城市群，应加强科技、信息、资金等方面的合作和联合，尤其是科技方面的联合，增强科技创新能力和竞争力，东引西进，共同发展。[1]

（刘艳艳）

---

[1] 杨迅周、李小改、魏艳：《中原城市群与周边城市群的关系研究》，载《地域研究与开发》2007年第4期，第52—55页。

参考文献

[1] 倪鹏飞：《中国城市竞争力报告2009》，社会科学文献出版社2009年版。

[2] 中国城市统计年鉴编辑部：《中国城市统计年鉴2009》，中国统计出版社2010年版。

[3] 中国城市统计年鉴编辑部：《中国城市统计年鉴2008》，中国统计出版社2009年版。

[4] 中国城市发展研究会编：《中国城市年鉴2008》，中国城市年鉴社2008年版。

[5] 河南省统计局、国家统计局河南调查总队编：《河南统计年鉴2008》，中国统计出版社2008年版。

[6] 湖北省统计局、国家统计局湖北调查总队编：《湖北统计年鉴2008》，中国统计出版社2008年版。

[7] 湖北省人民政府主管、湖北省地方志编纂委员会办公室主办：《湖北年鉴2008》，湖北年鉴社2008年版。

[8] 苗长虹：《中国城市群发育与中原城市群发展研究》，中国社会科学出版社2007年版。

[9] 河南省统计局：《河南统计年鉴2005》，中国统计出版社2005年版。

[10] 埃德温·S·米尔斯：《区域与城市经济学手册》，经济科学出版社2003年版。

[11] 李建庄：《中原城市群经济一体化发展研究》，《中州学刊》2009年第5期。

[12] 朱杰堂：《中原城市群的突出问题与对策建议》，《郑州大学学报》2009年第2期。

[13] 仲利娟：《中原城市群经济发展前景》，《消费导刊》2009年第1期。

[14] 朱永红、郭佳俊：《中原城市群可持续发展存在的问题及对策》，《跨世纪》（学术版）2008年第11期。

[15] 奚青梅：《中原城市群经济可持续竞争力问题研究》，《当代经济》2008年第1期。

[16] 吴婧、沈山：《中原城市群的城市功能定位和建设策略探讨》，

《经济论坛》2007 年第 17 期。

[17] 杨迅周、李小改、魏艳：《中原城市群与周边城市群的关系研究》，《地域研究与开发》2007 年第 4 期。

[18] 陈梦筱：《中原城市群城市竞争力实证研究》，《经济问题探索》2007 年第 2 期。

[19] 罗士喜：《中原城市群科技创新能力研究》，《商丘师范学院学报》2007 年第 2 期。

[20] 张伟、黄胜恩：《中原城市群的差异化经营策略探讨》，《洛阳师范学院学报》2007 年第 2 期。

[21] 许叔明、刘静玉：《中原城市群的形成与发展分析》，《许昌学院学报》2006 年第 2 期。

[22] 雒海潮、苗长虹：《中原城市群地区城市化水平分析与预测》，《洛阳工业高等专科学校学报》2006 年第 2 期。

[23] 刘健、蔡玉胜：《"中部崛起"及路径选择》，《经济与管理研究》2005 年第 1 期。

[24] 汪利娜：《中国城市化面临的新机遇及政策性建议》，《开放潮》2003 年第 7 期。

[25] 龙同胜、邓志军、胡廷贤、荆体增：《呼唤中原城市群》，《决策探索》2000 年第 10 期。

[26]《中国城市群竞争力分析》[EB/OL]．中国网．http：//www.china.com.cn/aboutchina/zhuanti/08jingzheng/2008 – 10/14/content_16609695.htm，2010 – 3 – 9。

[27]《33 个城市群竞争力点评与排名》[EB/OL]．中国网．http：//www.china.com.cn/aboutchina/zhuanti/08jingzheng/2008 – 10/15/content_16613032.htm，2010 – 3 – 9。

[28]《优化经济环境聚八方之力打造大郑州》[EB/OL]．新华网河南频道．http：//www.ha.xinhuanet.com/add/touti/2003 – 09/08/content_916199.htm，2010 – 3 – 9。

[29]《中原城市群发展纲要》[EB/OL]．河南广播网．http：//henan.sina.com.cn/news/2009 – 08 – 11/1449560.html，2010 – 3 – 9。

第五章 关中城市群

关中地区是指位于陕西中部,西起宝鸡,东至潼关,东西相距360公里,面积约占陕西省总面积的19%。地势平坦,物产丰富,国民生产总值约占陕西省的2/3,号称"八百里秦川"。关中地区城镇主要分布在东西长南北窄的平原带上,亦即新亚欧大陆桥沿线,并呈带状分布。关中城市带主要有三个相对密集的城市(镇)区域,即存在三个中心,中有陕西大城市历史文化名城西安及咸阳,西有宝鸡,东有渭南,两者东西呼应,与西安、咸阳共同形成关中城市带,其中,最为重要的是以西安—咸阳为中心的关中中部城市群落。三个城镇密集区域在地理位置上十分邻近,交通方便,联系密切,共同构成了陕西最大的城市密集区域,也是陕西最大的科技人才汇集区[1]。

一、关中城市群形成的背景

关中地区是我国古文明发祥地之一,也是我国历代王朝建都历史最长的地区,这里曾是我国城市相对密集、城市规模较大的地区,现有城市西安、咸阳都是具有3000年历史的古城。但在宋朝以后,中国的政治、经济和文化中心南迁,关中地区的中心地位则相应衰落。

中华人民共和国成立后,随着国家开发投资与大型项目的建设,关中地区的经济得到恢复并且发展迅速。"一五"、"二五"等时期的重点项目建设以及大"三线"建设使得关中地区城市的量和质都提高了很多。而这其中机械、电子及通讯设备、交通运输设备、电子机械及器材制造业在全国占有重要地位。

目前关中地区省属城市有5个,即西安、咸阳、宝鸡、铜川、渭南;陕西省7个主要城市,关中就占了5个。并有西安、杨凌、宝鸡3个国家级高

---

[1] 李伟:《以西安为中心的关中城市群发展研究》,载《经济经纬》2009年第1期,第66页。

新技术产业开发区，咸阳、渭南两个省级高新技术产业开发区。县级市3个，县城35个，市辖区1个，镇408个，乡456个。关中地区人口占全省总人口的53%，集中了全省80%的工业固定资产和科技力量。

陕西省经济发展的基本格局为"中强、北快、南弱"，全省从北到南自然形成北部的黄土高原，中部的关中平原和南部的秦巴山区，并形成了各具特色的三大经济区域：关中、陕北和陕南。关中以西安为中心，是陕西省经济最发达的地区，机械、电子、轻纺、食品工业发达，高新技术、旅游、文化等特色产业突出，科教实力雄厚。陕北畜牧业发达，煤、气、油资源储量丰富，是正在建设中的国家能源重化工业基地。陕南生物、林产品资源丰富，是陕西省正在建设的现代中草药基地。2005年5月，时任陕西省省长的陈德铭在2005北京财富全球论坛上，高调提出了打造关中城市群的新命题。这标志着关中地区的发展将成为陕西省经济发展的战略重点。至此，"关中城市群"的发展开始频繁进入公众视野。

二、关中城市群发展现状

以西安为中心的关中城市群集中了陕西省62%的城市和近一半的小城镇，成为我国西北地区综合经济实力最强的地区。截至2007年，城市群覆盖总面积达5.5万平方公里，占陕西省面积的27%；GDP为3406.45亿元，占陕西省GDP的63.44%；常住人口为2313.51万人，占陕西省常住人口总数的61.73%；财政总收入为477.03亿元，占陕西省财政总收入的53.50%；地方财政收入为186.44亿元，占陕西省地方财政收入的39.29%。①

在2008年中国城市群竞争力排名中，关中城市群在30个城市群中综合竞争力指数为-0.759，排第12位；先天竞争力指数为-0.33708，排名第21位；现实竞争力指数为0.57242，排第14位；成长竞争力指数为0.150497，排名第10位。②

按照通行的城市规模划分标准，非农业人口在200万以上的为超大城市，100—200万人为特大城市，50—100万人为大城市，20—50万人为中

---

① 关中城市群［EB/OL］. http://www.86mdo.com/TopicsAndParkPlanning/GzGroup.html.
② 倪鹏飞：《中国城市竞争力报告》，社会科学文献出版社2008年版，第584页。

等城市，20万人以下为小城市。按此标准，城市群内现有超大城市1座（西安），占城市总数的2.13%；大城市2座（宝鸡、咸阳），占城市总数的4.26%；中等城市2座（铜川、渭南），占城市总数的4.26%；小城市42座，占城市总数的89.35%①。可见，目前关中城市群城市规模序列结构呈畸形，拥有城市群中的超大城市，特大城市和大城市出现断层，中等城市数量偏少，小城市仅有3座，属典型的高首位度类型。

三、关中城市群发展的动力机制研究

自城市产生之日起，自然地理环境就成为城市空间扩展的十分重要的基础条件。它直接影响城市空间扩展的潜力、方向、速度、模式以及空间结构，在有些城市，它甚至成为城市空间扩展的"门槛"。对于关中地区而言，地形和资源也对城市空间扩展产生了巨大的影响，除此之外，产业结构发展、国家经济发展动向也对城市群发展带来非常巨大的影响。

（一）城市群发展的内部动力
1. 自然资源及区位条件对关中城市群的影响

城市的发展需要良好的地形条件，有较大面积的平地和方便的对外交通联系，还要有较大范围的自然条件较好、经济较发达的腹地，大城市尤其如此。关中平原地区上的城市，因地形比较平坦，城市用地较为开阔，城市大多向各个方向均衡地发展，例如西安、咸阳、渭南就处于关中最好的平原地区，这将有利于这些城市的发展和不断扩张。

一方面关中地区资源丰富，尤其是矿产资源，其储量大，且成片分布，有利于集中开发，矿产资源开发一般为点状布局，集中在某些据点，进而可能发展为城市。矿产资源的大规模开发利用是在中华人民共和国成立后开始的，伴随着对资源的开发利用，一大批城市相继形成，如铜川市、韩城市、华阴市、蒲城、彬县等。

另一方面，2010年7月，在关中城市群地质工作座谈会上，参会的专家学者普遍认为，在关中城市群规划和"西咸一体"的大西安建设战略规

---

① 陕西省统计局：《2008陕西省统计公报》[EB/OL]. http: www.sn.stats.gov.cn \ 2008 - 03 - 18。

划中，仅有的地质资料远远不能满足飞速发展的城市规划和建设需要，比如水文地质、地下空间结构和区域地壳稳定性评价等基础地质资料不足或缺失，给科学准确制定关中城市发展规划带来阻碍和缺憾。因此，建设关中城市群，必须加快关中地质调查工作。①

2. 交通条件的便利对城市群发展的推动

关中地区位于陕西省中部、第二亚欧大陆桥陇海—兰新线中段，交通便利，铁路和公路网络纵横交错，是我国西部地区交通网络最为密集的地区之一。陇海铁路横贯东西，西包—西康铁路、西宝—宝成铁路成为我国西部的南北大动脉，西铜、西侯、西户铁路也与陇海线在西安交汇。以西安为中心的"米"字形公路主骨架正在全面高等级化②，关中5市率先实现高速公路贯通，高等级公路里程达到600多公里，占全省的90%以上。西安咸阳机场正在建成现代化国际航空港。在关中地区所有县市都有铁路或高速公路经过，其中经过市区或县城的占50%以上，市区或县城2/3处于四道线路。所有重要市镇均有主干公路相连。以西安—咸阳都市圈为中心，以陇海铁路西段和宝潼高速公路为轴线，已形成城镇连绵带，东至潼关西到宝鸡市区，分布着西安、咸阳、渭南、宝鸡、铜川5个中心城市和杨凌农业示范区，以及250多个小城镇。这就构成了一个直径达300余公里的城市带。关中城市群各城市之间的平均间距约为100公里，交通联系紧密，已初步形成2小时通勤圈。

3. 产业结构调整直接带动了城市群的发展

中华人民共和国成立前，关中地区社会经济技术条件十分薄弱，在国民经济结构中，农业占了绝大多数，现代工业只占8%左右，包括手工业也不到10%。③ 而且分布不平衡，几乎全部集中在西安和宝鸡两地。中华人民共和国成立后，工业化成为经济发展的主要内容。由于工业化的迅速发展，使关中各城市规模扩大，城市化水平有较大的提高，城市空间也迅速扩展。

---

① 王文昭：《大地质托稳大关中——关中城市群地质工作座谈会侧记》，载《国土资源报》，2010-7-28。
② 夏维力：《打造关中城市群振兴陕西经济》，载《科技进步与对策》2006年第2期，第111页。
③ 郑国：《关中地区城市空间发展的动力机制研究》，西北大学硕士学位论文，第22页。

（二）城市群发展的外部动力

关中城市群发展历来离不开国家政策的支持，很显然国家政策也成为关中地区快速发展的重要条件。在中华人民共和国成立初期，随着国家工业化政策的号召和执行，关中地区由于良好的区位条件和丰富的自然资源使得国家在关中地区投资了很多的大型项目建设，例如"一五"、"二五"时期国家投资的156项重点项目中关中地区就占了24项，而在"三五"、"四五"时期则在陕西地区安排项目400多个，累计投资达126.5亿元，[①] 这些项目使得关中地区的很多城市迅速发展和扩张；在西部大开发中，陕西成为西部大开发的中心，关中地区则成为中心中的中心，相关的政策优惠对关中城市群的发展带来了强大的推力；国务院最新通过的《关中—天水经济区发展规划》也将对关中城市群发展带来各种机会，并将促进关中城市群的进一步发展壮大。

四、关中城市群各城市职能特点及存在的问题

城市群中的各级城市都有其独特的功能，都有占优势的产业部门，只有建立合理高效的分工合作机制，才能使每个城市都发展具有自己优势的特色功能，使城市群的整体效益高于各个体原有效益的总和。而对于关中城市群来说，需要以整体发展为着眼点，依据城市群内各个体的资源禀赋的不同和自身的经济发展水平，建立一套合理的分工合作机制。

（一）关中城市群各城市职能特点

关中地区的经济集聚程度较强。2008年，关中地区生产总值4346.75亿元，比上年增长15.6%，经济总量占陕西省的63.7%，是陕西省经济快速增长的中坚力量。陕西省的电子信息业、装备制造业、有色冶金业、医药业、纺织业以及旅游业、果业、畜牧和蔬菜业，主要集中于关中地区，关中城市产业发展各具特色，互为补充。西安是世界历史文化名城、传统的工业城市和国家科研教育基地，优势产业主要有：飞机制造、兵器工业、电子工业、电力机械、电站设备、仪表、纺织等；咸阳是著名的电子工业、棉纺织

[①] 郑国：《关中地区城市空间发展的动力机制研究》，西北大学硕士学位论文，第13页。

业、医药保健品业、食品业等制造中心，其中尤以电器业和纺织业最为发达；宝鸡是传统的工业城市和地区经济商贸中心，其电子、电工突出；渭南以农副产品资源丰富著称，纺织业也较为突出；铜川是煤炭资源加工为主的工业大市，煤炭工业为铜川的支柱产业；杨凌是国家级现代农业示范区，农业科研实力雄厚，科技成果转化快，在全国具有一定影响。此外，旅游产业是关中地区每个城市共同的支柱产业，西安、宝鸡、咸阳和渭南是传统的旅游胜地，近年来杨凌的农业旅游观光业蓬勃发展，成为关中旅游的又一特色。

表 5.1 以西安为中心的关中城市群职能结构[①]

城市（区）	优势职能	显著职能	主导工业部门	职能特征
西安市	工业、旅游	科技、文化、卫生、教育、体育、金融	机械、电子、纺织、高新技术	大区级、特大型、综合性
宝鸡市	工业	交通、建筑、商贸	机械、电子、冶金、食品	地区级、中级、综合性
咸阳市	工业	科技、教育、服务业、建筑、商贸	电子、纺织	地区级、中型、综合性
铜川市	工业	旅游	冶金、煤炭、建材	地区级、中级、专业性
渭南市	工业	建筑、交通	冶金、能源、化工	地区级、小型、专业性
韩城市	工业	旅游、工业	建筑、煤炭、电力	地方性、小型、专业性
杨凌示范区	科教			地方性、小型、专业性

（二）关中城市群发展中存在的问题

1. 规模结构不合理。一是特大城市缺位，城市群规模结构断层。一般来说，具有完整辐射功能的城市群规模结构应该有五个层次。在以西安为中

---

① 任保平：《以西安为中心的关中城市群的结构优化及其方略》，载《人文地理》2007 年第 5 期，第 41 页。

心的关中城市群中，西安属于超大城市，规模位居第二的宝鸡市属于大城市，缺乏特大城市，规模结构出现断层现象，致使首位城市西安负载过重，削弱了它的辐射带动作用。二是大、中等城市数量少，发展水平低。城市群现有大、中等城市4座，分别为宝鸡、咸阳、铜川和渭南，与同等面积的珠三角城市群以及西部的成渝城市群、中原城市群相比，大、中等城市数量明显偏少。同时，大、中等城市发展水平偏低，就连与西安距离最近的咸阳市，其经济社会的发展水平与西安差距较大。三是小城镇发展滞后，缺少专业化城镇。目前，城市群内小城镇数量偏少且缺少专业化城镇，无法形成支撑金字塔形城市群的坚实基础，很难承接大中城市的辐射力，也很难把农民分散的小生产和大市场有机联系起来①。

2. 空间结构不合理。各城市主要沿交通干线密集分布，特别是由西到东沿陇海铁路和西宝、西潼高速公路两侧布局了70%以上的城市，而南北两侧城市数量少、规模小且布局分散。这种空间结构特征存在两个方面的局限性。一方面，引起空间经济差异。南北两侧只有铜川一座中等城市，其他都属于小城市，而且这些城市规模较小，经济实力较弱，难以承接中部区域的产业、技术、人才等的转移，对其周边地区城镇发展的带动作用也极其有限，致使南北两侧与中部区域的经济差距越来越大。另一方面，不利于中部城市发展壮大。关中中部交通干线两侧城市分布密集，由于区域面积和境内资源的有限性，城市发展的职能不够明确，合作机制尚未完善，导致城市间合作少、竞争多，特别是中小城市之间争游客、争土地、争原材料、争人才、争政策等现象严重，不利于城市的发展。

3. 职能结构不合理。尽管城市群内单个城市的职能明确，特别是产业职能较为突出，但是，目前各城市间产业结构趋同，职能重复严重，互补性较差。如电子工业在西安、咸阳、宝鸡市均为重点产业；轻纺工业在西安和咸阳均为重点产业；机械工业在西安和宝鸡均为重点产业；能源工业在铜川、韩城、华阴均居重要地位。咸阳、宝鸡、渭南、铜川和杨凌5座城市所处的相对位置决定了它们属于第二梯度城市，它们的职能应该是接受中心城市西安的产业、产品和技术转移，并向其他小城市和城镇辐射。但是，目前咸阳、宝鸡、渭南、铜川和杨凌具有各自相对独立的经济结构，在工业、农

---

① 任保平：《以西安为中心的关中城市群的结构优化及其方略》，载《人文地理》2007年第5期，第38页。

业、矿产业以及第三产业的发展中与西安在产业链上没有明确的分工,尤其是这5座城市的现代服务业和高新技术产业发展相对滞后,规模相对狭小,难以与西安进行直接对话和链接。而且,由于行政区划的分割,这5座城市直接受陕西省政府的行政管辖,各自为政,独立发展,使得咸阳、宝鸡、渭南、铜川和杨凌等城市与西安缺乏应有的内在经济联系,城市群的向心作用和扩散作用得不到有效发挥。

4. 缺乏统一的协调管理组织。目前,各级城市均按行政建制独立发展,除西咸一体化取得明显进展外,其他包括宝鸡、铜川、渭南等城市之间及其与核心城市西安之间并无明显的经济联系,城市间关联度较低,这是城市群规模结构不合理、城市职能重复等问题的根本原因,也是制约城市群发展壮大的根本原因。因此,以西安为中心的关中城市群的发展需要一个统一的协调管理组织,对各城市的发展进行统一协调、统一规划,实现各城市间优势互补,错位发展。

5. 核心城市规模不够大。2007年西安人口806万人,GDP总量1737.1亿元;而珠江三角洲的广州人口1004.58万人,GDP总量为7050.78亿元;长江三角洲的上海人口1858万人,GDP总量12001.16亿元;环渤海的北京人口1633万人,GDP总量9006.20亿元;天津人口1115万人,GDP总量5018.28亿元,都比西安大得多。核心城市的规模代表着城市群的地位。成渝城市群的重庆人口2816.00万人,GDP总量4111.82亿元;成都人口1257.9万人,GDP总量3324.36亿元,比西安大很多,使关中城市群在西部的地位大大低于成渝城市群。中原城市群的郑州人口735.6万人,略低于西安,但是GDP总量2421.00亿元,却高于西安,使关中城市群在亚欧大陆桥上的地位受到挑战[①]。

6. 城市体系不够完整。关中城市群主要分布在亚欧大陆桥上,但在西安西面的咸阳和宝鸡之间缺少一个中心城市;西安东面的渭南较弱,还缺少一个真正的门户城市。而广大的渭北地区更缺少中心城市,在西安北面的南北交通脊梁上仅有铜川一个中心城市,在"米"字形交通骨架的东北、西北方向还没有中心城市。

---

① 王晓娟、王亲玲:《关中城市群产业结构与布局的实证研究》,载《西安财经学院学报》2009年第7期,第27页。

五、关中城市群发展趋势

(一) 城市群发展战略定位

2009年5月25日国务院正式批准了《关中—天水经济区发展规划》，使得关中城市群发展的规模进一步扩大，其战略职能也更加明确：

1. 全国内陆型经济开发开放战略高地。优化对外开放格局，创新区域合作机制，拓展对外开放空间，提升对外开放水平。

2. 统筹科技资源改革示范基地。推进科技创新体制改革，加快产学研一体化，统筹军民科技互动发展，促进科教优势向经济优势转化，为建设创新型国家探索新路径。

3. 全国先进制造业重要基地。以装备制造业和高技术产业为重点，打造航空航天、机械制造等若干规模和水平居世界前列的先进制造业集群，培育一批具有国际竞争力的企业和知名品牌。

4. 全国现代农业高技术产业基地。以杨凌国家级农业高新技术产业示范区为依托，发展新型农业生产方式，建设现代农业技术推广服务平台。

5. 彰显华夏文明的历史文化基地。充分发挥历史文化资源集聚优势，建设国际文化交流平台，打造一批具有世界影响的历史文化旅游品牌，展现和弘扬中华优秀传统文化。[①]

(二) 区域内各城市职能特点

由于城市群内的各城市具有不同的发展历史、资源禀赋、区位条件和自然环境，因此在城市群发展中具有不同的职能[②]。其中，西安是城市群的核心城市，是关中地区的经济、文化、政治中心，人流、物流、资金流、信息流中心和交通枢纽；宝鸡是城市群副中心，是西部制造业强市，沿陇海线与咸阳、西安等构成高新技术产业与装备制造业产业带；咸阳是西安的卫星城市，逐渐与西安融合，共同成为关中城市群的新核心；铜川也是城市群副中

---

① 陕西省人民政府网：《关中—天水经济区发展规划》[EB/OL]. http://www.shaanxi.gov.cn/0/1/6/17/786/68552.htm.

② 李伟：《以西安为中心的关中城市群发展研究》，载《经济经纬》2009年第1期，第66页。

心，是连接关中和陕北的纽带；渭南同样也是城市群副中心，是农副产品生产基地；杨凌示范区是全国农产品深加工为主的"农科城"，是关中地区农副产品加工业技术源泉。

表5.2 关中城市群城市性质与功能定位①

城市（区）	城市性质与职能
西安市	关中城市群的中心城市，世界级历史文化名城，西部重要交通枢纽，技术密集型工业为主，教育、科技、旅游业发达的综合性城市，大陆桥经济带的金融中心，中国东西部的贸易中心，内陆地区的交通通信中心，中西部地区的科教中心，西北地区的制造业中心，中国历史文化旅游中心。
宝鸡市	关中城市群的中西部次中心城市，联结西南和西北的交通枢纽，以发展机电、有色金属加工、轻工业为主，商贸发达的陕西西部及川、陕、甘邻近地区的中心城市。
咸阳市	关中中部中心城市之一，与西安连接构成关中城市群的核心，以发展电子、纺织及其他技术密集型工业为主，具有旅游业发展前景的历史文化名城。
铜川市	关中城市群中北部的次中心城市，联结陕北与关中的交通枢纽，以发展煤炭、建材、陶瓷工业为主的城市及邻近地区中心城市。
渭南市	关中城市群中东南部的次中心城市，以发展化工、冶金等高耗水、高能耗工业为主的关中东部中心城市。
韩城市	关中城市群中东北部的次中心城市，以发展煤炭、电力、化工、冶金工业为主，具有旅游业发展前景的历史文化名城和关中东北部中心城市。
杨凌示范区	关中城市群中部的次中心城市，以农业教育、科教和发展农产品深加工为主的科学城。

（三）关中城市群空间格局

城市群中各城市主要沿着环绕西安的交通干线进行布局，形成"米"字形格局，即以"宜君—铜川—三原—西安"沿线的北部城市带；以"长安区—西安"沿线的南部城市带；以"陇县—千阳—宝鸡—岐山—眉县—

---

① 刘华旭：《关中城市群系统架构研究》，西北大学硕士学位论文，第25页。

杨凌区—武功—兴平—咸阳—西安"沿线的西部城市带；以"潼关—华阴—华县—渭南—临潼—西安"沿线的东部城市带；以"长武—彬县—永寿—乾县—礼泉—咸阳—西安"沿线的西北城市带；以"蓝田—西安"沿线的东南城市带；以"韩城—合阳—澄城—蒲城—富平—高陵—西安"沿线的东北城市带；以"户县—西安"沿线的西南城市带。由于关中地区是东西宽、南北窄的带状区域，在城市群内，西安是唯一的超大城市，也是核心城市。因此，未来以西安为中心的关中城市群将呈现为单中心的"米"字形带状城市群空间格局。

（刘睿）

参考文献

[1] 王发曾、程丽丽：《山东半岛、中原、关中城市群地区的城镇化状态与动力机制》，《经济地理》2010年第6期。

[2] 李伟：《以西安为中心的关中城市群发展研究》，《经济经纬》2009年第1期。

[3] 倪鹏飞：《中国城市竞争力报告》，社会科学文献出版社2008年版。

[4] 夏维力：《打造关中城市群振兴陕西经济》，《科技进步与对策》2006年第2期。

[5] 郑国：《关中地区城市空间发展的动力机制研究》，西北大学硕士学位论文，2002年。

[6] 任保平：《以西安为中心的关中城市群的结构优化及其方略》，《人文地理》2007年第5期。

[7] 王晓娟、王亲玲：《关中城市群产业结构与布局的实证研究》，《西安财经学院学报》2009年第7期。

[8] 刘华旭：《关中城市群系统架构研究》，西北大学硕士学位论文，2009年。

[9] 文竹：《关于构建关中城市群的思考》，《科技风》2009年第13期。

[10] 白永秀、邹金萍、吴振磊：《关于建设"关中—天水经济区"的几点思考》，《西北大学学报》（哲学社会科学版）2009年第11期。

[11] 《关中城市群》，http://www.86mdo.com/TopicsAndParkPlanning/GzGroup.html。

第六章 成渝城市群

成渝城市群位于中国西部,是成渝地区也是西部地区最发达、城市最集中的区域。成渝城市群土地总面积约20万平方公里,占四川省和重庆市总面积的35.75%,全国总面积的2.7%,常住人口9960多万人,由35座城市组成①,包括成都、重庆两座特大城市。其GDP总量超过了川渝两地的90%,拥有西部唯一的直辖市——重庆市和世界最大的水利枢纽工程——长江三峡水利枢纽工程,区位优势非常明显,是国家"十一五"规划重点建设的四大区域之一。

一、成渝城市群的界定及地域划分

成渝城市群指由四川省和重庆市区域内经济发展水平和城市化水平较高,在成都、重庆两市之间及其附近地区形成的城市密集区,大致位于宝成、成昆铁路沿线以东,襄渝渝黔铁路以西,成达铁路沿线以南,长江沿岸以北。包括四川省和重庆市区域内经济发展水平和城市化水平较高,在成都、重庆两市之间及其附近地区形成的城市密集区。重庆市内部分包括重庆主城区及江津市、永川市、合川市、南川市四个城市,不包括重庆城区中处于三峡库区生态经济区的万州区、涪陵区、长寿区、黔江区。四川省内包括成都市、自贡市、泸州市、德阳市、绵阳市、遂宁市、内江市、乐山市、南充市、眉山市、宜宾市、广安市、达州市、雅安市和资阳市,不包括川西北经济区的甘孜藏族自治州、阿坝藏族羌族自治州,攀西经济区的凉山彝族自治州、攀枝花市,属于川东北盆周山区的广元市、巴中市。

成渝城市群位于西部地区的核心位置,它北拉西北,南带西南,东连华中,西引西藏,是连接西部各省(市、区)的重要交通枢纽,是中国西部地区具有重要区际意义的城市群。

---

① 赵涛涛、张明举:《成渝城市群城市综合竞争力比较分析》,载《小城镇建设》2007年第11期,第38页。

二、城市等级规模分布特点

（一）行政规模等级特点

到2008年，成渝城市群城镇数量为2202个，按行政等级划分，城镇体系形成直辖市1个、副省级城市1个、地级市14个、县级市16个、建制镇2169个（见表6.1）。

表6.1 成渝行政规模等级结构

行政等级	数量	城市
直辖市	1	重庆
副省级城市	1	成都
地级市	14	自贡、泸州、德阳、遂宁、内江、乐山、南充、眉山、宜宾、广安、达州、雅安、资阳、绵阳
县级市	16	都江堰、彭州、邛崃、崇州、广汉、什邡、绵竹、江油、峨眉山、阆中、华蓥、江津、合川、永川、南川、简阳
建制镇	2169	略

资料来源：《中国城市统计年鉴2009》、《重庆统计年鉴2009》。

（二）人口规模等级特点

中国统计部门采用两种指标反映城市人口规模：市区户籍非农人口数和城市市区总人口。市区非农人口数200万人以上的为超大城市，100—200万人为特大城市，50—100万人为大城市，20—50万人为中等城市，20万人以下为小城市。截止2008年成渝城市群共有城市32座，其中超大城市2座，大城市3座，中等城市13座，小城市15座（详见表6.2）。

表6.2 成渝城市群等级规模分布

人口规模等级	数量	城市
超大城市	2	重庆、成都
特大城市	4	南充、自贡、绵阳、达州
大城市	10	广安、资阳、乐山、内江、遂宁、德阳、泸州、阆中、宜宾、眉山
中等城市	4	雅安、江油、合川、永川

| 小城市 | 12 | 都江堰、彭州、邛崃、崇州、江津、广汉、什邡、绵竹、峨眉山、华蓥、简阳、南川 |

资料来源：根据《2008年四川省统计年鉴》、《中国城市统计年鉴2009》（中国统计出版社2010年版）整理而得。

（三）城市等级规模分布总体特点

成渝城市群是中国西部地区人口、产业最为集中，城镇分布密度最高的区域，经济区内初步形成了若干空间聚合形态较好的城镇密集区。市区非农人口总数为1458万人，其中占城市总数仅6%的超大城市却集中了47%的市区非农人口，而中小城市占城市总数的85%，比例却仅占总市区非农人口的41%。仅从四川省内区域来看，首位度高达5.76，属典型的首位分布。成渝经济区重庆部分除重庆主城区外，仅有3个中等城市和一个小城市。

首位城市过度发展，造成人口和经济活动不能有效地在大城市聚集，大量资源流向成都和重庆，同时阻碍了中心城市的辐射功能，进一步加剧了全区经济发展的不平衡性。例如，2004年成都市地区生产总值占全区的20%以上，人均地区生产总值23370元，而当时身为大城市的南充市人均地区生产总值最低，只有6236元，前者是后者的3.7倍。

在五级城市规模体系中，成渝地区2004年无特大城市，大城市所占比重大大低于全国水平。特大城市和大城市这两个等级相当薄弱，存在断层。至2008年城市等级已经发生很大变化，一些中小城市跻身特大城市行列，发展速度惊人。

三、城市空间布局特点

成渝地区的城市空间格局在明清时期（甚至可以上溯到更早的时期）就已现雏形。其分布与发展除了受自然条件的影响外，主要还受三个因素的影响：河流分布走向；矿产资源与农业资源分布；铁路、公路的建设。其中古代至近代河流分布与走向对四川盆地城市群落的形成和城市的发展影响很大，而现代铁路与公路的建设对城市发展的影响则更为突出。

（一）空间分布呈"两点一纵三横"基本格局

"两点"指成都和重庆两个中心城市；"一纵"指以成都为中心向北向

南延伸的都市带,沿宝成铁路、成绵高速公路、成昆铁路、成乐高速公路一线;"三横"是指成都和重庆之间形成的三条横向城市轴线,这三条城市轴线及周边地区形成了川渝之间几条重要的经济走廊。第一条是沿达成铁路、成南高速公路、广南高速公路、遂渝铁路、遂渝高速公路、南渝高速公路形成的新成渝城市轴线。第二条是老成渝城市轴线,依托老成渝公路和成渝铁路,以成都为起点,经简阳、资阳、内江、永川至重庆。第三条是沿长江城市轴线,利用长江水道和拟建的沿江公路和铁路干线构成的沿江经济带。

(二) 空间发展呈现为非均衡的多元复杂性

从城市与其所在区域的关系来看,表现为聚集与扩散的非均衡,成都、重庆聚集效应过度而扩散功能不足。成都、重庆无论在四川还是西部地区都具有经济实力强、投资环境好、科技力量集中、市场容量大等优势,这些优势使之原有的集聚效应进一步放大,但相比之下,其扩散功能就显得不足。

从城乡关系来看表现为城市和农村的非均衡。成渝经济区和全国一样,其发展已经进入了工业化中期,即经济起飞后的高速成长期,但城乡发展差距仍在拉大,城乡一体化进程缓慢,城乡二元结构明显。

(三) 城市沿交通线布局特征明显

城市空间开发受制于交通干线发展,形成了"两线"特征。"两线"中的一条是以成都为中心沿宝成铁路、成绵高速公路、成昆铁路、成乐高速公路沿线的广元、江油、绵阳、德阳、广汉、成都、眉山、乐山、峨眉山等城市为发展轴;另一条是以成都为起点、重庆为终点,沿成渝铁路和成渝高速公路沿线的简阳、资阳、内江、永川等城市的发展轴线。虽然成渝城市群形成了点轴开发模式,但是成都—资阳—内江—重庆一线发展较落后,阻碍了成渝地区整体功能的发挥[①]。

(四) 成渝城市群处于城市群发展演变的第二至第三阶段过渡期

比照弗里德曼的空间结构演化过程的四阶段论,成渝城市群正处于工业化时期,区域空间结构总体上处于极核式发展阶段,超大城市具有高聚集性,形成了单中心圈层发展的成都都市圈和重庆都市圈以及川南城镇密集

---

① 于涛方:《成渝地区空间结构及其整合研究》,载《规划师》2006 年第 9 期,第 71—72 页。

区。可以判断出成渝城市群尚未进入成熟形态，目前正处于城市群发展演变的极核聚集发展、多中心城市群逐步形成阶段，即第二到第三阶段的过渡时期。

四、成渝城市群职能组合

从产业发展角度分析城市职能，可将成渝城市群各城市职能划分为三类。

第一类，第三产业比重大于第二产业，第二产业大于第一产业。职能类型的城市包括成都、自贡、南充、广安、都江堰、彭州、永川等7个城市。其中成都属于全区最发达的城市之一，产业结构趋于高级化，而且就业结构也表现出了"三二一"的形态。成都的城市定位为四川省省会城市，西南地区的经济、政治、文化中心和交通枢纽，西南地区区域性的中心城市，长江中上游的中心城市。

第二类，第一产业比重大于第二产业，第二产业大于第三产业。这一职能类型的城市只有万源一个。万源属于发展水平较低的县级市，产业结构的整体发展层次较低，第一产业就业人口达57%，城市有浓厚的乡村城镇色彩，城市中心职能很弱，总体经济发展层次偏低。

第三类，第二产业比重大于第三产业，第三产业大于第一产业，包括重庆、泸州、德阳、绵阳、遂宁、内江、乐山等25座城市。这是成渝城市群产业结构排序中最为重要的一种类型。基本上是全区经济发展水平较高、工业相对发达的大众城市，工业在国民经济中的地位相当突出。此类城市第二产业已有相当的基础，位于工业化中期，处于高速扩张阶段，是全区工业化、城市化进程中的主力军。

成渝城市群在经济迅速发展中，呈现出了多种类型的城市职能，已经形成了一定的职能分工。成都市和重庆市已经发展成为综合性城市职能突出并且经济实力较强的城市，在区域社会经济发展中起着经济中心的作用。但存在城市功能趋同的问题。仍以成都和重庆两市为例，由于重庆和成都两市行政体制方面的原因，以及空间聚合方面的制约因素，城市功能定位趋同。在职能定位上，成都和重庆都称为是西南地区的"三中心，两枢纽"（商贸中心、金融中心、科教信息服务中心、交通和通信枢纽），两城市之间的竞争大于合作,功能定位趋同问题较突出。①

五、成渝城市群统筹发展的相关研究

成渝城市群地处中国西南,具有经济相对不发达、城乡二元特征明显的特征,同时成渝地区作为国家统筹城乡综合配套改革实验地区,广泛地汲取相关研究进展,交流有关城乡统筹与区域合作的经验,对促进西南地区的城乡统筹、区域合作及协调发展具有重大的理论意义与实践意义。

(一) 关于成渝"椭圆城市群"的理论研究

大城市的发展能够带动周边小城市的发展,进而带动县级及以下地区经济发展和城镇化进程。针对成渝城市群,国内一些专家如戴宾等提出了成渝"椭圆城市群"理论。按照此理论,成都和重庆为椭圆里的焦点,遂宁、乐山、自贡等37个城市为椭圆里的普通点。成都和重庆两个焦点作为一个整体,将对椭圆区域的其他点产生同等的影响效力;两焦点间将互为辐射聚合,感应互动和热线贯通,整个椭圆区域就在各点的互相影响下发挥出更大效应。成渝"椭圆城市群"理论的贡献在于,"在理论上解决了成渝两地间的矛盾。成渝两个实验区不是相对独立的,双核并不是两个中心,而是围绕两个引力转动的一个系统"②。

根据"椭圆城市群"理论,成都和重庆作为两个"中心地"极点,将川渝地区贯穿起来。在三层的包围之下,由成都市和重庆市两个中心增长极的作用扩展到四川省其他地区和重庆市周边县域。成渝改革实验区包括成都、绵阳、德阳、内江、资阳、遂宁、自贡、泸州、宜宾、南充、广安、达州、眉山、乐山14个市;重庆则包括主城9区、潼南、铜梁、大足、双桥、荣昌、永川、合川、江津、綦江、长寿、涪陵、川南、万盛、武隆等地。经济区幅员15.5万平方公里,2007年的GDP达13595亿元,居全国第4位。成渝改革实验区是西部唯一具备突破省市界限,在更大范围内优化配置资源的地区。在四川范围内主要包括了成都、资阳、内江、自贡、宜宾、泸州的

---

① 钟海燕:《成渝城市群研究》,中国财政经济出版社2007年版,第194页。
② 刘晓英、王亚青:《基于"椭圆城市群"的成渝经济区城乡统筹发展研究》,载《重庆工商大学学报》2008年第3期,第8页。

全部县、市、区，即成都平原经济区和川南经济区的大部分。在重庆范围内则包括了重庆主城9区以及双桥区、万盛区，江津、合川、永川3个市，綦江、潼南、铜梁、大足、荣昌、璧山6个县，即重庆市经济发展战略的都市发达经济区和渝西经济走廊地区。其中成都（9城区）和重庆（9城区）是城市经济带的核心区域，成渝交通沿线的中小城市位于第二层次，第三层次则包括了两地下辖的县市以及广大经济腹地。①

（二）关于构建二级城市群的研究

大都市无法解决城乡协调发展的矛盾，在明确城乡统筹概念后，解决农民进城问题成了关键。要实现城乡统筹，必须经过城市化进程的完成，这就要求对城市实行城市群规划建设。有学者研究发现，可以在成渝城市群内建立6个二级城市群，这6个二级城市群可以覆盖成渝城市群80%的地域，这样就能够比较容易地完成各统筹规划的初级目标。

这6个二级城市群即是成（都）德（阳）广（元）南（充）遂（宁）城市群、广（元）巴（中）达（州）安（康）汉（中）城市群、南（充）达（州）万（州）广（安）城市群、广（安）涪（陵）南（川）万（盛）江（津）永（川）合（川）城市群、渝广（安）遂（宁）资（阳）内（江）自（贡）宜（宾）泸（州）城市群、眉（山）乐（山）雅（安）城市群。

二级城市群建设一旦付诸实践，不仅对成渝城市群建设有利，而且对于突破区域间经济矛盾具有强大的推动作用。中国区域经济第四极城市群的城市密度和每平方公里的产出都相对较高。从城市密度来看，中国区域经济第四极城市群每平方公里有1.73座城市，而西部只有0.24座，全国为0.7座；从城市产出来看，中国区域经济第四极城市群产出350万元/km^{2}比全国平均高出227万元/km^2，比西部高出316万元/km^{2}②。逐渐形成环状的中国区域经济第四极城镇密集带空间布局：一是中国区域经济第四极南线。即老中国区域经济第四极产业走廊：成都—资阳—内江—重庆（沿老中国区域经济第四极铁路和中国区域经济第四极高速公路）；二是中国区域经济第

---

① 李春艳：《论成渝城市经济带建设及其发展措施》，载《科技情报开发与经济》2005年第3期，第78页。

② 何独明：《中国区域经济第四极——成渝二级城市群的构建与城乡统筹改革策略》，载《农业现代化研究》，2009年第5期，第259页。

四极北线。即新中国区域经济第四极产业走廊：成都—遂宁—南充—重庆（沿渝遂高速铁路、成达铁路和城南高速公路），有望成为中国版图中雄起的第四增长极①。

（三）关于城际交通一体化建设的研究

就城际交通一体化来说，成渝做得远远不够，重庆与成都还没有达到统筹规划，二级城市群间的协作就更少。重庆规划建成"三环十射三连线"的高速公路网基本骨架和规划建成"一枢纽十干线二专线七支线"的铁路基本网络。四川以成都为中心推进"6+3+2"高速公路项目年度建设工作，计划开工建设广元—甘肃界、纳西—贵州界、广元—南充、宜宾—泸州—重庆界、内江—遂宁、成都—什邡—绵阳6条高速公路；铁路方面，成兰、成绵乐、成都—都江堰铁路以及成都新客站、成昆铁路货车外绕线都在2009年开工建设，其他规划项目成渝城际、川藏、川青等铁路，也在开展方案规划研究等前期工作。两地的交通交叉规划涵盖了6个二级城市群全部，甚至比二级城市群的涵盖面更大。②

六、成渝城市群可持续发展面临的主要问题

（一）长江流域环境污染与生态安全问题

成渝城市群是长江上游的核心区域，长江自西向东贯穿全区，其间流经许多城市和乡村。三峡工程建成后，成渝城市群外围区有600多公里长的库区，其生态环境情况、生态安全与可持续发展对全流域关系重大。

成渝经济区水土流失情况严重，森林覆盖率低，降雨量大并且集中，加之人为的滥砍滥伐、不合理的耕作方式等过度开发，大量森林毁损，水土流失日益严重。四川省年土地侵蚀总量接近10亿吨，年流入长江的泥沙总量达3亿吨。

此外，工业污染也很严重，2004年四川省人民代表大会常务委员会的

---

① 罗霞、丰伟：《提升成渝城市群为国内经济增长"第四极"》，四川大政网，2007-4-5。
② 谷继建等：《成渝二级城市群与城乡统筹改革的策略》，载《改革与开放》2009年第1期，第10页。

《水污染防治法》执法检查报告，四川省1400条大小河流中的80%受到不同程度污染。

(二) 城市居住环境问题

城市综合污染与工业发展几乎是同时发生和发展的。城市里的空气质量下降，工业和生活污水无节制地排放，噪音超标和充斥于大街小巷的生活垃圾，使城市人的居住环境日益恶化。成渝城市群水资源丰富，但污染和浪费问题严重。生活垃圾数量庞大，部分生活和生产垃圾直接排放到江河中，引起水域的连锁污染。

成渝城市群的空气污染问题也比较严重。成渝城市群内有15个城市是国家级二氧化硫和酸雨双控区，其中重庆主城区是煤烟型大气污染严重、全国酸雨污染重点控制区。此外城市规模的迅速扩张，侵蚀了大量农业用地，森林系统生态功能愈发脆弱。

（吕丹）

参考文献

[1] 裴志扬：《城市群发展研究》，河南人民出版社2009年版。

[2] 肖金成、袁朱等：《中国十大城市群》，经济科学出版社2009年版。

[3] 陈述彭：《中国大都市圈的孕育与发展》，上海人民出版社2009年版。

[4] 牛凤瑞、潘家华、刘治彦：《中国城市发展30年（1978—2008）》，社会科学文献出版社2009年版。

[5] 李勇：《重庆大都市圈前沿问题研究》，重庆大学出版社2008年版。

[6] 苗长虹：《中国城市群发育与中原城市群发展研究》，中国社会科学出版社2007年版。

[7] 钟海燕：《成渝城市群研究》，中国财政经济出版社2007年版。

[8] 辛文：《四川城市发展与结构功能研究》，西南财经大学出版社2007年版。

[9] 《成都》课题组：《当代中国城市发展丛书·成都》，当代中国出版社2007年版。

［10］汪明峰：《城市网络空间的生产与消费》，科学出版社2007年版。

［11］姚士谋等：《中国城市群》，中国科技大学出版社2006年版。

［12］罗士喜：《城市群发展研究：以中原城市群为例》，河南人民出版社2006年版。

［13］杜肯堂：《区域经济管理学》，高等教育出版社2004年版。

［14］姜曼琦：《城市空间结构优化的经济分析》，人民出版社2001年版。

［15］世界环境与发展委员会：《我们共同的未来》，吉林人民出版社1997年版。

［16］K.J.巴顿：《城市经济学：理论与政策》，商务印书馆1984年版。

［17］李春艳：《论成渝经济带建设及其发展措施》，《科技情报开发与经济》2005年第3期。

［18］何独明等：《中国区域经济第四极——成渝二级城市群的构建与城乡统筹改革策略》，《农业现代化研究》2009年第5期。

［19］谷继建等：《成渝二级城市群与城乡统筹改革的策略》，《改革与开放》2009年第1期。

［20］刘晓英、王亚青：《基于"椭圆城市群"的成渝经济区城乡统筹发展研究》，《重庆工商大学学报》2008年第3期。

［21］罗霞、丰伟：《提升成渝城市群为国内经济增长"第四极"》，四川大政网，2007-4-5。

［22］赵涛涛、张明举：《成渝城市群城市综合竞争力比较分析》，《小城镇建设》2007年第11期。

［23］姚士谋：《关于城市群基本概念的新认识》，《城市研究》1998年第6期。

［24］四川省人民政府：《四川年鉴2008》，四川年鉴出版社2008年版。

［25］国家统计局城市社会经济调查司：《中国城市统计年鉴·2009》，中国统计出版社2010年版。

第七章 西部地区正在构建中的城市群

2010年10月18日中国共产党第十七届中央委员会第五次全体会议通过的《中共中央关于制定国民经济和社会发展第十二个五年规划的建议》中强调，要促进区域协调发展，积极稳妥地推进城镇化。从加强区域合作的发展理念出发，在构建城市群方面，以打破行政壁垒，建立健全区域性市场体系为标志，以城际间、城市群间无缝对接为目标的大融合时代已经到来，以核心城市为主体的区域经济将成为"十二五"期间中国经济持续快速增长的重要驱动力。未来十年，城市群（圈）将是我国城市化的主体形式，构建新兴城市群，特别是在西部地区推进城市群的建设具有极其重要的发展意义。

一、乌鲁木齐城市群

乌鲁木齐城市群位于天山北坡，以乌鲁木齐为中心，包括昌吉市、米泉市、阜康市、五家渠市、石河子市、吐鲁番市以及呼图壁县和玛纳斯县在内的七市二县，总面积为15.8万平方公里。2008年乌鲁木齐市总人口235万，昌吉回族自治州总人口168万。① 2008年，乌昌地区实现GDP 1405亿元，增长15%；全社会固定资产投资完成482.4亿元，增长20.6%；社会消费品零售总额实现498亿元，增长25%；外贸进出口总额100亿美元，增长24%；地方财政一般预算收入首次突破百亿大关，达到120亿元，增长37.62%。城镇居民人均可支配收入和农民人均收入分别突破12000元和6200元。乌昌地区是全疆经济发展水平最高、发展速度最快、发展潜力最大、实力最强的区域。②

---

① 延边朝鲜族自治州赴新疆考察组：《关于新疆乌昌一体化的考察报告》，《延边日报》，2009－6－3。

② 朱克彤：《乌昌地区去年GDP达1405亿元》［EB/OL］. 天山网. http://www.tianshannet.com，2009－1－23。

图7.1 乌鲁木齐城市群规划图

（一）乌鲁木齐城市群的发展进程

1. 乌鲁木齐城市群向城市经济区转变的意义

如果说城市群、城市圈、城市带是对城市地理景观客体的描述，而基于其上的城市联盟则是运行主体间的合作行为，这里不妨以城市经济区标识，以便与前者相区别。

新疆先后建有以乌鲁木齐市为中心的五地州（市）经济协作组织和七城市经济圈。这些城市联盟组织通过统一规划、加强协调，在推进基础设施建设、城乡布局、市场体系、产业发展和环境保护与生态建设诸方面的一体化中都发挥了积极作用。但在协作中一旦利益协调受阻，亦易陷入议而不决或决而难行的困境。为了解决这方面的问题，乌昌一体化被提上了新疆发展的历史进程。[①]

"乌昌一体化"起初被称为"乌昌经济一体化"，是指乌鲁木齐市和昌吉回族自治州在经济活动中，在不涉及各自行政区划的前提下，共同构建广泛的、统一的经济协作区，辖区范围包括乌鲁木齐市和昌吉回族自治州的五县三市。

乌鲁木齐市作为新疆维吾尔自治区的首府，是全疆政治、经济、文化、科研的中心，在技术、金融、人才等方面具有绝对优势，它坐落在天山北麓

---

① 陈栋生：《对乌昌经济区和新疆跨越式发展的思考》，载《新疆财经》2005年第5期，第3页。

一个狭长地带，南缘准噶尔盆地，三面环山，总面积为1.36万平方公里。

昌吉回族自治州地处乌鲁木齐市北部，从东、西、北三个方向环拥着乌鲁木齐市，昌吉回族自治州的几个重要城市紧邻乌鲁木齐市，比如米泉市距离乌鲁木齐市16公里，与乌鲁木齐市的东山区隔路相望，昌吉市距离乌鲁木齐市32公里。昌吉回族自治州总面积9.39万平方公里，土地、矿产资源丰富。

乌鲁木齐市和昌吉回族自治州是新疆经济发展速度最快、效率最高的地区之一。但是，乌鲁木齐市由于自身发展空间有限，导致许多项目无法落地建设。而近在咫尺土地辽阔的昌吉因为行政区划的阻隔无法承接乌鲁木齐市在人才、技术、信息、资金等方面的资源转移。此外，两地在发展过程中各自为政，片面追求自身利益，相互之间争资源、争投资、争税源等问题时有发生，区域内重复建设、资源浪费现象也十分严重。乌昌地区经济社会发展的现实矛盾和未来发展的实际需求，都对乌鲁木齐城市群的发展提出了新要求。①

2. 乌昌一体化的过程

2004年12月，自治区党委、政府做出了在不涉及行政区划调整的前提下，成立乌昌党委，推进乌昌经济一体化的战略。乌昌党委为自治区党委的派出机构，对乌昌地区经济社会发展负有领导责任。

同国内许多经济联合体的松散架构有所不同，乌昌一体化实行的是在乌昌党委统一领导下的实质性区域协调发展战略。2005年1月10日，乌昌党委召开第一次会议并通过《乌昌党委机构设置和主要职责方案》。同年，乌鲁木齐市、米泉市、昌吉市三城市电信固定电话、小灵通按统一的市话标准收取资费，撤销了吐乌大高速路卡子湾收费站和国道216线东卡子湾收费站，成立了乌昌财政局。2006年，米泉市和乌鲁木齐市东山区实现了组织、财政、市场、规划的完全统一。2007年1月，乌昌地区实行同电同价；7月1日乌昌财政新体制正式启动运行，乌昌财政正式合二为一；8月1日，乌鲁木齐市米东区正式挂牌成立，撤销原来的米泉市和东山区。②

"乌昌模式"给乌昌地区带来最显著的变化无疑是经济的快速发展，仅

---

① 任宗哲、宫欣旺：《组织化：区域地方政府协调发展的一种路径》，载《西北大学学报》2008年第2期，第102—106页。

② 乔中明：《区域一体化的乌昌模式及启示》，载《党政干部论坛》2009年第8期，第54—55页。

乌鲁木齐一市2009年财政收入为113.5亿元，较2008年增长2.43%。回顾历史数据，2005年，乌昌实现地区生产总值819亿元，与财力统一前的2004年相比，同比增长12.7%，实现地方财政收入70亿元，同比增长14%；2007年，乌昌地区生产总值突破千亿元，地方财政收入首次突破百亿元大关，约占自治区的36.18%。2009年，乌昌预计完成地区生产总值1545亿元，实现地方财政收入136.4亿元。5年间，乌昌经济总量与地方财政收入都增长了将近一倍。乌昌地区生产总值占全疆地区生产总值的比重达到36.18%。乌昌已成为带动新疆经济发展新的增长极。[①]

（二）"乌昌模式"的特点

1. 财权统一

乌昌经济一体化最显著的特点莫过于财权的统一，而财权统一克服了原有两地分开发展的缺点，因而带来了乌昌地区快速发展的新面貌。城市群内的组成地区由于历史、政治等诸多原因，发展的速度各不相同。若缺少资源的整体优化配置，城市的发展有可能在相互之间产生负面的影响。如，乌鲁木齐市未经处理的污染物在经济外部性的条件下，会影响到周边城镇的居民。在负面影响增加的同时，给城市群的整体发展带来隐患。城市之间互相带来的负外部性，则会导致这一地区资源配置的无效率。其中，就包括财政资源的合理配置。

财政本身作为一种资源，存在着向低成本地区不断流入和投资的趋势。在城市群建立之初，首府城市周边的小城镇势必在财政资源的投资上处于劣势。无论是政策倾斜还是较发达企业的投资办厂都会倾向于首府城市。而以"乌昌模式"为代表的经济一体化发展思路即从财政资源这个根本出发，促进城市群内部规模经济的实现。

在乌昌一体化过程中，新疆维吾尔自治区党委做出了两个有关键意义的有力举措：一是主导成立了跨行政区划推动一体化进程的组织领导机构——乌昌党委，基本解决了目前跨行政区域城市经济一体化发展模式面临的主要瓶颈，即缺乏约束性、权威性的协调组织对双方各种利益进行规范调整。二是从财政体制上对乌昌一体化进程大力扶持。乌昌党委成立后，新疆维吾尔自治区人民政府给予了优惠政策，从2005年起三年内，乌鲁木齐市每年上

---

① 姜帆：《乌昌一体化成为新疆经济发展新的增长极》，《经济日报》，2009-3-2。

缴自治区的财政收入不再环比递增，而是以2005年的基数定额上缴，差额部分预计可达10多亿元，主要用于支持昌吉回族自治州的发展。①

财政的集中起着至关重要的作用。一是降低了各地行政力量对市场的垄断、促进经济一体化的兼并活动、营造良好的区域发展环境。二是遵循了经济规律，体现了经济圈的发展理念，即淡化行政区划观念，冲破行政壁垒和地方保护主义。由于不能实施直接的关税，中国行政区之间的贸易壁垒不同于国际贸易壁垒，它更多地表现为制度壁垒，基于统一财政下的地区经济一体化事实上降低了维持地方保护的资源投入。

2. 地方公共物品更加集中

我们把城市使其内部成员受益的公共物品称为地方公共物品。"乌昌模式"为乌鲁木齐城市群提供了更为集中的地方公共物品，即集中起来的财力可以为城市群这个整体提供公共服务，从而公共服务中的规模经济降低了经济发展的诸多成本，特别是行政成本。比如合并后的财政机构可以大大减少行政行为中的寻租行为。

进一步完善中央、城市群内各级政府的事权分配体制，并按事权赋予合理的财权，这将是该城市群的各项制度得以实施、各项区域设施得以落实的基础。规范城市群内各级政府的事权就是明确地方政府在市场监督、管理中的权责，尽量减少政府对市场的干预，发挥政府在培育服务环境、提供基础设施、制定市场政策中的作用，避免地方政府干涉当地市场的发展而形成区域市场分割的格局，建立整个城市群统一的市场环境。上级政府在其中应起到引导作用，通过城市群规划及其他相关产业发展政策，规范城市群内的市场竞争秩序，在统一的社会经济发展战略下，充分发挥各地区的资源优势，加强各地区之间的产业分工与合作，促进产业集群的形成，从而实现城市群的整体协调发展。

（三）乌鲁木齐城市群发展面临的挑战

首先，乌昌地区缺乏统一协调的规划，空间布局不尽合理。乌昌两地长期以来多是自谋发展，没有宏观统一的规划。各个城市在基础设施上没有整体的协调，容易造成浪费，在产业发展上不能形成互补的链条，经济发展的

---

① 张转社、时晓东：《借鉴新疆乌昌一体化经验，加快推进西咸一体化进程》，载《陕西经济研究》2007年第4期，第25页。

各类要素不能达到合理的配置，核心城市发育不充分，辐射力差。①

所以，从产业链的角度入手，该城市群应继续发展特色产业。重点支持石油、石化、冶金、煤电、煤化工等重化工产业继续做大做强，延伸产业链；以成长型"小巨人"企业为重点，加快传统产业升级改造，重点发展高新技术产业，尽快培育一批具有较强竞争优势的产业集群。②

此外，该城市群有着发展文化产业的先天优势。全疆绝大部分大专院校和科研机构汇集于此，是全区劳动者素质最高的地区。第二、第三产业中知识科技含量较高的行业部门均在此布局。由于人口较为集中，各种文化、教育、科学研究等非生产性设施将会得到巨大的发展，而且利用率也会大幅度提高。大城市的人口教育状况明显优于小城镇。城市群的发展离不开人口素质的提高，这是城市发展的基石。

相对于我国其他地区的区域文化价值观而言，新疆的文化价值观更具有民族性和复杂性。吸取各民族文化的精华，促进乌昌地区文化产业的发展，在交流与融合中实现创新，才能筑起经济腾飞的基础。

二、呼包鄂城市群

呼包鄂城市群位于内蒙古高原中部，总体地形特征为中部山地和西部高原地势较高，黄河冲积平原地带地势较低。其中包头市域北部为丘陵高原、中部为阴山山岳地带，南部为黄河北岸平原地带。从地理条件上来说，南部黄河沿岸水土肥沃、地势平坦、水源充足，最适合居住和生产。此外，国道110、丹拉高速、包兰铁路都从山前平原通过，为城镇发展提供了良好的交通条件，包头市区、土默特右旗均分布在黄河冲积平原上，且邻近国道、高速公路、铁路。鄂尔多斯市西、北、东三面被黄河环绕，市域北部为黄河冲积平原区，东部为丘陵沟壑区，中部有库布其、毛乌素沙区，西部为波状鄂尔多斯高原区，西南为草原区。大部分城镇分布在北部黄河冲积平原、东部丘陵区和西南部草原区，尤以黄河沿岸区和国道210、呼准高速两侧及内蒙古与陕西边界北侧为多。呼和浩特市地貌特征是东北高、西南低，城镇分布

---

① 卢晓莉、李红娟：《论乌昌经济一体化进程中的政府管理体制创新》，载《新西部：下半月》2008年第1期，第71页。

② 乃依木·亚森：《认真贯彻落实国务院32号文件精神，促进乌昌地区经济社会又好又快发展》，《乌鲁木齐晚报》，2007-10-15。

以国道110、包兰铁路、呼准高速两侧及主要省道两侧为主。① 截止到2008年底，呼包鄂城市群共包括呼和浩特、包头、鄂尔多斯3个地级市、107个建制镇。呼包鄂三市的常住人口达679.56万人，城镇人口所占比重达到67.2%，人口密度为51.6人/平方公里。2008年，呼包鄂三市经济总量达到4679.37亿元，比上年增长18.9%，增速快于全区平均水平1.7个百分点。②

(一) 呼包鄂城市群地理位置与产业布局

城市群所处的地理位置决定了其产业布局。首先，从区域位置角度看，呼包鄂城市群处于黄河中上游地区，作为环渤海经济圈的重要腹地，是沟通华北、东北和西北经济联系的枢纽，距首都北京不到500公里，距出海口600公里，靠近俄罗斯和蒙古国，是我国向北开放的前沿。

同时，地理位置是呼包鄂城市群发展其区位优势的重要组成方面。东西狭长的三角形分布促使该城市群选择以交通干线和黄河沿岸丰富的资源聚集区和产业带为依托，克服人口数量较少的发展劣势。具体的举措有修建直达高速公路使呼包鄂成为两小时经济圈；2009年底，包（头）西（安）铁路包头至罕台川北段、临（河）策（克）铁路临河至额济纳段正式开通。这两条铁路成为加快呼包鄂区域一体化进程的大动脉，也是其进一步完善交通网络，发挥地理优势的重要措施。

其次，该城市群的地理位置决定了其是确保首都北京和"三北"地区免受风沙侵袭的安全线，所以该区域一直以来被关注的是：其作为根治黄河断流和松辽流域洪涝灾害的生命线及中国北方特别是首都重要生态屏障的地理重要性，却一直忽略了呼包鄂从地理优势上促进其工业园区的建设。下一阶段，该城市群应充分发挥工业园区在承载产业集聚和项目汇聚方面的优势，重点发展沿黄河产业带、沿交通干线产业带和阴山北麓产业带。积极推进区域经济一体化进程，形成资源共享、优势互补、合作互动、共同发展的区域经济协调发展的新格局，形成无障碍的合作经济圈。③

---

① 邬文艳：《呼包鄂城市群空间结构及其演化机制》，内蒙古师范大学硕士论文，2009年，第11—56页。
② 内蒙古自治区统计局：《加强区域合作力保呼包鄂经济平稳较快增长》[EB/OL]．国家统计局网站．http：//www．stats．gov．cn/tjfx/dfxx/t20090407_402551277．htm，2009-4-13．
③ 朱晓俊、张永军：《内蒙古区域经济发展新格局》，载《北方经济》2006年第11期，第7页。

最后，作为省际内依存性城市群的呼包鄂地区重点建设"两区一带"——赤峰—通辽—锡林浩特经济区。以赤峰市三区（红山、松山和元宝山）、锡林浩特市、科尔沁区和霍林郭勒市为中心，依托集通、京通、通霍、锡桑铁路及国道主干线，立足能源、矿产和农牧业优势，加快发展特色优势产业，构筑霍（林河）白（音华）胜（利）能源重化工业基地、农畜产品生产加工集散地和商贸物流基地。依托主要交通干线，加强与京津冀、沈阳经济区的经济联系。满洲里—海拉尔—乌兰浩特经济区以满洲里、海拉尔和乌兰浩特为中心，发挥滨洲、白阿、平齐铁路的纽带作用，辐射呼伦贝尔大部和兴安盟东部。以主要交通干线为纽带，加强与哈大齐经济区的经济合作。沿边经济带依托满洲里、二连浩特等口岸，以口岸相邻地区为重点，以互市贸易区和边境经济技术合作区等为载体，开展大范围、多领域经济技术合作，扩大对外贸易规模，提高资源落地加工水平。[1]

（二）区域内产业结构升级促进了呼包鄂的快速发展

呼包鄂城市群是内蒙古自治区政治、经济、科技、教育、文化、艺术的中心地带。由于该区域创造了全区近一半的地区生产总值，集聚了区内1/2以上的工业固定资产、2/3的科技人才，遂成为内蒙古乃至西部经济带的重要增长极。2008年，呼包鄂三市的经济总量达到4679.37亿元，比上年增长18.9%，增速快于全区平均水平1.7个百分点。与2003年相比，年均增长23.5%，快于全区平均水平3.6个百分点。三市经济总量占全区各盟市的比重也由2003年的48.4%提高到2008年的53.7%，提高了5.3个百分点。[2] 呼、包、鄂三个城市共同组成的经济区将成为全国最有发展潜力、最具活力的地区之一。

在同一区域内，制造业和生产者服务业往往是形成一种协同定位的趋势，主要表现为一种产业分布新格局：中心城市集聚大量的生产者服务业，而中心城市外围则有大量的制造业集聚。从形态看，呼包鄂三市的产业发展又很不平衡，重化工业和原材料工业所占比重偏大，产业间相互衔接程度低，上游产品向中下游延伸缓慢，机械装备工业规模效益不高，电子制造业

---

[1] 朱晓俊、张永军：《内蒙古区域经济发展新格局》，载《北方经济》2006年第11期，第7页。

[2] 张晶、崔京英：《积极应对危机加强区域合作努力保持呼包鄂经济平稳较快发展》，载《北方经济》2009年21期，第12页。

发展刚刚进入起步阶段。原材料工业发展到一定水平后，必须向高度加工化方向发展提升产业链，才能突破自然资源开发的边际效益的制约。产业链提升一个档次，就会使增加值和附加值成几倍、几十倍甚至上百倍地增加，提升产业链的实质就是新产品的研发过程，提升能力取决于科技实力。

（三）工业化促进了呼包鄂地区的城镇化

呼包鄂城市群的城镇化率仍然偏低，城镇规模偏小，城镇的产业基础还很薄弱，基础设施建设滞后，综合素质差、档次低，特别是大中城市不发达，辐射带动能力有限。除了产业结构方面的调整和升级，更要站在经济社会发展全局的高度，加快城镇化步伐，引导农村牧区剩余劳动力向城镇有序转移，逐步形成以城带乡、以工促农、城乡互动、协调发展的体制和机制，实现人口进城、工业入园、产业集中和要素集聚。突出发展大城市，扩大城市规模，完善城市功能，培育具有较强辐射带动能力的区域中心城市。[①]

从国内外经验看，经济总量集聚的地区，同样也是人口相应集中的地区。如日本三大都市圈，提供了全国70%的GDP，集中了65%的人口。而呼包鄂三市拥有全区53.2%的经济总量，但仅吸纳全区27.8%的人口。人口与经济分布不均衡，影响了区域间的协调发展。因此，必须按照推进形成主体功能区的要求，促进产业集聚和人口集中，在吸纳限制和禁止开发区域人口转移的基础上，加快周边人口向呼和浩特市和包头市流动。[②]

三、银川城市群

2008年宁夏政府工作报告中提出：加快建设沿黄城市群，奋力打造"黄河金岸"。这意味着宁夏通过城市集群化的建设，大力实施沿黄城市带（群）发展战略。具体目标是联合银川、石嘴山、吴忠、中卫等十个沿黄城市在建设沿黄城市带（群）中力求做到"六个一体化"（即规划编制一体化、基础设施一体化、产业发展一体化、区域市场一体化、生态环境建设一体化、市政服务一体化），通过这种同城化的持续推进，打造宁夏的"黄河

---

① 杭栓柱等：《关于扩大"呼包鄂"范围促进区域经济一体化的建议》［EB/OL］. 豆丁网. http://www.docin.com/p-27876658.html, 2009-07-27.

② 朱晓俊、张永军：《内蒙古区域经济发展新格局》，载《北方经济》2006年第11期，第7页。

金岸",即银川城市群。据测算:到2012年银川城市群人口将达到400万,占全区总人口的60%以上,GDP达到1300亿元以上;到2020年,银川城市群GDP将跨过3000亿元大关,人均GDP将超过6万元。①

(一) 银川城市群发展条件

自然地理因素是银川城市群形成的基础。宁夏地处我国西北内陆,西北部盘踞着宁夏的最高山脉——贺兰山,贺兰山与中部高原、台地之间为我国著名的平原——宁夏平原,海拔1100—1200多米,地势从西南向东北逐渐倾斜。黄河自中卫入境,向东北斜贯于平原之上,河势顺地势经石嘴山出境。平原上土层深厚,地势平坦,加上坡降相宜,引水方便,便于自流灌溉,有利于农业的发展,目前已成为我国西北重要的商品粮基地。由于宁夏属于大陆性半干旱地区,纵贯平原的黄河就成为农业和社会经济发展的命脉,黄河在影响宁夏经济发展的同时也影响城市形成和发展,宁夏5个地级市中有4个地级市分布在黄河沿岸,另外六成以上的县城和乡镇也都分布在黄河沿线,说明水源是导致银川城市群呈带状布局的根本因素。②

独特的区位条件为银川城市群的形成与发展提供了前提条件。宁夏银川城市群沿黄河两岸分布,由于沿河地带地势平坦,水势平缓形成了密集的港口和湖泊,因而宁夏整个湿地总面积占全区总面积的4.9%,是西北地区湿地资源最为丰富、最具代表性的省区。同时该区域的光、热、水、土等自然环境在西部地区也是得天独厚的,自古就有"塞上江南,鱼米之乡"的美誉,是我国北方重要的商品粮基地。贺兰山东麓是酿酒葡萄的最佳产地,被誉为中国的"波尔多"。宁夏矿产资源丰富,已发现各类矿产40余种,其中,煤炭储量占全国第6位。量大质优的宁东煤田、陕甘宁油气田以及大漠、黄河、西夏文化、回族风情、岩画、长城等精品极品旅游资源,为能源、化工综合开发和打造西部旅游目的地提供了有利条件。③

---

① 宁夏新闻网:《宁夏沿黄城市带将打造成"黄河金岸\塞上明珠"》[EB/OL]. http://www.china.com.cn/news/zhuanti/09nxx/2009-07/02/content_18058328.htm, 2009-7-2。
② 李敬:《宁夏沿黄城市群空间结构探析》,载《中共银川市委党校学报》2008年第8期,第44页。
③ 王娟、杨丽艳:《宁夏沿黄城市群发展问题探讨》,载《宁夏党校学报》2008年第11期,第82页。

（二）以地理优势加快同城化步伐

宁夏跨省区的地理优势需要靠银川城市群内部的整合，才能达到最佳的状态。狭长的银川城市群有着便利的跨省区级网络发展优势，如何通过整合城市群内多个城市之间的资源，即利用同城化战略的实施，加强与周边各省区的经济联系是该城市群着力发展的关键问题。

同城化，是作为城市群（带）、城市圈发展过程中的一种特殊形式而出现的，它在区域经济、社会、文化和环境建设方面发挥着越来越重要的作用。对银川城市群而言，行政区划调整使其空间扩大，符合弗里得曼的"核心—边缘空间"结构演化理论。以灵武市划归银川市管辖为例，城市群内部的社会经济结构发生了以下三种改变：1. 银川市的资源得到了扩充，辖区土地面积增加一倍；宁东煤田成为能源和重化工基地；黄河东岸的旅游资源使银川的旅游业双翼（西线和东线）发展。2. 银川市的工业结构更加合理。长期以来银川市工业一直缺乏能源支撑，由于能源不足，当地电力、化工、冶金等行业无法形成规模，重工业比重过低。灵武市的归并，改善了这一现状。3. 灵武市在银川市核心区的扩散作用下，资金、技术、管理理念等生产要素的大量流入，出现了跨越式发展的端倪。[①]

同城化有利于提升银川城市群的综合竞争力。从各国城市化的进程来看，城市化与区域经济发展到比较成熟的时期，区域核心城市与次一级的中心城市合作更加紧密，区域实力会表现出更为突出的溢出效应、分化效应与扩散效应。同城化是区域经济合作的一种趋势，它旨在通过降低城市之间的交通和信息成本，在不同城市之间建立近似一个城市的空间架构，从而提升沿黄城市群的综合竞争力。

银川城市群同城化应做好如下举措：1. 区域产业定位。推进银川城市群产业一体化，形成城市合理分工、互补的产业链条，逐步建立城乡统一的、以实际居住地登记户口的户籍管理制度和统筹城乡就业等社会保障制度。2. 空间区域定位。银川城市群是以黄河中上游宁夏引黄灌区为依托，以地缘相近、交通便利、经济关联度高的沿黄河呈带状分布城市集合体。从宁夏沿黄城市群的空间布局来看，分区域中心城市、次中心城市和节点城市

---

① 陈忠祥、李莉：《行政区划变动与城市群结构变化研究——以宁夏中北部城市群为例》，载《人文地理》2005 年第 5 期，第 51 页。

三个层次。

银川作为中心城市，是宁夏政治、经济、文化、教育、信息、商贸和交通中心；石嘴山、吴忠、中卫是次中心城市，担负着承接中心城市的辐射，并向下一级城镇传递辐射，产生带动效应的枢纽，同时也是本市域内的中心城市；平罗、贺兰、永宁、灵武、青铜峡、中宁及其所属若干个建制镇为节点城镇，在空间发展布局中承担着拱卫中心城市和次中心城市、承接产业转移、带动农村发展、吸引人口集聚、支撑城市网络体系的重要功能。[①]

四、黔中城市群

黔中城市群以贵州省省会贵阳市为中心，覆盖遵义和六盘水两个地级市，位于大西南的交通要冲，贵州省的中北部，黔桂、川黔、贵昆、湘黔四条铁路线交汇于此，煤炭资源和水能资源丰富，是全国重要的原材料供应基地，工业也比较发达。

（一）黔中城市群形成的基本条件

黔中城市群具有一定的规模与数量，在这一区域，拥有贵阳、安顺、都匀、凯里、遵义等城市及众多小城市和小城镇，这些城市与城镇构成了黔中地区城市圈的基础。

黔中地区的交通设施较为发达，是形成黔中城市圈的良好的交通条件。黔桂、川黔、贵昆、湘黔等四条铁路在贵阳市汇集，铁路枢纽连接着贵州的重要城镇。20世纪80年代之后，黔中地区逐渐修建起了较为发达的公路系统，贵黄、贵遵、贵新、贵毕等高速公路或高等级公路从贵阳市向周边市镇放射，汽车可较为迅速地从中心城市贵阳到达黔中地区各市镇。交通设施的改善可增加黔中地区市镇间的人流与物流潜势。[②]

黔中城市群内各市镇也具有进行经济互补的条件。贵阳市区及附近地区是全省的文化中心，集中了全省最重要的高等院校与研究机构，可重点发展知识经济，并向省内各地区企业提供智力服务。贵阳市近郊与远郊市镇资源

---

① 范弘雨：《宁夏沿黄城市群的同城化构想——解读宁夏打造"黄河金岸"发展战略》，载《宁夏党校学报》2008年第11期，第86页。

② 徐和平：《构建黔中地区城市圈的意义与对策》，载《贵州财经学院学报》2006年第1期，第81页。

禀赋有一定的差异，市镇产业也有所不同。白云区拥有规模较大的铝建材生产基地，具有发展铝制品的良好条件；小河区拥有大量的军工企业，聚集了机械加工方面的大量熟练工人，具有发展为机械加工制造城镇的良好条件。同样，清镇、安顺、凯里及都匀等城市都能根据自己的资源优势进行产业分工并形成专业城市，与黔中地区的其他市镇构成经济互补关系。

（二）城市群依托传统工业优势正在推进新产业经济发展

黔中城市群具有得天独厚的工业发展优势。从清镇市经贵阳市白云区、修文县、息烽县到遵义市的广阔地区拥有丰富的铝土资源，有着形成铝制品深加工基地的良好基础。此外，20世纪60年代"三线"建设时期，军事工业和"三线"企业搬迁入黔，并具有相当规模，为现在工业的发展打下了一定的基础。

然而，长期以来因条块分割各市镇在开采与粗加工上展开了激烈的竞争，时至今日这一地区仍以输出原料为主，以其丰富的铝土资源为例，这类传统资源型产业并没有为地方社会经济发展做出应有的贡献。类似的情况也发生在贵州的中药制药等产业。如何利用自然资源禀赋和历史工业基础的双重优势实现产业转型，是该城市群发展的重要课题。

首先，黔中城市群具有产业专业化发展的基础，地方政府应积极介入，制定政府间及企业间的协议；通过协议建立城市秩序经济，引导专业化城市与城镇的形成。如修文县、白云区、息烽、遵义市应根据其铝土资源及生产技术进行分工与协作，使其资源得到最大利用，推动专业市镇发展及工业化的进程；拥有丰富的磷矿资源的开阳、瓮安、福泉等地市镇亦可通过类似的协议建立专业化市镇。[①]

根据各个城市不同的资源禀赋及各自的优势工业产业，对黔中地区城市群内、外圈的城市进行产业分工，实现将贵阳市内圈作为黔中地区城市群的工业制成品中心，建立以西秀区为中心的南部航空航天工业基地；以汇川区为中心的北部工业设备提供基地；以贵阳和遵义为首的新材料基地；以凯里为中心的东部地区、以西秀区为中心的南部地区及黔西县的中草药原料基地；以凯里市、都匀市为中心的东、南部电子设备提供基地及建材、轻纺基

---

① 徐和平：《构建黔中地区城市圈的意义与对策》，载《贵州财经学院学报》2006年第1期，第81页。

地；以织金和黔西所在的西北地区、凯里市所在的东部地区以及都匀市所在的南部地区为黔中地区城市群的能源及矿产基地，全面实现黔中地区城市群区域工业产业一体化，增强黔中地区城市群整体的竞争力。①

其次，加强民族特色产业的发展。以提高产品知名度、精深加工度、产业集中度、产业链的延伸度和营销外向度为重点，着力研究解决产品"酒香还怕巷子深"问题。通过突出特色，进一步打造品牌烟、酒及食品工业：如卷烟、董酒、珍酒、青酒等。政府应大力扶持这些品牌工业产业的发展，以推动企业所在地经济的增长，从而促进大、中城市协调发展。

（黄涛）

参考文献

[1] 延边朝鲜族自治州赴新疆考察组：《关于新疆乌昌一体化的考察报告》，《延边日报》，2009-6-3。

[2] 朱克彤：《乌昌地区去年 GDP 达 1405 亿元》[EB/OL]．天山网．http：//www.tianshannet.com，2009-1-23。

[3] 陈栋生：《对乌昌经济区和新疆跨越式发展的思考》，《新疆财经》2005 年第 5 期。

[4] 任宗哲、宫欣旺：《组织化：区域地方政府协调发展的一种路径》，《西北大学学报》2008 年第 2 期。

[5] 乔中明：《区域一体化的乌昌模式及启示》，《党政干部论坛》2009 年第 8 期。

[6] 姜帆：《乌昌一体化成为新疆经济发展新的增长极》，《经济日报》，2009-3-2。

[7] 张转社、时晓东：《借鉴新疆乌昌一体化经验，加快推进西咸一体化进程》，《陕西经济研究》2007 年第 12 期。

[8] 卢晓莉、李红娟：《论乌昌经济一体化进程中的政府管理体制创新》，《新西部》下半月，2008 年第 1 期。

[9] 乃依木·亚森：《认真贯彻落实国务院 32 号文件精神 促进乌昌地区经济社会又好又快发展》，《乌鲁木齐晚报》，2007-10-15。

---

① 云小舟：《黔中地区城市群等级规模结构分形特征研究》，载《贵州财经学院学报》2008 年第 3 期，第 106 页。

[10] 范琼燕、李远新：《石河子昌吉五家渠吐鲁番与乌鲁木齐共绘都市圈蓝图》[EB/OL]．天山网，http：//www.tianshannet.com，2009－11－24。

[11] 张晶、崔京英：《积极应对危机加强区域合作努力保持呼包鄂经济平稳较快发展》，《北方经济》2009年第21期。

[12] 内蒙古自治区统计局：《加强区域合作力保呼包鄂经济平稳较快增长》[EB/OL]．国家统计局．http：//www.stats.gov.cn/tjfx/dfxx/t20090407_402551277.htm，2009－4－13。

[13] 邬文艳：《呼包鄂城市群空间结构及其演化机制》，内蒙古师范大学，2009年。

[14] 朱晓俊、张永军：《内蒙古区域经济发展新格局》，《北方经济》2006年第11期。

[15] 杭栓柱等：《关于扩大"呼包鄂"范围促进区域经济一体化的建议》[EB/OL]．豆丁网，http：//www.docin.com/p－27876658.html．2009－07－27。

[16] 朱晓俊、张永军：《内蒙古区域经济发展新格局》，《北方经济》2006年第11期。

[17] 宁夏新闻网：《宁夏沿黄城市带将打造成"黄河金岸、塞上明珠"》[EB/OL]．http：//www.china.com.cn/news/zhuanti/09nxx/2009－07/02/content_18058328.htm，2009－7－2。

[18] 李敬：《宁夏沿黄城市群空间结构探析》，《中共银川市委党校学报》2008年第8期。

[19] 王娟、杨丽艳：《宁夏沿黄城市群发展问题探讨》，《宁夏党校学报》2008年第11期。

[20] 陈忠祥、李莉：《行政区划变动与城市群结构变化研究——以宁夏中北部城市群为例》，《人文地理》2005年第5期。

[21] 范弘雨：《宁夏沿黄城市群的同城化构想——解读宁夏打造"黄河金岸"发展战略》，《宁夏党校学报》2008年第11期。

[22] 徐和平：《构建黔中地区城市圈的意义与对策》，《贵州财经学院学报》2006年第1期。

[23] 云小舟：《黔中地区城市群等级规模结构分形特征研究》，《贵州财经学院学报》2008年第3期。

第二篇　中国城市发展中的各类经济开发区建设

对外开放区域是国家经济发展进程中特定的存在形式,它从社会、政治等各个层面影响着中国经济的发展和沿海地区的对外开放。自改革开放以来,通过借鉴国际自由贸易区、自由港和出口加工区等运作模式和实施体制,在依据中国特殊国情的基础上,保税区、经济特区、经济技术开发区、高新技术开发区、边境经济合作区等享有一定特殊对外开放政策的区域相继出现。无论是哪一种形式的对外开放区域,都在为世界政治多元化、经济全球化、区域一体化背景下的中国城市发展发挥作用。

在中国城市经济日新月异的发展中,我们看到,浦东新区的成功不仅是带动一座美丽城市经济发展的典范,更是对地区及全国经济发展起到至关重要作用的改革攻坚的排头兵。无独有偶,南京高新技术开发区同样是在世界高新区的发展潮流下建立起来的,它不但是拉动经济增长的重要力量,同时也是城市化进程的助推器。此外,边境经济合作区更成为边境城市经济发展的一个重要的增长极,边境城市也由政治、军事的前沿一跃成为中国对外开放和发展外向型经济的门户,沉寂多年的边境线日益繁荣,成为中国经济发展的一个新兴的黄金地带。

第八章 经济技术开发区

——以上海浦东新区为例

中国的开发区建设，以深圳特区、上海的浦东新区、天津的滨海新区等为重要标志。上海浦东经济开发区的建设与发展较好地诠释了中国经济技术开发区建设的社会动因及其对城市经济发展的带动和辐射作用。

一、我国经济技术开发区建设的背景及概况

经济技术开发区是在沿海开放城市划定的一块较小的区域，国家在政策上给予支持，集中力量建设基础设施，创建符合国际水准的投资环境，主要通过吸收利用外资，形成以高新技术产业为主的现代工业结构，成为所在城市及周围地区发展对外经济贸易的重点区域。中国经济技术开发区是在20世纪70年代末提出，继经济特区之后，由国家批建形成，相继出现了两类新型的开发区：经济技术开发区和高新技术产业开发区。两者有一定的区别。经济技术开发区于1999年由国务院授权商务部负责，主要突出发展外向型经济和对外贸易功能，总体目标在于"三为主"，即以发展事业为主，以利用外资为主，以出口创汇为主。而高新技术产业开发区由科技部负责，主要突出科技创新和高新技术产业化。自1984年第一个经济技术开发区成立至今，经济技术开发区在促进区域经济发展，扩大对外开放，吸引大型跨国公司投资项目，形成产业聚集方面取得了辉煌业绩，成为我国经济最有活力、最具潜力的经济增长点。

（一）经济技术开发区提出的背景

1. 外部因素：经济技术开发区在中国的产生有着深刻的国际背景。第二次世界大战后特别是冷战结束之后，经济全球化浪潮席卷全球，国际贸易与投资发展迅速，世界银行、国际货币基金组织、世界贸易组织等大型国际性组织活动频繁，国际经济的依赖性与紧密性程度不断提升。同时，区域经

济一体化管理组织也在全球范围内迅速发展，欧洲经济共同体、北美自由贸易区、亚太经济合作组织等相继出现。这两种力量的交互作用，使贸易自由化和便利化程度不断提升，国际经济交流和合作得到纵深发展。在全球经济一体化进程不断加快，亚洲一些国家和地区纷纷建立出口加工区获得成功后，地区之间的竞争已经从单纯的企业发展的竞争向产业集群发展的竞争演化。产业集聚通过专业化分工和协同效应带来的竞争优势，作为区域经济发展的主要动力已经越来越被人们所重视，成为区域乃至国家参与国际竞争的重要力量和组织形式，同时也是地区产业建设、经济发展的强大动力。在经济技术开发区内，贸易政策优惠而开放，不仅如此，区内贸易程序更加便捷、高效，推动了企业贸易额的快速增长，企业的规模不断扩大，数量也不断增多。开发区在此基础上进一步发展壮大，从某种意义上讲，经济开发区出口贸易的兴起是中国投身经济全球化的起点。

随着区域一体化的不断加深，区域一体化组织成员国间的贸易、投资、技术等领域的合作以及政策的协调往往始于各国开发区之间的合作，开发区内各国也能从中受益，表现为规模的扩张、机制的升级、影响的扩大，带动开发区周边地区的发展。中国通过建立各类经济园区，以经济开发区为依托，避免中国企业在国外市场单打独斗，孤军奋战，以集群实行跨国经营战略成为"走出去"企业的重要手段。事实上中国国内省区市间的"一体化"也在不断完善，像长江三角洲、珠江三角洲、环渤海经济圈等形式的经济联合，经济技术开发区、经济协作区等模式必将成为中国加入区域经济一体化的重要实现形式。

2. 内部因素：1983年底和1984年初，邓小平同志亲自视察深圳、珠海、厦门经济特区，充分肯定了办特区的成功经验，回京后于2月24日就对外开放和特区工作做了重要谈话，提出："除了现在的特区之外，可以考虑再开放几个点，增加几个港口城市，这些地方不叫特区，但可以实行特区的某些政策。"此后，我国于1984年在沿海14个城市设立首批国家级经济技术开发区，随着改革开放的进一步深化，各种类型、各种层次的开发区从沿海地区的大城市启动，然后向沿海地区的中小城市与中西部地区延伸，经济技术开发区首先在东北开放重镇大连开办以来，在利用外资方面，对全国起到了窗口、辐射、示范和带动作用。1999年，鉴于沿海地区兴办经济技术开发区取得了明显成效，在总结国家级开发区有效促进当地经济健康发展经验的基础上，作为实施西部大开发战略的重要措施之一，国务院决定

"允许中西部各省、自治区、直辖市在其省会或首府城市选择一个符合条件并已建成的省级开发区申办国家级经济技术开发区"。2000年至2002年，合肥、郑州、西安、长沙、成都、昆明、贵阳、南昌、石河子、西宁、呼和浩特、南宁、太原、银川、拉萨、南京、兰州等17个开发区被批准成为第三批国家级经济技术开发区。到2009年9月，又批准了秦皇岛、廊坊等7个省级开发区为国家级经济技术开发区，总共54个。2009年9月到2010年5月，随着经济发展相继有32家省级经济开发区晋升为国家级经济技术开发区，全国国家级经济技术开发区数量增至现在的88家。经济技术开发区按照现代市场经济和国际经济通行规则的要求，建立了日趋完善的法制和体制环境，形成了高效务实的管理和服务机制，兴办了方便快捷的基础设施，为我国吸引外资提供独有的便利条件，形成了由经济技术开发区、高新技术产业开发区、出口加工区、保税区、边境经济合作区、旅游度假区等组成，遍布全国各地的发展格局。

（二）经济技术开发区发展的三个阶段

1. 第一阶段（1984—1991年），艰难创业和摸索发展，完成了国家级开发区的启动

这一阶段，开发区的发展条件很差，几乎是白手起家。比如发展基础薄弱，受制于传统观念，开发区多选址于远离母城的地方，连基本的生产条件都不具备，已有的产业基础也借不上力。比如开发投入不足，在国内百废待兴，资金需求压力极大和开发区自身尚无积累能力的双重约束下，建设资金缺口很大，外资进入中国有一个由小到大、由低到高的试探和观望过程。从引进项目的实际情况看，主要以劳动密集型产业为主、中小企业为主，技术含量低，技术转让或技术转移很少发生。

在这个阶段，通过不断改革也摸索出了建区的基本模式和对外经济合作的基本章法。更重要的是各开发区通过大胆实践和相互借鉴，逐步统一认识，在"四窗口"——"技术的窗口、管理的窗口、知识的窗口和对外政策的窗口"发展宗旨的基础上，确立了更为务实和更加准确的"三为主"——以发展工业为主、以利用外资为主、以出口创汇为主的发展方针。

2. 第二阶段（1992—1996年），国家级开发区高速增长的"黄金时期"

1992年，邓小平同志第二次南巡并发表重要谈话，掀起了对外开放和引进外资的新一轮高潮。借助这一发展机遇，国家级开发区实现了质的飞

跃。在这一阶段，国家级开发区引进外资不仅数量大幅度增加，项目的档次也有明显提升。首先是跨国公司开始取代中小资本的主体地位，摩托罗拉、法国太平洋炼油、美国宝洁、三星等一大批投资上亿美元甚至上十亿美元的大项目和超大项目纷纷进入国家级开发区。其次是引进项目的技术含量和技术水平明显提升，在很多领域填补了国家空白，占据了国内同行业的技术制高点，直接推动了我国工业现代化的进程。国家级开发区经过这五年的迅猛发展，无论规模大小，都已成为所在城市的重要经济增长点，作为一种成功的经济发展模式，其示范作用日益显现，成为外商投资的最大热点。

在这期间，国家级开发区的经济总量以超常规速度增长，经济技术开发区在我国东部和南部地区全面铺开。

3. 第三阶段（1997年至今）为稳定发展时期

我国国家级经济技术开发区的增长过程，在时间尺度上表现为明显的阶段性，在空间上，则从沿海向内陆地区呈梯度推进。开发区的这种时空发展特征，与我国改革开放战略的实施过程紧密相连。

在这一阶段，国家级开发区生存和发展的总体环境——政策环境、体制环境、产业环境、经济环境、社会环境都发生了重大变化，各方面、多层次对开发区提出了新的要求及开发区自身前进遇到的各种问题接踵而来，使得开发区形成于第一阶段，定型于第二阶段的发展模式和建区宗旨受到严峻的挑战。使国家级开发区在新世纪的"第二次创业"中，必须以更科学的发展观予以指导，进行更深层次的理性思考。

产业环境方面，国家提出了"致力于发展高新技术产业"的新要求，在发展工业的过程中，国家级开发区面临提高产业关联度，在更高的层次上实现"产业聚集"的问题。以改善综合投资环境为新起点，在扩大利用外资上面临更多的竞争。

经济环境方面，在应对了亚洲金融危机之后，中国加入WTO，国家级开发区与世界经济的关联度增强，外向型经济受国际市场变化的影响增大，加之以清理整顿土地市场秩序为指向的清理各类开发区带来的影响，国家级开发区的经济增长率在这一阶段比第二阶段速度放缓。

社会环境方面，随着开发的日益成长壮大，遇到以往单纯工业区的定位与综合城市化发展需要的矛盾。为了进一步支持工业发展，金融、商贸、社区、文化、教育等功能有待完善，国家级开发区今后城市化趋势已不容回避。我国国家级经济技术开发区的增长过程，在时间尺度上表现为明显的阶段性；在空间上，则从沿海向内陆地区呈梯度推进。开发区的这种时空发展特征，是与我国改革开放战略的实施过程紧密相连的，也体现了我国各地区参与全球经济活动的时空律。

刚开始，开发区以对外贸易和转口贸易为主。随着时间的推移，开发区步入以出口加工为主体的发展阶段。最后，开发区进入多样化、综合化、高级化、高科技型发展的时期。

(三) 我国经济技术开发区发展现状

截止2009年1月，全国共有国家级经济技术开发区54个，其中东部沿海地区34个，中西部地区22个。纵观30多年的历程，不难发现，国家经济技术开发区作为中国改革开放实践的缩影，明显地呈现了从沿海起步、向内陆滚动式推进的发展特征。国家级经济技术开发区已发展成为我国土地集约程度较高、现代制造业集中、产业集聚效应突出的外向型工业区。[1] 其经济绩效如下：

1. 地区生产总值

2003—2008年，我国54个国家级经济技术开发区的GDP持续增长，2003年为4620亿元，2007年为12698亿元，2008年上升到15315亿元，约占全国总量的5.1%。其中，广州1140亿元，天津1066亿元，苏州工业园1002亿元，昆山和大连均超过800亿元。

2. 工业总产值

1995—2008年，国家级经济技术开发区的工业总产值不断上升，1995年为1303亿元，2008年完成工业总产值（现价）46084亿元，占全国工业总产值的比重从2.4%上升到了9.1%。其中天津达到3700亿元，位居第一位；其次是昆山3300亿元；苏州工业园和广州近3000亿元；超过2000亿元的还有北京和青岛。

3. 税收

2003—2008年，国家级经济技术开发区的税收收入持续增长。2007年全国54个国家级开发区税收收入2036.77亿元，2008年达到2481亿元。占全国税收收入总额的4.1%。位居前列的有天津（237亿元）、广州（235亿

---

[1] 国家经济网. http://kfq.ce.cn/yqsj/200912/21/t20091221_20656655.shtml [EB/OL]. 2009-12-21。

元)、苏州(197亿元)和北京(158亿元)。

2009年1—9月,54个国家级经济技术开发区积极应对金融危机,总体发展良好。工业增加值、工业总产值、税收收入、实际利用外资金额同比均为正增长(10.54%、6.95%、16.7%、1.17%),增幅高于全国水平(8.7%、4.1%、3.12%、-14.63%);出口、进口呈负增长(-16.27%、-18.97%),但降幅小于全国水平(-21.3%、-20.4%)。国家级经济技术开发区成为所在地区的重要增长点。

2009年1—9月,全国54个国家级经济技术开发区(以下简称国家级开发区)实现工业增加值9096.2亿元,工业总产值(现价)36157.77亿元,税收收入2234.76亿元,同比分别增长10.54%、6.95%和16.7%;进出口总额2410.69亿美元,其中出口1269.92亿美元,进口1140.77亿美元,同比分别下降17.57%、16.27%和18.97%;实际利用外资金额144.97亿美元,同比增长1.17%。

东部32家国家级开发区工业增加值6901.88亿元,工业总产值(现价)28562.69亿元,税收收入1786.57亿元,同比分别增长8.24%、4.47%和19.46%;进出口总额2291.76亿美元,其中出口1210.8亿美元,进口1080.96亿美元,实际利用外资金额114.98亿美元,同比分别下降17.63%、16.04%、19.33%和1.14%。

中部9家国家级开发区工业增加值1364.21亿元,工业总产值(现价)4971.86亿元,税收收入260.84亿元,同比分别增长13.11%、15.18%和19.58%;进出口总额77.55亿美元,其中出口31.64亿美元,进口45.91亿美元,同比分别下降20.53%、32.54%和9.4%;实际利用外资金额20.01亿美元,同比增长7.93%。

西部13家国家级开发区工业增加值830.11亿元,工业总产值(现价)2623.22亿元,同比分别增长28.54%和22.06%;税收收入187.35亿元,同比下降7.51%;进出口总额41.38亿美元,其中出口27.48亿美元,进口13.9亿美元,同比分别下降7.51%、0.5%和18.8%;实际利用外资金额9.98亿美元,同比增长18.13%。[①]

---

① 国家级经济开发区网. http://www.fdi.gov.cn/pub/FDI/gjjjjkfq/default.jsp [EB/OL]. 2010-1-3。

表 8.1 国家级经济技术开发区主要经济指标

经济指标	全国 2009年	全国 同比	54个经济开发区 2009年	54个经济开发区 2008年	54个经济开发区 增幅	54个经济开发区 占全国	32个东部经济开发区 2009年	32个东部经济开发区 2008年	32个东部经济开发区 增幅
地区生产总值（亿元）	335353	8.7%	17730	15313	15.8%	5.3%	13523	11835	14.3%
其中：工业增加值（亿元）			12482	10972	13.8%		9426	8445	11.6%
工业总产值（现价）（亿元）			51271	45935	11.6%		40612	37058	9.6%
其中：高新技术企业（亿元）			23626	21566	9.6%		18842	17444	8.0%
税收收入（亿元）	63104	9.1%	3145	2481	26.8%	5.0%	2526	2001	26.3%
出口总额（亿美元）	12017	-16.0%	1874	2051	-8.7%	15.6%	1776	1945	-8.7%
其中：高新技术产品出口额（亿美元）			1279	1373	-6.8%		1246	1329	-6.3%
进口总额（亿美元）	10056	-11.2%	1644	1804	-8.9%	16.3%	1553	1715	-9.5%
其中：高新技术产品进口额（亿美元）			865	969	-10.7%		833	924	-9.9%
实际利用外资金额（亿美元）	900	-2.6%	204	195	4.3%	22.6%	164	158	3.7%

经济指标	全国		54个经济开发区				32个东部经济开发区		
	2009年	同比	2009年	2008年	增幅	占全国	2009年	2008年	增幅
期末实有高新技术企业数（家）			3025	4116	-26.5%		2132	3111	-31.5%
历年累计已开发土地面积（平方公里）			1357	1260	7.7%		987	930	6.1%
其中：已建工业项目用地面积（平方公里）			742	694	7.0%		502	482	4.2%
年末全区从业人员（万人）			646	583	10.7%		481	438	9.9%

经济指标	9个中部经济开发区			13个西部经济开发区			边境经济合作区		
	2009年	2008年	增幅	2009年	2008年	增幅	2009年	2008年	增幅
地区生产总值（亿元）	2434	2090	16.5%	1772	1387	27.7%	307.7	205.0	50.1%
其中：工业增加值（亿元）	1892	1620	16.8%	1164	906	28.5%	104.5	82.3	27.0%
工业总产值（现价）（亿元）	6841	5801	17.9%	3818	3076	24.1%	319.4	257.1	24.2%
其中：高新技术企业（亿元）	3864	3070	25.8%	920	1052	-12.6%	38.1	17.2	121.1%
税收收入（亿元）	369	275	34.4%	250	206	21.4%	27.7	25.6	8.1%
出口总额（亿美元）	49	61	-20.6%	49	45	8.5%	40.0	58.6	-31.8%

经济指标	9个中部经济开发区 2009年	9个中部经济开发区 2008年	9个中部经济开发区 增幅	13个西部经济开发区 2009年	13个西部经济开发区 2008年	13个西部经济开发区 增幅	边境经济合作区 2009年	边境经济合作区 2008年	边境经济合作区 增幅
其中：高新技术产品出口额（亿美元）	29	36	-19.7%	4	7	-38.4%	0.0	0.3	-98.2%
进口总额（亿美元）	63	68	-7.7%	28	21	33.4%	41.8	39.0	7.2%
其中：高新技术产品进口额（亿美元）	28	32	-13.3%	4	12	-64.7%	0	0	0
实际利用外资（亿美元）	24	23	7.0%	16	15	6.8%	3.3	1.7	96.8%
期末实有高新技术企业数（家）	565	594	-4.9%	328	411	-20.2%	38.0	34.0	11.8%
历年累计已开发土地面积（平方公里）	184	153	20.8%	186	178	4.4%	116.6	92.8	25.6%
其中：已建工业项目用地面积（平方公里）	129	109	18.3%	111	103	7.7%	49.7	29.8	66.6%
年末全区从业人员（万人）	91	77	17.8%	74	68	8.4%	15.2	17.1	-10.8%

资料来源：国家开发区网 http://www.cadz.org.cn/Content.jsp?ItemID=1570&ContentID=78225。

不难发现，2009年，国家级开发区采取各项措施，积极应对金融危机，从第一季度开始，工业增加值、工业总产值、税收收入等指标同比出现小幅增长，到第三季度，实际利用外资金额同比为正增长，进、出口总额同比降幅逐月下降。同年地区生产总值、工业增加值、工业总产值和税收收入均保持两位数增长，经济下滑趋势得到遏制，成为保增长、扩内需、调结构、促就业的重要支撑点。从地区来看，中、西部地区国家级开发区和边境合作区经济回暖程度较东部地区国家级开发区明显，地区生产总值、工业增加值、工业总产值、实际利用外资金额等指标均好于东部地区国家级开发区。国家级开发区经济企稳回升势头逐步增强，总体形势积极向好。

二、经济技术开发区的功能分析

国家统计快报显示，2010年1—3月，全国56个国家级经济技术开发区（含2009年新升级的廊坊和扬州开发区）实现工业增加值1.1万亿元人民币，工业总产值4.4万亿元人民币，税收收入3070亿元人民币，进出口总额3154亿美元，实际利用外资176亿美元。在国家经济总量中所占的比重进一步提高。国家级经济技术开发区已经成为所在地最主要的经济增长点，成为国家西部大开发、中部崛起、东部率先发展、东北老工业基地振兴一系列区域发展规划和战略布局的重要平台载体，成为着力打造城市圈和经济带的重要支撑点，有力地推动了国家区域发展规划和战略布局的实施。国家级经济技术开发区就其功能而言可以分为以下几个方面：

（一）对区域经济的影响

加速产业的升级。首先我国各个开发区都是以城市为依托的，其中的逻辑是：设立开发区必须依靠人才，大学往往是人才集聚、技术外溢的地区，中国的大学往往设立在大中城市。出于以上考虑，加上城市集聚效应和完善基础设施的存在，国家级经济技术开发区大多邻城而建或者直接作为城市新区建设的重要组成部分，成为城市在地域空间上新的资源集聚中心、信息中心、技术中心和创新中心（观念和体制上），成为城市经济增长新的极点，形成不同的经济发展梯度，构成了产业转移的客观条件，加速了不同地域以及腹地的产业升级。

（二）对就业的影响

1. 对就业数量的影响。首先开发区的产业发展需要雇佣大量的当地劳动力，其次，开发区的发展推动了当地其他关联产业、基础建设、配套服务的发展,从而增加了这些行业对劳动力的需求,增加了就业岗位。

2. 对就业结构的影响。开发区内一般以利润较好的新兴工业企业、高科技企业为主。开发区的入驻使得当地的劳动者有了更好的选择,从而促使很多农民进入开发区务工,有利于改善当地的就业结构,提高当地劳动力的收入。

3. 对劳动者素质的影响。除需要一般的劳动力外,开发区还需要大量高素质的管理人才、技术人员和研发人员,这些人有些从外地聘请,更多的则是当地聘请或者培训而来,从而推动当地劳动力整体素质的提升。

(三) 对城市化的影响

1. 集聚辐射功能影响整个城市发展。通过集聚功能,开发区不但吸引着资本、技术、信息等各种要素集聚过来,而且吸引着劳动力不断地集聚,开发区的范围和辐射面逐渐向外扩散,为开发区所在区域能够迅速发展成为一个新兴的城市中心提供了物质准备。

2. 增加了基础设施的投资。开发区的建设带动了周边地区以道路交通为主的基础设施投资,各个开发区建设之初,以巨大资金投入到"七通一平"建设中去,即路通、上水通、雨污水通、电力通、通信通、热力通、煤气通、场地平整。不仅对开发区基础设施建设是支撑,同时也带动了开发区及边缘区经济的活跃和工商业的繁荣,当地财政收入必然增加,为改善环境和进行基础设施提供必要的资金,为农村的城市化提供了物质基础。

3. 人口流动趋向城市。开发区的建设使得周边地区第二、第三产业特别是新兴产业的经济活动显著增加,产业结构得到升级,区域经济中第二、第三产业的贡献比重也得到迅速提高,同时,产业升级促使就业人口在各产业间的分配比率发生变化,第一产业从业人数的比率逐渐下降,第二、第三产业从业人员的比率逐渐上升,直接带动了人口从农村向开发区集中,从而推动了城市化的进程。近年来,在开发区取得巨大成功的同时,各地积极探索建立城乡互动发展机制,走出了一条"以工促农、以城带乡、城乡互动、共同发展"的农村经济发展路子。

4. 开发区的另一个特点是规划合理、生态优良,走新型的工业化道路。开发区的城市化是规划有序、环境优美的城市化,开发区是政府整体规划、科学布局的结晶,一个开发区的建立需要层层审批,严格考证,因此就有可能避免单个企业发展过程中无法避免的盲目和杂乱,另外,通过产业的集中发展、集中审批和严格监督，可以有效地控制企业的社会行为，防止资源浪费、环境污染和生态破坏。

5. 开发区内不但有完善的商业、金融业、服务业网络，医院、学校、文化体育等设施也一应俱全，完全具备了城市应有的功能。对于进入开发区务工或居住的农民来说，开发区的建设和发展使他们的生活环境、生活方式发生了改变，文化教育、医疗卫生条件得到相应的改善，人民生活水准和品质也得到提高。农民年人均纯收入及劳动力素质等都得到较大的提升，人们的行为方式和价值观也逐渐向城镇化转化。

通过上述分析，开发区有利于扩大城市范围、改善农民生活环境、提高农民收入以及转变传统的农村二元经济结构，将中国的城市化不断推向前进。

三、案例分析——上海浦东新区开发建设

浦东开发区建成以来，不仅自身的发展有了翻天覆地的变化，更在于对上海市和长江流域经济以及全国的贡献和作用愈发凸显。

（一）上海浦东开发开放的历史背景

上海，作为中国人口规模最大的城市，20世纪30年代就是远东的经济中心和金融中心，1949年中华人民共和国成立以后成为中国最大的工业基地。1978年改革开放以前，上海的工业总产值一直占全国总量的1/3到1/4。然而，进入20世纪80年代，在改革开放的大背景下，随着沿海经济特区和珠江三角洲的崛起，上海在全国的经济地位迅速下降。80年代的十年间，上海GDP占全国的比重从7.1%下降到4.1%。上海经济发展遇到了前所未有的困难和挑战。[①]

为了寻找上海新的发展方向，解决迫在眉睫的现实问题、城市问题，1980年后上海从东进（浦东）、南下（以金山石化为核心的南部）、北上（江湾、吴淞和宝山一带）等三个不同的方向，展开深入研究。80年代中期，上海发展的思路开始集中到了东进上面，开发浦东成为大家的共识，而且思路从最初考虑把浦东作为上海中心城区第二产业的扩散地，转移到了上

---

① 景体华：《近十年北京与上海空间发展管理体制的比较分析》，中国网，2004-04-2。

海建设"四个中心的核心功能区"上来。1990年3月28日至4月7日,国务院对浦东进行专题调研,并迅速形成《关于上海浦东开发几个问题的汇报提纲》。① 4月18日,国务院宣布:中国政府决定开发开放浦东。随后,上海市委、市政府按照中央的战略部署,制定了"开发浦东、振兴上海、服务全国、面向世界"的开发方针。

(二) 对上海发展以及浦东开发战略目标的定位

从1986年到1988年,上海召开了多次国际性的研讨会,探讨上海的发展和浦东的开发。1990年4月,中央做出开发、开放上海浦东的决定。1992年最终形成了"一个龙头,三个中心",即以浦东的开发开放为龙头,把上海建设成国际经济、金融、贸易中心的战略。②

1990年4月18日,国务院宣布开发开放上海浦东后,提出以浦东开发开放为龙头,进一步开放长江沿岸城市,尽快把上海建成国际经济、金融、贸易中心之一,带动长江三角洲和整个长江流域经济的新飞跃③。依靠上海长期积聚的经济和社会文化基础,享有上海独特的地理优势、交通优势、人才优势和产业优势,得益于率先改革开放的先发效应,以及政通人和的社会环境,在浦东开发开放后,上海和周边地区经济高速发展,城市面貌发生了惊人变化,浦东新区已成为上海新兴高科技产业和现代工业基地,成为上海新的经济增长点,成为中国20世纪90年代改革开放的重点和标志。

(三) 浦东新区开发是城市发展的历史必然

浦东新区开发既是中国全方位开放的需要(龙头),也是上海自身发展的需要。作为拥有雄厚的产业基础、密集的人才、广阔腹地的上海,其经济区位优势极其明显。从内因看,上海必须解决当时所面临的各种困境,人口众多,人均资源很少,要想生存,必须发展;从外因看,改革开放已经使得其周边城市和地区迅速崛起,作为老的工业基地和经济金融中心,其地位面临极大威胁,而一旦失去其优势,想再发展就十分困难了,到那时生存都会有问题。只有发展,才能解决当时内忧外患的老上海的经济局势。而从全国

---

① 胥会云:《浦东19年:后卫到前锋的跃升》,《第一财经日报》,2009-10-16。
② 巴曙松、谭迎庆、聂建康:《中国金融转型60年》,载《中国报道》2008年第7期,第79页。
③ 《上海浦东新区:推进纵深改革 转变发展方式》,中国上海网,2008-1-18。

的战略定位来看，上海必须重新发挥其经济中心的优势，带动上海及其周边地区乃至全国快速发展。

（四）浦东开放对上海市及周边地区具有显著的经济辐射作用

1. 对上海市产业结构调整的积极作用

与"孤岛式"发展模式不同，浦东的开发和开放一直与整个上海的产业结构调整紧密相连。在"依托浦西、以东带西、东西联动"方针的指导下，浦东依托上海产业基础推进自身产业升级，上海也以浦东为"龙头"推动产业的调整，取得了互相促进，加速发展的效应。可以说，浦东开发开放前十年的过程，就是上海产业结构从适应性调整到战略性调整的过程。

表 8.2 1999 年、2000 年、2009 年浦东新区国内生产总值构成对比

年度 \ 产业	第一产业	第二产业	第三产业
1999 年	3.7%	76.2%	20.1%
2000 年	0.6%	53.1%	46.3%
2009 年	0.8%	43.2%	56%

数据来源：根据各年度统计年鉴数据整理。

（1）大力利用外资，培育产业新的增长点

浦东开发开放十年间，正值全球性产业结构调整的时期。十年来，通过坚持全方位、多层次、宽领域的对外开放，浦东吸引外资的水平不断提高。至 1999 年末，已有来自世界 67 个国家和地区外商在浦东投资企业 5942 家，总投资 294.43 亿美元，合同外资 115.68 亿美元。其中，世界 500 强企业中已有 98 家公司在浦东投资 1818 个项目，总投资达 86 亿美元；投资 1000 万美元以上的大项目 479 个，总投资 256 亿美元。浦东新区已占全市利用外资总额的 28.8%，项目总数的 30%。通过与外商资本的嫁接，浦东新区已经成为上海信息产业、现代生物医药工业、家电制造业和汽车及零部件制造业的重要基地。通过这些产业和企业的建立，使上海的企业和产品参与全球分工体系，也提升了上海出口商品的结构。上海市外贸出口总额从 1990 年的 53.17 亿美元迅速提高到 1999 年的 187.85 亿美元，增长达 3.5 倍。从出口企业构成上看，"三资"企业出口已占出口总额的 66%；从出口产品结构上看，1999 年上海机电产品已占出口总额的 43.75%；"双高"产品的含量也

已近40%。而到了2009年,浦东新区的地区生产总值已经达到4000亿元以上,外贸出口总额也达到了1389.89亿美元,是1990年的26.1倍多,1999年的近7.4倍。而跨国公司总部安在浦东的就有135家,这表明上海产业特别是工业的国际竞争力正迅速增强。

(2) 带动结构调整,促进了产业结构的合理化

作为老工业基地,浦东开发开放之初的上海产业结构不尽合理,主要表现在三次产业中,第三产业的比重较低;第二产业中传统工业的比重较大,高加工度和高技术化趋势不明显。因此,在上海发展成为国际经济、金融、贸易中心的总目标下,浦东的发展战略定位为"金融、贸易、高新技术先行",两者的方向保持一致。十年来,上海市在浦东开发开放中,坚持优化市场配置的原则,大力发展第三产业,推动第二产业升级换代,并为整个上海产业结构合理化发挥了先导作用。浦东以孙桥现代农业开发区为代表的设施农业、观光农业和创汇农业快速增长;金桥现代工业园区高新技术和支柱工业形成规模;张江高科技园区创新经济初具特色;外高桥保税区加工贸易功能开始凸现;陆家嘴金融贸易区功能建设,人流、物流、资金流、技术流、信息流的集聚辐射效应开始发挥,金融保险业已经成为浦东新区第三产业的支柱。由于浦东在第三产业上的迅速发展,1999年占浦东GDP的比例已达44.1%,以此推动上海第三产业在GDP中的比重年均递增1.7个百分点,开始形成第三产业与第二产业共同推动经济增长的格局。而到了2009年,第三产业占浦东GDP的比例已经高达56%,又比十年前提高了11.9个百分点。从上海第二产业发展的情况看,处于调整期的上海工业,十年"关、停、并、转"的破产企业1028家,下岗分流150万人次,传统工业如纺织、轻工、有色工业等生产下降,而同期上海工业十年却平均每年增长14.5%。这一下一上反映了浦东的第二产业发展是一个极为重要的新增长点,一个极为重要的孵化器,一个极为重要的蓄水池,而第二产业的GDP从十年前的53.1%下降到了2009年的43.2%。这说明,在同样发展的情况下,浦东的第三产业发展比第二产业的发展速度快得多,因此十年后在国内生产总值中所占的比重反而下降了9.9个百分点,但总量的发展却是很明显的。

(3) 把握科技发展趋势,促进产业高技术化

作为对外开放开发区,浦东在吸纳外资进入的同时,关键是引进先进的科学技术,促进上海产业向高技术化发展。十年来,特别是"九五"以来,

上海借助浦东新区兴建"一江三桥"(即张江、金桥、外高桥、孙桥)高新技术产业带,并进入快速发展时期。张江高科技园区着力推进高科技产业化和技术创新体系建设,已初步形成科技创新区、国家生物医药科技产业基地、国家微电子信息产业基地和上海软件园联动发展的新格局。金桥出口加工区以汽车零部件、电子信息、现代家电和生物医药为主体的四大高新技术支柱产业互为依托,牵引和辐射的集群效应明显。高新技术产业带还辟通了国际国内市场的"双通道",形成了上海贝尔、上海日立两个国家级技术中心和40多个层次较高的企业研发中心。通过浦东的辐射效应,上海工业系统已累计建立70个重点企业技术中心,其中国家级23个,市级47个。1999年,汽车、通讯设备等六大支柱产业和高新技术产业的产值已占上海工业总产值的60%。2009年高技术产业产值完成1767.18亿元,增长9.0%,占新区工业产值比重25.1%。根据上海市高新技术产业化实施意见,制定出台了高新技术产业化实施方案,明确了重点发展的八个产业领域。重点围绕生物医药和新能源,推进一批高端项目落户与开工建设。新增研发机构25家,总数达到340家。高新技术企业新增150家,总量预期超过600家。专利申请总量达到14645件,发明专利占36.7%,继续居全市前列。

(4) 提供发展新空间,促进了上海工业布局趋向合理性

从传统上海工业的空间布局看,工业企业主要分散于市区,这既不利于城市功能的整体开发,也不利于工业企业及产品的配套和规模化。按照把上海建成国际大都市的要求,根据"市区体现上海的繁荣和繁华,郊区体现上海工业的实力和水平"的指导思想,上海作出了"退二进三"的调整决策,即以市中心内环线为界,内环线以内发展都市型工业为主,内环线之间发展都市型工业、高科技产业及配套工业,外环线以外发展钢铁、石化、汽车等产业。在这新一轮的大调整中,一方面,通过浦东开发有关政策的波及效应,推动上海市区金融、贸易、信息等服务业及房地产业的发展,实现市区经济的服务化;另一方面,浦东新区作为上海1+3+9工业区系列组合的"龙头",通过一批新的工业区如金桥出口加工区、张江高科技园区、高桥工业区等工业区的建设,使浦东崛起了精细化工、生物医药、电子及通讯设备产业,体现了上海产业和工业布局的新态势。

(5) 发挥调整新优势,推动了企业的改革和制度创新

浦东开发开放的十年中,上海正处于产业结构调整的关键时期,为适时调整上海的产业结构、产品结构和企业组织结构,上海充分发挥浦东开发开

放的综合功能,为企业制度创新提供舞台。通过以证券、期货、产权、人才、房地产等要素市场为第一层面,石油、汽车、钢铁等生产资料市场体系的建立,为上海国有企业改革和混合型经济的发展提供了广阔的空间。据统计,十年来,上海工业企业破产兼并和资产重组活动有近30%是依托浦东实现的。

2. 对上海市及其周边地区的辐射作用

浦东开发区生产总值从1990年的60亿元上升到2005年的2100亿元,2008年的3100亿元,年均增长超过15%。以先进制造业和现代服务业为主导的新型产业体系进一步完善,工业总产值超过4200亿元,占全市近1/4(其中第三产业增加值占生产总值49%左右)①。目前,浦东开发区生产总值约占全市的1/4,外贸进出口总额约占全市的1/2,外商直接投资实际到位金额约占全市的1/3,浦东新区在全市经济发展中的增长极作用进一步凸显。②

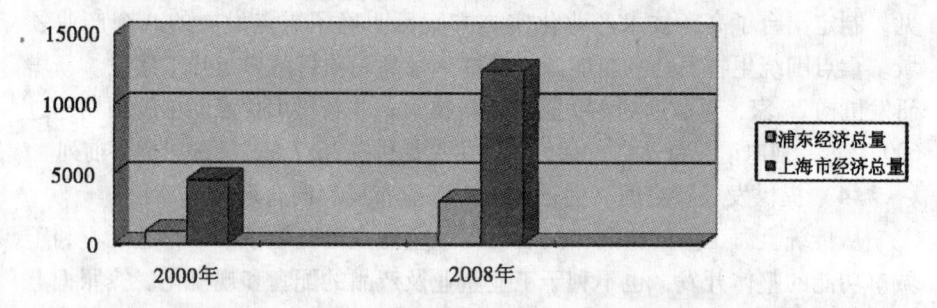

图8.1 2000年与2008年浦东与全市经济总量对比

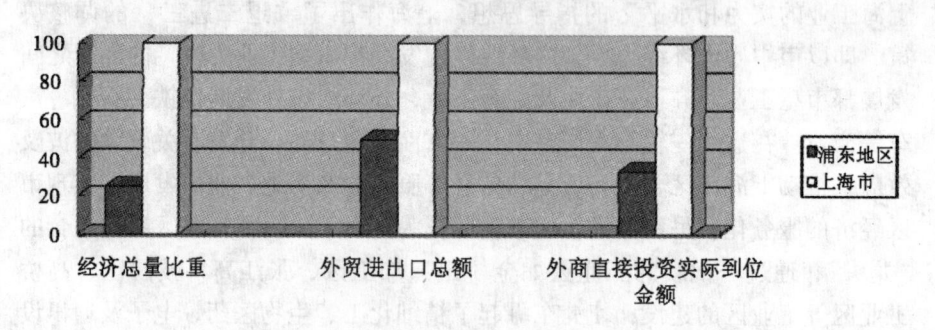

图8.2 2008年浦东各主要经济指标与全市对比

---

① 熊李:《"六个形成"凸现浦东历史性变化》,大连天健网,2008-11-29。
② 《上海努力建设创新浦东、和谐浦东、国际化浦东》,网易,2008-04-17。

与此同时，从上海市内东西联动，转变为与长江流域、与国内其他地区、与国际市场互动，浦东开发已进入基础开发和功能开发并举、经济增长和社会发展同进的新阶段，一个外向型、多功能、现代化的新城区雏形已经在黄浦江东岸初步建成①。浦东正在面向全国加强服务，发挥经济发展的"桥梁"、"枢纽"作用。

四、对开发区未来发展的思考

2005 年，国家在《关于促进国家级经济技术开发区进一步提高发展水平若干意见的通知》中进一步提出"三为主、两致力、一促进"的政策方针，即"以提高吸收外资质量为主，以发展现代制造业为主，以优化出口结构为主，致力于发展高新技术产业，致力于发展高附加值服务业，促进国家级经济技术开发区向多功能综合性产业区转变。"政策的变化表明了未来开发区的发展方向。但总体来说，目前我国开发区发展仍存在一些制约因素：

第一是外资政策调整。中国在加入 WTO 后，意味着宏观投资环境的重大实质性改善，在政策上的优惠政策不断减少的时候，中国对外吸引外汇的能力其实在减弱。不过中国当前所实施的一系列新的政策措施，不是旨在限制外资流入，而是适当地调整结构，促进产业升级，强化外向型经济的科学和可持续发展，相信在未来，开发区吸引外资以及在融资方面需要更大的金融创新。

第二是土地瓶颈问题。开发区发展所面临的瓶颈问题是已规划的土地开发完毕，土地开发处于饱和状态，进一步发展受到极大限制，重大项目招商面临选址困难。工业用地采用"招拍挂"方式后，办理时间过长，也影响了招商引资进度。土地问题已成为制约开发区持续发展的突出瓶颈，急需拓展新的发展空间。截至 2008 年年底，54 个国家级经济技术开发区经国务院批准规划用地面积 1024 平方公里，已开发工业项目 799 平方公里，占全部规划面积的近 80%。

第三是管理体制问题。国家级开发区建立初期，是功能简单的外向型工

---

① 《浦东新区的开发对上海市的发展起到哪些作用》http：//zhidao. baidu. com/question/10404346. html [EB/OL]．2006 - 8 - 10。

业园区。以管委会模式为代表的精简高效的管理体制，避免了城市中党委、政府、人大、政协并立庞大的管理机构。但是，随着越来越多的国家级开发区空间范围的扩大，不少乡镇被纳入开发区内。同时，国家级开发区在以工业项目为主的前提下，功能日益复杂，常住人口大量增加。被征地农民的安置、社区建设与管理、环境保护、教育卫生、社会保障等社会问题日益显现出来，成为国家级开发区在进行经济功能开发的同时必须妥善解决的问题。国家级开发区的管理机构越来越复杂，如何既能提供高效的公共服务，又能避免传统城市管理机构叠床架屋的臃肿之弊，是国家级开发区未来管理体制创新中所面临的重要课题。

第四是服务业发展滞后。由于我国经济技术开发区成立之初，目标定位为以发展制造业为主，多年的发展结果，导致区内产业结构不合理。2003—2008年，全国平均服务业产值约占全国GDP的40%，而开发区的服务业产值仅占区域生产总值的20%，显著低于全国的平均水平。产业结构矛盾突出，服务业发展水平滞后，严重制约了制造业竞争力的进一步提升。在区域经济发展过程中，服务业的发展水平将直接影响制造业的发展，特别是生产性服务业的发展，在一定程度上决定着制造业的国际竞争力。

第五是产业结构同质现象严重。许多开发区主导产业趋同现象明显。例如在54个国家级开发区中，有32个将电子通讯作为主导发展产业，选择生物医药的有30个，食品加工有26个，新材料16个，机械制造15个，汽车及零部件生产14个，光电一体化11个。另外，根据500家最大外商投资企业的分布看，国家级经济技术开发区占138家，其中：天津共有14家，11家属于通信设备、计算机及其他电子设备制造业；昆山有20家，其中14家属于通信设备、计算机及其他电子设备制造业；苏州有13家，其中11家属于通信设备、计算机及其他电子设备制造业；北京、南京都有6家，其中5家属于通信设备、计算机及其他电子设备制造业；漕河泾有4家，全部属于通信设备、计算机及其他电子设备制造业；广州有15家，其中4家属于通信设备、计算机及其他电子设备制造业。

由此可见，在54个国家级经济技术开发区中，吸引外资最多、区域经济发展最好的开发区，都是产业高度趋同的地区。这种产业高度集中、雷同的结果，意味着风险的增加。一旦该产业发生技术变迁或者出现新的产业转移，将会产生严重的后果。未来产业发展将会朝着低碳绿色的方向，形成以高新技术为主导，劳动密集产业为辅的发展模式。

针对以上问题，开发区未来发展的主要设想是：

其一，国家级开发区应区别对待。特别是应对中西部国家级开发区采取区别对待、分类指导、差别化的政策，实行适应不同地域国家级开发区发展的产业规划和政策，重视东中西部国家级开发区之间的互利合作，形成具备良好产业基础和一定国际竞争力的经济技术开发区。

目前，经过治理整顿后，全国各级各类的开发区约有1500多个，其中包括88个国家级经济技术开发区。由于各个开发区所处区位不同，建立历史有别，还有所属垂直部门领导不同，导致开发区的发展路径和水平相差较大。在当前开发区遍地开花的情况下，开发区虽然名目相同，但实质相差甚远。国家需要从战略高度认识经济技术开发区在承载国际分工中的作用和地位，依据不同经济技术开发区的经济规模、成长性、开放度、主导产业规模、产业链完善程度、科技发展实力和潜力、当前的国际分工地位和层次、要素禀赋和周边区域发达程度等多项指标，精确选择、分类培育、重点扶持国家级经济技术开发区，使之成为具有国际竞争力的先进制造业生产基地和自主创新基地。

其二，经济技术开发区应成为改善和提升我国参与国际分工地位的重要载体。当今世界经济发展的重要特征是经济全球化趋势不断加强。全球化的发展为各国带来了巨大的经济利益，但是，这种利益在参与国之间并不是均衡分配的。获得正向利益的多少不仅与国家参与国际化的程度有关，更重要的取决于国家的国际分工地位和层次。

改革开放以来，中国参与全球化的水平不断提高。国际贸易规模逐年增长，已位居世界前三，国际直接投资大规模流入，吸收FDI平均约占全球流入总量的6.5%，累计达8500多亿美元，但我国在国际分工中的地位十分不利。以电子信息产业发展为例，目前，我国的国际分工情况是：跨国公司主导，采取加工贸易的方式，从日本、韩国、中国台湾等地进口零部件，集中在广东、江苏加工生产，主要出口到美国，赚取大量美元，生产的主要产品是电子信息产品（占我国出口总额的36%）；该产品在我国的研发密度低（约为跨国公司平均研发密度的1/15），综合生产效率低（在21个行业排名中倒数第2），主要依靠低工资的劳动投入完成生产环节和增值活动；该产业在我国的平均增值率为20%，利润率3.5%，远远低于其他行业的水平。也就是说，电子信息行业在世界范围内是一个高科技行业，但在我国所完成的生产活动是劳动密集型、经营绩效非常低下的环节，这种由在华跨国公司确立的我国国际分工格局和地位,如果不加以改善,将极不利于我国的未来发展和国际竞争力水平的提高。因此,在新的历史时期,国家级经济技术开发区在改善和提升我国国际分工地位方面肩负着重要的历史使命。①

(张文娜　马智渊)

参考文献

[1] 丁福浩:《中国经济技术开发区的管理模式研究》,华中科技大学,2004年。

[2] 皮黔生、王恺:《走出孤岛——中国经济技术开发区概论》,生活·读书·新知三联书店2004年版。

[3]《张伯旭做客首都之窗畅谈开发区未来发展》[EB/OL]. http://www.bda.gov.cn/cms/szxw/15473.htm,2010-6-8。

[4]《国家级经济技术开发区成区域发展战略重要载体》[EB/OL]. http://www.cdz.cn/www/NewsInfo.asp?NewsId=30294,2010-9-10。

[5] 金剑:《新形势下经济技术开发区发展战略研究》,《河北大学学报》(哲学社会科学版),2003年第6期。

[6] 沈福喜:《开发区投资环境建设研究》,华中师范大学学位论文,2001。

[7] 曹建海:《我国工业性土地利用与土地政策》,《中国发展观察》2006年第12期。

[8] 唐华东:《国家级开发区土地集约利用研究》,《港口经济》2006年第3期。

[9] 李森:《困境和出路——转型期中国开发区发展研究》,中国财政经济出版社2008年版。

[10] 仇保兴:《当前我国科技园区发展的障碍》,《世界经济文汇》1999年第1期。

---

① 《天津日报》,《国家级经济技术开发区未来发展》[EB/OL]. http://yp.knet.cn/news/a5/ba/a5bac7a8ab1890b5cf6e8cc5a9b5754a.shtml,2010-1-1。

第九章 高新技术产业开发区

——以南京高新区为例

高新区是建立和发展高新技术产业的基地，加速成果转化和科技创新的示范区，深化改革的试验区，对外开放的窗口，培养造就高技术企业及企业家的学校，用高新技术及其产品改造传统产业的辐射源，体现社会主义现代文明的新社区。国内经济学界的著名学者厉以宁曾对高新区做了理论功能定位，即集聚、孵化、摇篮、扩散、示范、波及功能[1]；其他学者还论述了高新区所具有的产业集聚功能和区域发展功能，即从扩大就业、推动城市化、体制、机制创新示范带动方面推动地方经济发展[2]。

一、中国高新区发展的理论基础与实践基础

（一）国内外开发区相关研究的主要理论流派

国外开发区理论有产业集群理论、增长极理论、区域不平衡理论、技术创新理论、制度因素与非制度因素理论。国内有梯度开发理论、规模经济理论、三元参与理论、系统理论、制度变迁理论。[3]陈家祥提出了孵化器理论和企业家能力理论、产业集聚理论、城市竞争力理论、内生增长理论、创新理论。国内学者用得最多的是以下三种理论：

1. 增长极理论。该理论是高新区建设与发展的宏观指导依据，高新区可以看做是增长极，推动区域经济发展的增长极一般有集聚和扩散两种效应。

---

[1] 厉以宁：《中国高新区论坛之一：地位作用与开发经验》，经济科学出版社2004年版，第19页。
[2] 阎兆万、王爱华、展宝卫等：《经济园区发展论》，经济科学出版社2009年版，第150页。
[3] 李森等：《困境与出路——转型期中国开发区研究》，中国财政经济出版社2008年版，第52—73页。

2. 三元参与理论。即科技工业园是在大学科技界、工商企业界和政府三方相互结合下产生的，并在三方的共同参与和积极推动下得到发展。该理论是高新区一次创业和二次创业的分水岭。

3. 城市触媒概念。[①] 高新区作为城市大环境中一个新生的个体，它的迅猛发展首先带动了城市的经济发展，其次影响了城市的社会、政治、文化生活。

（二）开发区与城市发展的关系

在经济发展和空间格局方面，开发区的成长一般经历四个时期：[②] 成型期——即极化效应的主导期，对母城更多依赖、索取，与本地经济的关联效应和技术转移效应不明显；成长期——开发区存在发展层次上的"位势梯度"，对母城有较明显的辐射带动作用；成熟期——对母城全面反哺，二者之间的互动及深层次的功能整合全面展开，引起都市区范围内空间重构；后成熟阶段——"特区"属性淡化，综合性优势依然存在，在都市区层面依然发挥主导与带动作用，同一区域内各开发区之间"一体化"、"网络化"趋势将越来越强烈，开发区个体的特色化和群体内的协作化将成为发展趋势。

（三）营运成功的高新技术产业区的经验启示

世界高新区的成功案例有美国的硅谷、印度的班加罗尔、中国台湾的新竹等，对地区经济的发展产生了积极影响。[③]

1. 快速发展高新技术产业。高新区拥有良好的区位环境、完善的基础设施、丰富的人力资源、成熟的资本市场、优惠的政府政策，吸引高科技企业和研发机构入驻，保持和增进地区的经济地位和产业竞争力。

2. 增强高校、研发机构和企业的协同效应。高新区周边大学和科研机构林立，为产学研合作提供了便利条件，能加快科研成果的转化。

3. 高技术企业风险高，发展快，产品生命周期相对较短，其中中小企业占了很大比重，直接促使中小企业成长。

---

① 徐世超：《高新技术产业开发区与城市关系》，中国农业大学硕士学位论文，2006年，第15页。
② 朱兵：《中国经济演进中的开发区发展研究》，中国工商出版社2007年版，第4页。
③ 同上，第34页。

4. 高新区完善的基础设施和优良的投资环境吸引了大量企业入驻，在当地雇佣大批劳动力。随着高新区的发展，为高新区提供服务的其他企业也迅速增多，创造新的就业岗位，使就业机会增多。

5. 提高区域经济技术水准。知识技术具有外溢、扩散功能，高新区的技术成果会带动其周边企业技术的革新和进步，从而提高整个区域的经济技术水平。

二、我国高新区对城市发展的作用

高新技术产业开发区是知识经济时代的重要特征，与其所依托的城市是局部与整体的关系，它作为城市的一个组成部分，其规划与建设对母城的发展起到至关重要的作用。中国高新区历经近20年的发展，对城市经济发展、城市化进程、城市文化和社会生活等方面发挥了积极的影响。

（一）区域经济快速发展的增长极

高新区经济总量持续高速增长，成为拉动地方经济快速增长的重要力量。2008年，国家高新区中列入统计的企业共48472家，实现营业收入54925.2亿元，工业增加值10715.4亿元，净利润3159.3亿元，上缴税额2614.1亿元，出口创汇1728.1亿美元。工业增加值占所在城市工业增加值比重达到30%以上的17个，超过20%以上的31个，8个高新区地区生产总值占所在城市地区生产总值20%以上。通过高新技术改造传统农业，高新区对城市经济结构和产业结构调整产生直接影响，成为推进城市工业化和经济发展的"领跑者"和地方经济发展的重要增长极。

（二）城市化进程的加速器

高新区是城市发展新区，加快了母城改造，促进了城乡一体化，高新区建设加快了其所属城市的城市化进程。开发区带动产业与城市空间结构调整的结果必然会引发城市就业空间结构、居住空间的变化。

1. 拓展城市空间，增加城市人口，扩大城市规模

由于开发区大都建立在城市郊区，吸引了大量的城市中心区居民前来就业和居住，所以开发区的建立事实上促发和带动了城市的郊区化进程。高新区内工业聚集，对劳动力的需求增长快，相应的劳动力也发生集聚，带动了

区内人口规模的扩大，从纯粹用于地方招商引资的产业园区，逐渐成为集工业与生活于一体的新型城市。以高新技术产业为主、以国际化管理与服务为辅的开发区，对入区工作人员的劳动素质提出了较高的要求，从而在开发区形成一个高学历、高技能的群体。他们从事经济中最活跃、最具增殖能力的工作，收入较高，从而形成了一个高收入的消费群体。开发区良好的增长态势、优越的基础设施条件和生态环境条件，使得开发区也成为城市商品住宅开发最活跃的区域，因而很多高级公寓、花园别墅项目在开发区形成，于是在开发区形成了由白领阶层和中上富裕人群为主体的高档社区。开发区较富裕的居住群体和开发理念必然形成较为现代化的生活方式，从而形成有别于城市中心区的社区环境。高新区已成为生产活动集中、生活功能齐全的人类新型居住点，提供了城市化的新模式。

2. 促进城市社会、文化发展

社会基础设施的发达程度是城市化的重要标志，在高新区规划建设时，无论是依托老城改造，还是新区建设，都遵循了高起点、高标准的要求，充分考虑了本地城市的发展趋势和文化品位。高新区的建设带动了城市社会基础设施建设，满足了社会需要。同时区内企业聚集，增加了就业岗位，吸纳城市失业人口和农村剩余劳动力，维护了社会稳定。现代化生活方式是城市化的一个重要特征，高新区本土与外来文化撞击和融合，竞争性、开放性、独特性、适应性并存，深刻影响人们的生产生活方式，促进了现代生活方式的形成。

（三）技术创新和高新技术产业化人才的孵化器

人才是发展的关键，高新区要依托智缘优势才能不断发展壮大，企业需要大批高质量的专业技术和管理人员。高新区良好的创业环境不仅吸引大量企业入驻，其完善的人才流动机制也吸引了大量优秀人才，区内从业人员一般具有较高的科学文化素质，高学历人才占一半以上。高新区聚集了国内外各类创新资源，企业技术创新能力不断增强，基本形成了从研发到产业化的完整科技创新体系。高新技术企业的创新主体地位日趋突出，技术创新能力不断提高，以大学、科研机构、企业研发中心、工程技术中心、企业孵化器、生产力促进中心和大学科技园为依托的创新平台正在形成，正在成为区域创新的主战场。

（四）节约资源、保护环境的典范

走可持续发展之路，实现资源、环境与社会的和谐发展是我国的发展战略，也是高新区的发展方向。中国高新区坚持集约化发展道路，实现了经济、社会、环境的协调发展。早在2006年53个国家级高新区中就已有35家获得国家环境保护总局认可的ISO14000环境体系认证，占到高新区总数的66%。

（五）体制和机制改革的示范区

在所有制结构方面，高新区内多种经济成分共同发展，无论是国有经济、集体经济，还是个体、私营、外资经济的企业，开发区都为其提供良好的发展环境。对所有入区企业单位，开发区管委会都实施"一条龙服务"、"一站式审批"的办事程序，对区内实行"无费区"政策。开发区优惠的税收政策、完善的基础实施、良好的投资服务，吸引了各类企业进区发展。同时开发区企业的经济战略、管理体制、分配制度、组织结构、领导机制和运行机制等被所在市的其他高科技企业、国有企业等效仿，推动了城市企业经济增长方式的转变。因此，开发区已成为城市经济体制改革、尤其是企业制度改革的实验室。据统计，国家高新区管理机构规模只相当于一般行政区的1/4—1/5，工作人员只有行政区的1/8—1/10。北京、天津、上海等国家高新区施行"小机构、大服务"的管理和服务体系，在地方立法、人事制度、投融资制度、知识产权制度、信用体系制度等方面率先进行了改革与探索，积累了丰富的经验，为全国实施科教兴国战略和经济体制改革提供了宝贵经验。开发区正在成为城市功能提升和创新的示范区，成为未来城市发展的引领者。

三、案例分析——南京高新技术产业开发区

南京高新技术产业开发区位于长江北岸、浦口区的北侧，1988年4月，江苏省政府、南京市政府共同创建"南京浦口外向型高新技术产业开发区"，1991年3月被国务院批准为全国首批也是江苏省首家国家级高新区，最初规划面积16.5平方公里。[①]由于高新区地处南京长江大桥和长江二桥环

[①] 陈家祥：《南京城市开发区群对南京城市发展的影响分析》，载《科技进步与对策》2009年第6期，第31页。

抱之中，五条国道及省际公路的交汇处，东濒长江，西接被称为城市绿肺的国家级旅游度假区珍珠泉公园和国家级森林公园老山风景区，北靠龙王山风景区，空气净度达国家标准一级，生态环境可谓得天独厚。南京的高等教育比较发达，科技力量强大，是中国四大科研教育中心城市之一，高新区周围有南京大学、东南大学等7所大专院校，区内还有国家信息产业部电子第十四研究所、国家航空航天工业部第609研究所、国家生物化学反应研究中心、电力工业部南京自动化研究院等国家级研究机构及一些省市级的研究机构，拥有科技实力和人力资源优势。

（一）南京高新区对城市经济发展的主要影响

第一，推动地方经济发展。南京高新区经济增长速度快，在国内高新区中具备了一定的优势，2006年国家火炬计划统计资料显示：全国53个国家高新区综合实力排名，南京高新区位于第四，仅次于北京、上海、苏州。园区拥有企业近2000家，经济总量在国家级高新区中位居前列，是江苏省南京市最具活力的经济增长点。2008年高新区实现技工贸总收入1102亿元，GDP143亿元，财政收入32亿元，同比增长29%，出口创汇9.2亿美元，同比增长30.1%，全社会固定资产投资41亿美元，全年实现实际利用外资16.6亿美元，合同利用外资5306万美元。高新区工业增加值占南京市工业增加值的比重已超过20%，成为拉动地方经济快速增长的重要力量。高新区对南京的另三大开发区的发展也起到了辐射带动作用。

第二，优化经济结构。作为南京城市创新的重要源头，南京高新区孵化的高新技术及高技术企业通过往主城区和其他高新区的扩散，对城市和开发区群的产业升级发挥了重要作用，强化了开发区群的产业联系。高新区主导产业为电子信息、汽车、生物医药、新材料、食品、软件、电力等，出现了一批中国之最和世界之最。位于南京高新区的国电南自、国电南瑞，在200kv以上电力远程控制及电站保护、过载保护等方面长期稳居全国第一。南京市还陆续争取到一批国家级称号和特色产业基地，如国家高新技术产品出口基地、国家生物医药特色产业基地、国家化工产业整合基地、国家光电显示产业基地、国家电力自动控制研发基地、国家软件示范基地、国家服务外包基地城市等。

第三，南京高新区引领高新技术产业发展，为区域核心竞争力的形成创造了条件。高新技术产业主要分布在电子信息、汽车、石化、生物医药及新材料等五大领域，出现了一批中国之最和世界之最。如南京化工园先后形成乙烯、醋酸、氯碱3个产业链，各个产业链上下游延伸项目在30个以上。全区拥有高新技术企业190家，占南京市全市高新技术企业总数的40%以上，是全市高新技术企业最密集的地区，且90%以上的产品和技术具有自主知识产权，列入国家"863"计划、火炬计划的高科技项目近50余项，已成为国家"863"计划、火炬计划的产业化基地之一。初步发展成为集研发创新、孵化创业和高新技术企业群体为一体的、"产学研"紧密结合的江苏省技术创新基地。南京地区的上市公司国电南瑞欣网视讯、南大苏府特等约30%以上的企业是园区企业。

（二）南京高新区对城市发展的主要作用

第一，促使城市发展空间扩展。南京高新区、经济技术开发区及江宁开发区3个最主要园区所在的浦口、尧新、东山三个地区成为城市空间拓展的重点，其空间拓展约占南京市空间拓展的50%，也使南京城市空间发展真正跨越老城拓展到都市发展区。由于开发区基础设施完善、配套政策优惠、就业机会较多，因此浦口、仙林、江宁成为南京众多高校的新校区，形成了南京的3个大学城。空间选址基本都位于城市边缘区，其空间扩展的基本方式是征用农村集体土地，这必然导致相应区域的快速城市化。南京高新区所在的浦口区原城市化水平远低于全市平均水平，但随着高新区的发展，其城市化率上升很快。高新区已成为南京市最具活力的经济增长点和城市发展新空间之一，带动了南京江北地区特别是浦口区的城市空间演变，加速了南京城市空间拓展中"一城三区"和跨江发展格局的形成。

第二，促使城市产业分布格局变化。改革开放后，南京的经济建设实现了历史性的转变，这一时期，南京已成为一个具有相当经济实力的机械、电子、建材、化工、汽车为主要支柱的工业城市，其工业布局基本在中心区边缘、近郊区，远郊区有零星布局。20世纪90年代以来，开发区成为南京城市扩展的主要空间，1990—1998年南京外围城镇中浦口用地扩张迅速，成为南京市的新产业空间主导和南京制造业重要的载体。高新区已发展成为南京市支柱产业——电子信息和生物工程与医药产业的基地，并且成为航空航天和新材料等产业的聚集地。南京软件园、南京医药与生物工程科技园和半导体科技工业园，代表了南京高新区最新的发展特色。国家火炬计划软件产业基地——南京软件园为江苏省首家国家级软件园，吸引了包括来自美国硅谷的凤凰科技公司在内的西交大博通、南京联创、南京欣网视讯等30余家软件企业来此入驻。南京医药与生物工程科技园，是按GMP标准建设，推动医药和生物工程科技成果转化，融科研、生产、服务为一体的医药与生物工程专业孵化器。可为企业提供所必需的各种设施及良好的工作生活环境，作为江苏省"三药"生产示范基地和"江苏省新药创业服务中心"对社会开放，吸引了众多投资者特别是众多海外学子来此投资兴业。园内现有荷兰阿克苏集团南京欧加农制药公司、南京振中生物工程公司、南京健友生物化学制药厂、南京莱尔生物化工公司、南京东方制药厂、南京化工大学生物反应工程中心等企业。

（三）南京高新区二次创业中的功能演化

科技部于2001年提出了高新区"二次创业"的战略举措，对全国高新区来讲，这是一个具有历史意义的信号。南京高新技术产业开发区经历了起步、成长、低谷、转型几个阶段，特别是在1997年2月，高新区的区域规划被调整为"一区三园"，但功能定位、发展目标未及时"升格"，分散了发展潜力，加剧园区的恶性竞争，出现了拼抢外资现象，高新区功能出现异化与偏离。2001年由于高新区设在浦口区却与之无行政隶属关系，体制分割造成征地拆迁难度大，费用高周期长，阻碍了高新区的发展，高新区的辐射作用无法充分发挥，在经济、功能、地理、制度、心理等方面的"孤岛效应"逐渐显现。2002年5月江北行政区划调整，高新区与浦口区"二合一"后不断进行改革，高新区步入转型阶段。2004年GDP突破百亿元，空间有了新的拓展，达到17.51平方公里，功能逐渐完善。2005年9月，新的领导体制下，浦口区总体规划发展重点为：大学城、科技城、生态城，高新区功能得以回归与提升。2006年9月，南京市提出"跨江发展"和"五个中心"两大战略，将浦口区的盘城镇纳入高新区范围，南京高新区规划空间拓展为83平方公里。

南京高新区科技创新能力不断增强，产学研之间的合作不断推进。2007年，南京高新区与南京工业大学共同提出"创新在工大，创业在高新，创优促发展"，联手构建"创新、创业、创优"的"三创"载体，共同引进海内外领军人才，"教学、科研、产业"三位一体化。南京大学、东南大学、南京电力自动化研究院等院所纷纷与开发区建立起密切的产学研合作关系，构建了区域创新网络体系。2009年出台了吸引海外人才四大新措，包括产业平台、"优才计划"、"双十亿"计划和服务支持。2009年9月24日，南京高新区、美国麻省理工学院硅谷科技委员会、美国加德研发中心、南京工业大学合作成立的"南京绿色科技学院"揭牌仪式在南京举行，借鉴硅谷经验，发挥高新区高科技孵化基地和产业集群基地作用，南京高新区打造国内首个绿色科技之谷，以特色科技研发和产业化为主。

四、我国高新区发展过程中存在的问题与未来发展

高新技术产业开发区对区域发展的影响程度如何，主要取决于其自身的发育，在自身发育程度不完善的时期，高新区对周围区域发展的影响是有限的。目前，我国高新区功能的异化与偏离问题，即在发展过程中出现其现实功能与预设功能不符的情况比较突出，这对高新区的进一步发展具有极为不利的影响。

（一）高新区发展过程中功能异化与偏离的主要表现

一是产业开发异化为房地产开发。高新区是城市先进生产力的体现，对城市的经济发展发挥着牵引和导向作用，理应成为集约节约用地的先导区，即开发区的土地利用效益应该高于所在城市土地的最高效益，只有这样，设立开发区对城市才有意义。但是在以"粗放型"土地出让方式为主导的大环境的误导下，有些开发区大肆进行"圈地运动"，造成土地利用效益低下，使得一些高新区的设立不但没有起到带动城市发展的作用，反而成为城市发展的包袱。[①]

二是高新区在实际发展过程中与一般的开发区相比没有形成自己鲜明的特征。多数高新区走的是以外资、工业、出口创汇为主的扩散性发展道路，异化为经济技术开发区。

三是高新区研发、孵化功能弱化，技术创新扩散能力不强，对区域的带动作用有限。高新区大学、产业与政府的互动性不够，没有形成彼此作用、相互促进、良性循环的互动机制，导致技术创新能力不足，仍然停留在引进、组装、营销阶段；招商引资过分注重数量，忽视技术特征。

四是产业集聚功能呈现脆弱性，产业聚群机制尚未建立。高新技术产业

[①] 陈家祥：《中国高新区功能创新研究》，科学出版社2009年版，第2页。

发展仍然存在"只有企业,没有产业",或"有星星、没月亮"的现象,也就是说有产业,但尚未形成完整的、上下游配套的产业链。[①]

(二) 高新区未来发展设想

从物质要素组成来看,高新区具备城市的各个组成要素,如工业、居住、公共服务设施、公共绿地等,因而可以认为高新区在某种意义上是一个潜在的城市。高新区建设与发展的目的绝不仅仅是作为工业化的载体,不能只把高新区视为城市的产业分区,按照国家对高新区的预设功能要求,它应当推动城市的发展,建设科技社区。因此,高新区的发展就必须以、城互动发展来取代目前单纯产业区发展模式,其功能与内部结构应是具有城市标准的、综合性的。应改变高新区与城市发展相脱节的现象,将其发展纳入城市整体统筹安排,明确其作为新区与城市的结构关系。

从建设发展的过程看,我国高新区已逐步走出相对封闭状态,城市化之路是发展必然,但这并不意味着高新区将变成另一个新型城市,其只是城市的有机组成部分。高新区的发展必须重回科技的本位——即追求创新能力和技术转化效率上,强化其作为高科技"孵化器"在人才培养、打造公共技术平台以及国际交流平台等功能。未来的高新区将是城市的现代化新城区、带动周边区域发展的增长极、与国际进一步接轨的示范区、体制与机制创新的实验场。[②] 城市布局由单一中心向多元中心转变,新城区将由单纯的产业区发展成为具有经济、政治、文化、教育、医疗、社会保障等综合功能,推进全市现代化发展,所以说,高新区由区转城是必然趋势。应认真总结高新区发展的经验教训,综合考虑高新区资源、环境等因素,把经济的增长和生态环境的保护有机地结合起来,更好地承担起为城市作贡献、带动城市健康发展的使命。

(陈玉玲)

参考文献

[1] 陈家祥:《南京城市开发区群对南京城市发展的影响分析》,《科技

---

① 冷希炎:《开发区理论创新与实践探索》,吉林大学出版社2006年版,第42页。
② 李艳、吴次芳、叶艳妹等:《中国开发区可持续发展的理论、方法和实证研究》,中国农业出版社2008年版,第13—15页。

进步与对策》2009年第6期。

[2] 陈家祥：《中国高新区功能创新研究》，科学出版社2009年版。

[3] 李森等：《困境与出路——转型期中国开发区研究》，中国财政经济出版社2008年版。

[4] 徐世超：《高新技术产业开发区与城市关系》，中国农业大学硕士学位论文，2006。

[5] 朱兵：《中国经济演进中的开发区发展研究》，中国工商出版社2007年版。

[6] 厉以宁主编：《中国高新区论坛之一：地位作用与开发经验》，经济科学出版社2004年版。

[7] 阎兆万、王爱华、展宝卫等：《经济园区发展论》，经济科学出版社2009年版。

[8] 徐权光、蒋茂森：《科技园与园区企业进入耦合发展阶段》，《产业与科技论坛》2009年第6期。

[9] 冷希炎：《开发区理论创新与实践探索》，吉林大学出版社2006年版。

[10] 陈家祥：《中国国家高新区功能偏离与回归分析》，《城市规划》2006年第6期。

[11] 李艳、吴次芳、叶艳妹等：《中国开发区可持续发展的理论、方法和实证研究》，中国农业出版社2008年版。

[12] 孙峰、马永浩：《江苏省高新区2008年发展状况分析》，《中国高新技术产业》，2009年第17期。

[13] 刘永彪：《创新型国家的基因工程——中国高新技术产业开发区探究》，中共中央党校出版社2006年版。

[14] 腾堂伟、曾刚等：《集群创新与高新区转型》，科学出版社2009年版。

[15] 杨平：《创新使命》，上海科学技术文献出版社2006年版。

[16] 李惠茹、张凤巧：《论河北新能源产业的发展方向——从保定"中国电谷"谈起》，《经济论坛》2009年第18期。

[17] 刘伟奇、王兴平：《国家级高新区与城市的空间效益比较研究——以南京市国家级高新区为例》，《现代城市研究》2008年第4期。

第十章 中国高新技术产业开发区的兴起及其二次创业问题

高新区作为一种新的产业空间,是20世纪世界高新技术产业化最重要的创举。从某种意义上说,高新区是世界科技一体化、经济全球化发展的必然产物。在当今激烈的国际竞争中,技术几乎无所不在,它直接或间接地渗入经济的许多部门,高新技术产业具有高效益、高渗透、高导向、高威慑、高战略作用。[①]哪个国家在高新技术上占有主导优势,哪个国家就能有力地推动本国经济的发展并在国际上占有一席之地。全面走向国际化,形成国际竞争力是各国高新区未来建设和发展的重要任务。

一、世界高新区的发展历程

世界高新区的发展经历了一个从20世纪50年代自发形成,70年代到80年代在发达国家和地区悄然兴起,继而于80年代中后期以后在全球蓬勃发展的过程。

美国是高新区的发源地。1951年美国斯坦福大学为把学校建成一个研究与发展工作的中心,实行了把一部分闲置土地出租出去并特别优惠有志于开办公司的斯坦福大学教职工和研究生的政策。这一政策的实行,激起了一大批具有创新精神的人士的创业精神,创办公司、发展产业,逐步形成了斯坦福研究园,使这里成为美国电子工业最大的研究和制造中心,并因此得到了"硅谷"的美称。美国"硅谷"成功的发展经验,使得创办高新区波及世界各国。

"128号公路"和北卡罗来纳三角科学园的创建,是稍后于"硅谷"的另外两个世界著名的高科技园区。它们不仅成为美国国内各州效仿的典范,也是世界各国模仿的样板。英国是欧洲发展高科技园区起步最早的国家,1975年,剑桥科学园建成,这是英国最大、也是欧洲最为成功的科学园之

---

① 科学技术部火炬高技术产业开发中心:《中国高新技术产业化发展报告》,科学出版社1999年版,第3页。

一。其他发达国家和地区也于20世纪70年代、80年代初兴起了建设高科技园区的热潮，高科技园区注重科学研究，并成立法国高科技园区协会，使法国的高科技园区形成了强有力的组织系统。德国高科技园区以"新技术创业者中心"的形成，成为德国实现高技术发展规划的重要战略措施。日本政府也十分注重高科技园区的建设，政府主导建设了以筑波科学城为代表的科学城模式和九州"硅岛"为代表的技术城模式。与此同时，前苏联、韩国、东欧各国都相继建立各式各样的高科技园区。

进入20世纪80年代中后期及至20世纪90年代，高科技园区已是星火燎原，在全世界范围内蓬勃发展起来了。高科技园区的建设和发展已成为一种势不可挡的国际趋势。

二、中国高新区的发展

20世纪80年代以来，以信息技术、生物技术、新材料等高技术为中心的新的技术革命浪潮有力地冲击着全球，它对生产力的发展、人类创造力的发挥产生了巨大的影响，引起了经济、政治、文化等各方面的深刻的变革。

高新技术与高新技术产业已成为国与国之间，特别是大国之间竞争的主要手段。实践证明，谁掌握了高新技术，抢占到了科技的"制高点"和前沿阵地，谁就可以在经济上更加繁荣，政治上更加独立，战略上更加主动。因此，许多国家都把发展高新技术列为国家发展战略的重要组成部分。

1983年美国提出的"战略防御倡议"（即星球大战计划），随后出现的欧洲的"尤里卡"计划，都是着眼于21世纪的战略计划。这些计划的实施对世界高新技术大发展产生了一定的影响和震动。中国的经济和社会发展面临着许多重大问题，迫切需要高新技术的突破和应用。

1. 我国高新区的建立

我国高新技术是在面临世界新技术革命挑战的背景下设立的。它的诞生不仅顺应了国际竞争和新技术革命的发展潮流，同时也是改革开放的产物。

1984年6月，原国家科委向中共中央、国务院递交了关于迎接新技术革命的对策报告，其中明确提出了研究、制定新技术园区和企业孵化器的优惠政策，要大胆实践，跟上新技术革命的步伐。1985年3月，在《中共中央关于科学技术体制改革的决定》中指出："为加快新兴产业发展，要在全国选择若干智力密集区，采取特殊政策，逐步形成具有不同特色的新兴产业开发区。"

1985年7月，中国科学院与深圳市人民政府联合创办了我国第一个高新区——深圳科技工业园，拉开了中国创办高新区的序幕。1988年6月，国务院正式批准建立了北京高新技术产业开发试验区，制定了有关实验区的18项优惠政策，从而奠定了我国高新区发展的制度基础。

在"863计划"和"火炬计划"的推动和北京高新技术产业开发实验区的示范作用下，从1988年开始，我国绝大部分省、市、自治区纷纷结合当地的实际积极创办各种类型的高新区。1991年3月，在国务院的正式批准下我国第一批27个国家级高新区建立了，同时制定了一整套扶持高新区发展的优惠政策，至此，我国高新区形成了一定的初创规模。

在邓小平南行讲话精神的推动下，全国各地兴起了建设高新区的热潮，在1991—1992年期间，先后有近100个城市要求批准建立国家级高新区。1997年6月，在全国高新区蓬勃发展的基础上，为推动农业高新技术产业的发展，解决干旱、半干旱地区的农业发展问题，国务院批准在北方农业科技、教育实力最为密集的陕西杨凌建立了国家农业高新技术产业开发示范区。1998年11月，北京、苏州、合肥、西安、烟台等5个高新区被批准为"中国亚太经合组织科技工业园"。2007年1月，国务院批准宁波高新区升级为国家级高新区。至此，经国务院批准的国家级高新区达到54个，我国国家级高新区的整体布局基本完成。从空间上来看，54个高新区分布在中国内地的除西藏、青海、宁夏以外的所有省区，主要分布于华北、华东和东南沿海地区。沿海地带国家级高新区为30个，占全国的55.6%，内陆地区为17个，占全国的31.5%，沿边地区7个，占全国的12.9%（见表10.1）。经过20多年的发展，这些高新区已经成为区域经济社会发展的重要支撑力量。

2. 我国高新区的区位选择

高科技创新是当今整个国际社会竞争的焦点，高新区是发展高新技术产业的重要基地。国内外学者通过对高新区的区位选择与发展布局进行理论与实证研究，大多数认为高新区的建设和发展必须具备的条件为：邻近智力密集的地方、完备的基础设施和优越的生产生活条件、充足的专业人才和熟练的劳动力、发达的创业资本与创新文化、政府的支持等等，然而并不是所有的地方都完全具备这样的条件。事实上，不同的学者对于高新区的区位选择有不同的看法。

表 10.1 我国国家级高新区区域分布图

区域		高新区 数量	比例（%）	高新区
东部	北方 东北	7	12.96	沈阳、长春、吉林、哈尔滨、大庆、大连、鞍山
	华北	13	24.07	北京、天津、威海、太原、青岛、郑州、石家庄、包头、保定、济南、潍坊、淄博、洛阳南方
	南方 华东	9	16.67	南京、苏州、无锡、常州、合肥、杭州、宁波、上海、南昌
	东南沿海	11	20.37	中山、福州、广州、桂林、深圳、厦门、海南、佛山、惠州、珠海、南宁
	华中	4	7.41	武汉、长沙、襄樊、株洲
西部	西北	4	9.27	西安、兰州、宝鸡、杨凌、乌鲁木齐
	西南	5	9.26	成都、重庆、昆明、绵阳、贵阳
		1	1.85	
合计		54	100	

资料来源：陈家祥：《中国高新区功能创新研究》，科学出版社 2009 年版，第 47 页。

美国伊利诺大学建筑规划学院的张庭伟（1997）提出了高新区选址的十条准则，即：①靠近大学和科研机构；②优惠的地方政策；③靠近投资机构；④较低的启动资金；⑤寻求发展中的新区；⑥基础设施良好；⑦服务设施便利；⑧吸引专业人才；⑨具有创新精神的城市气氛；⑩整体生活质量优良。[1] 顾朝林、赵令勋认为，高技术区的区位选择，应该依次考虑下列各项因素：智力密集程度、开发性技术条件、信息资源、基础设施条件、生产和生活环境。[2] 暨南大学许陈生（1999）认为影响高技术产业的主要因素为：智力资源密集区、开发性技术条件、风险资本、完善的基础设施、优越的生

---

[1] 张庭伟：《国外规划研究高科技工业开发区的选址及发展——美国经验介绍》，载《城市规划》1997 年第 1 期，第 47—48 页。

[2] 顾朝林、赵令勋等：《中国高技术产业与园区》，中信出版社 1998 年版，第 157 页。

产和生活环境。① 吴林海、范从来认为，世界上成功的科技园区一般均同时具备以下布局特征：①布局在智力资源密集的城市化地区；②布局在经济技术发达的城市化地区；③布局在基础设施完善的城市化地区；④布局在信息资源丰富的城市化地区；⑤布局在生活环境优越的城市化地区。② 夏海钧认为，我国高新区在发展布局上应分为三个层次加以考虑，即以北京、上海、深圳和西安、武汉的高新区分布构成主增长极和次增长极，在地理空间上呈现东、西、南、北、中的菱形状态，带动其他高新区的发展，形成全国五大高新技术产业带；把原先的47个国家级高新区演变为具有省区意义的高新区；对原有省区级高新区或地方级高新区进行全面整顿，不能达到省区级高新区要求的一律取消资格，避免"遍地开花"所造成的资源浪费。③

区位是地理学、城市规划等学科进行空间研究的基本范畴之一，在高新区的区位选择上，大多数学者都是依据这些学科进行研究。事实上，每个地区在地形特征、经济发展水平以及人才资源等方面存在着很大的区别。深圳作为中国的经济特区，在改革开放的进程中一直担任着先行者的角色，事实上，深圳高新区的发展同样也走在全国的前列。深圳高新区是我国最早建立的高新区。深圳高新区的区位选择有其以下因素：地理位置优越、口岸设施良好、便利的空海港以及陆路交通、政府政策的扶持、通讯技术发达。除了以上这些因素，深圳高新区之所以成为中国高新区的先行者，奥秘还在于深圳高新区拥有的"六张王牌"：①拥有自主知识产权的高新技术产品；②不断完善的高新技术产业链；③"官产学研资介"相结合的区域创新体系；④多元化、专业型、互动式孵化器群；⑤名校汇聚高新区战略的成功实施；⑥与世界同步的发展魄力。

相对于深圳高新区，郑州高新区的区位选择的因素就略有不同，它的区位选择因素包括以下几个方面：具有铁路、公路和空运的区位优势；具有科技创新优势；具有智力科研优势；具有科技人才优势；具有产业集聚优势；具有环境优势；具有投资环境优势；具有政策优势；具有竞争比较优势。

建立高新区的目的是明确的，不同地区的区位选择应该是不同的。一个地区的区位选择必须要根据自身的条件和优势，结合本地区的经济资源、政

---

① 许陈生：《高技术产业区位理论探析》，载《软科学》1999年第3期，第2—4页。
② 吴林海、范从来：《中国科技园区区位布局探析》，载《人文地理》2002年第1期，第52—53页。
③ 夏海钧：《中国高新区发展之路》，中信出版社2001年版，第126—127页。

府资源、高校与科研资源、人才资源、自然条件等来确定适合本地区的高新区发展模式及其产业。另外，在高新区的区位选择上，还应该从地理、经济、规划、管理等方面入手，从不同视角、不同层面对其进行选择。

3. 我国高新区的发展模式

关于我国高新区发展应采取什么样的模式，大部分学者认为，我国的高新区条件差异很大，应根据每个高新区不同的特点采取不同的发展模式，而各个研究者又从不同的角度对高新区的发展模式进行了分类与研究。

白克明（1993）在研究国内外高新区的发展模式后，将其分为三种类型：①优势主导模式；②优势导入模式；③优势综合发展模式。[①] 徐江客、李晓春认为，我国高新区的发展模式可以分为三大类，即：①开创发展模式，主要适用于国内技术领先、具有一定的世界先进技术并具有借鉴嫁接世界先进技术的能力、具有较好的工业基础的区位，如北京、上海等地区。②跳跃发展模式，其核心不是以研究为起点，而是把重点放在技术引进及经济上以引进资金为主，促进地区经济呈现跳跃式发展。该模式适用于市场经济较为发达、交通便利的沿海、沿江地区，如苏锡常和齐鲁地区。③跟进发展模式，主要适用于中西部的大部分技术和经济有一定基础但不很发达的地区，如西安、郑州等高新区。[②] 李廉水（1999）提出了长远战略定位型、新城建设连动型、产业选择聚焦型、支撑区域发展型等几种高新区建设类型。[③] 时云辉认为，我国高新区的发展可以选择三种模式，即：创新基地型、高技术产业基地型和区域经济辐射型，并认为北京、上海的高新区可朝创新基地型发展；深圳、广州、青岛、苏州等地的高新区可朝高技术产业基地型发展；大部分高新区可朝区域经济辐射发展。[④] 吴林海认为，世界上富有特色和典型意义的科技园区总体上有三种创新模式：①以美国硅谷为代表的高技术产业综合体模式，既注重开发研究，又注重产业发展，更重视研究开发与产业界的合作，形成了具有鲜明特色的产、学、研一体化的创新模

[①] 白克明：《加快高新区的改革与建设》，北京师范大学出版社1993年版，第77—78页。

[②] 徐江客、李晓春：《市场经济与中国高技术园区》，载《科学学研究》1998年第3期，第54页。

[③] 李廉水：《面对知识经济的高新区功能定位》，载《东南大学学报》1999年第1期，第40—44页。

[④] 时云辉：《高新区发展：借我一双慧眼》[EB/OL]. 高新技术产业导报网，http://paper.dic123.com/paper_65064271/.

式；②以我国台湾新竹为代表的技术园区模式，尽管也在某些方面专注于研究开发，但相比较而言重心在高技术制造业；③以日本筑波为代表的科学城模式则相对侧重于科学研究。[①]

我国高新区分布在东中西不同的地方，对不同区域高新区的区位选择和发展模式等要进行比较分析，要善于发现高新区建设的特点、优势和不足，实现优劣势互补，不可一味地套用传统的区位选择条件来进行高新区的建设，或者盲目地照搬西方的发展模式，一定要从本地区的实际情况出发。

三、我国高新区发展中存在的问题

我国高新区成立的历史并不长，但在这段时间内，其各项经济指标均保持了高速稳定的增长，对经济的拉动作用日益明显，高新区已成为整个国家新的经济增长点。虽然高新区在发展过程中取得了举世瞩目的成绩，但是随着经济全球化的发展和国内经济改革的不断深入，其在发展过程中也暴露了许多的不足和问题，如：区内发展不平衡，出现了两极分化的局面；部分高新区内的产业特色不够鲜明，出现了产品重复发展；科研开发投入的经费不足，自身发展动力不强；缺乏统一的规划，区内发展模式单一等，这些问题在很大程度上影响着高新区的进一步发展。

（一）地域发展不平衡，地区差异较大

改革开放初期，中国实行的是东部—中部—西部的发展战略，也即渐进式改革策略，高新区的建立主要集中在东部沿海地区。我国东中西部经济发展水平不同，环境条件也不尽相同，这直接导致东中西三个地区高新区开发的规模和产生的效益不同，从高新区的产值来看，东部地区最高，而西部地区最低。据《中国统计年鉴（2001）》统计，东部地区开发区企业年均创汇120万美元，相当于中部地区高新区企业创汇值的近4倍，相当于西部高新区企业创汇的7倍。由于地区经济基础、投资环境和政府对开发区的重视程度不同，同一地带不同开发区之间的发展也有很大的差别。就单个高新区来说，我国高新区大部分存在着发展空间不足的问题，我国的高新区大部分是

---

① 吴林海：《世界科技园区创新模式比较研究》，载《中国科技论坛》2000年第1期，第36—40页。

在20世纪90年代建立起来的，受到当时的客观条件的制约，高新区的面积都不大，多则8—10平方公里，少则1平方公里左右，随着中国城市化进程的加快，大多数高新区由于空间不足，发展受到限制，国家高新区土地资源的有限性和高新区发展速度之间存在的矛盾严重制约着高新区的进一步发展。

（二）企业盈利能力较低，产品缺乏特色

由于我国市场经济机制尚不完善，高新技术产业的发展在总体上是依靠劳动力成本低的加工工业，产品主要以中低档为主，技术含量不高，在出口的产品中，虽然计算机和通讯设备所占的比例最大，但是这些产品都是依赖于进口或者国内的外资企业，盈利水平较低。

我国的许多高新区主要是以电子信息、生物技术、新材料等产业为主，但是不同高新区却存在着相似的产业，其产业特色不明显，一些高新区地方保护主义比较突出，导致不同的高新区开发相同的产业，进行同类产品的生产，形成了产业趋同和产品种类相似的现象；另外由于旧体制的影响，科研本身就存在着重复建设的问题，此外，一些高新区在进行产业规划和引入新的企业时存在着短期行为，使得区内的产品缺乏特色。根据原国家科委制定的分类标准，高新技术产业共有11个领域，而高新区的产业却集中在五六个领域内。据有关部门调查有26个高新区生产计算机，16个高新区生产电视机，项目趋同，重复建设严重（详见表10.2）。高新区的重复建设和产品趋同将会造成资源的浪费，难以形成规模经济，不利于高新区整体上的发展。

表10.2 "十五"期间部分产业在高新区的规划情况

发展重点	地区
计算机软件	北京、天津、河北、辽宁、吉林、黑龙江、上海、江苏、浙江、安徽、江西、福建、山东、湖南、湖北、河南、四川、重庆、云南、贵州、陕西、甘肃、新疆（23个）
集成电路	北京、天津、河北、黑龙江、上海、江苏、浙江、山东、四川、重庆、甘肃（11个）
纳米材料	北京、天津、山西、内蒙古、辽宁、吉林、黑龙江、上海、江苏、浙江、安徽、广东、湖南、湖北、云南（15个）

发展重点	地区
现代中药	北京、天津、河北、山西、内蒙古、辽宁、吉林、黑龙江、上海、江苏、浙江、安徽、江西、福建、广东、湖北、河南、四川、重庆、云南、贵州、陕西、甘肃、青海、宁夏、西藏、新疆（27个）

资料来源：赵玉林：《高技术产业经济学》，中国经济出版社2004年版，第413页。

（三）投融资环境差，资金投入不足

虽然我国高新区经过长时间的发展在各个方面都取得了不小的成绩，但是与世界先进水平相比，还存在着很大的差距。其中就表现在投融资环境不好，政府的资金投入不足。目前，我国没有建立完善的风险投资机制，高新区内的企业普遍存在着资金缺乏的问题。中国现行的金融体制是在计划经济的影响下建立起来的，目前的金融体制还带有一些计划经济色彩，其信贷资金主要集中在国有大中型企业上，而高新区内的大部分企业都是规模较小的"三资"或者民营企业，很难获得金融部门的资金支持，这就制约了高新区企业的进一步发展。

（四）企业创新能力不强

缺乏核心技术直接导致企业创新能力不强，在高新区内这也是一个突出的问题，最近几十年，我国原创的高新技术屈指可数。"以彩电和DVD为例，中国是目前世界上最大的彩电生产国，一年生产彩电约7000万台，但是在彩电行业的1000多项核心技术中，中国却没有一项专利所有权。中国DVD产量占世界总产量的47%，占据半壁江山，2002年统计全世界的DVD大概是3000万台，中国是1400万台，但是由于不掌握DVD生产的核心技术，2002年，国内的DVD生产商与外国公司谈判DVD专利使用费，经过长期艰苦的谈判，最终的结果是每台DVD要向专利拥有的外国公司支付4美元的专利使用费，按每年1000多万台产量计算，专利费就是一笔相当庞大的费用。"[①]

我国高新区大部分是政府主导型的，其目的就是发挥大学、科研机构、

---

① 刘永彪：《创新型国家的基因工程——中国高新技术产业开发区探究》，中共中央党校出版社2006年版，第254页。

企业和银行的作用，将研究成果转化为现实的生产力。政府在高新区的建设中发挥着十分重要的作用，几乎所有的高新区都设有管委会，起着协调和服务的作用。但是随着高新区经济的发展和区内人口的增加，现在的高新区越来越趋向于行政区市的管理模式，这就限制了企业对市场的应变能力，阻碍了大学、企业之间的交流与合作，减少了创新机会。

四、我国高新区的"二次创业"

针对高新区在发展过程中存在的问题，高新区应在持续创新、投融资机制、人才培养方面进行改善，如果说2000年以前我国高新区的发展定位在"一次创业"上，那么2000年之后，高新区就应该朝着"二次创业"的方向前进，而在"一次创业"中存在的问题和不足，也能在"二次创业"中得到解决。

（一）我国高新区"二次创业"的提出

进入21世纪国家级高新区面临的环境发生了很大的变化，全球经济的飞速发展，知识经济的迅猛崛起，国与国之间的激烈竞争，经济全球化和区域经济一体化进程的加快，全面建设小康社会以及"以人为本"发展观的提出，这些都给高新区带来了机遇和挑战。另外，高新区在"一次创业"的过程中暴露了很多的问题，突出表现在地区发展不平衡，投融资机制不健全，创新能力不强等，严重制约着高新区的进一步发展。

机遇与挑战，问题与不足，急切要求高新区进行"二次创业"。高新区经过这么多年的发展，已经具备完善的基础设施条件和一定的人才、技术储备，从而为高新区进行"二次创业"提供了良好的条件。

所谓高新区的"二次创业"，是指针对高新区向新的发展阶段转换过程中面临的新形势、新任务、新问题，围绕如何提高阶段转换能力而采取的一系列新思路、新措施、新办法的总和。2001年9月，在全国高新区武汉会议上，科技部明确提出了我国国家级高新区要进行"二次创业"的构想。在科技部的倡导下，各个国家级高新区纷纷制定了"二次创业"的发展战略和对策。提出高新区"二次创业"，表明政府对我国高新区发展的指导思想和发展思路有了重大的变化。高新区"二次创业"的提出是高新区经过这么多年建设和发展进入一个新阶段的必然要求，是应对国内外发展环境所做出的必然选择。

（二）我国高新区"二次创业"的发展途径

科技部制定的高新区"二次创业"的目标是各项主要经济指标要以年均30%左右的速度增长，力争实现总收入每30个月翻一番的增长速度。这种增长速度必须依靠高新区的"二次创业"来实现。高新区"二次创业"的核心就是提高自主创新能力。创新是经济社会发展的不竭动力。高新区的"二次创业"也应该通过各方面的创新来实现。在此基础上，高新区的"二次创业"应该实施以下四大发展战略。[①]

1. 产业集群发展战略

产业集群是指在特定区域中，不同行业领域、分工明确、合作密切的企业形成的群体；是同一产业领域的企业在区位上相对集中，产业链完整，高度竞争而又相互依赖，互利互惠，技术开放、兼容，信息共享，共同开拓市场，形成企业间的联盟和网络。

我国高新区的发展是在政府的指导下进行的，加上高新区在过去的发展中对产业集群的认识不深，以及各地区的激烈竞争和迫切需要经济总量的要求，使大部分高新区对产业集群重视不够，造成许多高新区企业间缺乏协作。在政府的实时引导和高新区的"一次创业"阶段，大部分高新区的经济总量已初具规模，有些高新区，如中关村、上海、深圳等近几年产业集群化发展的走势较为明显，因此，高新区"二次创业"阶段进行产业集群发展条件已经成熟，应该从以下几个方面着手：高新区要转变招商引资的方式，重视产业链招商；高新区所在地政府要积极主动地按照产业集群的要求来引导该地区的发展；要强化高新区内企业的分工与协作。

2. 差异化发展战略

市场需求是千差万别的，那么产品的供给就应该具有差异性，这就决定了差异化发展成为企业竞争的主要来源。高新区在过去的发展中，产品种类相似，缺乏特色，反映在市场上就会造成各企业进行"价格战"，阻碍了市场的可持续发展。差异化发展就是解决这一问题的重要途径。

我国高新区要找准自身的定位，形成具有自身优势的产品结构，调整各

[①] 张克俊：《我国高新技术园区建设的比较研究》，西南财经大学出版社2005年版，第408—410页。

高新区产品雷同的现象，遏制盲目扩张；要不断优化集聚产业结构和产品结构的差异性；要把握国际大势，突出自身产品的特色，将政府的推动与行业市场调节结合起来，形成政府扶持、市场拉动和差异化发展这几种力量的整合，推动高新区的进一步发展。

3. 人才战略

高新区内的产业大部分都是具有专业化、技术性、风险性和创造性的，人才是高新区保持竞争力的关键。由于全球经济的快速发展，各国都面临着人才缺乏的问题，与许多发展中国家一样，我国也面临着人才流失的困境。目前，我国已有40多万人在海外留学和就业，再加上跨国公司在我国的建立，吸引了大量的优秀人才。我国高新区的"二次创业"这一目标能否顺利完成，关键在于能否培育出更多的优秀技术人才。

面对这一现象，要认真分析目前我国高新区的人才状况，要重点加快具有创新思想的人才的引进；要放宽政策，吸纳大学毕业生和区外优秀人才；要建立适合高新区人才培养的教育和培训体制；要采取多种方法引进外国留学生为我服务。

4. 国际化发展战略

世界上成功的高新区，如美国的硅谷、以色列的特拉维夫都是国际化程度很高的高新科技园区，如果没有高新区的国际化，也就没有高新区的国际竞争力。尽管我国出口创汇增长很快，但是出口产品的价格和种类都掌握在外商的手中，自身仅赚取少许的加工费，在整个产品的出口中，其产业生产体系、技术研发体系、人才体系的国际化水平都不高。因此，在高新区的"二次创业"中，就必须实施国际化战略，实现市场的国际化、产品的国际化和技术的国际化。

我国高新区应该抓住经济全球化这个机遇，提高利用外资的水平，引进更多的先进技术、管理经验和高素质人才；要根据我国高新区的发展特点，建设一批具有国际水平的科技企业群、特色产业基地；要积极开拓国外市场，促进高新区的产品"走出去"；要积极探讨高新区在"二次创业"中如何参与国际分工、交流与合作，形成高新区积极"走出去"的整体配套设施。

21世纪的中国经济开始进入一个极富挑战和机遇的时期，发展高新区已经成为世界的潮流。在未来中国的发展进程中，高新区承担着新的历史使命，促进高新区的"二次创业"，提高自身的创新能力将成为拉动经济增长的重要推动力。同时，高新区是我国城市化进程的助推器，只有建立更加完善的高新区发展体系，才能促进我国经济及其城市的进一步发展。

（牛艳芬）

参考文献

[1] 韩伯棠等：《我国高新技术产业园区的现状及二次创业研究》，北京理工大学出版社2007年版。

[2] 刘志迎、汪婷：《我国高新技术开发区发展问题研究的综述》，《中国科技论坛》2003年第3期。

[3] 刘新同等：《产业集群与科技工业园发展》，吉林人民出版社2009年版。

[4] 潘杰、毕选生、刘捷：《略论高新技术产业开发区选址》，《咸阳师范学院学报》2006年第8期。

[5] 盖文启：《集群竞争：中国高新区发展的未来之路》，经济科学出版社2007年版。

[6] 王志章：《硅谷怎么办：硅谷模式与中国高新区建设》，中国档案出版社2007年版。

[7] 刘新同：《高新区发展环境与对策研究》，吉林人民出版社2006年版。

[8] 王静：《中国高新区缘何势头强劲》，《科学时报》2006年第10期。

[9] 陈俊：《高新科技园区立法研究》，北京大学出版社2004年版。

第十一章　全球化视野下的中国保税区发展之路

保税区是中国20世纪80年代、90年代改革开放的产物。保税区的建设参照了邓小平在内地建几个香港的设想，并且借鉴了国际自由贸易区、自由港和出口加工区等运作模式和实施体制。在依据中国特殊国情的基础上，保税区成功地得以运作。中国最早的保税区实践者是20世纪80年代后半期的深圳，深圳市政府1987年尝试着建立了深圳沙头角保税工业区，这虽然不是完全意义上的保税区，但是却为中国正式建立上海外高桥等一系列保税区做了有益的探索，积累了经验。

一、中国保税区概况

（一）保税区的内涵

"保税"一词属海关用语，意指进口货物暂时不缴纳进口税，而先将其存入特定区域。如果货物从特定区域转运出口或经加工再出口，则免缴出口关税。一般来说，保税区主要有保税仓库（bonded ware house）和保税工厂（bonded factory）两种形式。[1] 纵观世界各国，在设立特殊经济区时，多使用"自由贸易区"或"自由港"等概念，而非"保税区"（bonded zone）。可以说，保税区这一概念乃中国之独创。然而至今为止，中国政府对保税区的定性尚未明确，中国学术界对保税区这一概念的具体含义仍有诸多探讨。但总体上来看，中国众多学者都将保税区界定为自由贸易区的一种，即自由贸易区在不同的国家因各国的对外政策不同而有着不同的表现形式，中国的自由贸易区主要是以保税区这一表现形式而存在的。关于自由贸易区这一概念，有两种含义。第一种是 Free Trade Area，指在 WTO 框架下经济体之间的自由贸易区，即两个或两个以上独立关税领土区间相互取消关税或其他贸易限制而结成的集团。另一种是 Free Trade Zone，是指一国（或地区）关税领土内的部分区域，就货物的进口税而言实行了特殊的海关监管制度。虽然

---

[1] 杨新华：《区域经济学视角下的中国保税区》，经济科学出版社2008年版，第11页。

客观上这两种概念的自由贸易区在推进世界贸易自由化方面发挥着异曲同工的作用，但本质上它们仍有很大区别。中国的保税区从建立初衷到功能设计，都是以 Free Trade Zone 为发展取向。它们是中国目前开放度和自由度最大的经济区域，具有贸易自由、海关便利和地理优势三个特点。目前，政府对保税区的定义，来自于原国务院副总理李岚清于1994年6月3日在天津全国保税区工作座谈会上的讲话。李岚清明确指出："中国的保税区是海关监管的特殊区域，实际上它类似于其他国家在港口划出一块并用铁丝网围起来的自由区或自由港。"

这样的经济开放区域，与世界普遍存在的自由贸易区相比较，有着许多相同点。第一，政策及其取向相似。即保税区与自由贸易区一样，都在区内实行自由贸易政策，并享有如税收、通关等方面的优惠政策，这些优惠政策或多或少地使这两种区域处于一国关境之外，带有一定程度离岸经济的特征，使两种区域具有特殊的政策优势和区位优势，并在一国中起着特别的经济作用。另外，中国保税区在对外宣传中，沿用自由贸易区的名称——Free Trade Zone。第二，选址原则相似。中国的保税区与世界自由贸易区一样，都倾向于选择在交通条件相对优越的区域，如对外运输港口及港区附近；都是先划出一定的区域，再按照国际通行的标准设置隔离设施，隔离设施内（区内）、外（区外）实行不同的经济政策；两种区域相对于国内普遍实行的政策法规、管理体制、运行机制等，都具有特殊性；在区内不允许居民居住，进口货物在区内仅限于生产性消费，而不允许生活消费。

除了拥有以上共同点，保税区与自由贸易区，亦有许多差异。第一，两者存在定性定位的差异。国际上的自由贸易区，其性质是相同的，都把自由贸易区视作"境内关外"，免征关税，简化海关监管手续，区内统一管理效率高。而中国对保税区的定性由于没有明文规定，官方对它的定义又十分笼统，致使各部门的认识难以统一。如原外经贸部认为保税区是"境内关外"，不存在进出口经营权、出口配额、许可证等问题；而财政部、税务总局、国家工商总局等则认为保税区是"境内关内"，对区内企业采取的管理与国内其他地区企业同等对待，即区内企业采购国内货物不能视同出口等。各部门对保税区的定性不一，导致区内管理的低效及海关手续的繁杂。第二，两者存在功能定位上的差异。近年来，纵观世界各国的自由贸易区，它们的功能定位与模式存在着多样性，这是由各国特殊的政治、经济、地理环境的多样性决定的。一般来说，人多地少、资源匮乏的国家，往往以出口加工型为多；在沿海港口及交通要冲的国家则以转口港居多；对于大国来说，既可以发展多功能自由贸易区，又可以依据各地自然条件、经济结构、发展水平的差异来采取不同的自由贸易区模式。而保税区则是中国在改革开放之后为适应新的国内国际形势，加大对外开放力度所设立的一种特殊经济区域，具有浓郁的中国特色。它是在借鉴国际上出口加工区、自由贸易区经验的基础上，设立的以减免关税、放宽海关和外汇管制为主要优惠手段的特殊经济区域，功能定位主要为发展国际贸易、出口加工、仓储物流。保税区内的贸易性企业同时拥有国内贸易和转口贸易双重身份的权利。相比自由贸易区而言，它的自由度和优惠度较低，主要是作为中国国门逐步开放，吸引跨国企业和国际资本的一种过渡性经济区域形式，其发展趋势必然是朝自由化程度更高的自由贸易区发展。

（二）保税区建立的经济社会动因

中国的保税区是一个不断发展完善的自由贸易区。它从产生到发展至今，都受到中国国内外各种因素相互作用的影响。

1. 中国保税区产生的国际背景

20世纪末期世界经济发展最大的特点是经济全球化进程的大大加快。这首先体现在国际直接投资大发展（表11.1），其次体现在跨国公司国外分支机构活跃的经营活动（表11.2）。世界各国的生产、贸易、投资、金融在全球范围内大规模发展和生产要素在国际流动与配置的规模和范围的不断扩大，使得各国经济相互高度依赖、影响和促进。而促进世界经济逐步一体化的主要动力是跨国公司在世界范围内的产业结构调整和全球市场一体化的发展过程——生产要素全球性流动与配置、产业结构全球性调整和转移以及企业价值链和产业链在全球范围内的布局和重组。自20世纪80年代中后期以来，全球企业的经营管理逐步向精细化方向发展，使得全球物流业朝以下三种趋势发展。第一，全球化生产企业倾向于在世界范围内寻找原材料、零部件来源，并选择一个适应全球分销的物流中心以及供应物质的集散仓库。第二，生产企业与专业第三方物流企业逐步实现同步全球化。第三，国际运输企业之间开始形成一种覆盖多种航线、相互之间资源互补的结盟。跨国公司的迅猛发展、世界物流业的全球化，使发展中国家必须建立如保税区或自由港等与国际经济全面接轨的特殊经济区域，否则将会被世界经济一体化浪潮所淘汰。而创设保税区，则是中国政府为迎接世界经济一体化浪潮所走出的重要一步。

表 11.1　世界对外直接投资年度流量　　　　　　　　　单位：亿美元

比较项＼年度	1983—1987	1988—1992	1993	1994	1995	1996	1997	1998
全球流出	768	2085	2255	2300	3178	3800	4750	6490
全球流进	771	1173	2079	2257	3149	3590	4640	6440

资料来源：陈志龙、仲伟林、何奕、陆寒寅：《保税区改革与上海的战略选择》，经济科学出版社 2004 年版，第 2 页。

表 11.2　1982—2004 年世界跨国公司的若干经营活动指标　　　单位：亿美元

比较项＼年度	1982	1990	2003	2004
国外分支机构销售额	2765	5727	16963	18677
国外分支机构总产值	647	1476	3573	3911
国外分支机构总资产	2113	5937	32186	36008

资料来源：联合国贸易发展会议：《世界投资报告》，2005 年，第 14 页。

2. 中国保税区产生的国内背景

改革开放之后，中国开始从计划经济向市场经济转轨，探索中国经济与国际经济接轨的发展道路。1979 年 5 月，中国颁布了《中华人民共和国中外合资经营企业法》，中国打开了欢迎外商直接投资的大门。外商对中国的直接投资额增长迅猛，由 1979—1983 年的 1469.42 亿美元增加到 1990 年正式建立保税区开始的 7338 亿美元。可见，中国吸引外国直接投资的潜力是巨大的。大型跨国公司在华投资对中国资产质量、促进中国技术进步、提升中国产业结构、改善中国企业经营状况、增强中国国际竞争力等方面起着许多积极影响。在这样的时代背景下，中国迫切需要一个像保税区这样的自由贸易区作为吸引外资的前沿阵地。于是，保税区应时而生。保税区凭借其自身独有的关税优势以及中国低廉的劳动力价格，迅速吸引了大量跨国公司入驻。然而，此时的保税区，在运作上尚处于探索阶段，无论在自由度还是相关法律完善程度方面，都尚未能与香港、巴拿马等国际著名自由港相匹敌。另外，政府对保税区的定性不明，管理水平亦相对较低。这些都成为保税区发展过程中的障碍。

(三) 中国保税区发展的现状

1. 中国保税区的分布情况

中国保税区的区域分布特点突出，基本上都位于沿海港口城市或靠近沿海的内河港区，港口条件好，处在对外开放的前沿，有的直接位于经济特区内部，比如深圳的沙头角、盐田和福田保税区、厦门保税区等。从地理分布上看，中国的保税区可以划分为环渤海地区（包括天津保税区、青岛保税区和大连保税区，并以天津保税区为中心）、环长江三角洲地区（包括上海外高桥保税区、张家港保税区和宁波保税区，并以上海外高桥保税区为中心）、环珠江三角洲地区（包括汕头保税区、深圳沙头角、福田盐田保税区、广州、珠海、海口保税区，并以深圳保税区为中心）以及有特色的保税区（包括厦门保税区和福州保税区这一类位于华侨之乡的具有特殊地缘优势的区域）这四大区域。从交通条件来看，中国保税区可以分为三种类型，一是沿海港口型。如天津保税区、上海外高桥保税区、广州、海口、大连、宁波、福州、厦门、青岛、汕头、珠海保税区。这种类型的保税区一般位于港区内划出的一个隔离区域，以出口加工、包装、转运业务为主，并带动相关信息业、金融业等服务行业发展。二是边境口岸型。这种类型保税区通过优越的投资环境与优惠的经营条件，集中吸引外资，建立高新技术产品研发与加工基地，带动金融、房地产、信息等行业的快速发展。主要包括深圳福田、沙头角、盐田港保税区。三是内河港口型。比如张家港保税区。[①]

2. 中国保税区的功能定位

保税区之所以被学术界视为目前中国内地开放度最大的经济区域，主要是因为它享有比特区、开发区更优惠的政策。如外国商品进出保税区，可以不缴纳关税；区内的出口加工企业，从开始获利的年度起，第一年和第二年免征企业所得税，第三年至第五年减半征收企业所得税；国外与保税区之间的货物进出口免领许可证；国内外企业可以在保税区内单独设立中外合资合作的贸易机构、外资金融保险机构和中外合资的金融保险机构；投资者可以租用土地，或按照规定一次性购买一定期限的土地使用权，土地使用权可以转让、出租、抵押；保税区内企业开展业务的外汇收入，允许保留现汇，周

---

① 李友华：《中国保税区向自由贸易港区转型研究》，福建人民出版社 2008 年版，第 102—103 页。

转使用；人员出入保税区，手续极大简化等。在如此优惠的海关监管政策下，保税区在出口加工、转口贸易、保税仓储和商品展示等三项基本功能的基础之上，逐渐发展出如出口加工、保税物流、发展高科技工业、房地产业以及提供金融保险、港口、运输等相关服务的功能（见表11.3）。近几年来，保税区发展迅速，取得了令人瞩目的成就（详见表11.4）。

表11.3　中国保税区概况比较　　　　　　　　　　　　单位：平方千米

保税区名称	规划面积	设立时间	功能定位
外高桥（沪）	10	1990.6	自由贸易、出口加工、物流仓储、保税商品展示交易
张家港	4.1	1992.1	出口加工、国际贸易、保税仓储
宁波	2.3	1992.11	进出口加工、国际贸易、保税仓库
天津港	7.1	1991.5.12	国际贸易、国际物流和加工制造
大连	11	1992.5.13	出口加工、国际贸易、保税仓储、转口贸易、金融保险信息咨询
青岛	1.8	1992.11.19	国际贸易、保税仓储、出口加工、物流分拨
厦门	2	1992.10.15	对外贸易、转口贸易、仓储运输、展销服务
沙头角（深）	0.8	1991.5.28	外向型工业、出口贸易、转口贸易、仓储、运输、房地产
福田（深）	1.68	1991.5.28	国际贸易、引进先进技术和工业，带动金融、信息、房地产等第三产业
盐田港（深）	0.85	1996.9.27	仓储物流和转口贸易、高科技工业、保税区商品市场、展示、商贸
广州	1.4	1992.5	转口贸易和加工出口服务、仓储、加工整理、商品展示
海口	1.93	1992.10.21	出口加工、保税仓储、国际贸易、商品展示、金融保险、信息咨询
福州	1.8	1992.11	出口加工业、保税仓储、国际贸易
汕头	2.34	1993.1	出口加工、仓储运输、国际贸易、金融信息
珠海	3	1996.11.3	吸引外资，发展物流，加强经济合作，作为广东经济发展的试验田

资料来源：李友华：《中国保税区向自由贸易港区转型研究》，福建人民出版社2008年版，第140、142页。

表 11.4　全国保税区主要经济指标　　　　　　　　　　　　　单位：亿元

年度＼比较项	增加值	商品销售额	工业总产值	实际利用外资	税收总额
2004	915.29	4187.09	1772.13	19.14	566.69
2005	1190.52	5861.09	2169.09	21.04	618.03
2006	1444.00	7340.10	2608.24	22.08	652.66
2007	1833.55	9130.64	3206.56	26.62	874.10

资料来源：中国保税区出口加工区协会：《中国保税区出口加工区年鉴2005》，中国财政经济出版社；中国保税区出口加工区协会：《中国保税区出口加工区年鉴2006》，中国财政经济出版社；中国保税区出口加工区协会：《中国保税区出口加工区年鉴2007》，中国财政经济出版社；中国保税区出口加工区协会：《中国保税区出口加工区年鉴2008》，中国财政经济出版社。

二、中国保税区的经济效应及影响

（一）相关理论综述

作为自由贸易区的一种，保税区可以理解为是中国通过特殊经济政策和手段而开辟的与其他地区相隔离的特殊经济区域，为的是达到某种经济目的。纵观国际和国内学术界，许多学者对自由贸易区的经济影响已多有探讨。大部分学者都承认保税区等自由贸易区在促进国际分工及国际交换的加深与扩大的同时，又对经济全球化的进程起着催化作用。但对于自由贸易区的发展前景，学术界存在两种不同的观点。一种为悲观论观点，它们以缪尔达尔的回浪效应（backwash effect）理论为依据，认为自由贸易区会给发展中国家等相对落后的地区带来如人才和资本外流、贸易向外发展等不良影响，会加大发达地区和落后地区之间的差距。另外，还有学者认为自由贸易区破坏了一个国家应有的全国统一的经济体制，不利于资源的全国配置并会扩大地区间的差距。[①] 且随着设区国加入 WTO，关税大幅降低，自由贸易区似乎已经失去了存在的必要。另一种为乐观论的观点。它们以赫尔施曼的"不平衡成长论"和"波浪式发展理论"为基础，认为从经济发展的历史经验来看各国的经济成长过程都是不平衡的，发展就是一系列连锁着的不平

[①] 杨新华：《区域经济学视角下的中国保税区》，经济科学出版社2008年版，第185页。

衡，凡是运动都起波浪，而波浪式发展形态就是平衡性和不平衡性矛盾运动的对立统一的表现。这一派经济学家认为，在世界贸易保护主义盛行的情况下，在几个国家的领土上，或几个国家的边境交界处共同创办的自由贸易区或具有自由贸易区功能的其他自由区，实行完全自由的贸易政策，取消贸易限制和贸易壁垒，实现与国际经济体制和惯例的接轨，对提高生活水平和保证充分就业，保证实际收入和有效需求的持续增长、扩大世界资源的充分利用及发展商品生产和交换，具有积极作用。

（二）实证分析

从中国30多年的改革开放历程及20余年的保税区的运作经验来看，经济特区与保税区的发展壮大已经证明了所谓的回浪冲击有正面作用。保税区的经济效应主要表现在对其母城的影响进而带动腹地的经济发展。保税区的外贸依存度远大于腹地城市的外贸依存度，它们通过吸引外商投资带来的乘数效应，发展对外贸易、物流、出口加工等外向型产业群，利益惠及制造业及服务业，从而刺激、带动众多其他相关产业，使母城国际化程度提高、就业增加、经济结构更加优化。另外，保税区还通过其巨大的贸易创造效应、物流集散效应、投资乘数效应以及技术外溢效应来影响腹地经济的运行，最终加快腹地商贸流通，提升腹地产业结构，增加腹地就业人口，提高腹地技术水平。[1] 事实表明，保税区内国际贸易的发展与腹地经济的发展具有共同的增长趋势，并保持着长期稳定的均衡关系。如上海外高桥保税区，它依托自身优越的地理位置及合理的规划布局，吸引了大量的国际资本、国内外高新技术及其产品、优秀的技术和管理人才、大规模的进出口货物，利用这些有利要素的聚集和辐射效应，有效沟通了国际、国内两个市场。它利用身处中国对外开放前沿阵地之便，不仅将高新技术产业发展成其自身的一大优势产业，亦将其发展成为上海母城新的经济增长点，成为上海市经济增长的一大亮点。通过20余年来高质量地引进外资、技术和人才，不断完善和发展开放型综合功能和产业结构，外高桥保税区已成为全国规模最大、实力最强、发展最成熟的保税区，并形成了以其为核心，直接带动上海经济发展的功能区，辐射到国际市场、长江流域和广大西部地区的强大经济功能区。

---

[1] 赵榄、常伟：《全球化下中国保税区与腹地经济发展：基于面板数据的经验研究》，载《重庆大学学报》（社会科学版）2008年第4期，第10页。

2008年中国货物进口总值达到179921.5亿元，同比增长7.91%，其中出口总额达100394.9亿元，同比增长7.91%，进口总额达79526.5亿元，同比增长8.52%，进出口差额为20868.4亿元，外商直接投资合同项目27514个，实际利用外资952.53亿美元。[1] 在中国对外经济贸易蓬勃发展的大环境下，保税区的发展也格外令人瞩目。各个保税区着力提高经济运行质量，创新发展模式，加快产业功能升级，使得各项指标都基本保持了高位发展。2007年，全国15家保税区共实现增加值1830.72亿元，同比增长23.4%；完成销售收入1.26万亿元，同比增长23.9%；实现进出口总额1281.24亿美元，同比增长17.6%，批准投资项目3881个，吸引投资总额144.92亿美元，同比增长12.9%，完成合同外资65.2亿美元，同比增长21.8%，实际利用外资26.27亿美元，增长48.9%，完成固定资产投资额291.39亿元，同比增长20.7%，为国家和地方经济发展做出了积极贡献。其中北方保税区发展提速，天津港和大连保税区借助建设保税港区的有利契机加速发展，分别完成增加值301.29亿元和168.62亿元，同比增长47.3%和81.9%，远高于全国保税区的增速。加上青岛保税区，这三家保税区合计完成增加值占全国保税区的1/3。长三角地区的张家港和宁波保税区也继续保持良好发展势头，分别完成增加值142亿元和103亿元，同比增长21.7%和40.3%，增长潜力足。南方保税区中厦门保税区充分发挥保税物流优势迅速推进，增速达到47.2%，而深圳保税区虽完成增加值155.16亿元，仍保持着一定的经济规模，但比上年同期有所下降。[2]

三、案例分析——上海外高桥保税区

1990年6月，经国务院批准，上海外高桥保税区成立。它是中国政府为加大对外开放力度所设立的第一个完全意义上的保税区，也是全国规模最大、启动最早的保税区。它的诞生，使得作为中国经济、金融、贸易和国际航运中心的上海有了连接国内市场和国际市场的平台。它是中国政府在计划经济向市场经济转轨的时代背景下，探索中国经济与国际经济接轨的有益尝

---

[1] 中华人民共和国国家统计局：《中国统计年鉴》，中国统计出版社2009年版，第9页。
[2] 中国保税区出口加工区协会：《中国保税区出口加工区年鉴2008》，中国财政经济出版社2008年版，第233页。

试。[1]

（一）上海外高桥保税区的区位优势及功能定位

上海外高桥保税区位于浦东新区前沿，处于黄金水道和黄金岸线的交汇点，拥有良好的深水岸线，背依富饶的长江三角洲腹地，具有独特的区位优势，总规划面积10平方公里，目前已开发运作区域8.5平方公里。它的功能主要定位在自由贸易、出口加工、物流仓储及保税商品展示交易等方面。它拥有独特的政策优势——在外高桥保税区内，可设立外商独资贸易公司；境外与保税区间货物进出自由，免关税，免许可证；在区内可开展保税加工、保税仓储、保税展示，没有时间限制，保税商品可在区内自由买卖；区内企业自用设备、建筑材料及20种办公用品全部免税，免许可证。

（二）上海外高桥保税区经济运行现状及发展展望

外高桥保税区开发建设20余年来，经济增加值、工业产值、进出口贸易额、海关及税务部门税收收入和企业销售经营收入等主要经济指标都保持着高速增长。2008年外高桥保税区继续保持快速增长态势，全年共实现工业总产值555.43亿元，固定资产投资20.53亿元，商品销售总额573.93亿元，出口额158.10亿元，进口额468.27亿元，实现税收总额216.64亿元。截止2008年12月底，世界500强企业中有111家入驻保税区，共吸纳就业人数19.49万人。[2] 近几年来，上海外高桥保税区精心规划，发展成为集国际贸易、先进制造、现代物流及保税商品展示交易等多种经济功能于一体的综合型保税区。它不仅是上海市重要的现代物流产业基地、上海市重要的进出口贸易基地之一，还是上海市微电子产业带的重要组成部分。如今外高桥地区已经成为上海发展海港物流和国际贸易的重要区域，有效地带动了上海市对外贸易的发展，更对腹地发展外向型经济起着重要的作用。

未来几年，上海将建立综合保税区板块。规划面积达22.76平方公里，包括外高桥保税区、洋山保税港区和浦东机场综合保税区。这三个保税区整合资源、联动发展，建立国际航运中心和国际贸易中心，将是上海保税区未

---

[1] 陈宏民、谢富纪、李序颖、吴忠：《上海外高桥保税区的竞争优势及其转型的目标模式》，经济科学出版社2005年版，第24页。

[2] 上海市浦东新区统计局：《上海浦东新区统计年鉴》，中国统计出版社2009年版，第302页。

来几年的发展趋势。

四、中国保税区发展至今存在的问题

从建立到发展至今的 20 余年时间里，中国保税区取得的成绩是很大的。但由于当初方案设计和后来实践上的原因，中国保税区在发展过程中逐步暴露出一些问题。这些问题阻碍了保税区功能的积极发挥。而克服这些问题，改革保税区现有的制度及功能定位，将是中国保税区进一步发展的当务之急。关于保税区发展过程中逐渐凸显的时代问题，中国的学者已有诸多探究。大致可以归纳为以下几个方面的问题。

(一) 保税区发展的定位问题

陈志龙、仲伟林、何奕、陆寒寅（2004）认为保税区这一概念存在先天不足，保税区的制度框架是为了适应建立之初的制度环境，而与中国改革开放的渐进性原则一致的权宜之计。由于历史的局限性，保税区在原有的概念框架下已经很难获得质的飞跃。[①] 刘伟、朱文豹、谭京华（2005）则认为，保税区的功能定位，存在着许多不足。自 1991 年保税区设立以来，国家赋予保税区"国际贸易、保税仓储、出口加工、国际商品展示展销"四大基本功能，但一直很不完善，尚存在许多不足。[②] 李友华（2008）甚至认为，中国的保税区是名不副实的自由贸易区。他认为自由贸易区是多功能的经济区，如欧洲以贸易为主，亚洲以加工为主，美国是贸工并重。而中国的保税区是一个名不副实的概念，它的功能早已超出了"保税"这种低级的自由贸易，同时又没有形成一个明确的定位。按照天津会议精神，中央为保税区的功能开发所定的范围已经涵盖了世界主要国家自由贸易区的内容，从时间来看，各保税区的发展模式却不尽相同。可见，保税区一直处于尝试性的功能开发阶段，它的发展方向是紊乱的。[③] 成思危（2003）则提出，保税区建立初期的功能定位是"仓储、转口贸易和简单的加工装配"，实际上是

[①] 陈志龙、仲伟林、何奕、陆寒寅：《保税区改革与上海的战略选择》，经济科学出版社 2004 年版，第 119 页。

[②] 刘伟、朱文豹、谭京华：《中国临港保税区发展研究》，经济科学出版社 2005 年版，第 54 页。

[③] 李友华：《中国保税区向自由贸易港区转型研究》，福建人民出版社 2008 年版，第 140 页。

我们今天讲的物流功能，但在实践中，中国的保税区基本都发展了出口加工和进出口贸易为主要功能，很大程度上形成了与出口加工区、经济技术开发区等相雷同的功能，而其物流业功能远远没有得到发挥。

（二）保税区发展缺乏成熟的法制保障

成思危（2003）认为，立法滞后，是中国保税区缺乏法制保障的原因。由于特殊的历史背景条件，中国保税区的设立、发展没有能够先立法、后实施，只是在实践过程中陆续颁布了一些部门规章和地方性管理法规。这种先天上的不足，为保税区后来发展中出现问题留下了隐患。1990年6月中国第一个保税区上海外高桥保税区成立，此时国家没有任何保税区的正式法律、法规，直到同年8月，海关总署才颁布了有关上海外高桥保税区管理的部门规章《中华人民共和国海关对进出上海市外高桥保税区货物、运输工具和个人携带物品的管理办法》和地方性管理法规《上海市外高桥保税区管理办法》、《外汇管理暂行办法》等一系列法律法规，随后各地区兴建的保税区的国务院直属部门、省区级政府或人大、市政府或者管委会等都以此为蓝本，自行建立规章制度。但这一系列法规不成熟，立法层次低且重叠，变动频繁甚至互相冲突，立法过于向灵活性倾斜，偏离了稳定性、一致性和灵活性之间的平衡。其后果是保税区的运作缺乏统一的法令，容易给外商一种错觉，觉得保税区只是权宜之计，动摇了其长期投资的信心，同时增加了企业的交易成本，不利于区内企业权益的保障。陈志龙、仲伟林、何以、陆寒寅（2004）认为，对保税区的定性不明是导致法律滞后以及法律层次不高的原因。由于保税区的性质不清楚明晰，还只是试点阶段，国家采取了先发展后规范的态度，在保税区的相关法规建设上明显滞后且层次不高。全国保税区缺乏以国家名义的立法（即供各部门和地方出台保税区政策法规的参照母法），致使国家各部门出台的政策法规存在相互矛盾、缺乏衔接、难以操作的问题。

（三）保税区功能上的分割和独立

杨建文、陆军荣（2008）认为，目前中国保税区具有保税仓储和保税加工的功能，不具备港口作业功能，也不能享受出口退税政策；出口加工区仅仅具有保税加工功能；保税物流园区具备保税物流、保税仓储功能，可享受出口退税政策，但不具备保税加工功能。另外，跨境工业园区的功能与出口加工区基本相同，而综合保税区则是设立在内陆地区的保税区，具有保税加工和保税物流的功能，但没有港口功能。这些都使得保税区发展过程中出现无序、缺位和管理运作难度大、成本低的问题。杨新华（2008）认为，区港隔离的分块模式，影响了区港的效率。中国保税区自建立以来，就把保税区与港口隔离起来，行自己的职责，货物进出的所有程序必然是双重的。无论是从港口货物进出保税区，还是保税区的货物进出港口都必然经过双重繁琐的手续，造成货物通关不畅、企业费用增加等问题。江冰（2008）则认为，保税区虽然大部分都分布在港口城市，但是保税与港口在产业规划、产业布局、功能设计上各自为政，没有发挥联合优势，在规划上没有充分考虑保税区特殊功能的延伸，布局上没有构筑航、港、区一体化的快速通道，导致国际贸易功能与口岸增值能力没有得到有效的发挥；区港之间重复投资，造成资源浪费。

（四）保税区优势逐步弱化

关于保税区优势弱化的体现，江冰（2008）提出，按照中国入世承诺，进口关税水平将大幅降低，非贸易壁垒如许可证和配额也将逐步取消，对外国投资者实行国民待遇。保税区内的一些地方优惠政策，比如地方税收返还、企业开涉外账户以及保留现汇的周转使用等，对于这些政策中违反世界贸易组织基本原则的，中国政府也会逐步将其取消。因此保税区这种区域性的优惠政策将不再具有特殊性。成思危（2003）则从入世后中国关税总水平的降低、非关税壁垒的减少、贸易权、分销权的逐步放开、WTO国民待遇等原则的实施等多方面进一步详细地阐述了"入世"之后，随着中国对外开放程度的扩大和加深，保税区的政策优势逐步弱化，保税区的吸引力逐步下降的原因和可能出现的结果。萧苑生（2005）也提到了中国加入WTO后关税减让对保税区免税保税政策优势是一种削弱。

（五）保税区管理误区

关于保税区在发展过程中面临的问题，大部分学者都提到了对保税区的管理存在误区这一点。李友华（2008）通过比较美国、欧洲、墨西哥等国家的自由贸易区的监管方式提出，国外自由贸易区的设立，中央政府均设立专门的机构对其进行宏观管理，因而具有较高的权威性，这种权威性体现在：有权对所设区域内的一切机构与事务进行监管；有权自行制定法规与条例；有权独立行政而不受其他职能部门干预等。而反观中国中央政府对保税区的行政管辖，没有明确的宏观管辖机构，造成多头管理，严重削弱了保税区高效便捷的贸易优势。① 成思危（2003）则提出，法律依据不完整，条块分割，造成保税区管理上的多头管理，政出多门，各部门对保税区概念的解释也不尽相同，使得各部门政策协调不够一致。他还列举了这些政策不协调现象的一些具体表现，如在贸易公司出口退税上、"两次报关"和出口退税、非保税货物储存、维修及技术服务等方面都存在问题。

五、解决问题的思路

国内学者普遍认为保税区存在的种种问题是一种历史的必然，是由国家设立保税区的初衷决定的。推进保税区的改革，加快保税区的转型，是解决保税区存在问题的必由之路。而转型，是功能上的重新定位和管理体制的相应调制，并不是要从根本上改变保税区的性质。国内学者对保税区的转型做了大量研究，主要观点可以综述为以下几类：

（一）立法先行，规范操作

陈志龙、仲伟林、何奕、陆寒寅（2004）等认为中国保税区自成立以来，靠着一些地方性法规在管理，缺乏权威，不能统一认识，致使各行政部门没有相互协调，影响实施效果。中国内地应该尽早为保税区单独立法，确定其特殊区域性质，为各部门提供一个法律依据来指导其顺利开展工作。杨坤、舒敏（2009）提出，中央应设立专门立法小组，对转型时期各部门的权责及转型后自由贸易区的运行规则等事宜以法律的形式加以明确和限定。积极构建中国自由贸易区的法律保障体系，制定统一的自由贸易区法是保税区向自由贸易区顺利转型的必要条件。

（二）对保税区进行功能整合

保税区的功能是随着环境状况的改变而不断变化的，我们应该根据各个保税区所处的区位条件、水路交通等情况分别界定其功能。目前对于临近港口的保税区来说，港口与保税区联合作用，发展保税区的港口作业功能，是

---

① 李友华：《中国保税区向自由贸易港区转型研究》，福建人民出版社2008年版，第140页。

学术界普遍认为保税区发展其优势的选择之一。杨建文、陆军荣（2008）指出，保税区与港口等交通运输枢纽距离较远，有些保税区不具备港口作业功能，也不能享受出口退税政策，不利于开展国际通行的物流业务。因此深化港区联动，将港口与保税区的区位优势结合起来，才能使得保税区的发展更具有活力。[①] 杨新华（2008）撰文指出，把保税区的功能衍射到港区，使港区与保税区强强联合，发挥各自的优势，能使港口的发展迈上一个新的高度。区港联动后快捷便利的通关和相应的优惠政策，将大大增加港口对世界著名船舶公司、大型物流企业和货主的吸引力。[②] 马兆祥（2008）则提出，应该结合临港保税区的商品展示功能，利用其多功能标准的展览、展示、展销场所，集本国出口商品和进口商品为一体，打造国际商品展示展销中心，并逐步发育成为综合性的生产资料市场和专业化的生产资料市场。而对于包括非临近港口的所有保税区，成思危（2003）则认为，未来保税区的发展方向，是突出现代物流，稳定出口加工，兼顾一般贸易，发展成为"金字塔"型的功能体系。

（三）对保税区管理方式进行改革

从管理权的分配来看，成思危（2003）指出，应该将权力在各部门之间进行重新分配和将自由贸易区管理委员会管理权限进行重新界定。对中央和地方进行部门利益的重新分配，有利于形成新的权力均衡机制。体制的调整将涉及条与块的矛盾，经济管理的职能与事权财权的划分。高海乡（2006）则就管理模式提出了自己的看法，即对于保税区的管理，中央应该改变原先的二层级管理模式而选择三层级监管型管理体制，因为中国15个保税区分布广、跨度大，且主要以贸工结合开放型的经济为发展目标，二层级型的管理体制难以满足统一领导的需要。地方应该选择政府主导政企分开型管理模式，因为政府主导型模式更适合中国国情，保税区的发展与地方政府的支持是分不开的。而且从中国保税区实践来看，以管理局作为当地政府派出机构的管理模式总体上来看是成功的。[③] 陈志龙、仲伟林、何奕、陆寒寅（2004）则指出，应该在保税区成立专门的管理机构。自由区作为一个

---

① 杨建文、陆军荣：《中国保税港区：创新与发展》，上海社会科学院出版社2008年版，第47页。
② 杨新华：《区域经济学视角下的中国保税区》，经济科学出版社2008年版，第190页。
③ 高海乡：《中国保税区转型的模式》，上海财经大学出版社2006年版，第135页。

特殊的经济区域，无论是政策法规还是运营模式，都与区外有很大的不同。区内有工商、税务、外汇管理等多个部门在共同运作，需要专门设立一个政府部门来协调它们之间的政策法规，统筹各部门工作的开展。其他国家的自由区也往往都是由政府专门设立一个部门来管理。刘晓伟（2008）则撰文对保税区管理者的构成做了详细的阐述，即需成立一个全国统一的富有权威性的保税区发展领导机构——保税区管委会，其组建应当由政府高级官员出任管委会首脑，同时吸收港务局、铁路、海关、商检、公安及政府有关部门参加。对保税区的运行主要通过经济的、法律的手段来管理，尽量减少行政干预，不属管委会管理的事务坚决不管，要管也要符合国际惯例。至于对海关、商检、金融、税务等统一由中央管理的职权，管委会仅应起协助作用。

（四）优化产业链，打造产业链

杨新华（2008）提出将保税区内物流运营的内容分解细化，形成系列物流链条，以提高物流运营效率，使得跨国采购中心在保税区建立全球化的采购系统，成为强大的供应链管理能力的提供商，依靠本国的制造能力，形成全球物流的核心据点，从而成为促进国内国际商品进出口的一条绿色通道。另外，强化保税区功能辐射带动作用，细化区域合作，积极推介"一日游"业务，做好国际物流与国内物流、保税功能与其他物流功能有机衔接。[①]

中国保税区的建立，是顺应时代要求的。在全球经济一体化浪潮的席卷下，设立保税区，无疑是一种对走向世界市场所做的极有意义且成功的尝试。保税区发展至今虽仅20余年，但是它成长速度极快，带来的经济效应亦是巨大的，对推动中国对外开放进程起着不可替代的作用。然而随着时代的发展，保税区面临的种种与时代不适应的问题渐渐暴露。正确认识保税区所存在的问题，不断完善保税区的经济功能，使其朝着具有综合功能的自由贸易区方向发展，是保税区发展的必然趋势，也是中国继续走外向型经济道路的必然选择。

（汪德德）

[①] 杨新华：《区域经济学视角下的中国保税区》，经济科学出版社2008年版，第193页。

参考文献

[1] 上海市浦东新区统计局：《上海浦东新区统计年鉴》，中国统计出版社2009年版。

[2] 杨建文、陆军荣：《中国保税港区：创新与发展》，上海社会科学院出版社2008年版。

[3] 李友华：《中国保税区向自由贸易港区转型研究》，福建人民出版社2008年版。

[4] 杨新华：《区域经济学视角下的中国保税区》，经济科学出版社2008年版。

[5] 高海乡：《中国保税区转型的模式》，上海财经大学出版社2006年版。

[6] 刘伟、朱文豹、谭京华：《中国临港保税区发展研究》，经济科学出版社2005年版。

[7] 萧苑生：《深圳保税区发展研究》，中国财政经济出版社2005年版。

[8] 陈志龙、仲伟林、何奕、陆寒寅：《保税区改革与上海的战略选择》，经济科学出版社2004年版。

[9] 陈宏民、谢富纪、李序颖、吴忠：《上海外高桥保税区的竞争优势及其转型的目标模式》，经济科学出版社2004年版。

[10] 成思危：《从保税区到自由贸易区——中国保税区的改革与发展》，经济科学出版社2003年版。

[11] 杨坤、舒敏：《我国保税区转型模式探析》，《黑龙江对外经贸》2009年第1期。

[12] 赵榄、常伟：《全球化下中国保税区与腹地经济发展：基于面板数据的经验研究》，《重庆大学学报》（社会科学版）2008年第4期。

[13] 江冰：《论中国保税区的转型之路》，《湘潮》（下半月）2008年第10期。

[14] 马兆祥：《实现保税区开放型经济新跨越》，《宁波通讯》2008年第1期。

[15] 谢富纪、陈宏民、廖刚：《外高桥保税区转型的目标与功能创新》，《改革》2003年第5期。

[16] 刘晓伟：《我国临港保税区转型升级发展研究》，江苏大学国际贸易系，2008年。

第十二章 保税区对城市（母城）的发展作用

自改革开放以来，中央政府为了加快中国经济的发展和促进沿海城市的对外开放，先后采取了各种特殊的政策，而这些特殊的政策往往又在特殊的区域推行，因而在我国形成了不同层次的对外开放区域。目前享有一定特殊对外开放政策的区域有：保税区，经济特区，经济技术开发区，高新技术开发区，沿海、沿江和沿边开放城市，沿海、沿边开放区。从开放的程度、享受优惠政策的多少和对所在母城的经济带动作用来看，以经济特区和保税区为最。

一、保税区功能定位

我国在进入20世纪90年代以后，为进一步扩大对外开放，借鉴国际上自由港区、自由贸易区、出口加工区的成功经验，结合我国实际情况设立了众多保税区。自1990年在我国上海设立第一个保税区以来，在沿海城市大连、天津、青岛、张家港、宁波、福田、广州、厦门、汕头、珠海、海口及深圳，已陆续有15个保税区封关运行。这15个保税区均位于经济发达的东部地区，依托大、中城市，大部分依托优良港口而建，并与远洋、内河航运、铁路、高速公路等综合运输网络紧密相连，同时与周边大型航空港的距离多在0.5—1小时车程内，海内外交通运输十分方便。因为各保税区均位于沿海开放地区、开放城市内，经济基础好，通讯发达，劳动力资源丰富且劳动力素质较高，同时可极大地获取区内或周边地区的资金、科学技术、市政配套设施的支持，从而能够在较短的时间成为区域内新的经济增长点。

国家对保税区主要功能定位是国际贸易、现代物流、出口加工和进出口商品展销，下面分别对上述几个主要功能进行说明。

（一）国际贸易功能

保税区企业可直接从事国际贸易，充分利用保税区内免领进出口许可证、免征关税和进口环节增值税等优惠政策，利用国内外市场间的地区差、时间差、价格差、汇率差，实现商品多流向、宽领域、快节奏的销售。具体操作形式有：

（1）商品从生产国运往保税区储存，再销往消费国；

（2）商品从生产国运到保税区加工或批准委托区外加工后再销往消费国；

（3）商品从生产国直接销往消费国，但成交手续可由设在保税区中转商进行办理；

（4）商品从国内出口到保税区经储存或加工后销往消费国；

（5）商品从生产国进口到保税区，经储存或加工后销往国内；

（6）商品在区内企业间交易，与国内其他保税区企业间交易。

（二）出口加工功能

区内企业可以从事出口加工及其他加工业，区内加工贸易企业可以充分利用进口设备及料件免税或保税、免设保证金台账等优惠政策，使各类加工料件在保税区内得到增值，使低级产品成为高级产品，使低附加值产品成为高附加值产品，其具体操作形式有：

（1）从国际市场购进原材料或元器件组装后转销世界各地；

（2）从国际市场购进关键的元器件、原材料，从国内市场购进其他元器件、原材料，加工组装后转销世界各地；

（3）从国内市场购进初制品、半成品，利用国际先进技术的装备，在保税区进行精加工或深加工后再转销世界各地；

（4）利用免税进口的国际一流设备，接受区外企业的委托加工，也可经批准委托区外企业加工；

（5）将国际市场和国内出口的商品在区内进行货物分级、包装、分装、挑选、贴商标等商业性简单加工后再转销世界各地。

（三）仓储物流功能

在保税区发展仓储业，目前是使保税仓储成为国际商品流通的"蓄水池"。其优越条件是，货物储存实行免税或保税，储运结合，手续简便，仓储费用低廉，货物与消费者直接见面。缩短了国际市场和国内市场的距离，节省了流动资金占有，加快了流动资金周转，提高了成交率。主要形式有：

（1）国内市场向国际市场出口的货品经由保税区储存；

（2）国内市场向国际市场进口的货品经由保税区储存，并向非保税区集散；

(3) 国际市场经由保税区再销往国际市场的货品的储存；

(4) 国内不同口岸之间需转口的货物储存；

(5) 国外厂商与国内企业相互委托加工需经由保税区分拨的加工料件储存；

(6) 国际贸易过程中因市场变化货品、物料须在保税区储存。

(四) 国际商品展示功能

利用保税区政策，可以在区内"保税"或"免税"展示国内外的产品。保税展示即是可以将国外商品拿到区内展示，展销期间"保税"，完税后可以销往区外；免税展示即是可以将国外商品拿到区内展示，只展样品，展示后销往或返回境外；国内商品或区内企业自产的商品亦可进行展示。在展销大厅可以定期或不定期地举行各种类型的展销会。

二、保税区对城市（母城）发展具有重要的推进作用

我国自改革开放以来，先后在沿海地区设立了经济特区、沿海开放城市及经济技术开发区等一系列开放区，目的是通过港口的开放和发展，拉动开放区所在的城市及周边地区率先发展起来，带动辐射中西部经济共同发展，其中保税区成为重头戏之一。自保税区成立以来，对母城及其周边地区的拉动作用明显，促进了母城经济的快速发展，加快了与世界自由贸易港的连接，提高了沿海城市的开放水平和国际竞争力。学术界关于保税区对其所在城市（母城）及其周边地区的论述有很多，其中一些已经被阿尔伯特·赫尔施曼等专家提出的"不平衡成长"学派、韦伯提出的集聚经济、哈格斯特朗提出的扩散效应所解释。近些年来，学术界关于保税区对母城的作用集中体现在具体影响上，包括有利于母城迎接全球化挑战、增加就业、改善产业结构等方面。

学者们认为，以保税区为代表的自由贸易区正以"星火燎原"之势向全世界蔓延，它是刺激全球经济的兴奋剂，是促进城市经济增长的重要因素之一。

（一）对母城具有正面作用的不平衡增长理论

这种乐观观点的理论依据是区域经济发展的不平衡理论和波浪式发展规律。以赫尔施曼为代表的"不平衡成长论"认为，从经济发展的历史经验来看，各国的成长过程是不平衡的，发展就是一系列连锁着的不平衡。这种不平衡经济发展理论可以归结为哲学上的"波浪式发展规律"。凡是运动都起波浪，世界上的一切运动都是波浪式运动。而波浪式发展形态就是平衡性和不平衡性矛盾的对立统一表现。由不平衡到平衡再到不平衡，就是一切事物发展的基本形态。在世界贸易保护主义盛行的情况下，在一个国家或在几个国家边境交界处，或在几个国家的领土上共同创建保税区或具有保税功能的其他自由区，实行完全的自由贸易政策，取消贸易限制和贸易壁垒，实现与国际经济体制和惯例的接轨，可提高母城及其周边腹地城市居民的生活水平和保证充分就业，保证城市居民实际收入和有效需求的持续增长，扩大世界资源的充分利用以及发展商品生产和交换。这些作用对于母城的发展无疑是正面和有效的，中国保税区的发展和壮大已经证明这一事实。

（二）保税集聚经济使母城投资环境得到改善

在空间经济学研究方面颇有建树的韦伯明确提出了集聚经济概念。所谓集聚经济又称聚集经济利益、聚集经济效益，一般是指因企业、居民的空间集中而带来的经济利益或成本节约。该理论的侧重点在于说明企业的空间聚集所带来的经济效果，这种聚集经济本质上是由于厂商或工业集中而造成的规模经济。

基于韦伯的提法，张凤清在其《厦门海湾城市建设与保税区资源的科学利用》一文中提出，在保税区基础上建立的海湾城市是一个深层次的开放过程，包括人们思想观念上的开放，也包括经济生活各个领域、各个层面的开放。海湾城市的建设实际上是一个城市品位提升的过程，城市品位提升与外来投资的增长是一个互动关系。从一定程度上来说，保税区的建设是一种投资环境的创造，海湾城市建设是一个吸引各类资金参与投资与建设的过程，将资金从海外聚集到母城，必将有利于城市的开发和经济发展。

保税区以其配套服务和投资环境方面的优势对跨国公司有着强劲的吸引力，伴随国外资金聚集母城，跨国知名企业也随之驻足。如深圳福田保税区引进的IBM公司的生产和研发基地，沙头角保税区引进的台商投资液晶显示屏项目等。这些企业往往有着雄厚的资金实力,有着科学技术上的优势。这些企业扎根母城后,对母城原有企业将是一个巨大的冲击,加剧竞争。竞争逼迫着母城原有企业改善经营管理,采用先进技术和管理人才,并建立起现代企业制度。保税区是新兴的经济区域,从一开始就按照市场经济规则建立了全新的体制模式和运作机制。尽管我国在不断完善社会主义市场经济体制建设,但出于历史、社会、宏观体制以及政策背景等多方面原因,在一些方面、一些环节还没有完全从计划经济中彻底摆脱出来,从这一点来看,保税区相对具有市场经济体制先立之优势。加之保税区宽松的保税政策优势,集聚着越来越多的跨国公司进入母城,加剧母城企业的竞争,形成国内国外企业"百花竞艳"格局,促使原有国内企业的产品更新换代。

（三）提升产业结构,有利于母城产业结构更新换代

保税区通过其独特的功能和极富活力的贸易与物流产业群来影响城市经济力量的内在传导机制,从而对整个城市的产业结构提升、产业结构更新换代起到重大作用。丁晓芳认为,随着保税区贸易、物流、出口加工等主体功能的逐步完善和主导产业群的日益壮大,保税区对其所在城市的相关产业发展将起到极大促进作用。首先,与港口相关活动、以贸易和物流为核心的第三产业,以及国际化程度较高的制造业活动是最大的受益者,这些主导产业的扩大又派生一系列新的产业活动。其次,原有产业的扩大和新产业的出现,一方面通过投资所形成的初级乘数效应,刺激以贸易、物流和加工为核心的外向型产业群在整个城市的繁荣与发展,再经由产业的前向关联(比如发展代理商或在当地销售等)与后向关联(比如在当地的贸易与资本货物的购买等)效应使保税区的利益惠及更多的第三和第二产业。最后,在诸多国内外企业落户保税区、保税区功能不断发挥以及二级乘数效应的带动作用下,母城的城市商贸、金融保险、房地产、交通通信、餐饮娱乐和商业服务等第三产业迅猛发展。这无疑对母城的产业结构提升和优化具有决定性意义。

（四）有利于母城增加就业,缓解巨大的就业压力

保税区在吸纳就业、缓解就业压力方面发挥了重要作用。王斌在《在新经济环境下我国保税区的发展方向与功能定位研究》一文中提出,随着保税区经济建设速度的加快,为劳动就业提供了较大的市场,特别是在保税

区已投入正式生产的出口加工企业和物流企业的迅速发展，吸纳了众多劳动力。持相似观点的还有丁晓芳在其硕士论文《我国保税区的多样性及其多元化发展战略分析》中指出，保税区直接创造就业的能力要比以制造业为主的开发区低，而且在服务于进口的同时，如果导致了进口的净增，还可能产生负的就业效应。但是，保税区出口的间接就业效应可以抵消这种进口就业负效应，且绰绰有余。该文章的作者还给出了衡量出口的间接就业效应的方法：需要计算出某产业的就业系数（某产业就业人数/该产业产值），然后再按产业获取保税区企业在国内采购货物的价值，最后分别与就业系数相乘，才可得出间接就业的数字。由于数据的限制，目前很难统计，但按照联合国贸发会议的估算，在发展中国家与外贸有关的活动中，其间接就业量大体是直接就业量的1.6倍。目前，中国的劳动力相对于发达国家来说还是比较廉价的，在外资进入保税区母城的同时，也将大量的劳动密集型产业转移到该区域。2010年1月21日，中国国家统计局马建堂在北京指出中国的农民工将达到1.49亿，他们大部分集中分布于沿海地带。处于沿海地带的保税区内企业和由保税区企业带动的一系列第三产业将成为这些农民工就业的重要渠道。

（五）保税区促使城市空间拓展

城市空间扩展在不同发展阶段表现出不同的扩展方式，与保税区母城城市空间拓展相关的主要有轴向带状扩展模式和多极核生长扩展模式。引起轴向带状扩展的主因是城市对外交通的发展，城市空间沿某一个或几个方向优先发展引起了城市形状改变，表现出带状伸展。多极核生长扩展模式一般发生于城市向心体系形成的初期阶段，是城市地域空间进一步复杂化的表现。在不考虑自然条件的影响下，城市进入快速扩张阶段后，为满足城市功能调整及新的城市功能对空间的需求，在城市外围选择新的生长点，由此引起城市形态的改变，推动城市空间扩展。①

城市空间拓展动因分析方面，与保税区母城城市拓展相关的主要是通过产业溢出解释城市等级体系的形成。藤田和克鲁格曼认为，随着人口规模的扩大，等级较低的产业的潜能函数值最先在临界距离处达到1，低等级城市出现，但它不具有改变城市空间结构的充分大的联系效应，城市呈叉形分支

---

① 黄亚平：《城市空间理论与空间分析》，东南大学出版社2002年版，第126页。

结构。人口规模进一步增大，新的产业不断溢出，新的侧翼城市不断产生，最终形成等级城市体系。①

（六）有利于城市更好地迎接全球化

中国东南部沿海地区是我国改革开放的前沿阵地，国家设立诸如经济技术开发区、经济特区、沿海开放城市、保税区等开放区域，搭建了我国与世界其他国家和地区经济文化往来的桥梁，促进了我国与世界其他国家和地区的政治、经济和文化往来，众多先进的文化思想、科学技术、高科技人才和资金就是以这些开放区域作为渠道而引进来的，有利于我国改革开放战略的实施，也有利于沿海城市和周边地区进一步解放思想和扩大开放。

改革开放30多年来，中国对外开放取得了举世瞩目的成就。但是，一些西部省区的城市还处于"改革低进程、开放低进度"的状态，人们的思想封闭、保守和落后是导致西部地区贫困的一个重要原因，也是导致这些西部城市投资软环境差的根本原因。改善这些地区人们的封闭保守思想，仅仅依靠宣传教育是不够的，进程也相当缓慢。而选择有优势的城市区位建立保税区，可以直接引入先进的市场经济意识，冲击原有的保守观念，树立起人们开放的意识，改善投资软环境。保税区的设立，将大大增加西部地区人民与世界各国人民直接交往的机会，加强经济文化合作交流，加快保税区所在的母城的对外开放进程。

保税区的设立使得母城能更好地迎接全球化的挑战和进一步扩大对外开放程度。萧苑生在《深圳保税区发展研究》一书中从我国沿海城市应对全球化挑战的角度出发，阐述了保税区建立的积极作用。他认为，自上世纪80年代以来，以生产全球化为核心的经济全球化进程大大加快。生产的全球化彻底改变了传统的国际分工格局，使国家间垂直状态的分工变为水平状态的分工，使国家产业间的分工变成产业内分工——追求资源在全球的最优配置及最有效的利用，加深了各国经济相互依赖程度。中国是一个大国，有众多的人口和巨大的市场，地域广阔，资源丰富，但国内有效需求不足，资源人均占有量较低，经济发展起点低。因此，必须建立相对完整的国民经济体系，同时引进大量的国外资金、技术、设备等，利用好国际、国内两大市场、两种资源，参与经济一体化。同时，在企业发展过程中树立品牌，培育

---

① 朱喜刚：《城市空间集中与分散论》，中国建筑工业出版社2002年版，第82页。

一批在国际上有影响、有知名度的品牌企业，使得母城更好地迎接来自全球化所带来的竞争与挑战。

三、案例分析——天津保税区

天津保税区于1991年5月经国家批准设立，是天津从1994年确定"三五八十"① 四大奋斗目标以来，十年建设滨海新区的重要组成部分，是华北、西北地区唯一的保税区。2005年，国家又批准区港联动，设立了保税物流园区，实现了出口货物进区退税，向真正意义上的自由贸易区迈出了重要一步。按照中央的设区目标，天津保税区不仅依照国际通行规则在更深层次上广泛地从事各种国际商务活动，更发挥了其特殊功能，带动了毗邻地区和腹地经济的发展。②

（一）区位优势

天津保税区是我国北方最大的保税区，具有国际贸易、现代物流、出口加工和商品展销四大功能。天津保税区由海港保税区和空港保税区两部分组成，其中，海港保税区总面积5平方公里，坐落在天津港港区之内，距天津市区30公里，距北京140公里，距码头不到1公里，距天津滨海国际机场38公里，京津塘高速公路直接到达保税区。区内自有铁路网线与国家铁路干线相通，海运、陆运、空运和铁路运输便捷，构成了国际货物多式联运体系。空港保税区地处天津滨海国际机场东北2.5公里处，紧邻市区，与京津塘、津汉与京汕高速公路交汇互通，海陆空联运体系发达，是依托空港，大力发展国际航空物流的重要载体。

（二）功能优势

国家赋予天津保税区国际贸易、临港加工、物流分拨、商品展销四大功能。中国境内外投资者均可在保税区设立各类所有制企业，广泛从事国际物

---

① "三"指到1997年提前3年实现国内生产总值翻两番，"五"指用5至7年基本完成市区成片危陋平房改造，"八"指用8年左右时间把国有大中型工业企业嫁接、改造、调整一遍，"十"指用10年左右时间，基本建成滨海新区。

② 吉鸿燕、李曼：《天津港保税区向自由贸易区转型的探索》，《环渤海经济瞭望》2007年第3期，第22页。

流、加工制造、国际贸易、科技研发和商品展销等产业。其功能优势体现在以下几个方面：1. 国际物流功能。作为国际货物大进大出的绿色通道，天津港保税区发挥了培育现代物流的示范作用。依据国家赋予保税区的相关物流政策，形成了以保税为特色的，集货物仓储、分拨、配送功能为一体的现代物流新模式。2. 国际贸易功能。作为两个市场的汇接点，天津港保税区不断开创国际贸易的新形态、新市场。在国内超前实行市场准入，采取较为宽松的贸易政策，在保税区注册的企业均可开展包括进出口贸易、转口贸易和过境贸易的国际贸易业务，利用保税区独有的优惠政策，利用国际市场间的地区差、时间差、价格差、汇率差，选择最佳消费国，抓住最佳销售时机，运用最佳营销手段，实现商品多流向、宽领域、快节奏销售，做到进出并举，吞吐自如，实现销、储、运的最佳结合，获得最佳经济效益。3. 加工制造功能。作为享有特殊政策的开放区，保税区具有加工增值的天然优势。根据国家赋予保税区的相关政策，保税区的加工企业使用境外的机器设备、基建物资、办公用品以及为加工出口产品所需的原材料、零配件，不征收关税及增值税、消费税，不实行配额、许可证管理。企业在保税区内加工出口产品，不设保证金台账，不领取加工手册；产品在保税区内销售免征生产环节增值税；采用部分境外料件的产品内销时，只交纳境外料件关税及增值税，使保税区成为从事加工制造与加工贸易的最佳区域。4. 展示展销功能。保税区是发展国际商品展示展销的最佳区域。国际商品可以在保税状况下直接进入区内专业展示展销市场，与国内经销商、最终消费者实现直接见面，既为企业及时了解市场创造了条件，也为经销商、消费者全面了解商品功能、享受各项售前与售后服务提供了空间。

（三）天津保税区的运营及其对母城经济发展的贡献

天津保税区自建区以来，始终以建设国际物流中心为目标，坚持服务京津冀、服务环渤海地区、服务中国北方的宗旨，努力探索中国特色的自由贸易区之路，区域经济保持年均30%以上的增长速度。2008年累计吸引外商投资超过30亿美元，外资实际到位15.1亿美元，吸引内资超过500亿元，有中外企业6000多家，其中世界500强企业超过60家。国际贸易、现代物流和出口加工三大产业迅速发展，在中国北方的服务辐射带动作用显著增强。2008年实现进出区货物总值417亿美元，进出口总额达到126亿美元，实现财政收入83.2亿元，成为中国北方国际货物大进大出的绿色通道。同年，在进出区物流中，天津占40%，北京占30%，华北、西北及其他地区占30%。经过多年的探索实践，保税区以保税为特色，临港为依托，形成了国际贸易、现代物流和出口加工三大主导产业，成为天津市对外开放的重要窗口和新的经济增长点，在环渤海区域乃至中国北方经济发展中发挥着重要的服务、辐射和带动作用。经过多年的创新发展，已经由过去单一的海港保税区成为拥有海港保税区、空港保税区、空港加工区、空港物流区和保税物流园区"三个区域五种形态"联动发展的新格局，具备了开放区域的多种资源、政策和功能优势。

从现实来看，天津保税区积极主动协调海关总署和地方政府，圆满完成了天津滨海新区综合保税区的国家验收，并大力推动综合保税区各项建设。通过加强与海关总署的联系、沟通和协调，争取到天津经济技术开发区保税物流中心获得总署和国家有关部门批准设立，使天津滨海新区成为中国目前特殊监管区域形态最多样、功能最齐全、政策最配套的地区。支持天津市重大项目建设，审批各类减免税项目备案245份，备案用汇额度20.29亿美元；完成重大工业项目和自主创新项目备案19项。[1] 支持空客A320项目建设，提供"无障碍"通关服务，实施"单体飞机模式"监管措施，保证进口物资快速通关，全年共验放空客A320项目货物1064票，货值2.63亿美元。支持天津机场枢纽港建设，大力推动"地面航班"、"空空转关"等新型监管业务发展，目前，业务覆盖面已经扩展至10个空港口岸，津京间地面卡车航班由每日4班增加至7班，可搭乘"空空转关"货物的国内航空公司增加至9家。支持天津各区县发展外向型经济，在东丽区、北辰区、塘沽区、武清区设立保税仓库和出口监管仓库，静海子牙工业园已具备开办业务的条件。支持天津地方电子口岸建设，率先采用智能邮箱技术实现与口岸其他执法机关的信息交换和共享，为电子口岸用户提供"一站式"的信息查询服务。[2]

从理论上讲，天津港保税区作为一个位于港区、高度开放的自由贸易区，对母城的经济增长、产业结构优化、贸易发展、就业增加和收入提高等发挥了重要的推动作用。保税区主要是通过其独特的功能和极富活力的贸易

---

[1] 天津海关2008年度工作总结。

[2] 天津海关新首页：《天津海关2008年度工作总结》[EB/OL]. http://tianjin.customs.gov.cn/publish/portal169，2010-4-21。

与物流产业群来影响城市经济力量的内在传导机制，最终诱发和促进城市经济的增长。而且，天津保税区对母城经济发展的带动作用，远不止表现在其自身的经济绩效对城市经济总量的贡献上，更深层次的作用则体现在它的产业带动效应及对投资与消费需求的拉动上。保税区对城市经济综合作用的结果是：国际化程度的提高、贸易规模的扩大、就业的增加、经济结构的优化、财政收入的增加、城市经济的增长。

四、启示：西部地区建立保税区的可行性思考

保税区对母城空间的拓展、产业结构的改善、就业压力的缓解、迎接全球化挑战和促进投资环境改善等方面的巨大作用是毋庸置疑的。保税区在对母城产生积极影响的同时，也会对母城周边腹地经济的发展起到积极作用。纵观中国，西部大开发已有十年历史，各种开发项目稳步推进，各项惠民政策积极实施。在西部大开发过程中，发挥城市对经济、政治、文化发展的带动作用已成为开发过程中的重要环节。从西部地区许多城市及其腹地经济发展依旧缓慢和落后的状态出发，发挥保税区对城市的积极作用，选择具有发展潜力的城市建立保税区，将成为促进西部进一步开发和发展的可选路径之一。

（一）设立保税区与中国西部大开发的政策思路相吻合

中央关于西部大开发的基本思路之一，就是要加大西部的改革开放力度，必须研究适应新形势的新思路、新方法、新机制。专家们认为，"新思路、新方法、新机制"就是要建立新的开放形式，使东西部制度差异逐步缩小，变东部的"坑地效应"为西部"坑底效应"，使中央通过转移支付方式支持西部发展的资金，能够更多地带动东部和国际上的资金、人才、技术流向西部。著名经济学家林凌认为，东部经济没有中央给的优惠政策及建立特区形成的"坑地效应"就不可能起飞。因此，他主张"要使西部开发有实质性的突破，必须借鉴东南沿海的经验，在若干可以成为增长极的'点'上，实行特殊政策和灵活措施，吸引我国资本、港澳台地区资本……到这些'点'上来投资，再现特区效应"①。另外一些专家提出，要加大西部开放力

---

① 林凌：《西土取经》，经济日报出版社2000年版，第87页。

度，就必须在西部设立比特区更"特"的若干各具特色的"自由贸易区（即保税区）和国际投资开发区"。① 可以看出，中央在西部设立若干比特区更开放的区域，以开放促进城市开发，以开发促城市发展，通过促进西部城市发展是西部大开发可选路子之一。

（二）国际国内已有在内河港区设立保税区或自由贸易区之先例

以巴西为例，为了缩小南北差距，巴西政府采取了很多开发措施。一是1960年巴西首都从里约热内卢迁到内陆的巴西利亚；二是加强组织机构建设，设立了东北部开发署、中西部开发署和亚马逊开发署；三是在亚马逊地区建立玛瑙斯自由贸易区，在该自由贸易区投资的全国各地私人企业和美、日、荷等外商企业有1000多家，从业人数近10万人。我国已有的15个保税区中的张家港保税区、福州保税区、广州保税区都是以内河港为依托而建立的，这说明在我国内河上游的某些河港设立保税区有国际国内经验可借鉴，是可行之举。

（三）西部地区城市发展已具备各项政策以及交通设施等条件

西部大开发过程中，各种惠民惠企的政策已经出台很多，到西部城市投资的企业或个人享受国家免税或低税政策的同时，也享受着低廉价格购地、低利率贷款和资金上的扶持等优惠政策。与此同时，西部地区的铁路、公路、航空和水运等基础交通设施和通信设备随西部大开发进程而变得逐步完善和通畅，独具地方和民族特色的产业高速发展，为保税区的建立提供了一定的基础条件。

到目前为止，在中国西部内河沿线选择适宜城市建立保税区的理论基本上还是一个空白，亟待众多专家学者进一步去探索和发现，以期为促进西部地区城市长远发展和深入西部大开发做出更多开创性贡献和寻找到更多理论支持。我们要花大力气，踏着时代的脚步，鼓足勇气进行大量的调查、研究和探索，走出一条独具特色的在西部内河沿线城市建立保税区的路子，为西部城市的长足发展打好基础，为西部城市走向国际化铺好路子，为西部城市的经济快速腾飞再添"飞翼"。

（李力）

---

① 方立：《中国西部现代化发展研究》，河南人民出版社1999年版，第16页。

参考文献

[1] 成思危：《从保税区到自由贸易区：中国保税区的改革与发展》，经济科学出版社2003年版。

[2] 杨新华：《区域经济学视角下的中国保税区》，经济科学出版社2008年版。

[3] 李澜：《西部民族地区城镇化》，民族出版社2005年版。

[4] 萧苑生：《深圳保税区发展研究》，中国财政经济出版社2005年版。

[5] 饶会林：《城市经济理论前沿课题研究》，东北财经大学出版社2001年版。

[6] 丁晓芳：《我国保税区的多样性及其多元化发展战略分析》，东南大学，2006年。

[7] 王斌：《在新经济环境下我国保税区的发展方向与功能定位》，北京物资学院，2005年。

[8] 肖波：《我国保税区发展存在的问题与对策探讨》，对外经济贸易大学，2007年。

[9] 张凤清：《厦门海湾型城市建设与保税区资源的科学利用》，《厦门科技》2003年第5期。

[10] 赵榄：《全球化下中国保税区与腹地经济发展：基于面板数据的经验研究》，《重庆大学学报》2008年第4期。

[11] 徐东云、张雷，兰荣娟：《城市空间扩展理论综述》，《生产力研究》2009年第6期。

[12] 徐素环：《关于在万州设立保税区的构想》，《四川三峡学院学报》2000年第4期。

[13] 王怀岳：《创建保税港区完善现代化国际城市框架》，《中国党政干部论坛》2008年第10期。

第十三章　中国边境经济合作区的建立及其作用

中国的边境经济合作区是在世界政治多元化、经济全球化、区域一体化和我国实施全方位对外开放政策的背景下建立起来的，是继经济特区、高新技术产业开发区等建设以来的又一种城市经济开发区类型。从 1992 年中国第一个边境经济合作区——珲春边境经济合作区设立开始，国务院先后共批准设立了凭祥、东兴、河口、畹町、瑞丽、伊宁、博乐、塔城、满洲里、二连浩特、黑河、绥芬河、珲春和丹东 14 个边境经济合作区。从此，边境经济合作区成为边境城市经济发展的一个重要的增长极，边境城市也由政治、军事的前沿一跃成为我国对外开放和发展外向型经济的门户，沉寂多年的边境线日益繁荣，成为我国经济发展的一个新兴的黄金地带。

一、边境经济合作区的界定

图 13.1　国家级边境经济合作区分布示意图

边境经济合作区是指中国沿边开放城市发展边境贸易和加工出口的区域。1992年，国务院先后批准设立了广西的凭祥、东兴，云南的河口、畹町、瑞丽，新疆的伊宁、博乐、塔城，内蒙古的满洲里、二连浩特，黑龙江的黑河、绥芬河，吉林的珲春和辽宁的丹东14个边境经济合作区（见图13.1）。为加快合作区建设，国务院制定了有别于沿海地区的政策体系，包括贴息贷款、税收优惠、财政定额返还等扶持政策。

我国边境经济合作区是借鉴国家级经济技术开发区的经验创建的，同样属于国家级开发区的范畴，但其功能和优惠政策则有所不同。合作区实行对外和对内开放同时并举，以面向国内吸引较发达地区的资金、技术为重点，加强东部地区与边境地区的合作，推进边境贸易和加工出口；同时争取引进外资和进口周边国家的资源和工业加工技术，加速发展我国与周边国家的经贸合作，从而促进了边疆城市经济的繁荣发展。

二、边境经济合作区建立的经济社会动因

我国边境经济合作区的建立有着特殊的时代背景，其建立的经济社会动因，概括起来有以下几个方面：

（一）国际环境

边境经济合作区的建立是在世界政治多元化、经济全球化、区域经济一体化的背景下，国家和地区参与国际竞争的需要。当今时代的特征是经济全球化和区域经济一体化，我国边境城市要加快发展，参与国际间的竞争，也要融入经济全球化和区域经济一体化的大潮，在国际周边环境较为宽松的条件下建立边境经济合作区成为顺应潮流的历史选择。

（二）国家对外开放战略的实施

边境经济合作区的建立是我国实施全方位对外开放战略的需要。从国内发展环境看，改革开放以后，随着同周边国家国际政治关系的改善，我国边境的功能也发生了根本性变化，边境贸易逐渐繁荣。同时，改革开放成为我国的基本国策后，边境地区也相应享受到许多优惠政策，这些措施的实行强烈地吸引着中外投资者，我国的投资热点地区由原来的沿海地区向内地、沿

边地区转移,边境城市成为国家发展外向型经济的又一新的增长极。20世纪90年代以后,中国实行了沿海、沿江、沿边和内地中心城市全方位开放政策,沉寂多年的边境城市在这一政策的带动下很快成为我国经济发展的一个新兴黄金地带,但是由于这里长期形成的落后状况和陆上边境国门尚没有完全洞开,边境地区需要进一步加强与毗邻国家的贸易往来和经济合作。

(三) 历史因素

自古以来,边境城市就与周边国家建立了广泛的境外联系,这种联系包括交通联系,民族联系、文化往来和经贸联系等方面。在交通方面,中老友谊公路、滇越铁路、中巴公路、滇缅公路等成为我国边地区与毗邻国家贸易往来的桥梁,使边境城市拥有了较强的交通便利优势。民族联系方面,中国有30多个民族与境外国家中的民族有共同的渊源,他们语言文字相通、风俗习惯相似,形成了血缘、心理和婚姻关系。文化往来方面,边境城市与周边国家的文化交流历史悠久,张骞出使西域拉开了对外文化交流的序幕,"丝绸之路"成为沟通中外文化的通道,中国文明广泛传播。经贸关系上,边境城市自古以来就有边民的互市贸易,经济往来历史悠久,西北丝绸之路、西南丝绸之路都见证了我国边疆贸易的历史。

(四) 地区优势

边境城市的地理区位优越,资源丰富,与周边国家的经济具有互补性,这些有利条件为边境经济合作区的建立奠定了基础。从区位优势来看,边境地区的新疆、内蒙古等7省区与蒙古、俄罗斯等15个国家和地区为邻,为边境城市贸易的发展提供了得天独厚的地缘条件。从资源条件来看,边境地区自然资源十分丰富,而这些丰富的矿产资源、生物资源和旅游资源为边境经济合作区的建立奠定了坚实的物质基础。从与周边国家经济互补性来看,边境城市在资源结构、产业结构、产品结构及市场需求结构等方面都与毗邻国家存在着互补性、互换性,相互之间可以利用各种经贸形式,开展互补互惠性经济合作,建立边境经济合作区,发挥各自的优势。例如,满洲里边境经济合作区、二连浩特边境经济合作区的设立,考虑到中国与俄罗斯在自然要素禀赋和产业结构上明显的互补性,加之地缘优势构成了双方长期经济合作的物质基础。俄罗斯与中亚各国居世界上资源最丰富的国家之列,且重工业发达,而中国则是人均资源最贫乏的国家之一,未来将成为石油天然气、木材的进口大国。但中国的劳动力资源丰富,在轻工业方面具有竞争优势,因此中俄双方具有资源和产业的互补性,彼此之间的合作会实现互惠互利的双赢。

三、边境经济合作区的主要作用

我国的陆地边境线长2.2万公里,辽宁、吉林、黑龙江、内蒙古、新疆、云南、广西等9个省(自治区)分别与朝鲜、俄罗斯、蒙古、哈萨克斯坦等15个国家接壤。9省区共有城市170座,占全国总城市数的26.68%。其中市区坐落在边境线上的城市27座,人口540多万。[①] 星罗棋布地分布在我国的边境线上的大小城市自古以来就是我国对外交通、贸易、文化交流的门户和国防的前沿。例如,伊宁市曾经是古丝绸之路的重镇;凭祥自古就是中越交往的交通枢纽和关隘;中缅边境上的瑞丽、畹町是我国西南边境闻名遐迩的边贸城市。这些边境城市都曾在历史上繁荣一时。清光绪二十六年(1900年),中法合建成连通东兴与越南芒街的"国际铁桥",中越双方边民互市开始繁荣起来,国内商贾慕名前来,使东兴盛极一时。但在历史上,我国边境城市的繁荣总是由于国家对外政策、战争等原因一再被中断,边境贸易也随之沉睡,加之一些边境城市自然条件严酷,深居内陆,与中部、东部地区交通不畅等原因,边境地区的经济发展逐渐落后。改革开放以前,尽管一些边境地区存在着边民互市贸易,但规模不大。改革开放以后,边境贸易逐渐发展起来,特别是1992年国务院批准设立14个边境经济合作区后,这些边境城市在边境经济合作区的带动下实现了跨越式发展。

(一)推动了边境城市规模的扩大和城市化水平的提高

边境经济合作区建设后,边境城市规模不断扩大,城市化水平逐渐提高。例如,我国边境城市东兴,由于长期处于封闭落后和孤立的状态中,加之受中越战争的影响,在1989年的时候还只是一个镇,1989年人口仅为8400人左右,建成区面积仅为0.86平方千米。边境经济合作区建成后,随着边境贸易的加强,2005年东兴的城镇人口已达到8万人,专为边贸而来的外来人口达4万人,城区面积为5.8平方千米,已经成为广西与越南的口

---

① 白光润:《中国边境城市》,商务印书馆2000年版,第1页。

岸城市之一。同时，边境经济合作区的建立还提高了城市化水平，改变了边境城市的面貌，促进了边境城市基础设施建设。合作区成为边境新城区，"绿起来、亮起来、美起来"了，逐渐构成了城市的新景观。此外，边境经济合作区还带动了周边区域的城镇化建设，扩展了城市的辐射范围，使一些边境城市逐步成为国内外综合工贸城市及国际联运枢纽。

（二）推动了边境城市经济的发展

边境经济合作区建立后，边境城市与境内、境外发达地区的经济合作不断扩大，经济总量不断增长。自1992年国务院批准设立14个边境经济合作区以来，边境经济合作区取得了可喜的成就。中国开发区协会副秘书长谭兆玉在2009年底召开的中国陆路边境口岸城市开放合作论坛暨第三届中国边境口岸城市市长论坛上透露，我国14个边境经济合作区低投入、多产出，主要经济指标年均保持20%—30%的增长幅度，以每平方公里平均投入产出计算，基础设施投入1.5亿元，实现税收、GDP、工业产值、出口总额，分别为投入的2倍、15倍、10倍和32倍，带动了地区经济快速发展。

（三）促进了边境城市产业结构的调整

边境经济合作区建立之前，我国的边境城市以第一、第二、第三产业传统排序，农业和工业为主导。边境经济合作区建立后，由于经济合作区具有良好的投资环境，资源优势、地缘优势得以充分发挥，很快成为边境城市的经济亮点，有力地推动了边境城市工业、第三产业的发展，使这些城市形成了第三、第二、第一产业的产业排序，特别是第三产业，经济合作区的建立使得边境城市中各种相关产业如商业、仓储、餐饮、旅店、服务等产生需求，流通与服务等部门急剧扩大，短期内迅速提高了边境城市的经济实力，促进了城市发展。例如广西边境城市东兴主要种植水稻、玉米、豆类、红薯、花生和蔬菜等作物，产业和产品结构历来单一，主要以初级产品形式参与国内、国际交易。边境经济合作区建立以来，边境城市第一产业向第三产业转移，很多农民、下岗职工丢下锄头，从边民互市小额贸易、易货贸易起家，不断积累壮大，开办公司，成立企业，逐渐成为支撑当地私营经济发展的主力军。

(四) 促进了边境城市聚集效应的发挥

城市聚集效应是指边境经济合作区的建立使众多国内外客商聚集边境城市，给边境城市带来了人流、物流、资金流。边境贸易的发展扩大了边境城市（镇）的人口规模和经济聚集规模，给边境城市（镇）的建设、发展提供了巨大的空间。同时，边境经济合作区的建立也扩大了边境城市的影响，增强了吸引力。例如，黑河市边境经济合作区建立以来，俄罗斯、日本、新加坡等国家和地区的一些客商来黑河考察、寻求合作，黑河地区和黑河市在国内外的知名度正在不断提高。

(五) 有助于中国与周边国家（地区）之间形成次区域经济合作

边境经济合作区的建立促进了国际化的、跨地域经济区的发展，并强化边境城市的双向开放功能。例如，覆盖我国西藏、青海、云南三省和缅甸、老挝、泰国、柬埔寨、越南等国家的湄公河流域，一直就是东南亚地区最重要的发展区域，我国正在加强与流域内各国跨国界的、次区域性的国际经济合作，中国与毗邻国家边境地区通过发展边境贸易与经贸合作，推进了区域经济一体化的发展，而沿国境线分布的中外边境城市将会逐步发展成为这类次区域经济发展区的增长中心，从而推动更大范围内的区域经济发展。

总之，边境经济合作区建立以来，我国边境城市发生了深刻的变化，不再是坚壁清野的烽火前沿，改变了过去的闭塞边陲，穷乡僻壤的面貌，尽管这些边境城市仍有重要的国防作用，但经济合作和交往使漫长的内陆边境线上悄然崛起了一条新兴城市带，边境城市不断扩大，改变了过去从东部到西部、从中心城市向周边渐次发展的单一模式，形成了从边境城市向腹地发展的一种新的发展模式。

四、案例分析——中国第一个边境经济合作区

1992年10月21日，经国务院批准，我国设立第一个边境经济合作区——珲春边境经济合作区。珲春边境经济合作区位于图们江下游地区珲春平原南部，与珲春市区仅一河之隔，通过两座公路桥和一座铁路桥与老市区连为一体。合作区规划区南至中俄长岭子口岸4公里；西至中朝沙坨子口岸11公里；距朝鲜罗津港93公里，清津港171公里；距俄罗斯的波谢特港41

公里,扎鲁比诺港 63 公里。珲春边境经济合作区行政区划面积 88 平方公里,规划面积 24 平方公里,起步区面积 2.28 平方公里。

(一) 珲春边境经济合作区建立的背景及条件

第二次世界大战结束以后,世界政治经济格局发生了重大变化,世界政治趋于多元化,经济向一体化、集团化和区域化方向发展。1978 年,邓小平同志南行讲话之后,党中央和国务院决定,在沿海开放取得经验的基础上,进一步开放沿长江和沿边境地区的城市和内陆的省会城市,这是我国对外开放的又一重大战略部署,从而进一步完善了我国沿海、沿江、沿边和内地开放地带相结合的全方位、多层次的对外开放格局。从此,我国与周边国家的贸易往来在国际环境、国内政策的双重影响下逐渐频繁。20 世纪 80 年代中期,我国专家、学者在研究恢复我国图们江通海航行权力的过程中,引发并首先提出了图们江地区国际经济合作的设想,受到我国政府的重视和国际社会的广泛关注。1991 年 10 月,联合国开发计划署公布了由其协调的开发图们江三角洲计划,提出用 20 年时间,筹资 300 亿美元,在中、朝、俄三国毗邻的 1 万公里的三角洲地区,兴建一个多国经济技术合作开发区,使其成为世界上第二个鹿特丹或者第二个香港。为落实联合国开发计划署的开发计划,1992 年 3 月 9 日,国务院发出关于进一步对外开放黑龙江省黑河市、绥芬河市、吉林省珲春市和内蒙古自治区满洲里市四个边境城市的通知,通知提出"可在本市范围内划出一定区域,兴办边境经济合作区,以吸引内地企业投资为主,举办对独联体国家出口的加工企业和相应的第三产业。"根据这个通知,吉林省珲春市建立边境合作区的选址论证工作启动。1992 年 9 月 14 日,国务院正式批准设立珲春边境经济合作区。

我国选择在珲春市建立第一个边境经济合作区是基于这一地区有其自身的比较优势。首先,珲春市是我国新兴的边境口岸城市,具有得天独厚的区位优势,它地处中、俄、朝三国交界,是我国通向东北亚的窗口,这里中、朝、俄、韩、日五国水路相通,是中国从水路到达韩国东海岸、日本西海岸乃至北美、北欧的最近点,是东北亚经济圈的几何中心,被誉为鸡鸣闻三国,犬吠惊三疆的"金三角"。此外,珲春周边分布着俄罗斯的波谢特、扎鲁比诺、海参崴和朝鲜的罗津、清津等众多的天然不冻港,使其成为东北亚国际海陆联运的最佳结合点。独特的区位优势,重要的战略地位,使珲春这一城市具有建立边境经济合作区的巨大潜力和发展前景。其次,珲春市自然资源非常丰富。境内有珲春、春化、敬信等几个沉煤盆地,煤炭已探明储量7.78亿吨,远景储量12亿吨以上,是吉林省最大的煤田。全市森林覆盖率为76.5%,活立木总蓄积量为5128万立方米。全市境内共有大小河流52条,水资源总量20.58亿立方米,人均占有水量12770立方米。全市土特产资源1000多种,盛产人参、鹿茸、蜂蜜、哈什蚂等名贵滋补药材和松茸、木耳等土特产品。最后,珲春与周边国家边境地区在经济上具有互补性。珲春市的资源丰富,毗邻的俄罗斯和朝鲜也蕴藏着巨大的林木、矿产、水产等天然资源,边境城市在资源结构、产业结构、产品结构及市场需求结构等方面都存在着互补性、互换性,相互之间可以利用各自的比较优势,开展互补互惠性经济合作,促进毗邻国家和地区经济的共同发展。

(二) 边境经济合作区对珲春城市发展的作用

经过近20年的开发建设,珲春边境经济合作区成果显著,目前已成为珲春市经济、社会发展的一个重要增长极和带动区域经济发展的强力引擎。

1. 城市经济持续快速增长。合作区经济保持快速发展,特别是"十一五"规划实施三年来,全区经济实现了高速增长。2008年合作区实现地区生产总值20.1亿元、工业总产值44.3亿元、财政收入1.55亿元,分别是2005年的4.8倍、4.7倍、3.7倍,三年平均增速分别是68.5%、67.7%和54.5%,提前两年超额完成"十一五"规划的主要经济指标。2009年预计全年全区完成地区生产总值27.95亿元,同比增长38.9%;工业总产值62.5亿元,同比增长41.2%;实现财政收入17260万元,同比增长11.1%;完成固定资产投资30亿元,同比增长35.8%;进出口总额4亿美元,同比增长33.3%。截至2009年底,合作区内注册企业262户,已有来自日本、韩国、俄罗斯、美国、香港等11个国家和地区的50户外资企业在此汇聚,成功引进了世界500强企业紫金矿业集团公司、韩国特来株式会社、日本小岛衣料株式会社、中国宝力通信公司等一批国内外知名企业,全区工业总产值已占市属工业总产值的86%,边境经济合作区的发展带动了珲春市经济的腾飞。2009年,珲春市预计全年地区生产总值实现63亿元,同比增长20%;全口径工业总产值实现110亿元,同比增长25.9%;各口岸进出口货物30万吨,出入境人员35万人次;接待国内外游客38万人次,实现旅游收入2.4亿元,同比分别增长31%和20%。全市2009年实施3000万元以上项目75个，预计完成固定资产投资77亿元，同比增长45.2%。①

2. 城市基础设施逐渐完善。珲春边境经济合作区设立以来，合作区累计投入资金32亿元进行基础设施建设。5平方公里区域内基础设施建设基本完成，目前已形成了"四纵四横"的主干道交通网络。兴建了标准工业厂房、海关监管中心、保税仓库、边贸市场、污水处理厂、邮电通信、电力工程等配套设施，可以满足入区项目的需要。2009年，《珲春边境经济合作区规划》获得吉林省政府批复，投入园区基础设施建设资金6500万元，合作区内在建项目33个，极大地促进了珲春市基础设施的日趋完善。

3. 城市互市贸易蓬勃发展。珲春中俄互市贸易区占地面积9.6公顷，2001年12月试运营，2005年6月正式运营。截至2009年底，累计进出互贸区的俄罗斯边民达22万多人次，实现互市交易额27亿元。近几年，互市贸易上升势头十分明显。2009年，互市贸易区实现俄罗斯边民入区6.1万人次，互市贸易额12亿元，同比增长29.2%；出口加工区实现进出口加工总额1.3亿美元，同比增长18%。珲春中俄互市贸易区运行以来，吸引了大批中俄边民入区交易，已经成为俄罗斯海产品向我国内地输入的集散地和国内轻工商品对俄输出的重要窗口。

（于梦）

参考文献

［1］张丽君：《毗邻中外边境城市功能互动研究》，中国经济出版社2006年版。

［2］李澜、张丽君、王燕祥：《中外边境城市功能互动的可持续发展系统构想》，《广西社会科学》2004年第3期。

［3］白光润：《中国边境城市》，商务印书馆2000年版。

［4］张丽君、李澜：《西部大开发背景下的西部边境城市发展》，《广西大学学报》2002年第4期。

［5］王燕祥、张丽君：《西部边境城市发展模式研究》，东北财经大学出版社2002年版。

［6］李铁立：《边界效应与跨边界次区域经济合作研究》，中国金融出

---

① 中国延边朝鲜族自治州政务信息网：《珲春市政府工作报告》［EB/OL］. http：//www.yanbian. gov. cn/yanbian/board. php? board = gongzuobaogao&act = view&no = 37，2010 - 2 - 20。

版社2005年版。

[7] 王燕祥、张丽君:《中外边境毗邻城市的功能互动与少数民族地区经济发展》,《黑龙江民族丛刊》2005年第1期。

[8] 常绍荣、刘景林:《边境贸易与边境城市发展》,《学术交流》1990年第5期。

[9] 刘秀玲:《边境经贸与民族地区生态环境发展论》,民族出版社2006年版。

[10] 于国政:《中国边境贸易地理》,中国商务出版社2005年版。

第三篇　中国城市发展中的热点问题

改革开放以来，中国的城市急速成长，伴随着各级各类城市翻天覆地的变化，相关问题也日益严峻。例如，人们一味地追求城市经济利益，造成城市环保问题日益凸显，城市面临生态危机；与城市快速发展的巨大成就相悖，城市贫困问题日益复杂；城市化的速度不断提升，但城市核心竞争力缺乏……这些都严重地阻碍着中国城市的可持续发展，由此也构成了中国城市经济研究的热点议题。

人类的经济发展与社会进步凝聚于城市，而城市的发展又给人类的发展和进步以更加广阔的空间。城市发展既需要我们在实践上不断探索，也需要我们在理论上不断提升。只有努力解决一个又一个城市发展中所带来的问题，才能最终迎来城市更新、更美好的发展。

第十四章 中国城市贫困问题

贫困是全世界各个国家都存在的现象,但各国产生贫困的原因和贫困的特征各不相同。中国与西方发达国家不同,改革开放前,政府采取一系列与计划经济体制相适应的政策与措施,城市居民的收入水平高于农村居民的收入水平,城市贫困几乎不被人关注。"根据估算,城市贫困发生率只占城市人口的不足1%,以后大体上一直保持在这个水平。"[①] 因此,改革前,城市贫困不是社会关注的问题。而进入转型期后,随着经济体制改革的深化,社会保障制度随之改革,社会转型加快,社会阶层结构发生巨大变化。随后而来的国有企业改革、经济结构调整,使许多企业在市场经济竞争中被淘汰,造成大批下岗失业人员的生活陷入困境。同时,一些城乡分割制度的松动和城市化进程的加快,大批农村人口流向城市,这些城市流动人口[②]由于受制度上的制约正构成目前中国城市贫困的新主体,新旧贫困人口交织一体,构成中国城市贫困问题的新特征。

一、案例导入:数字解读城市农民工的艰难

中国的城市贫困问题因城市流动人口的贫困而产生,目前最为突出的是农民工贫困问题,国家统计局农村司《2009年农民工监测调查报告》[③] 中的数据以最直观的方式反映了城市农民工的贫困问题。

(一) 务工农民的数量较2008年有所增加

该调查根据对全国31个省(区、市)6.8万个农村住户和7100多个行政村的农民工监测调查结果推算,2009年度全国农民工总量为22978万人,

---

① 世界银行:《中国90年代的扶贫战略》,中国财经出版社1993年版,第11页。
② 城市流动人口,定义为那些户口在其居住地之外的另一个县或城市的人口。参见世界银行:《从贫困地区到贫困人群:中国扶贫议程的演进——中国贫困和不平等问题评估》,北京:世界银行驻中国代表处,2009年,第166页。
③ 国家统计局农村司:《2009年农民工监测调查报告》[EB/OL]. 国家统计局网站. http://www.stats.gov.cn/tjfx/fxbg/t20100319_402628281.htm,2010-5-1。

其中外出农民工①33万人，与上年相比，农民工总量增加436万人，增长1.9%。

(二) 青年农民普遍文化低，多去东部地区务工

务工的农民多流向东部，占务工农民总量的43.6%，在东部务工农民中，外来务工的农民占31.9%。全国农民工中已婚男青年居多，男性外出农民工占65.1%，已婚的外出农民工占56%。由于文化水平不高：在文盲半文盲农民工中接受过技能培训的占26.3%，小学文化程度的农民工接受过技能培训的占35.5%，初中文化程度的农民工接受过培训的占48%，高中和中专以上文化程度的农民工接受过技能培训的比例分别为54.8%和62.5%。从事的行业集中于制造业（占39.1%）、建筑业（占17.3%）和服务业（占11.8%）。

(三) 九成农民工劳动时间超出劳动法规定

2009年度全国外出农民工达1.45亿人，月平均工资1417元。值得注意的是，89.8%的农民工每周工作时间超出劳动法规定的44小时。调查结果显示，以受雇形式从业的外出农民工平均每个月工作26天，每周工作58.4小时。从农民工集中的几个主要行业看，制造业农民工平均每周工作时间58.2小时，建筑业为59.4小时，服务业为58.5小时，批发零售业为59.6小时，住宿餐饮业为61.3小时。

(四) 农民工收入增长幅度小

调查数据显示，外出农民工收入增加幅度小。2009年，外出农民工月平均收入为1417元，比上年增加77元，增长5.7%。外出农民工月均收入在600元以下的占2.1%；600—800元的占5.2%；800—1200元的占31.5%；1200—1600元的占33.9%；1600—2400元的占19.7%，2400元以上的农民工占7.6%。

---

① 中国保税区出口加工区协会：《中国保税区出口加工区年鉴2008》，中国财政经济出版社2008年版，第233页。

（五）农民工居住条件差

国家统计局农村司《2009年农民工监测调查报告》显示，农民工在工地或工棚居住、在生产经营场所居住、与人合租住房、独立租赁住房的占55.2%。2010年4月18日，北京日报一篇题为《"柜族"农民工是社会和谐之痛》称，在福州市新楼盘尚未动工的荒地上，60多名农民工挤住在13个铁皮集装箱里。他们因此有了一个让人心酸的名字："柜族"。这些铁皮集装箱住的是在附近楼盘工地打桩的农民工，集装箱由老板免费提供，大多是6人住一个，最小的集装箱仅有8平方米。①

仅从数字上看，农民工的收入较过去几年虽有所提高，但若将其收入水平与就业城市平均收入水平横向比较，农民工的收入水平与工作地的消费水平相比较，他们的生活状况不容乐观。《2009年江苏省农民工状况调查》②显示，农民工的收入较低，其平均工资只有1213元，从事的大多是脏活、累活、险活。在社保方面，农民工参加城镇基本医疗保险的占28.5%，参加基本养老保险的只有36%至40%左右，而这样低的水平在全国已经算是领先。但他们还要把工资中至少1/3拿来租房，很多农民工并不愿意，在没有工作的情况下，更不可能租房，这就导致了相当一部分民工露宿街头。

由此可见，城市贫困问题不再单是旧贫困问题（即"三无"问题，下文将解释），现阶段中国的城市贫困问题更复杂，反贫任务更艰巨。

二、城市贫困的界定

英国学者汤森认为："所有居民中那些缺乏获得各种食物、参加社会活动和最起码的生活和社交条件的资源的个人、家庭和群体就是所谓贫困的。"③ 萨缪尔森认为，"贫困是一个非常难以捉摸的概念"，"贫困一词对不同的人意味着不同的事情"④。"贫困是作为某一特定社会中特定家庭的特

---

① 涂洪长：《"柜族"农民工是社会和谐之痛》，《北京日报》，2010-04-18。
② 刘海涛：《江苏省农民工状况调查：民工居住条件令人担忧》[EB/OL]．中国工人研究网．http://zggr.cn/? action-viewnews-itemid-3346，2010-5-3。
③ 转载自王军、叶万普：《贫困研究范式的国际转换》，载《山东社会科学》2004年第11期，第70页。
④ 萨缪尔森著：《经济学》（第14版）上册，北京经济学院出版社1996年版，第658页。

征的一个复杂的社会经济状态。"① "现在仍然存在的绝大部分贫穷是大量的经济不平衡之结果。"② 阿玛迪亚·森把贫困定义为人们可行能力的剥夺，"贫困不仅仅是相对比别人穷，而且还给予得不到某些基本物质福利的机会，即不拥有某些最低限度的能力……贫困最终不是收入问题，而是一个无法获得某些最低限度需要的能力问题。"③ 贫困真正的含义是人们不能够享有和获得正常生活的能力和机会，是"基本的可行能力的剥夺，而不是收入低下"。④ 世界银行在《1990年世界发展报告》中对贫困的定义是："贫困是指达到最低生活水准的能力，即通常所说的绝对贫困。"⑤ 联合国开发计划署在《人类发展报告（1997）》中对贫困下的定义是："贫困是指人们在寿命、健康、居住、知识、参与个人安全和环境等方面的基本条件得不到满足，即人文贫困。"

国内学者对贫困的理解具有代表性的有：童星、林刚⑥认为贫困是经济、社会、文化落后的总称，是由低收入造成的基本物质、基本服务相对缺乏或绝对缺乏以及缺少发展机会和手段的一种状况，绝对贫困包括生存贫困（特困）与生活贫困。赵东缓、兰徐民（1994）认为是人们在长时期内无法获得足够的劳动收入，不能维持一种生理上要求的、社会文化可接受的、社会公认的基本生活水准的状态。康晓光⑦认为，"贫困是人的一种生存状态，在这种生存状态中，人由于不能合法获得基本物质生活条件和参与基本的社会活动的机会，以至于不能维持一种个人生理和社会文化可以接受的生活水准。"

城市贫困仅是将贫困的概念具体化于城市，可将其范围缩小到城市贫困人口，就中国的城市贫困来说，不同阶段具有不同特征：一是无法定供养者、无生活来源、无劳动能力的"三无"人员（1978年以前）；二是下岗、失业人员（1978年以来）；三是流动贫困人口或者称农民工贫困人口的规模日益扩大，群体性、敏感性增强（20世纪90年代以来）。

---

① 西奥多·W·舒尔茨：《论人力资本投资》，北京经济出版社1990年版，第65页。
② 西奥多·W·舒尔茨：《经济增长与农业》，北京经济出版社1991年版，第65页。
③ 转引自刘晓昀、李小云、叶敬忠：《性别歧视下的贫困》，载《农业经济问题》（月刊）2004年第10期，第15页。
④ 阿玛迪亚·森：《以自由看待发展》，中国人民大学出版社2002年版，第15页。
⑤ 世界银行：《1990年世界发展报告》，中国财政经济出版社1990年版，第26页。
⑥ 转引自包晓霞：《贫困研究综述》，载《开发研究》1994年第4期，第41页。
⑦ 转载自丁谦：《关于贫困的界定》，载《开发研究》2003年第6期，第63页。

三、贫困人口的测度

测度贫困人口的方法目前常用的是"贫困线"测度法,大多数研究都根据贫困线标准将贫困分为绝对贫困和相对贫困。从有关贫困的研究文献看,绝大部分研究依然基于绝对贫困。测度绝对贫困主要是基于维持基本生存上,主要有三种方法:

标准预算法:朗特里最早使用此法,后来阿尔柯克完善为标准预算法,从满足贫困人口基本生活的必需品的种类和数量出发,折算成市场价格,该金额就是贫困线。

恩格尔定律法:由德国学者恩格尔提出,用人们的食品消费开支占总收入之比来计算消费水平。联合国提出的划分标准为,恩格尔系数在60%以上者为绝对贫困,50%—59%者为温饱,40%—50%为小康,30%—40%为富裕,30%以下者为最富裕。

世界银行标准:以一天一美元的贫困线为基础,1993年购买力平价换算的一天1.08美元,是发展中国家或农村地区可接受的最低生活标准,或一天2美元的贫困线通常用来代表中等收入国家的贫困线。

随着经济的发展,人们生活水平的提高,对于贫困的研究也随之发生变化,近年来,学者们开始研究相对贫困。相对贫困线是建立在贫困人口的生活水平与其他较不贫困的社会成员的生活水平相比较的基础上,主要有两种测度方法:

国际贫困线法:是以家庭月均收入的某个比例作为地区的贫困线,公援金额标准可以根据社会总体收入水平的增加而增加。世界银行把收入等于(或少于)平均收入的1/3的社会成员视为相对贫困;经合组织成员国把低于平均水平50%的家庭列为相对贫困。

收入等份定义法:把国民收入分成几个(5个或10个)等份,辅以基尼系数进行差异比较,从而确定总人口的百分之几为贫困人口,再根据这个百分比,利用家庭收入调查资料,求出贫困标准。中国国家统计局公布,10%为最高收入户、10%为次高收入户、60%为中等收入户、10%为次低收入户、10%为最低收入户。最低收入户就是"相对贫困户",最低收入5%的为绝对贫困户。

国内学术界根据不同的划分标准,将贫困类型划分为:(1)绝对贫困和相对贫困；（2）按贫困的成因划分为制度性贫困、区域性贫困、阶层性贫困（康晓光，1995）；（3）从收入与消费两面，综合衡量贫困标准后划分为持久性贫困、暂时性贫困、选择性贫困（李实，2002）。

四、中国城市贫困现状

由于目前对城市贫困的定义尚未统一，各方统计的数据各不同，鉴于统计数据上的此种特征，可以借鉴民政部有关低保人口的统计数据。城市低保对象即为持有非农业户口的城市居民，凡共同生活的家庭成员人均收入低于当地城市居民最低生活保障标准的，均为城市低保对象。分为两类：无生活来源、无劳动能力又无法定赡养人或扶养人的城市居民，按照当地城市居民最低生活保障标准全额享受；有一定收入的城市居民，按照家庭人均收入低于当地城市居民最低生活保障标准的差额享受，即为补差。[1] 根据此定义，低保的对象未能完全覆盖贫困人口。从这种意义上说，尽管有关城市贫困的统计被低估了，但它仍能在一定程度上反映出城市贫困呈现的特征，理论研究中也常用低保数据。

目前中国城市贫困现象和贫困人口的现状主要表现为四个方面：（1）城市贫困人口规模扩大，失业人员未能摆脱贫困，沦为贫困人口的新增失业人口不断增加；（2）城市流动人口贫困现象加剧了城市贫困化，形成了城市流动贫困群体；（3）城市贫困人口的收入低、消费水平低、参与社会事务的能力低。（4）现阶段贫富差距过大，并在分配机制上存在着一定程度的扭曲现象，城市中的贫困问题已成为影响社会安定的一大主要问题。

（一）城市贫困人口的构成

2009年底，全国共有1141.1万户、2345.6万城市低保对象。全年各级财政共支出低保资金482.1亿元，比上年增长22.5%。得到最低生活保障的人员中：在职人员79.0万人，占总人数的3.4%；灵活就业人员432.2万人，占总人数的18.4%；老年人333.5万人，占总人数的14.2%；登记失业人员510.2万人，占总人数的21.8%；未登记失业人员410.9万人，占总

---

[1] 叶兴庆、张顺喜：《中国城乡最低生活保障制度的演变过程和现状》[EB/OL]．中国城市返贫网，http：//www.dibao.org/content.aspx? lid = 1453&type = yj03，2010 - 9 - 7。

人数的17.5%；在校生369.1万人，占总人数的15.7%；其他未成年人210.7万人，占总人数的9.0%。

目前我国城市贫困人口主要由六部分人构成：一是下岗失业人员，这是贫困人口最集中的一类群体，2008年登记和未登记的失业人口占了总贫困人口的39.3%。二是低收入群体，主要包括一些经济效益差的企业的在职员工和灵活就业人员，二者占了总人数的21.8%。所谓灵活就业人员，除了少量的自由职业者之外，主要是下岗失业人员再就业和进城务工的农民工。三是老弱病残和"三无"人员，其中老年人的比重较高。四是在校生和其他未成年人，二者共占了总人数的24.7%，但这部分人员主要是前面三类人员的抚养对象。五是进城务工的贫困农民工。六是在城市化进程中因土地被征用，失去生活来源的贫困失地农民。对第五类和第六类人群目前还缺乏准确的统计数字，也并未纳入城市低保对象范围。

洪大用认为，如果考虑由于测算方式和申请较严格以及有些人不愿意申报等原因，目前我国城市中的贫困者应该有3000万人左右。城市贫困人口已约占城市人口的6%—8%，城市的贫困率已经高于农村。改革之前，中国的绝对贫困人口大概占全国人口的1/4，到2003年绝对贫困人口只占到1/40，农村贫困人口大量减少，城市贫困人口却迅速增加（郭信，2006）。总体来看，当前我国城市贫困人口中，有劳动能力的占了绝大多数。

（二）城市贫困人口的规模

由于迄今为止对城市贫困尚未形成规范的定义，各部门使用的标准不同，对贫困人口的估算也不同，各方的观点各异。

朱庆芳在《1999年社会蓝皮书》中提出，中国的城市贫困人口应该在3100万人以上。在2000年5月召开的《城市贫困与相关政策理论研讨会》上，朱庆芳根据国家统计局1999年8月对15万户城市居民的抽样调查数据来佐证她的观点，调查显示，20%低收入户的人均收入只有124元，6%最贫困的人口人均收入只有90多元。按城镇人口3亿多计算，20%的低收入户应该是6000多万，6%的最贫困人口应该是2000多万。

中国社会科学院社会政策研究中心的唐钧在《1998年社会蓝皮书》中提出，中国城市贫困人口在1500万—1800万人之间，1999年中华全国总工会对家庭人均收入水平低于当地标准的企业职工（含退休）进行调查统计，得到的数据是420万户，1500万人，2000年8月，民政部的调查数据也与上述数据相近。

根据民政部统计的数字,到 2002 年 10 月,全国城市"低保对象"为 1980 万人,2005 年底为 2232.8 万人,2009 年底为 2345.6 万人,但是,由于测算方式和申请较严格以及有些人不愿意申报等原因,"低保对象"并没有涵盖所有的城市贫困人口。尽管如此,民政部的统计数据目前仍然具有参考价值(见图 14.1)。

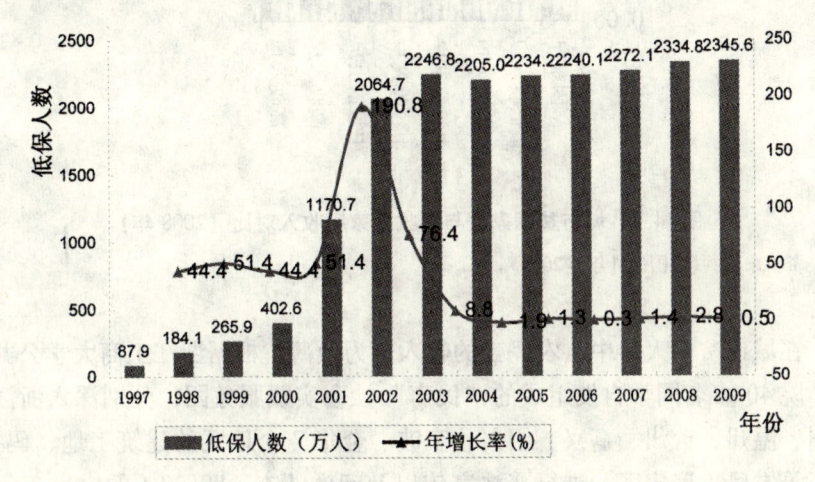

图 14.1 历年城市低保人数

资料来源:中华人民共和国民政部网站:http://cws.mca.gov.cn。

从数据中可以看出,虽然各方观点不一,但大家都认同的一点就是,目前中国城市贫困人口的规模已相当大,稳定在一定范围内且有上升的趋势。

(三) 城市贫困人口的生存状态

1. 收入状况

从 2008 年全国城市贫困家庭的收入看,远远低于高收入家庭的收入(见图 14.2),最高收入户人均收入 47422.40 元,高收入户人均收入 28518.85 元,低收入户人均收入 7916.53 元,最低收入户人均收入 4187.20 元,困难户人均收入 5203.83 元。

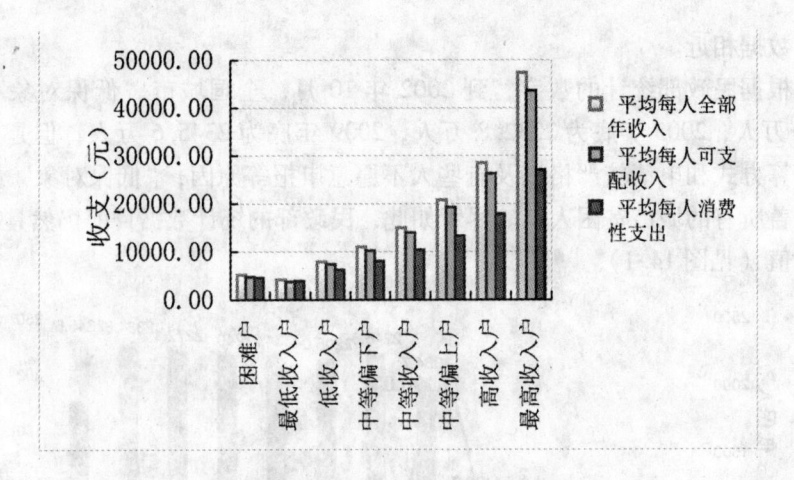

图 14.2　城市贫困家庭与高收入家庭收入对比（2008 年）

资料来源：《中国统计年鉴2009》。

在城市贫困人口中，农民工的收入更为微薄。根据浙江工商大学公共管理学院40多名同学自发组成的"民声"社会实践服务团，分别深入浙江省杭州、温州、台州、嘉兴、绍兴、宁波、金华7个地区的建筑工地、码头、工厂等农民工聚集区，进行普法宣传以及问卷调查，88.30%的农民工每个月的收入，仅解决自己的温饱问题。农民工月均收入主要在600—1000元间，其中600—800元的占29.08%，800—1000元的有27.23%。少部分农民工由于出卖的是廉价的劳动力，因此月平均收入更低，其中3.12%的农民工月收入不足400元，13.48%的农民工月收入在400—600元间，剩下的农民工收入较为可观，15.46%的农民工有1000—1200元月收入，11.63%的农民工的月收入达到了1200元以上。在打工的收入中，有11.89%的农民工的收入是家庭的全部总收入，除了他们在外打工所赚的钱外，家庭基本没有其他的经济来源。29.66%的农民工所赚的收入占家庭总收入的大部分，31.66%的农民工的收入为家庭总收入的一半，只有26.79%的农民工赚的钱是家庭收入的小部分。①

2. 消费状况

从全国看，2008年最低收入家庭的人均消费支出3862.72元，困难户

---

① 张戈：《农民工生存调查》，载《浙江人大》2005年第1期，第48页。

人均消费支出4532.88元，低收入户人均消费支出6195.32元，高收入户人均消费支出17888.18元，最高收入户人均消费支出26982.13元，困难户人均消费是高收入户的25.34%，仅占最高收入户人均消费水平的17.8%。

根据浙江工商大学公共管理学院40多名同学对农民生存状况的调查，农民工每个月省吃俭用，月支出在200元以下；42.29%的农民工每月的消费支出200—400元，有26.87%的农民工月支出400—600元，还有7.96%的农民工每个月要用600元以上。可见，半数的农民工的消费支出还不如全国城市最低收入户人均消费水平。据调查，农民工的支出主要是用在"吃、穿、住、用"方面，88.30%的农民工首先是解决自己的温饱问题；购买生活用品也是农民工支出的主要方面，有66.71%；41.78%的农民工会选择将钱消费在购买衣服上；43.18%的农民工主要把钱用在了交房租上；休闲娱乐是思想新潮的年轻打工一族支出的又一个主要方面，占了26.04%；12.95%的农民工由于身体的原因，看病是其生活花费的主要方面。[①]

3. 贫困率状况

根据2005年中国城市劳动力调查数据显示，城市贫困人口中城市居民（即拥有城市户口的居民）贫困发生率高于城市流动人口（见表14.1），然而根据城市调查队对5个大城市劳动力调查情况显示，城市居民的劳动参与率却低于城市流动人口（见表14.2）。

表14.1 城市流动人口与城市居民的贫困发生率比较　　　　单位:%

城市类别	人口类别	按收入计算的贫困线（按世界银行贫困线标准的2倍计算）		
		每日1美元	每日2美元	每日3美元
5个大城市	城市居民	1.4	3.8	9.8
	流动人口	1.4	3.3	9.6
5个小城市	城市居民	2.8	7.6	14.6
	流动人口	5.3	6.6	10.5

资料来源：世界银行、东亚及太平洋地区扶贫与经济管理局：《从贫困地区到贫困人群：中国扶贫议程的演进　中国贫困和不平等问题评估报告》，北京：世界银行驻中国代表处，2009年，第209页。

---

① 张戈：《农民工生存调查》，载《浙江人大》2005年第1期，第49页。

表14.2 城市流动人口贫困率相对较低的解释因素

	本地居民	流动人口
劳动参与率（%）	56	89
失业率（%）	8.5	1.6
小时工资（元）	7.74	3.83
每月工作小时数	198	304
人均收入均值	12369	9685
人均收入中位数	10140	7721

资料来源：世界银行、东亚及太平洋地区扶贫与经济管理局：《从贫困地区到贫困人群：中国扶贫议程的演进 中国贫困和不平等问题评估报告》，北京：世界银行驻中国代表处，2009年，第209页。

综上所述，城市贫困人口的收入水平和消费水平远远低于城市高收入者，其中城市农民工处在绝对贫困的泥潭。

五、城市贫困产生的原因

产生贫困的因素是综合的、历史的，对产生贫困的多种因素进行分类，总结起来大致有以下几个方面：

（一）历史原因

由于在我国长期实行"高就业，低工资"的基本国策，造就了国穷民亦穷的局面（郭信，2006）。在城市中有一部分人由于历史原因而导致目前就业、收入和实际生活困难。部分返城知青当初回城时没有得到恰当的就业安置，因而在年龄大了以后遇到了就业和社会保障方面的问题。还有一部分早年退休、退职和精简的老职工，由于当年所确定的退休、退职金待遇很低，因而导致相当一部分人生活困难（关信平，2003）。

（二）经济结构转型原因

中国的经济体制改革在短期内给部分人带来了伤痛，导致一部分工人失业。产业结构的调整，无论是资本密集型还是知识密集型产业都导致一部分工人失业（邓新华、袁伦渠，2007）（李强，2005），产生下岗型失业和破产型失业（邓新华、袁伦渠，2007），尤其是国有企业改革和调整导致失业率大幅上升（关信平，2002）。下岗失业的工人由于失去工作而只能领取较低的生活补贴或是失业保险金，也就是说他们因下岗失去劳动收入而陷入贫困。国有企业调整，经济体制变迁导致一部分人失业，随之产生的问题是不仅仅因失业而贫困，往往会因家庭经济收入"短腿"或家属的就业或再就业面临困难而陷入家庭贫困。

另外，城乡二元经济结构使得工业与农业经济增长方式的转变产生了一个恶性循环的怪圈：农村大量劳动力剩余，使农民就业不足，收入水平低，购买力低下，进而导致工业品积压、工人失业，致使农民就业更加不足、收入更低（邓新华、袁伦渠，2007）。

（三）城乡二元体制原因

中国具有典型的城乡二元经济结构特征，不仅体现在经济结构层面，还体现在制度层面。目前学术界公认的是以城乡二元户籍制为象征，实质以一系列城乡差别的制度为内核的各种制度是造成农村贫困的主要原因，这也因此成为学者们近年来研究的重点领域。

对于城市居民来说，是社会保障体制不健全（高云虹，2009）。首先，失业保险制度落实不到位，一方面是登记失业者得不到失业救济；另一方面是同时领取失业救济和下岗补偿金，或者一边从事有收入的工作一边领取失业救济金的现象。其次，医疗保险不能适应劳动力市场的变化。在我国现行的城市最低保障制度的保障标准中，尚未包括救助对象的基本医疗需求，低保对象中除了那部分城镇在职职工以及离退休人员享有城镇职工的基本医疗保险之外，其余绝大多数人员既享受不到基本的医疗保障，也没有能力去购买那些商业性的医疗保险。再次，养老保险体系的功能降低。出现个人账户仅是名义上的，实际支取的是职工多年来的积累资金。最后，城市最低生活保障制度对城市贫困人口的救助并不充分，未实现"应保尽保"，也未考虑贫困人口的医疗保障和子女的教育问题。

对于城市流动人口来说，制度更是被公认的导致农民工或者说非城市人口沦为贫困的关键因素。根据零点研究咨询集团的调研数据[①]，12.8%的城镇居民表示在就业时遇到过就业歧视；对于"就业歧视"，公众反对的主要

[①] 王瑾：《给"就业歧视"一个理性的边界》. [EB/OL]. http://www.horizonkey.com/showart.asp? art_id=727&cat_id=6，2009-11-27。

是将一些与生俱来的、自己无法改变的"先赋条件"设定为招聘门槛，其中学历歧视是后天的，相貌、户籍是先赋条件，这种歧视潜规则将城市流动人口分割在劳动力市场的另一端。

高云虹认为户籍制度是产生城市农民工贫困的首要原因。农民工在城市遇到身份和职业的双重尴尬境遇。基础设施建设、教育、医疗保障、劳动就业以及住宅建设都被排斥在城市公共财政预算之外，使得农民工既不同于城市普通居民，也不同于城市贫困人口。就业制度、社会保障制度以及其他福利政策都成为农民工贫困的主要原因。一方面，作为身份证明的户籍制度限制着农民工身份转换；另一方面，也由此引发了他们的社会保障、自身及子女的教育、住房等一系列问题（高云虹，2009）。

李玉峰同样认为户籍制度是重要原因。他认为城市偏向政策使得农民工无法与城市居民一样享受到同等待遇，出现同工不同酬、同工不同时、同工不同权的现象。城市职工原则上都能享受到"五险"，城市贫困人口最起码也可以享受城市最低生活保障这道安全网，但是农民工都被排除在外。并且对弱势群体的歧视和排斥逐渐形成贫困文化，这种文化将会使贫困呈现螺旋式上升（李玉峰，2005）。

在城市地区，非本地居民的子女通常不能进入本地学校，或者需要交额外的费用。在一些城市，兴办了如农民工子弟学校类似的属于流动人口自己的学校，由于学校运行所需经费较大，学校设施简陋，教学条件、办学质量较差。如果到本地兴办的学校就读需要交纳高昂的教育费用。根据2001年—2005年间中国城市劳动力调查组对有城市户口和没有城市户口的家庭供子女上学所需费用的调查数据显示，流动人口如果拥有本地户口，子女学费平均会降低35%。

2005年中国城市劳动力调查数据显示，城市劳动力参加养老保险、医疗保险和失业保险的比重分别为8.3%、6.8%、4.4%，失业保险更低。然而，城市流动人口往往因此而无法享受到失业保障的保护。

（四）收入分配差距原因

我国城乡收入差距、城市中贫富差距、农村贫富差距逐渐拉大，收入差距拉大不利于缓解贫困问题。联合国开发计划署（UNDP）2005年的《人类发展报告》认为，中国当时的基尼系数为0.45，占总人口20%的最贫困人口占收入和消费的份额只有41.7%，而占人口20%的最富裕人口占收入和消费的份额高达50%，中国社会的贫富差距已经突破了合理的限度，且贫富差距在继续拉大。它更形象地表述："如果贵州是一个国家，那么它的人类发展指数仅刚超过非洲的纳米比亚，但是如果把上海比作一个国家，其人类发展指数则与发达国家葡萄牙相当。"

2008年2月份的一期《瞭望》周刊载文指出中国的基尼系数高于所有发达国家和大多数发展中国家，也高于中国的历史高点。中国居民收入差距已超过合理限度。文章指出，中国的行业收入差距越来越突出。按行业大类计算，2005年最高行业与最低行业的职工平均工资水平之比为4.88：1，认为中国实际的收入差距比0.47的基尼系数指标还要更高。城镇居民基尼系数由1978年的0.16上升到2003年的0.529，已经超过国际警戒线0.4的标准。

（五）贫困家庭及个人原因

贫困者一般文化程度较低，劳动技能欠缺，在激烈的市场竞争中往往处于劣势，很难找到合适的工作，即使找到也是收入偏低，仍不能摆脱家庭贫困。通常情况下，户主的教育水平与总体贫困发生率高度相关，户主没有文化的家庭不仅陷入持久性贫困的可能性较高，而且陷入选择性贫困的可能性亦较高，户主是非熟练或非技术工人，其家庭成员陷入持久性贫困或选择性贫困的可能性也较高（李实，2002）。此外，在现有贫困人员中，不少人已长期习惯于计划经济体制下的劳动状况，宽松的劳动强度，以及松懈的劳动纪律，促使一部分人养成懒散的习惯，面对残酷的市场竞争观念不能得到较快调整，不能适应新的变化。由于有着害怕竞争和留恋过去的心理，既不主动去寻找工作，对外界的帮助又往往消极对待，所以就业非常困难，家庭生活因此而无正常的收入来源，导致这些贫困人员往往不能自力更生脱离贫困（郭信，2006）。除此之外，离异家庭、丧偶家庭、残疾家庭以及因病致贫、返贫也是城市贫困的重要因素。

（六）参与能力不足的原因

新时期产生城市贫困的又一原因是参与能力不足，尤其是城市流动人口中的城市农民工。面临双重身份的尴尬，不能享受到同城市居民一样的待遇，并且在制定有关政策时，城市农民工和其他流动人口往往会因为非城市户籍人口而没有参与政策制定的能力和权力，结果是他们的心声没有得到倾听。同时，自上而下的制定过程导致政策偏离或者未能全面体现这部分人口的利益，最终只能被排斥在诸多公共服务门外。

五、城市贫困的影响

（一）对城市化进程的影响

樊纲在答记者关于城市化进程与公共政策研究中指出，城市化的本质是把原来不属于城市的东西"化"过来，是农业劳动力转变为工业服务业的过程，是土地用途转移的过程，更是农民变成市民的过程。简单地说，城市化就是农民进城的过程（孙明泉，2009）。当前的状况要农民进城实现"市民化"在某种程度上讲有很大难度。农民进城务工他们并未实现身份的转换，仅是"打工仔"、"打工妹"、"农民工"，是城市弱势群体的重要组成部分，在养老、医疗、教育、就业等许多方面都没有保障。这种生活上的绝对贫困和参与能力上的相对贫困推动的城市化实质是"穷人的城市化"进程，对于城市的长期发展提出了严峻的挑战。

同时，城市贫困人口由于收入低，生活水平长期得不到改善，从而严重影响了他们的身心健康，大大降低了劳动效率，结果导致生产停滞不前，经济增长缓慢，使贫困者更趋贫困。尤为严重的是，城市贫困阶层由于从"当家做主"的认识出发，会因自己的贫困境地而产生不满情绪，从而使劳动的积极性和创造性受到抑制。

（二）对城市管理的影响

首先，由经济贫困导致的权利贫困会扭曲人们的心理。经济上的贫困会造成贫困群体的社会权利贫困，即物质生活上的贫困状况会影响贫困群体参与修订社会制度和规则的动力和能力，并进一步弱化其在制定有利于改善其经济状况、社会地位等政策上的话语权。贫困群体会认同尊严、自尊的损害甚至认同"贫困文化"，其影响便是对城市政策改革极度质疑甚至排斥，不利于城市的管理。

这种扭曲的心理还会产生一些社会问题，影响城市稳定发展。贫富差距悬殊太大，使他们对生活失去信心。城市流动人口未能同城市户籍人口一样享受到城市福利，权利剥夺感的激化，产生贫困不满感，这些因素最终会酿成泄愤而铤而走险，不利于城市和谐。

其次，加重了城市管理的行政成本。城市贫困人口的规模在扩大，贫困程度加深，"城中村"、"城边村"现象出现，贫困的地域性特征如果处理不好，对于社会稳定就更具有威胁，这就需要政府给予更多的行政管理与政策支持。此外，"城中村"使贫困人口居住过于集中，这些地区居住、商业、加工等各种用地混杂在一起，私搭乱建严重，使城市居民居住水平低下，居住环境恶劣，并且影响市容。

最后，城市贫困人口的增多，政府需要提供大规模的公共服务。由于需要提供的公共服务的规模扩大，城市基础设施建设也随之增加，在一定程度上给城市带来财政压力。

（三）对城市经济发展的影响

发展经济学理论告诉我们，经济发展不等同经济增长，经济增长仅仅是追求财富的增加，发展则要求结构、环境、财富等各方面的提高。纳克斯的"贫困的恶性循环"理论从供给和需求两个角度分析贫困的原因即是"贫困"："低收入—低储蓄—低资本形成—低生产率—低产出—低收入"的恶性循环；"低收入—低购买—投资不足—低资本形成—低生产率—低产出—低收入"的恶性循环。依据此理论，城市贫困人口同样会陷入这种贫困的恶性循环。贫困人口的收入低，有效需求不足，生产决定消费，同时消费也决定着生产，城市贫困人口占多数收入却很低，制约着整个城市的有效需求，限制城市的发展。大量的失业人口和低技能劳动人口对于劳动力资源开发和 GDP 的增长同样是巨大的损失。因此，仅以城市贫困对城市经济增长的影响而言已经足以制约城市的快速发展。

现阶段中国城市贫困人口的特征已凸显出新特征，更多意义上是参与性贫困，而从经济发展的目的来看，就是要让全民能够分享经济增长的果实，提高人民的生活质量。于是，仅仅少部分人能参与经济发展过程，占有大部分财富，那么，城市贫困的规模将会不断扩大，贫困程度加深，达到一定限度根本无所谓发展，而仅有增长。

六、城市反贫困政策选择

(一) 建立和完善城市反贫困的公共政策

城市贫困问题是经济、政治、文化、社会等复杂的系统问题,随着城市化的加快、城市人口增多和城市贫困问题加深,一系列有关城市公用事业发展的公共政策就变得越来越重要。如何利用有限的资源,提供价格低廉、质量有保证的各种公共品,如电力、自来水、煤气、公共交通、公共设施、垃圾处理、环境保护、医疗、教育等,就提出了城市化发展进程中非常重要的也是需要研究的制度与政策问题。

理论界一致认为城市反贫困需要建立、完善社会保障制度,包括扩大城市低保覆盖面、健全城市保障法律体系等(李军,2000)。2008年底,全国共有1110.5万户、2334.8万城市居民得到了最低生活保障,全国城市最低生活保障月人均保障水平143.7元,全国城市居民最低生活保障平均标准205.3元,比上年提高12.6%。从最低生活保障的覆盖面看,涉及不同群体,但是仍然不够全面,仍需要将公共服务的覆盖面扩大至真正实现惠及全民、应保尽保。

(二) 实施人力资源开发战略

贫困人口的共性之一就是因收入低而营养不良、缺医少药、疾病缠身、身体素质不佳。不仅如此,低收入也使他们的后代受教育年限短、文化程度低而陷入贫困代际传递困境,因此需要做多方面的工作。

要加强对贫困人口的教育扶贫,目的是要防止贫困的代际传递(关信平,2003),首先应巩固和完善对失业人员进行再就业培训的制度化机制,保持一定力度的资金投入。其次应加强对贫困家庭子女的教育资助,降低资助门槛,扩大资助覆盖面,最基本的要求是通过教育和医疗改革来实现资本投资。

要加强医疗扶贫,为贫困家庭提供医疗救助,在享受基本医疗待遇的同时,可以降低医疗救助的标准,充分发挥社会救助组织的作用,政府与非政府组织结合,扩大医疗救助规模,提高医疗救助水平。

要给予贫困人口精神支持,充分发挥民间组织的作用,通过外力来挖掘人力资源，增强贫困人口自身设法脱贫的动机。组织各种公益活动并让更多的贫困人口参与，增强他们的信心，鼓励贫困人口自食其力。

(三) 建立与完善城市反贫困的法律体系

贫困与反贫困是项复杂的工程，在短时间内不可能完成，因此需要法律的监督和保障。我国在反贫困工作中也下了很大的工夫，投入了巨大的人力、物力和财力，但取得的实际治理成效却不断递减。存在的主要问题包括：各项政策措施落不到实处；扶贫工作中政企不分；挪用扶贫资金；夸大虚报扶贫成绩甚至贪污腐败现象层出不穷；贫困人口的责任与义务不明确等，这些问题的存在严重削弱了反贫困的努力。而要减少这些不理想的现象，就必须从加强管理监督和健全法制入手，尽快制定和实施反贫困法（李军，2000）。

（刘廷兰）

参考文献

[1] 高云虹：《中国转型时期城市贫困问题研究》，人民出版社 2009 年版。

[2] 孙明泉：《城市化进程与公共政策研究——访综合开发研究院（中国深圳）院长樊纲》，《光明日报》，2009-2-17。

[3] 尹海洁：《城市贫困人口的特征及其经济生活状况》，《经济研究导刊》2009 年第 5 期。

[4] 彭长生：《中国城市贫困成因书评》，《安徽师范学院学报》（社会科学版）2008 年第 7 期。

[5] 邓新华：《城市贫困人口规模、来源及成因》，《国情观察》2008 年第 1 期。

[6] 邓新华、袁伦渠：《中国城镇贫困陷阱问题研究》，《北京交通大学学报》（社会科学版），2007 年第 4 期。

[7] 胡杰成：《城市扶贫政策的消极性缺陷及其改进途径》，《城市问题》2007 年第 9 期。

[8] 郭言：《城市贫困现象九大成因探析》，《中国信息报》，2006-8-7。

[9] 李军：《中国城市反贫困的政策选择》，《管理世界》2000 年第 3 期。

第十五章 中国城市住房问题

城市住房问题是世界性难题，无论哪个国家在经济发展和城市化进程中都会遇到或正在经历这一难题，长期以来世界各国政府和学界对解决城市住房问题都给予了高度重视和关注。近些年来，随着中国城市化进程的日益加快，城市住房短缺、房价过高、房地产泡沫等一系列问题愈演愈烈，能否很好地解决城市住房问题以及由此衍生的众多城市问题，事关我国经济社会能否实现协调发展的大局。

一、案例导入：厦门市住房建设与发展

厦门市是中国东部较早步入近代城市行列的沿海城市之一。从1949年至20世纪80年代的30年间，由于受到国家政策、海峡两岸军事对峙等因素的影响，在此期间城市住宅净增仅85万平方米，而这一时期的城市人口却增加了15万人，造成了城市住宅的严重短缺。随后经济特区的设立使厦门拥有了经济管理制度上的相对竞争优势，增强了厦门对于各类区域资源的集聚能力，为厦门城市的发展提供了前所未有的发展动力。但随之而来的是城市人口的快速增长，于是，短期内城市住房的不足便成了城市发展中的重大问题。

（一）厦门市住房政策的演变

从1979年起，厦门市政府每年从财政中拨出一笔经费作统建住宅的专用款，用于解决城市住房困难户的问题及落实华侨用房政策等。在"八五"期间，厦门市政府把解决市民"住房难"的问题作为城市建设的首要任务，城市的住宅建设有了持续、蓬勃的发展。1991年，成立了厦门市住房统一建设办公室，1993年起又先后成立了住宅建设总公司，实施了安居工程等。城市人均居住面积由1981年底的4.54平方米增加到1999年底的12.6平方米。

在20世纪90年代初，厦门城市住房改革开始起步。在城市经济尚未得到长足发展之前，大量统建房、公有住房的建设满足了大量的居住需求，成

为当时城市居住空间的主要组成部分。而后的住房制度改革则真正促进了城市住房的大规模建设。住房的商品化改革以及大量商品住房的建设为城市发展提供了居住空间，成为20世纪90年代以来城市增量住房的主要供给渠道。在将住房建设推向市场的同时，为了满足部分中低收入家庭的居住需求，城市政府保持了一定比例的社会性保障住房建设。厦门已经初步建立起了由统建房、安置房、经济适用房、廉租房等构成的住房保障体系。

（二）厦门市居住空间分布现状

在邬戈军（2008）的研究中分析，根据厦门市住房状况调查估算，截至2007年，厦门市城市建成区范围内住宅建筑总量约为7700万平方米，其中岛内住宅建筑总面积约为4898万平方米，除去城中村、自然村落及棚户简屋等类型的建筑，城市住宅面积总量约为3525万平方米（见表15.1）。

岛外的住宅建筑总量约为2800万平方米，其中约60万平方米为村庄型（城中村、自然村）住宅。到2008年厦门市城镇常住人口的平均居住面积达28.58平方米/人，其中岛内人均27.40平方米/人，岛外人均35.19平方米/人。

表15.1 厦门市住宅建设现状总量数据统计

		万平方米		万平方米			万平方米
居住用地总面积	4373.59	其中	岛内	2354.3	其中	城市住宅用地	1583.70
						村庄类型用地	770.60
			岛外	2019.29	其中	城市住宅用地	767.15
						村庄类型用地	1252.14
居住用地内总建筑面积	8609.18	其中	岛内	5487.76	其中	城市住宅用地	3992.80
						村庄类型用地	1494.90
			岛外	3121.42	其中	城市住宅用地	1204.51
						村庄类型用地	1916.91
其中：住宅建筑面积	7724.11	其中	岛内	4989.84	其中	城市住宅用地	3525.00
						村庄类型用地	1467.90
			岛外	2825.26	其中	城市住宅用地	1089.39
						村庄类型用地	1735.87

数据来源：邬戈军：《市场化背景下的居住空间变迁——厦门市的实证研究》，同济大学，2008年。

从空间分布上看，全市的住宅用地岛内占到52%，除去城中村和自然村落等类型的住宅，岛内的城市型住宅用地占全市的比例高达74%。主要高层住宅基本分布在岛内，包括大高层的91%和一般高层的88%，其余的少量高层住宅主要分布在海沧区，基本上集中在几个新建的住宅楼盘内；多层住宅有70%左右分布在岛内，岛外的新建多层也主要集中在海沧区的新建楼盘；岛外较多的住宅类型是城中村和自然村落，分别占到64%和75%，高于岛内的比例。在概念上，岛外几个建成区的城镇自发建设住宅类型在调查中被定义为城中村，而连片建成区所在街道的自然村落也被计入住宅面积。

可以将住宅建设的全市域的分布状况归纳为：平分用地总量，高层集中岛内，多层岛内为主，村庄内外等量。

岛内的住宅建设用地主要分布在厦禾路、嘉禾路及莲前路沿线两侧，成"Y"字形布局，并基本呈现紧贴主干道建设高层住宅，往外依次建设新建多层、一般多层、城中村再到自然村落的圈层分布状态。总的来说，岛内住宅布局有如下特征：多层占据一半，高层比重可观，沿路层层布局，向东北Y形发展。

（三）厦门市住房价格特征

在市域范围内，在具有价格表征的各类住房中，"单价"（每平方米的出售价格）在5000元以上的住房所占比重在72.6%。单价小于4000元的住房比例仅为6.5%，大部分住房价格集中于5000元至7000元区间，除少量价格较低的公寓住宅与别墅等少量高档住宅之外的大部分住房处于较高的价格水平之中。此外，大量在价格上没有明确表征与无法判断的旧城区、城中村、自然村等住房形式构成了大规模的住房租赁市场。

在厦门本岛集中了大量单价在5000元以上的住房，其用地比例占市域5000元之住房总体用地规模的93.7%左右；单价在7000元以上的住房用地占市域规模的95.1%；单价在9000元以上的住房用地占市域规模的99%左右。岛内住房价格普遍高于岛外。本岛西南部、中部地区的住房价格明显高于东北部。岛外各城区的住房价格普遍低于岛内，海沧区、集美区、同安区、翔安区的住房均价为3500元左右。

市域范围内，住房价格呈现岛内高、岛外低的非均衡分布特征。在厦门本岛，单价在10000元/㎡以上的住房占本岛住房总量的3%左右。而岛外各城区的住房价格却普遍较低。①

二、目前中国城市住房存在的问题

（一）商品房价格上涨过快

据国家统计局统计，2009年四季度，全国70个大中城市房屋销售价格同比上涨5.8%，其中新建住宅销售价格上涨6.4%；二手住宅销售价格上涨5.6%（见表15.2）；房屋租赁价格与上年同期价格持平；物业管理价格同比上涨0.4%；土地交易价格同比上涨13.8%，其中住宅用地交易价格同比上涨19.4%。

（二）市场发育不良，泡沫化程度较高

中国的房地产市场市场化发育时间较短，而且在发育过程中，受到许多不健康因素的影响（如官商勾结、房地产商炒作等），导致了其发育不良、利润率太高而不可持续发展。众所周知，房地产行业的利润率远高于各行业的平均利润率，并且一直在快速增长。国际上房地产利润率一般维持在5%左右，高的有6%—8%，而中国房地产的利润率高达30%—40%。按国家统计局计算，中国房地产利润率增长每年都在30%以上，2001年增长41%，2002年增长56%，2003年增长32%。在国外人们购一套适于居住的房屋仅是年工资的3—5倍，而国内工薪阶层购一套房的费用多是年工资的10倍—20倍。由于在前期获取了巨额的暴利，使得多数房地产商未能摆正其定位和心态，以为暴利会一直延续下去，拒绝接受价格下降的现实，并人为将房价炒高，致使中国房价远偏离其真实价值和居民收入水平，出现了较严重的泡沫。据统计，中国的房价收入比（即一套房屋的价格与一个家庭年收入之比）超过10，远高于国际水平。按照国际惯例，房价收入比在3—6倍之间为合理区间，如考虑住房贷款因素，住房消费占居民收入的比重应低于30%（日本的房价在发达国家最高，其房价收入比约为4—5：1，美国及其他发达国家房价收入比是3：1；旧金山、东京、纽约、伦敦、悉尼等

---

① 邹戈军：《市场化背景下的居住空间变迁——厦门市的实证研究》，厦门：同济大学，2008年，第65页。

城市的房价收入比约为4.4—8.5∶1,而我国深圳、北京、上海房价收入比都超过13∶1)。①

(三) 供需结构失衡

目前中国的房地产存在较严重的供需结构失衡。具体表现为:一是新建的中小户型、中低价位普通商品住房和经济适用住房供应不足,而高端住房却供给过剩;二是廉租房供给很少,政府重视不足,覆盖面小,未以开发廉租房为政策重心。同时经济适用房的供给不能满足需求,而且政府以提供经济适用房为主存在很多问题;三是二手房市场和租赁市场发育缓慢,二手房的供给亦不能满足需求。

(四) 房地产业对金融依赖程度较高,蕴藏着较大的金融风险

中国的房地产对金融的依赖程度很高,远远超出发达国家对金融的依赖程度,积累了大量的金融风险。主要表现在以下方面:

一是房地产信贷增长过快。以2007年为例,10月末,全国商业性房地产贷款余额达4.69万亿元,同比增长30.75%;比年初增加1.01万亿元,占同期商业银行全部新增人民币贷款的28.9%。其中,个人住房贷款余额2.6万亿元,比年初增加6192亿元,同比增长35.57%。住房公积金委托贷款10月末余额达到4502.2亿元,比年初增加960亿元,同比增长34.87%。

二是房地产商自有资金比重低。中国房地产的开发建设,投资商多数欠缺资金,例如上海,房企的自有资金2001年仅为18.84%,2002年为17.53%,2003年为16.94%。据统计,中国80%左右的土地购置和房地产开发资金,是直接或者间接地来自银行贷款,而个人通过按揭贷款买房的人,占全部购房总数的比例高达90%;同时,中国房地产开发企业的负债率远高于世界公认的50%举债的警戒线,多数企业达到75.8%,个别地产超过80%。这意味着房地产市场的绝大部分风险系在金融机构身上,使得中国的房地产金融面临着较高的金融风险。

三是商业银行过度竞争。房地产贷款,尤其是个人住房贷款仍是各银行的优质资产,商业银行间的业务竞争日益激烈。为了争取更多的市场份额,

---

① 唐志军、徐会军:《透析我国房市现状、存在问题和未来发展趋势》,载《金融时报》2008年第9期,第5页。

部分商业银行基层分行采取变通、变相或违规做法，降低贷款标准，减少审查步骤，放松真实性审核，严重影响银行资产安全。2006年有关部门对16个城市的住房贷款抽样调查发现，平均22.31%的借款人办理贷款时未曾与银行直接见面。郑州、北京、杭州、广州等城市该比例分别高达46.31%、35.4%、32.83%和32.2%。

四是住房贷款管理薄弱，"假按揭"贷款风险显现。少数银行的分支行对房地产贷款"三查"制度不落实，甚至为了规避房地产开发贷款的政策规定，与开发商和中介机构共同虚构住房按揭贷款合同，将不符合政策规定的开发贷款转换为住房消费贷款，将一些销售困难的楼盘以"假按揭"方式帮助开发商套现。

（五）土地消耗过快，配套设施建设缓慢

虽然高强度的建设理论上可以促进集约使用土地，但是在不规范的市场环境中，房价地价上涨过快，导致土地和房产投机涌现，使得城市土地迅速消耗，一定程度上超过了其消化土地的能力。厦门市1999—2004年间每年完成开发的土地与购置土地的比值在34%到64%之间变动，6年中完成开发土地面积总量占购置总量的45.6%，不到一半，因此，房地产市场的土地投放相对于开发速度而言是相当充足的，甚至可以说是过多的。整体上，土地消耗的速度比房改前更快，甚至透支了未来城市建设所需的土地。

另外，配套设施建设缓慢，跟不上住房建设速度。短期内居住空间的膨胀只是物质上的扩张，大量新城区被建造出来，但是城市软环境建设的速度远远跟不上硬件建设速度。新建的城区房屋大量空置，中小学校、医院等配套公共设施的数量远远不能达到城市规划标准的要求。这当然有教育体制、医疗体制上的原因，但是过快的住房增长也在一定程度上助推了这种短缺矛盾。

（六）居住空间社会结构出现分化

不同阶层地位与对居住区位和住房数量的占有呈现显著相关性，精英阶层占有了大部分良好区位的住房，并在住房数量上有显著优势；弱势群体状况则正相反。虽然住房改革使得厦门市的住房建设量得到巨大提升，很多居民的住房条件得到可观改善，但是住房的获得上仍然存在着巨大的不公，甚至可能比改革前更加严重。

（七）房屋拆迁纠纷多发

随着经济的发展，城市化进程的步伐加快，拆迁成为每个城市中最常见的现象，而拆迁纠纷也是每一次拆迁过程中的必发现象，更有严重的发展到暴力冲突。据信访部门介绍，目前城市拆迁问题已成为群众信访反映的焦点之一。国家信访局接待的群众集体上访中，反映企业劳保、城市拆迁、征地三类问题的批次和人次占到60%以上。主要原因有两点，一是货币补偿的金额赶不上快速增长的房价，拆迁安置价一般要比商品房市场价少一半左右，所以拿到货币补偿的价钱往往买不到一套商品房；二是房屋产权调换不能安排合适的房源，这也是被拆迁人不愿意拆迁的原因，被拆迁人一般不愿意去地段偏僻、交通不便的地方，既不利于上班，也不利于上学。

（八）老小区住房设施老化严重

20世纪80年代，在改革开放初期，人民群众生活水平逐步提高，对居住条件提高的需要越来越大，在这期间所建的住宅区特别多，这类房屋随着时代的演变，新房已变成旧房，一方面旧城区房屋混杂，不仅有大量住宅，而且还有相当多的商业用房、仓库用房、工业厂房、办公业务用房等；另一方面旧城区人口数量多、人口密集、人员素质参差不齐。不仅新旧房屋交错，而且居住和经营交织。再一方面旧城区房屋陈旧，配套设施及环境质量存在先天不足。就旧城区物业本身而言，全部是旧房，使用时间至少是年限不等，有的时间甚至还要久远，由于历史原因，没有很好的规划，大多房型老化，式样陈旧，房屋质量、设备、各种质量指标远远达不到规范设计要求，老化程度较严重。特别是在老城市中，房屋陈旧的状况尤为明显，而且乱搭乱建的现象特别突出，严重破坏了住宅区环境和公共设施。

三、解决中国城市住房问题的对策与建议

（一）科学调控住房需求

价格是商品供求关系的客观反映，供给和需求不平衡，价格必然上涨。抑制房价上涨，只有增加供给和减少需求两种基本办法。最近几年出台的调控措施，偏重于供给调控，忽视了需求管理。控制不住需求，特别是投资性需求，即使供应规模很大，供给和需求仍然不平衡，房价必然上涨。因此，应树立适度消费观念，把控制需求作为宏观调控的重心，区别对待，有保有压，有效保护消费性需求，严格控制投资性需求，防止投资性资金大量进入房地产市场，把泡沫一点点挤出去，避免市场出现大的起伏。建议采取两项措施：一是个人抵押贷款按购房面积实行差别利率，购房面积越大，抵押贷款利率越高。90平方米以下，实行优惠利率；90至120平方米，实行市场利率；120平方米以上，实行高利率。这样，既有利于增强中低收入家庭购房能力，又有利于控制高收入家庭住房需求，还有利于调整供应结构，促进中小套型住房建设。二是择机出台物业税，对两套以上住房和面积超过一定标准的住房征收物业税。我国涉及房地产税收共有11项，主要集中在流通交易环节。国际经验表明，交易环节税对住房需求影响不大，持有环节税作用明显。目前开征物业税条件基本成熟，应加快物业税的试点工作，取得经验后全面推开。

（二）构建多层次住房供应体系

随着居民收入差距逐步拉大，住房需求日趋多样化，住房供应必须适应需求多样化的要求，形成多层次供应体系。2009年12月14日，国务院下发通知，多措施促进房地产市场健康发展，重点是在保持政策连续性和稳定性的同时，加快保障性住房建设，加强市场监管，稳定市场预期，遏制部分城市房价过快上涨的势头。第一，要增加普通商品住房的有效供给。适当增加中低价位、中小套型普通商品住房和公共租赁房用地供应，提高土地供应和使用效率。在保证质量前提下，加快普通商品住房建设。第二，继续支持居民自住和改善型住房消费，抑制投资投机性购房。加大差别化信贷政策执行力度，切实防范各类住房按揭贷款风险。第三，加强市场监管。继续整顿房地产市场秩序，加强房地产市场监测，完善土地"招拍挂"和商品房预售等制度。加强房地产信贷风险管理。第四，继续大规模推进保障性安居工程建设。力争到2012年末，基本解决1540万户低收入住房困难家庭的住房问题。用5年左右时间基本完成城市和国有工矿集中成片棚户区改造，有条件的地方争取用3年时间基本完成。另外，2009年12月22日，在住房和城乡建设部全国建设会议上提出：2010年将继续大规模发展保障性住房建设，计划建180万套廉租房和130万套经济适用房，经济适用房面向范围将从低收入者提升为中低收入者；严格监督地方政府加快清理各种房地产优惠政策。针对目前各地优惠政策，住建部将重点配合信贷部门研究"二套房贷"的具体认定标准，严格推行"二套房贷"政策，控制投机、投资性购房需求。

（三）防范住房金融风险

20世纪80年代以来，美国、日本、中国香港等国家和地区先后爆发过住房金融危机，对经济社会造成了严重冲击。中国住房贷款规模相当大，一旦发生风险，后果不堪设想。应当未雨绸缪，利用目前经济增长速度快、住房需求旺盛的有利时机，建立和完善风险防范机制，预防和化解住房金融风险。目前，房地产开发融资渠道狭窄，主要依靠银行贷款，开发商承担的风险很小，银行承担的风险很大，两者严重不对称。因此，2009年12月22日，银监会要求各大商业银行对当前面临的六大风险进行全面自查。六大风险具体包括产业结构调整中的信贷风险、案件风险、政府融资平台信用风险、房地产行业信贷风险、个人贷款违规流入资本市场风险和流动性风险。除此之外，应建立个人抵押贷款担保制度。个人抵押贷款不同于其他贷款，一旦出现风险，会迅速蔓延到经济社会各方面，酿成金融危机和经济危机。1997年的亚洲金融危机充分证明了这点。因此，各国普遍重视个人抵押贷款风险防范工作，一般都由政府设立专门机构，提供个人抵押贷款担保服务。如美国联邦住宅局、加拿大的住房和抵押贷款公司、香港的抵押贷款担保公司等。我们应当借鉴这些国家（地区）的成熟经验，抓紧建立个人抵押贷款担保制度。

（四）切实增加政府投入

在美国，除社会保障和国防开支外，住房是联邦政府和地方政府的主要支出。目前，我国房价高企，特别是大城市的房价，已经接近发达国家的水平，中低收入家庭无法自行解决住房问题，需要调整财政支出结构，切实增加各级政府投入。一是保证土地供应。土地是制约住房供应的基本因素，不解决土地供应问题，就无法构建成本化供应体系和保障化供应体系。因此，必须保障经济适用住房和廉租住房的土地供应，把稀缺的土地资源向中低收入家庭倾斜，两者的土地供应要不低于住房用地供应的40%，并且优先供应。这样做，不仅有利于解决中低收入家庭住房问题，而且有利于防止城市过度膨胀，稳步推进城镇化。二是加大各级政府资金投入，形成稳定的资金投入渠道。中央财政设立住房保障专项资金，纳入财政预算计划，定向用于中西部地区廉租住房补贴，并根据中央财政预算收入增长状况，不断扩大资金规模。各级地方政府要设立专门预算支出科目，在一般预算中安排。

（五）大力发展节能省地环保型住宅

要实现"十一五"规划中的单位GDP能耗降低20%和主要污染物排放总量减少10%这两个约束性指标，在住房领域，应采取以下主要措施：一是加快推进住宅产业化，主要是设计精细化，材料预制化，施工工业化。根据发达国家经验，住宅产业化可节材20%左右，节水60%以上。我国应从政策、技术、标准、税收等多方面入手，大力推进住宅产业化；二是大力推进旧住宅区环境整治和旧房节能改造，当前的主要问题是资金短缺，中央财政可安排专项资金，予以扶持；三是加快北方地区供热体制改革。根据清华大学江亿院士的研究成果，北方地区供热能耗约占我国建筑能耗的56%，仅供热体制改革一项，就可实现建筑节能30%。应在地方改革试点的基础上，进一步总结经验，完善措施，重点解决分户计量设施改造和中低收入职工补贴问题，加快供热体制改革。

（六）健全宏观调控的组织机构和考核机制

首先，住房问题是综合性问题，涉及范围非常广，需要强有力组织机构。从市场经济国家情况看，主要有两种类型。一种是设立专业部门，如美国、法国的住房部，日本的住宅局，新加坡的建屋局等。另一种是设立跨部门机构，如英国的副首相办公室、韩国的住房政策委员会、香港的住房委员会等。考虑到我国实际情况，设立专业部门的条件还不成熟，建议在现有房地产市场调控部际联席会议的基础上，组建国务院住房委员会，作为国务院研究制定住房政策的决策机构。委员会主任由国务院领导担任，组成人员为部际联席会议成员单位，并吸收有关专家学者，负责分析房地产市场形势，研究制定住房政策，监督地方和有关部门的执行情况。委员会下设办公室，负责委员会的日常工作。

其次，为全面、准确、及时发布市场信息，增强透明度，需要尽快建立全国统一的住房信息系统，定期公布数据。这既是科学决策的需要，也有利于稳定市场预期，防止房地产市场的起伏。

第三，建立有效的考核和监督机制，将房价调控、土地供应、资金投入、管理工作等情况,纳入国务院对地方政府和有关部门的考核内容,督促地方政府和有关部门严格执行中央政策,进一步增强政策执行力。

(鸿嘎鲁)

参考文献

[1] 王振坡、王丽艳:《中国城市住房问题的演变和求解——基于经济学视角的分析》,《未来与发展》2008年第1期。

[2] 阎明:《发达国家住房政策的演变及其对我国的启示》,《东岳论丛》2007年第7期。

[3] 王美琴:《中国城市住房问题及住房改革研究述评》,《求索》2008年第10期。

[4] 翟波:《人口资源环境约束下的城市住房制度研究》,青岛大学,2009年。

[5] 刘洪玉:《中国住房市场的现状和未来发展》,《建筑经济》2007年第7期。

[6] 慧典市场研究报告网. http://www.hdcmr.com/,2007-12-13。

[7] 邬戈军:《市场化背景下的居住空间变迁——厦门市的实证研究》,厦门:同济大学,2008年。

[8] 唐志军、徐会军:《透析我国房市现状、存在问题和未来发展趋势》,《金融时报》2008年第9期。

第十六章 中国城市竞争力发展问题

城市竞争力是一个城市诞生与发展的内在动力。城市竞争力是城市在集聚、利用各种生产要素和创造财富以及促进城市所在区域发展方面的能力，是竞争力各方面的综合。具体来说，包括一个城市拥有不可转移的资源的竞争力、城市的文化力、一个城市在吸引资本、整合资源、激励创新方面的制度的竞争力以及一个城市推广城市形象的竞争力。在经济全球化背景下，提升城市竞争力是应对各种挑战的紧迫需要，是增强国家和地区综合实力和国际竞争力的重要选择。

一、案例导入：苏州以城市精神凝聚城市竞争力

2010年6月25日，在由中国社科院和南京市政府主办的第九届城市竞争力国际论坛上，发布了《2009—2010全球城市竞争力报告》，苏州以在"城市精神"方面的成功经验入选"全球最佳案例城市"。该报告在第四部分"重点城市报告"中高度评价苏州，"目前苏州已经成为中国东部最重要的经济文化中心之一。通过对苏州近五年的竞争力回溯，我们认为未来十年，苏州的转型发展将有巨大的空间和潜力。"苏州的辉煌发展与科学的城市发展决策是密不可分的，其城市竞争力的形成颇具启发意义。

（一）新时期苏州城市发展面临竞争力不强的突出问题

自唐安史之乱以后，中国经济中心南移，而江南的经济中心又在苏杭。苏州的经济在清朝的康乾盛世达到巅峰。苏州经济社会发展极为繁荣，对外沟通频繁。但在清朝嘉靖以后，随着工业经济时代在中国的到来，京杭运河在北方的断流等诸多原因，苏州作为江南经济中心的地位被上海所取代。但是苏州发挥了创新意识，20世纪80年代中期，及时推进"城市经济联合"，利用上海的人才、资金、产品和技术造就了乡镇企业的大发展。90年代初期，提出与浦东接轨的战略口号，利用上海的航运、信息和对外交流平台，建造了众多工业园区和高新开发区。

但基于以下几方面的问题，苏州城市发展在迈入21世纪之际明显存在

竞争力不突出的弱点。第一，拥有较强的经济竞争力，但经济结构严重失衡。苏州是江苏第一个GDP超过1000亿的城市，固定资产投资超过千亿，名列江苏第一。苏州作为长江三角洲城市群的副中心，扮演着重要的角色。另一方面，苏州经济结构的严重失衡也是不争的事实。外资企业的比重过高，民营企业发育不良。地方政府对外资的财税需求依赖性日益加深，苏州的民族经济比重持续下降；而且低端产业密集，高端产业匮乏。产业结构的竞争力不强。苏州作为国际制造业基地，产业分工处于装配末端，多处于"三来一补"型委托加工的低级阶段，附加值低。同时，制造业比例过高，服务业发展速度慢、水平低。第二，居民生活水平有所提高，但贫富差距日益拉大。第三，人均受教育水平较高，但城市就业水平一般，本地高级专业人才比较缺乏，创新创业能力极其薄弱。第四，城市自然资源极其短缺，这种不利的客观条件明显地拖了其综合区位竞争力的后腿，只能依靠扩大区域经济协作和交流而予以弥补，经济发展存在严重的对外依赖性。高能耗、高污染的第二产业占国民经济的比重偏高，造成资源供给紧张，环境污染加重。

（二）打造苏州城市特有竞争力

一是充分发挥"上有天堂，下有苏杭"的历史认同，在城市发展中突出自然风光与人文景观交相辉映，使美轮美奂的自然风光与独特的人文历史景观和谐共生形成苏州特有的城市竞争力。同时，发挥吴文化的作用，保留了旧城"房屋矮矮，街道窄窄"的历史风貌，在新城的现代化建设中将古吴文化与现代文明有机结合，使苏州城兼有历史文化名城与国际性旅游城市的特色。通过强化苏州的环境与文化优势，塑造其特有气质，使古城和文化构成了苏州这个城市的核心竞争力。

二是在城市产业结构调整中，在引进制造业躯体的同时引进制造业的头脑，使跨国公司的研发机构在苏州落户，既有自主的研发能力又有先进发达的制造业，从根本上夯实了苏州的经济实力。同时，借势上海，错位发展，利用上海证券和金融市场，为苏州企业的资本运营、股份化改造、并购扩张提供制度和资金平台。在第三产业的开发中，大打旅游环境组合牌，跳出园林景点旅游的狭小圈子，将苏州的旅游业扩展到休闲、度假、游乐、会展等方面。

三是在城市形象的塑造中，强调特色现代都市区、人文生态主体区和滨江景观区建设的同时，积极开拓会展经济，通过国际会展活动极大地提升了苏州的国际形象。

（三）以苏州城市精神聚合城市发展力

"崇文、融合、创新、致远"的先哲古训早已融入苏州人的发展理念中，并被明确为苏州的城市精神。以弘扬亲情、热诚、开放、包容的亲和精神，苏州人不仅引进了新加坡先进的发展理念，更与苏州的地理民情相结合，打造出"古韵与今风共存、传统与现代兼具、人文与科技融合、东方与西方对接、活力与魅力同辉"，形成了独具一格的苏州特色竞争力；以弘扬吃苦耐劳、开拓进取、抢抓机遇、创新创业、奋勇先进的开创精神，苏州人积累了求建设、谋发展的最宝贵经验，这一精神使得苏州的外资企业和民营企业不断发展创新、充满活力；以弘扬精益求精、细致入微、追求完美的精致理念，苏州在各个领域都孜孜以求，力争做到最好。早在2006年，经济日报就评苏州为全国品牌经济城市，2007年年末，苏州共有63个中国名牌产品，43个全国驰名商标。

此外，苏州政府管理不断完善，力求中心与周边均衡发展，这使得苏州未来有继续跨越发展的可能。"官民齐心促发展，古韵今风新姑苏"的宣传语更是将苏州这一城市的竞争力成功表述出来。

二、城市竞争力与城市核心竞争力

城市竞争力与城市核心竞争力是有区别的。城市竞争力主要是指城市在集聚、利用各种生产要素和创造财富以及促进城市所在区域发展方面的能力。它是竞争力各方面或各要素的综合，强调的是与其他城市间综合的横向比较。城市核心竞争力不是着眼于竞争力的各个方面，而是强调城市的优势因素，力求合理地组织城市内部的各种资源，以形成别的城市不易达到的独特的竞争能力。城市核心竞争力的重心在于城市自身的优势要素，它横向相对于竞争对手，而纵向相对于城市自身能力的发展。[①] 城市核心竞争力包含在竞争力之中，是决定城市竞争力水平的关键和核心部分，提高城市竞争力的关键是打造城市的核心竞争力。

---

① 袁国敏：《城市核心竞争力探析》，载《辽宁大学学报》2005年第1期，第128页。

(一) 城市核心竞争力的内容

核心竞争力（Core Competence）这一概念最早是由 C. Prahalad 和 G. Hamel 于 1990 年提出的，是指"企业关键资源和（或）核心能力中那些最为关键的、最能使企业获取和保持竞争优势的因素（组合）"，是"决定竞争力的主要因素、深层次因素"。[①] 城市核心竞争力也具有企业核心竞争力所具有的价值性、异质性、不好追赶性、难以替代性和持续发展性等特性。根据对城市核心竞争力的理解，我们将城市核心竞争力分为两大方面：基础优势力和竞争优势力。

1. 基础优势力

基础优势力是指城市由于所处的地理位置或占有的资源方面的优势而与其他城市相比所具有的独特竞争能力。基础优势又可分为区位优势和资源优势两大方面。

（1）区位力

区位力强调的是城市综合区位力，主要包括自然地理、经济区位、政治区位等状况。一个城市处于内陆还是沿海、交通中心还是交通边缘、是行政中心还是非行政中心，对城市经济与社会发展影响极大。对外交通的便利程度影响着一个城市的可进入性。城市区位状况决定着城市的聚集力、吸引力和辐射力的高低，影响城市生产费用和交易成本，影响着城市和城市文化的形成与演化。

（2）资源力

资源优势包括矿藏资源或水资源等自然资源优势，区域政治、经济、金融中心等社会资源优势，或以上优势兼有的混合型资源优势。城市拥有的自然资源状况决定着城市相关产业的发展，影响着产品的价格。我国许多城市就是靠一、二种自然资源发展起来或取得优势的，如大庆因其石油资源成为一座以石油、石化和高科技产业著称的新兴城市，桂林因其旅游资源成为世界著名的风景游览城市。

2. 竞争优势力

竞争优势力则是指一个城市在竞争中由于自身努力所创造的优势和竞争能力。竞争优势力是后天形成的，是城市竞争中某项实力在城市间比较中具

---

① 袁国敏：《城市核心竞争力探析》，载《辽宁大学学报》2005 年第 1 期，第 128 页。

有突出特色而形成的一种独特能力。竞争优势是资源利用或转换能力的反映，表现为一个城市的内生能力，特别是创新能力，在现代竞争中起着主要作用，因此是核心竞争力创建的主导方向。竞争优势力具体可分为产业力、文化力、管理力和设施力等几个方面。

(1) 产业力

产业力是城市核心竞争力的直接外在表现，是城市经济实力的主要特征。一个国家和地区的竞争优势通常寓于某些独特的产业部门，是特色产业的竞争优势。重点发展某一产业，实行高度专业化、规模化生产，因其能高效率地生产某类产品，产生较大的资源集聚和市场效应，也具有强大的竞争力。产业竞争力并不是表现为某一具体产品，而是体现城市核心专长的系列产品。

(2) 文化力

文化力是城市所特有的价值观念、社会心理、文化素质和科技水平，它是一种软约束和软激励的力量，决定着城市长远发展能力、教育与科技水平。优秀的文化表现在具有进取、诚信、创新精神。较高的文化力决定着城市的创新能力和科技成果转化能力，以及产品质量和产品竞争能力。文化的发展不仅为城市竞争力的提升提供精神动力和智力支持，而且也因创造经济价值、增强城市服务功能和改善城市环境，成为城市竞争力的重要组成部分。

(3) 管理力

管理力是指城市政府的管理水平和管理效率，涉及对城市社会、经济和市政活动进行规划、协调、监督和控制的各个方面。高效的运作、科学的决策、创新的机制、廉洁的队伍、良好的政务环境所集聚的能量是一个城市核心竞争力的关键。城市管理力决定着资源的利用效率，决定着城市产业发展、人民生活水平、对外开放能力和城市价值体系的创造。它与城市的政治法律制度、经济体制等方面直接相连，影响着城市的社会秩序和治安状况。

(4) 设施力

设施力主要是指城市拥有或可分享的对内对外交通、通讯、能源、住宅、文化卫生等基础设施的数量和水平。它是城市产业运行的载体，影响着城市的生产和生活，决定着城市资金、人才、信息、资源流动的广度和深度，与城市环境质量密切相关。良好的设施和环境会提高城市的吸引力和聚集力。各种要素力之间不是割裂的，而是相互关联、相辅相成地交织在一起的。

根据以上对城市核心竞争力要素的分解，通过横向与纵向的综合比较，可以反映出一个城市的核心竞争力的优势和缺欠所在。城市核心竞争力决定着一个城市的整体竞争力，是竞争力的概括反映。城市核心竞争力的创建应该以利用基础优势力为基础，以发展竞争优势力为主导，在两者的有机结合中实现综合竞争力的提升。

（二）城市核心竞争力的着力点

城市之所以具有核心竞争力，是因为在那些关系到城市自身生存和发展的关键环节上所具有的、比竞争对手更强的某种优势、能力或知识体系。它有很多要素构成，几乎涉及城市所具有资源的方方面面。包括基础层面、载体层面和转换层面。

1. 基础层面

基础层面的主要作用是为城市核心竞争力的形成提供深厚基础和必要保障，包括城市文化、人文精神、城市传统特色、城市人力资源、城市的信息网络发展和城市的学习与创新。城市文化作为一种无形的、内在要素资源对城市价值体系构成及变化有重要影响，包括市民遵从社会法律规范维护社会秩序的社会稳定性力量，市民的成熟程度及对所在城市的认同感、归属感。[1] 虽然影响城市竞争力的因素甚多，但决定城市核心竞争力的还是人力资源、科技创新、知识化程度、市民素质以及城市文明程度。城市的人文精神从总体讲应该是人对于贯穿于人类历史全过程，渗透在人类文化活动及其成果的所有方面的那种人对于自身的自觉关注与自觉追求，并最终决定一个城市的凝聚力、影响力和辐射力。[2] 城市核心竞争力构筑中要发展体现城市特色与个性的城市文化，包括物质产品和精神产品，垄断性、差异化景观资源开发运作。城市人力资源包括城市社会成员的受教育水平、培训经历及创新精神。

2. 载体层面

载体层面的主要作用是为城市核心竞争力的形成发挥平台效应和起到支

---

[1] 朱鸣、郭凤典、阚雅晗：《关于城市核心竞争力的思考》，载《现代城市研究》2004年第9期，第39页。

[2] 史及伟：《杭州人文精神与经济社会发展》，载《中共杭州市委党校学报》2003年第1期，第14—17页。

撑作用，包括城市制度环境、城市经营水平、城市治理、城市发展战略目标、城市形象和城市品牌。

城市品牌及城市形象是城市的"名片"和城市的无形资产，城市形象的推广应该创造与大众文化、城市独特文化发展相结合、相适应的文化产品，要突出本地化特色，才能有利于城市核心竞争力的发挥。

城市发展战略是城市经营管理的主要依据和中心软件，是影响城市发展的首要因素，城市发展战略主要研究城市内部主体的长远发展方向、目标、措施等。城市发展战略的总目标就是要达到城市整体最优化的目的。城市发展战略对于城市核心竞争力的延续和保持具有重大意义。

3. 转化层面

转化层面的主要作用是把城市核心竞争力实化和物化，包括营销城市、城市整体资源整合、城市间协同效应。营销城市就是利用市场营销理念经营城市，它必须贯穿体现市场需求导向和市场竞争驱动两个基本原则。从战略层面来讲，营销城市主要包括五个方面的内容和任务。第一，营销环境分析。从一定意义上讲，营销城市就是努力让城市内部环境和外部环境相适应的过程。第二，对企业、居民和旅游者等"城市产品"的消费者进行分析，细分市场，确定市场定位和目标，树立城市地位和角色的品牌形象。第三，制订营销战略，包括创造"城市产品"、占领市场的竞争战略以及产品、价格、渠道、促销和公共关系营销组合策略。第四，从时间安排、人力、技术、组织、资金等各方面制定战略实施计划。第五，战略实施的监测、业绩评估与战略调整。要通过营销城市的方法，使城市核心竞争力得以物化和进一步提升。城市整体资源整合就是城市资源经营运作方面的整合能力，通过城市资源的合理、创新整合来发挥城市核心竞争力。经济全球化条件下，城市核心竞争力的物化与实化更加重视通过全球价值链来实现城市价值活动，这就要求城市加强协作与互动，发挥城市间的协同效应。

三、影响城市竞争力的主要因素

城市竞争力是城市在集聚、利用各种生产要素和创造财富以及促进城市所在区域发展方面的能力，是竞争力各方面的综合。[①] 城市竞争力的影响因

---

① 张波、刘江涛：《城市管理学》，北京大学出版社2007年版，第315页。

素取决于四个方面：资源力、文化力、制度力和营销力，这四个因素不是孤立的，而是相互联系、相互制约的。

资源力是指一个城市拥有不可转移的资源的竞争力，包括区位、土地、自然资源等。波特认为在现代全球经济下，繁荣是一国自己的选择，竞争力的大小不再由先天的自然条件所决定。世界经济论坛和瑞士洛桑国际管理发展学院亦认为，资源的贫富并不是一国国际竞争力大小的决定因素。"穷国"可能比"富国"更具竞争力，资源匮乏的"穷国"，可以通过高效的转换过程而变得极具竞争力。虽然资源力对城市竞争力的决定作用越来越小，但仍然是影响城市竞争力大小的基础之一。

文化力是指城市市民在创新精神、创业精神、敬业精神、道德水准、文化素质等方面的竞争力。现阶段，城市经济实力的强弱越来越受制于该城市的文化发展水平。在市民文化素质、道德水准及社会责任普遍低落的城市中，即使是快速、高效、低成本的资源配置方式都会变得缓慢、低效、高成本。因此，一个城市需要通过发展教育和科技，提高市民素质和道德水平，来达到增强城市经济实力的目的。知识经济条件下，城市文化的作用越来越大。在知识经济时代，学习能力、学习速度和创新能力是创造城市内生比较优势的关键。[1]

制度力是指一个城市在吸引资本、整合资源、激励创新方面的制度的竞争力。制度力是提升城市竞争力的根本保证。如果一个城市制度力弱，即使拥有很强的资源力，城市的竞争优势也是不可能持久的；反之，一个城市制度力强，它就可以吸引有优势的资本，增强资本力，提升城市竞争力。在土地、资源、劳动力等各种生产要素可以自由流动的今天，一个国家或地区的制度质量从根本上决定了其配置资源的能力和效率，因而决定其竞争力的高低。而且，如果这种制度安排十分有利的话，还可以克服自然资源和社会资源的不足。早期的荷兰、英国以及后来的中国香港、新加坡就是最好的范例。[2]

营销力是指一个城市推广城市形象的竞争力。一个城市犹如一个企业、一个产品、一个品牌，是需要整合资源，进行形象推广和主题营销的。在城

---

[1] 陈寿灿：《建设城市文化与提升城市竞争力》，载《浙江学刊》2002年第3期，第155—156页。

[2] 赵灵敏：《制度这个核心因素——专访耶鲁大学金融经济学教授陈志武》，载《南风窗》2006年第6期，第30—32页。

市竞争激烈、资本流动性增强的环境下,一个城市仅仅建立起良好的环境还远远不够,还必须通过广告宣传、公共关系、承办重大事件等推销手段,让城市消费者充分了解和认识到自己的环境优势,并吸引更多的人来本地区旅游、考察、访问、工作、居住、投资。这不但会增强城市对外的吸引力、注意力,还能增加本市企业和居民的归属感。城市推广的能力可以在较短时间内迅速提高城市的竞争力。①

四、城市竞争力的形成模式

(一)历史特色形成城市竞争力

许多知名城市都有着属于自己的历史文化底蕴,其中包括历史遗存、文化遗产和传统建筑等,要打造城市竞争力,就要挖掘城市内涵,弘扬历史特色。譬如,以"大红灯笼高高挂"而著名的山西乔家大院所在地晋中市,就以明清民居建筑作为树立自己城市新形象的竞争力定位;具有典型中国传统特色的苏州园林形成了苏州城市竞争力;作为"丝绸之路"起点、位列世界四大古都之一的西安,也在利用明城墙、秦始皇兵马俑等历史遗迹,以及周礼、秦制、儒学、法术等文化发源地的历史大做古城的文章。

(二)地理位置形成城市竞争力

城市本来就是一个空间概念,因而这一空间的地理特征不论是对城市的发展或形象构成都至关重要。所以城市竞争力与地理位置必然关联甚大。许多军事名城或是港口开放城市都有着独特的地理位置,它们或是因对外开放较早因而率先发展,或是因其方便的地理位置较早地接触到外来文化,这些都使它们形成自己的城市竞争力。如汕头濒临南海,又是侨乡之一,地理位置和亲缘优势使其在承接台湾和珠三角地区产业转移方面具备双重优势,作为近代中国最早对外开放的港口城市之一,长期以来形成的外向型经济模式加快了竞争力经济发展。又如,连云港早期为军事要塞港,是欧亚大陆桥的东端起点,20世纪80年代被列为我国14个沿海对外开放城市之一。优越

---

① 黄江松:《城市营销提升城市竞争力的作用机理分析》,载《政府改革与创新》2009年第1期,第49页。

的地理位置使连云港成为中国城市投资环境40优城市之一。

(三) 自然风景形成城市竞争力

一个城市独有的自然风景是上帝给予这个城市的名片。许多旅游城市将其旖旎的自然风光与城市文化相结合，形成特有的城市竞争力。如我国云南省西双版纳市独具魅力的生态环境使其成为著名的旅游观光城市；马尔代夫群岛因具有旖旎的海岛风光而成为世界著名度假胜地；金字塔、狮身人面像等历史遗迹提高了古城开罗的城市知名度；西班牙的巴塞罗那以其地中海风光和历史文化闻名于世。

(四) 资源优势形成城市竞争力

有的城市虽然没有壮丽的自然风光，但是有其得天独厚的资源优势。这些城市将资源优势加以利用和发挥，不仅发展了城市经济，也为该城市形成特有的城市竞争力。如攀枝花凭借丰富的铁矿资源发展为一座新兴的工业城市；大庆因石油资源而闻名；三门峡随着三门峡工程蓄水通航发电，发挥三门峡资源优势，突出水电特色，形成其特有的城市竞争力。

(五) 历史宗教文化形成城市竞争力

宗教文化是传统文化不可缺少的一部分，也是旅游业的重要组成部分。旅游与宗教的关系十分密切，随着21世纪文化旅游活动日趋广泛深入，宗教文化与旅游更加显示出相互促进的态势，构成旅游文化生活中富有极大吸引力的部分。四川的乐山因有世界最大的乐山大佛而闻名。耶路撒冷是犹太教、基督教和伊斯兰教3大宗教的圣地。柬埔寨的吴哥以佛教圣地著称。

(六) 知名企业、知名产品提高城市知名度

任何城市都是一个或大或小的产业集中地，区别只在于产业的门类有所不同。如果某城市的某种产品稳定地拥有着较大的市场占有率，或者它的某种产业在全市或更大范围内占有突出优势，这些都会成为构成城市竞争力的因素。比如，青岛拥有中国名牌产品25个，拥有驰名商标7件，均居全国城市前列。世界品牌实验室评出世界最具影响力的100个品牌，海尔成为唯一入选的中国本土品牌。像青岛这样的城市，企业品牌在很大程度上就是城市品牌，投资者和消费者可以通过对企业品牌的了解加深对城市品牌的认

知，青岛品牌经济的发展水平正是青岛城市经济水平的体现。青岛在世界范围内知名度和影响力正借助它的品牌经济达到一个国内其他城市所不能企及的高度。①

（七）宜居环境形成城市竞争力

城市要适宜人们的居住，创建宜居城市是每个城市的目标。经联合国人居组织评定的宜居城市具备良好的居住环境，创造了城市竞争力。澳大利亚的墨尔本、加拿大的温哥华、德国的慕尼黑、土耳其的伊斯坦布尔、瑞士的日内瓦等城市荣获了宜居城市的殊荣，提升了城市竞争力。

五、目前我国城市竞争力发展中需要强调的突出问题

虽然近几年来城市竞争力越来越引起人们的关注，也有不少城市在城市竞争力方面起到了很好的导向作用。但我国的城市竞争力建设毕竟刚刚起步，依然存在各种各样的问题。要么是没有引起足够的重视，要么就是规划的方向错误或是不明确，没有适合本城市发展的特有竞争力。

（一）强调对城市竞争力的认识与重视

在经济全球化的浪潮中，城市发展是否迅速，与其他城市相比的优势已不再表现为传统的对土地、资源、产品等固有财富的占有。城市的地位在于对各种流动财富的吸引和利用这些财富创造新价值的能力。这是一个城市发展的主要动力，即城市的竞争力。但是现如今城市竞争力这一概念并没有引起足够的重视。许多城市将城市竞争力简单地等同于城市综合实力或是城市中核心企业的竞争力。

城市竞争力并不代表城市的综合实力。虽然城市竞争力也是由过去和现在累积而成的，但城市竞争力更加强调未来成长可能和成长速度。城市竞争力是由城市各产业的繁荣、地理位置的优越、历史文化的沉淀、城市的市场规模以及城市政府的管理效率、城市产业效率、产业规模、对创新活动的支持和当地的人力资源质量等涉及城市经济、社会等各方面的因素。但是现在

---

① 王明浩等：《塑造城市品牌，提升城市核心竞争力》，载《城市探讨与研究》2006年第1期，第7页。

城市发展时总是片面强调GDP等经济发展指标,一味模仿吸收发达国家城市建设的实践经验,刻板地模仿和机械地引进使得我国城市建设有一定的盲目性。

城市竞争力也不能单纯地理解为企业竞争力,即过分地强调城市之间在争夺资源中优胜劣汰的竞争关系,其实一个城市的崛起并不一定代表另一个城市的衰落,从这个意义上说城市之间的竞争与企业之间的竞争并不相同,即使在吸引外资方面,城市间的竞争并不是零和博弈,即并不一定是非此即彼的关系。

中国大规模的城市化加速浪潮,加上市场化加快和全球化的深入、工业化升级等和城市政府在地方事务中发挥作用的增强,使得中国的城市竞争力研究需求强于其他国家。随着我国城市逐步融入全球城市体系当中,城市间的竞争进一步加剧,树立城市资源观念,发挥城市资源经营在城市发展中的主导和基础作用,提升城市的品位和形象,增强城市的竞争力,必将是新世纪我国城市发展的主导方向。经营城市资源就是政府运用市场经济的手段,对城市的自然资源、基础设施资源及人文资源进行市场化运营,以实现城市资源的优化配置和有序利用,从而提升城市的竞争力。

(二) 强调城市发展中的去同质化问题

眼下我国城市建设规划千城一面,无论新城建设还是旧城改造都难以寻找到城市的文化特色。在20世纪末的城市发展规划浪潮中,全国有几十个城市无视自身文化传统,纷纷扬言要把自己建设成"现代化国际大都市"。大规模地拆除重建、高层建筑林立、开发区遍地开花等对城市建设方向上的偏差,致使城市从形态到功能出现趋同现象,城市建设缺乏个性,城市建设中人文精神缺失。

同时随着旅游开发的过度商业化,许多祖先留下的最可贵的历史和文化遗产正在日渐消失,一些民族传统文化正逐步走向"空心化",旧城改造规划更是严重脱离现实,完全抛弃了自己的传统文化,一味追逐"现代化",结果造成城市文脉中断。

城市是人的物质寓所,同时也是人的精神家园。城市归根到底是历史,是文化,而不是工厂引进的流水线。任何技术都可以引进,唯独一个城市特有的文化特色不可引进。在城市规划建设中,保持自己的特色,对于以后的经济发展、文化传承都将具有巨大的利益。我国的城市大都具有深厚的文化底蕴、悠久的历史背景和丰富的人文景观。所以，我国的众多城市政府应该将自己最独特的文化特色在规划中加以继承和发展，突出适合自己城市发展的文化特色，加强自身城市的竞争力。

六、提高城市竞争力的思考

（一）确定城市品牌，凝聚城市发展特色

成功的城市竞争力无不有着独特鲜明的品牌定位。如伦敦的"创意之都"、香港的"亚洲国际都会"，一个个响亮的城市品牌，代表的就是这些城市独特的发展模式。能否突出城市特色，展现独一无二的竞争力形象，正是一个城市能否成功塑造城市竞争力的关键。

城市竞争力的品牌定位就是为城市在众多城市中选择一个有利于自身生存和发展的空间，或者说是城市传达给投资者、人才的独特点，它若能准确地击中投资者、人才的内心需求和情感，就会形成准确有力的城市品牌而使城市为投资者、人才所接受。科学定位城市竞争力品牌，一要找准个性，这样城市竞争力才会有一定的形象和灵魂；二要看清存在的问题，这样才能有效地排除城市竞争力与投资者、人才情感沟通的障碍。[①] 当前城市竞争力品牌定位有以下类型（见表16.1）：

表16.1 城市品牌定位的类型

城市品牌定位的类型（5大类16小类）		城市品牌定位的典型案例
企业型城市品牌	民营企业型城市品牌	"通用、福特、克莱斯勒"底特律，"五朵金花"青岛
	国营企业型城市品牌	"红塔集团"玉溪，"宝钢集团"宝山
产业型城市品牌	传统式产业集群型城市品牌	"小商品基地"义乌，"打火机产业基地"温州
	开放式产业集群型城市品牌	"印刷强市"东莞，"制造业名城"佛山

[①] 李成勋：《城市品牌定位初探》，载《市场经济研究》2003年第6期，第8页。

城市品牌定位的类型（5大类16小类）		城市品牌定位的典型案例
人居型城市品牌	气候型城市品牌	"冰城"哈尔滨，"春城"昆明
	环保型城市品牌	"世界环境500佳"大连，"首个国家卫生城市"威海
	安全型城市品牌	"中国首个凭公共安全度获联合国人居奖的城市"南宁
	幸福型城市品牌	"人间天堂"杭州，"天府之都"成都
旅游型城市品牌	地貌型城市品牌	"桂林山水甲天下"桂林，"东方威尼斯"苏州
	历史型城市品牌	"九朝古都"洛阳，"六朝古都"南京
	人物型城市品牌	"孔子的故乡"曲阜，"鲁迅的故乡"绍兴
服务型城市品牌	文化型城市品牌	"创业之都"深圳，"浪漫之都"巴黎
	商务型城市品牌	"国际金融中心"纽约，"国际金融、贸易中心"上海
	会展型城市品牌	"国际会议中心"日内瓦，"博鳌亚洲论坛"博鳌
	交通型城市品牌	"国际航空港"法兰克福，"中国交通枢纽"郑州
	娱乐型城市品牌	"国际影都"洛杉矶，"舞蹈之都"贵州

资料来源：吴金明、赵俊：《城市品牌定位的理论基础与模型构建》，原载于《生态文明视角下的城乡规划——2008年中国城市规划年会论文集》，第4—5页。

（二）选择城市塑造模式，明确城市发展路径

所谓城市竞争力塑造模式就是要明确城市竞争力的塑造路径。城市的塑造模式主要有以下四种：

大连模式——环境经营改变城市面貌。大连以得天独厚的自然地理和环境优势，从环境综合治理、改善人居环境和投资环境入手，通过塑造城市形象和城市品牌，以城市的知名度和品牌吸引国内外商家来此投资，吸引国内外游客来观光、游玩和购物，从而为城市的发展争取到足够的资金，带动整

个城市的经济和社会发展,带动产业品牌和产品品牌。① 其发展的路径为城市经营、规划、管理—环境改善、优化—产业发展。

青岛模式——凸显城市竞争力,促进产业发展。青岛凭借自己多年来培育出的名牌企业,从产品品牌入手,通过品牌产品的示范效应带动其他产品品牌的发展,或者吸引外来投资,逐渐形成产业品牌,与此同时,通过品牌经济的全面发展打造城市品牌。其发展的路径即是产品品牌、产业发展—相关产业发展—第三产业发展—城市规划、建设与管理—环境的改善与优化。②

曲阜模式——突出特色优势,打造特色名城。无形资产是经营城市的重要内容之一。山东曲阜利用孔子故里和历史文化名城的特色优势,把城市个性、城市文化作为城市重要的无形资产来经营。通过围绕古迹建设特色街区、建立孔子研究院等举措,从而形成了城市的特色,提高了文化品位,也吸引来各方的投资者,为城市建设聚集了充裕的资金。

东南沿海城市模式——从产业集群的发展开始起步,产业集群的发展形成了产业品牌,从而形成城市品牌竞争力,最后在集群的竞争中产生产品品牌。其发展路径为产业集群发展—产业品牌—城市品牌—产品品牌。

以上四种城市竞争力塑造模式是四种不同的发展道路,每一条道路的选择、发展和结构表现都不尽相同。从品牌塑造的推动主体看,从环境经营模式、产品经营模式到产业经营模式政府的作用依次减弱,市场的作用依次增强。从城市的基础条件看,环境经营模式要求城市本身具备一定的比较优势,尤其是市场方面的优势,并且时机恰当;产品经营模式要求城市有一定规模的企业基础和企业家队伍;产业经营模式要求市民具有创业意识、商业意识,并且能够找准城市的传统特色和优势。四种竞争力塑造模式各有利弊,不同的竞争力塑造模式需要不同的城市基础和发展条件,城市在进行竞争力塑造时应根据各自城市的特征选择合适的竞争力品牌塑造模式。

(三) 制定城市发展战略,增强城市发展实力

每一个城市都有自己的经济社会发展战略,并通过经济社会发展战略的研究确定城市发展目标,城市发展目标确定的依据是城市的资源、城市的地

---

① 赵小明:《经营城市的理论与实践》,中国人民大学出版社 2006 年版,第 13 页。
② 郝胜宇:《国内城市品牌研究综述》,载《城市问题》2009 年第 1 期,第 25 页。

理位置、城市的对外交通条件、城市的经济基础、城市的文化积淀、城市的发展趋势以及城市在区域乃至全国的地位等等。对这些因素,每一个城市在制定城市发展战略时都应该予以充分分析,是优势,要研究如何发挥;是劣势,必须正视,不能回避。制定城市发展战略的关键一点就是要根据城市的特色确定合理的发展方向,突出的城市特色也是城市的品牌和城市的标志。如苏州高新技术工业区的建成,上海浦东新区的开发等诸多战略的实施,都充分说明了科学合理的城市发展战略对于提升城市品牌、提高城市竞争力、推动经济发展具有重要意义。

(四) 打造城市品牌,提升城市核心竞争力

城市品牌就是人们对城市整体的一种感知,是城市本质的某种表现,是对城市的一种识别,是城市特有优势的一种体现;城市品牌将某种形象和联想与这个城市的存在自然联系在一起,让它的精髓融入城市的每一座建筑中,让竞争与生命和这个城市共存。城市品牌是城市的无形资产,在城市品牌战略和经营城市的理念之下,城市的无形资产正在日益受到人们的重视。城市的有形资产有限并且可能产生损耗,比如城市的土地、能源等;而且在城市之间的竞争日益激烈的大背景下,城市仅仅利用有形资产参与竞争将无法建立起竞争优势。无形资产则是城市在竞争中取得有利地位的重要支撑要素。每个城市都有其不可复制的发展历程和传统文化,这就形成其特有的城市品牌。

城市品牌对城市的发展是一种积极的力量,其本质是一种"文化力",主要表现在以下三个方面:第一,凝聚力。凝聚力主要是作用于城市内部,一个良好的城市品牌对于城市的居民具有鼓舞作用,能激发他们热爱城市、建设城市的热情。第二,吸引力。这是城市品牌作用于城市外部的一种向心力。良好的城市品牌使外界的人羡慕、向往这个城市。第三,辐射力。这是指城市对外的扩散力。城市品牌的内涵越丰富、认同性越强,其辐射力也就具有越大的潜能,从而具备在适当的社会、经济和技术条件下发生作用的基础。[①] 城市品牌的凝聚力、吸引力和辐射力集结起来支撑了城市的核心竞争力。因此,塑造一个城市的品牌可以打造一个城市的特色与个性、增强一个

---

① 以上内容主要参考李成勋:《城市品牌定位初探》,载《市场经济研究》2003年第6期,第8—9页。

城市的不可替代性、使城市具有竞争优势，同时还可以加强与周边城市的共生性和协作性，从内部外部同时提升城市的核心竞争力。

随着全球化和世界性城市化浪潮的推进，城市竞争日趋激烈，城市与城市之间正从经济竞争走向以文化为核心的综合竞争。注重城市总体形象的树立和城市整体品牌的营造，是体现城市文化价值的重要方面。提高城市文化品位，精心塑造城市形象和打造城市品牌对于提升城市的竞争力，尤其是城市核心竞争力具有重要意义。

（韩坤）

参考文献

[1] 张波、刘江涛：《城市管理学》，北京大学出版社2007年版。

[2] 陈寿灿：《建设城市文化与提升城市竞争力》，《浙江学刊》，2002年。

[3] 赵灵敏：《制度这个核心因素——专访耶鲁大学金融经济学教授陈志武》，《南风窗》2006年第6期。

[4] 黄江松：《城市营销提升城市竞争力的作用机理分析》，《政府改革与创新》2009年第1期。

[5] 袁国敏：《城市核心竞争力探析》，《辽宁大学学报》2005年第1期。

[6] 朱鸣、郭凤典、阚雅晗：《关于城市核心竞争力的思考》，《现代城市研究》2004年第9期。

[7] 史及伟：《杭州人文精神与经济社会发展》，《中共杭州市委党校学报》2003年第1期。

[8] 杨开忠：《像营销企业一样营销地方》，《市场报》，2001（8）。

[9] 黄蔚：《论城市品牌》，《城市竞争力》2005年第3期。

[10] 陈建新、姜海：《试论城市品牌》，《宁波大学学报》2004年第3期。

[11] 王明浩等：《塑造城市品牌 提升城市核心竞争力》，《城市探讨与研究》2006年第1期。

[12] 李成勋：《城市品牌定位初探》，《市场经济研究》2003年第6期。

[13] 吴金明、赵俊：《城市品牌定位的理论基础与模型构建》，载《生

态文明视角下的城乡规划——2008年中国城市规划年会论文集》,大连出版社2008年版。

[14] 赵小明:《经营城市的理论与实践》,中国人民大学出版社2006年版。

[15] 郝胜宇:《国内城市品牌研究综述》,《城市问题》2009年第1期。

[16] 张艺:《城市品牌建设与城市文化研究》,《品牌战略》2009年第1期。

[17] 蒲实:《争创世界名牌城市》,《成都经理日报》2002年第12期。

[18] 陈跃兵:《论中国城市品牌的发展》,《生产力研究》2004年第11期。

[19] 刘彦平:《城市营销战略》,中国人民大学出版社2005年版。

[20] 李怀亮、任锦鸾、刘志强:《城市传媒形象与营销策略》,中国传媒大学出版社2009年版。

[21] 单霁翔:《从"功能城市"走向"文化城市"》,天津大学出版社2007年版。

[22] 张洛锋、张仁开:《城市核心竞争力的文化视角》,《北方经贸》2005年第10期。

[23] 李长坡、王云、殷学勇:《城市化与城市竞争力关系的实证研究——以武汉市为例》,《云南地理环境研究》2009年第2期。

[24] 萧明:《城市空间文脉与城市特色》,《江苏城市规划》2006年第5期。

[25] 杨子杨:《聚焦2009城市竞争力》,《中国科技投资》2009年第5期。

第十七章　中国城市交通问题

城市交通是一个城市发展的基础和前提，是城市经济活动和居民生活必不可少的社会公共资源，也是构成城市总体环境的必备要素之一。目前，我国经济的持续高速发展和人口规模的不断增长，给城市带来了空前的交通需求。然而，我国城市普遍存在道路建设相对缓慢，停车配套标准不高等问题，致使城市交通供给不足，供求矛盾日益尖锐。

一、案例导入：北京市的交通发展

作为全国经济最发达的城市之一，北京是全国乃至世界的交通枢纽。全市公路、铁路、航空和通往港口的运输四通八达。

（一）北京市交通发展现状

北京拥有具备国际和国内枢纽双重功能的综合性枢纽机场——首都国际机场，这是中国航空枢纽和周转中心，目前已开通800多条国际国内航线，通往世界主要国家及地区和国内大部分城市，2008年首都国际机场航班起降43.2万架次，进出港旅客5594万人次；作为中国铁路网的中心之一，北京铁路枢纽现有京山、京九、京广、京原、丰沙、京包、京通、京承、京秦、大秦线10条干线，全市铁路总里程962公里。在既有铁路基础上，积极推进京津区域快速铁路的建设。2008年8月1日全长120公里的京津城际高铁正式开通，将京津两大直辖市的通车时间缩短为半个小时，加速了两地的经济大融合，也为环渤海经济圈注入了活力；全市公路网络由国道（主干线）、市道、县道和乡道组成，公路与城市道路的交接点在五环路上。规划全市公路网总里程约为22000公里，公路网密度约为1.34公里/平方公里，其中，由国、市道系统组成的干线公路网总长度约为3000公里。国道系统是国家公路网和战略性快速通道系统的组成部分，由3条国道主干线和8条国道组成。市道系统是中心城与新城之间，以及北京与邻近省市之间的主要通道，由1条环线（即五环路）、16条放射线和20条联络线组成。

据2009年北京市统计年鉴数据显示，截止到2008年底，北京市机动车保有量为350.4万辆，比2007年增加37.6万辆，上升12.0%。与2000年比较，7年来机动车保有量增加了192.6万辆，平均每年增加24.1万辆，平均递增10.5%。目前，北京市已初步建成公共交通为主体、轨道交通为骨干、多种运输方式相协调的综合客运交通体系。由地铁、轻轨、市郊铁路等多种方式组成的快速轨道交通网覆盖中心城范围，并连接外围的通州、顺义、亦庄、大兴、房山、昌平等新城。建成的地铁和轻轨共9条，分别为北京地铁1号线、2号线、八通线、13号线、5号线、8号线、10号线、4号线及地铁机场线。按快线、普线、支线三级系统进一步完善地面公交线网结构，动态调整优化全市公交线网布局。2009年，北京市公共交通运营里程1.75万公里，运营线路823条，运营车辆共2.05万辆，其中轨道交通1130辆；年客运总量48.8亿人次（其中轨道交通客运量6.5亿人次）。出租车运营车辆6.66万辆，年客运量6.41亿人次。2010年上半年公共交通出行比例为39.3%（其中轨道交通分担出行量的11%），较2005年29.8%增长了9.5个百分点。

（二）北京市交通发展历程

中华人民共和国成立以来，北京市城市交通分别经历了不同的发展阶段。按照交通方式所占比例，可以将其划分为以下三大阶段。

1. 非机动化交通阶段（1949—1980年）

在这个阶段中，北京市的城市道路格局基本形成，道路交通面貌有了较大改善。中华人民共和国成立后到改革开放初期，随着国民经济的逐步恢复，北京市以东西长安街、南北中轴线及二环路为骨架，初步形成了棋盘形的路网格局。中华人民共和国成立初期，北京市常住人口只有209.2万人，城市规模较小。这个阶段的交通结构以步行、自行车等非机动化的交通方式为主，机动车增长十分缓慢，交通出行量增长平稳。

2. 公交与慢行交通为主的阶段（1980—1990年）

改革开放以来，北京市经济发展速度加快，公共交通的发展进程也逐步提高。以1986年居民日常出行为例，出行方式以自行车、公共交通为主，其中自行车比例最高达62.7%，公共交通占28.2%，小汽车约占5.0%。这个阶段的交通出行量出现明显增长，形成以公共交通与非机动化交通为主的交通结构。机动车出现稳步增长态势，但私人化水平低。

3. 机动化交通为主阶段（1990年至今）

20世纪90年代以来，伴随着城市规模的不断扩大，北京城市道路系统建设进入高潮期，二环、三环、四环及五环路实现全线通车，北京市形成了环线加放射线的路网主骨架格局。以2000年居民日常交通为例，居民出行方式仍以自行车和公共汽车为主，但各交通方式比重构成发生较大变化，自行车比重大幅下降，小汽车及出租车的比重上升较快，在居民出行中占据日益重要的位置。尤其是进入21世纪以来，北京市私人机动车拥有量呈现出持续增长的势头，北京交通进入到私人小汽车占据优势的机动化发展进程。此外轨道交通在这一阶段也得到了大力发展，各条地铁线路的开通运营使得轨道交通网络得到进一步拓展。

（三）北京市交通所面临的问题

由于历史因素及现代经济的快速发展，北京市目前面临着诸多的交通问题，以交通拥堵为首，造成了诸多不良影响。

1. 居民出行时间成本增加

北京现有2000多万常住人口，2010年前4个月，共有24.8万辆新车注册，平均每天增加2100辆新车。尽管政府出台了限行政策，但道路上的私家车数量仍在与日俱增。交通拥堵现象十分普遍，给城市居民出行增添诸多不便。据最近对北京市居民的一次民意调查显示，有69%的北京人会选择放弃开车回家，84%的居民称平均每天需要花费1小时在交通上，拥堵的交通情况甚至影响他们在工作和学习上的表现。

北京市400多万辆机动车中的80%以上集中在六环以内，高度密集的出行量也增大了交通事故发生的可能性。2009年北京市共发生交通死亡事故3812起，受伤4420人，死亡人数达981人。机动车交通事故占总数的78%，共发生2970起，造成3584人受伤，861人死亡，直接经济损失达2043.4万元。

2. 高额的社会成本

与国外同类其他城市相对照，北京市的公共客运交通系统基础相对薄弱，存在以下问题：公共交通管理水平难以适应现代交通发展要求；对客货运输组织的交通出行引导缺乏科学有效的管理手段；交通信号、标志、标线设置没有统一规划；交通法规标准体系不够健全；对交通参与者的交通法制普及不够深入。目前北京市轨道交通承担日常出行量份额不足5个百分点，地面公交系统结构单一，难以充分满足日常出行的多样性要求，也难以应对私家车的强劲挑战。

由于北京市具有3000年的建城史及800年的建都史，北京市路网格局受众多历史遗迹的影响而无法满足高效的交通需求。北京市中心区城市功能的过度聚集和土地的超强度带来了交通出行的高度集中，三环以内集中了全市出行量的50%。而交通基础设施的建设与调整明显滞后于城市发展，客观上助长了中心区超强度开发，进一步加剧了交通拥堵状况，尤其是在早晚交通流量高峰期间，整个城区的道路90%以上都处于饱和或超饱和状态，全市路网平均负荷可以达到70%，一些路段车辆的通行时速降到10公里以下，极大地影响了城市生活、生产活动。道路拥堵一方面降低了机动车的机动性优势，另一方面也加大了时间和经济成本的损耗。据中国社科院数量经济与技术研究所推算，北京交通拥堵每天造成社会成本4000万，每年的损失达146亿元。

3. 大气污染等环境问题加剧

日益增加的私家车给北京环境带来了极大负担，机动车拥有量不断增多，不仅加剧了交通拥堵情况，更造成了北京市大气环境的污染，机动车污

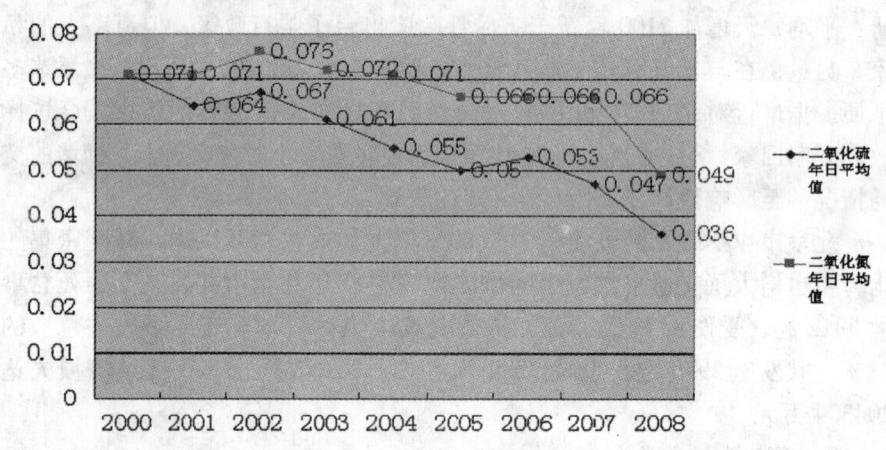

图17.1 北京市历年大气环境基本指数（2000—2008年） 单位：毫克/立方米
资料来源：北京市统计年鉴，2009。

染排放已成为北京市大气污染的主要污染源之一，车辆排放废气中的一氧化碳、碳氢化合物、氮氧化物等有害气体是大气污染的主要成分。尽管经过近

几年的治理，北京市大气环境的污染状况已得到了有效的控制，但仍高于国外同类城市的大气污染指标（见图17.1）。此外城市交通带来的噪声污染也日益严重，噪声引起听觉疲劳，严重者甚至会造成听力损伤，对城市居民的身心健康产生不良影响。

北京城市交通中所存在的问题已经影响到城市功能正常有效的发挥，这些问题既有北京市本身的个性特征，更显示出全国各大城市交通中存在的共性问题。

二、城市交通与城市发展的关系

城市发展与交通有着密切关系，城市交通不但是城市功能中的重要组成部分，其在城市的发展历程中也具有举足轻重的作用。完善、便捷的城市交通网络可以将城市的生产、生活有机地联系起来，提高城市的经济效益和社会效益。

(一) 城市交通演变特征

依据不同标准，既可将城市交通划分为市际交通和市内交通，也可划分为动态交通和静态交通。市际交通指城市间的交通；市内交通通常包括公共交通和私人交通。在城市交通的规划中，要统筹动静交通，在城市的出入口处、居住区及交通集散地布置充足的停车泊位。

1. 城市交通发展轨迹

城市交通作为城市大系统的一个重要组成部分，其发展演化与城市发展是一体和同步的。依据城市发展所经历的不同阶段，可以将城市交通的发展轨迹划分为以下几个阶段。

（1）前汽车时代

前汽车时代所对应的是城市的前工业社会，即从奴隶社会到工业革命之前。这个时期的城市其主要功能在于政治和宗教方面，经济功能并不突出，仅作为农产品或手工制品的集散地。前工业时代城市的市政设施简陋，规模普遍偏小，居民生活条件落后。前汽车时代的城市交通主要的交通方式是步行和畜力，由于城市规模相对较小，平均出行距离较短，城市交通对城市发展所起的作用微乎其微。随着马车、轮车等道路交通工具的相继问世，道路交通逐渐成为城市交通的主要组成部分。城市交通的功能主要是通过道路的结构形式体现交通组织的功能,同时也表现出对社会形态的反映。① 这个时期的城市道路布局更主要的是为政治需求服务,为促进经济发展的交通需求往往搁置于第二位。

(2) 汽车时代

从工业革命到 20 世纪中叶属于工业社会,城市数量猛增,规模也迅速扩大,一跃成为机器大工业中心和商业贸易中心。这一时期的城市建设普遍较为完善,居民生活条件得到极大改善,这其中也包括交通方面。随着经济的进一步发展,城市对外交通和内部交通的需求日益扩张,城市交通在这一时期发挥着日益重要的作用,逐步成为城市的主体功能之一。科学技术的发展促进了交通工具的更新,如马拉公共汽车、蒸汽火车、内燃机车、电车、电力火车、公共汽车、地铁、私人小汽车等交通工具相继出现,尤其是19世纪末汽车的出现,在缓解交通需求的同时也改变了城市居民的出行方式。从此交通引起的集聚和扩散效应就成为影响城市形态演变的重要因素。而由于城市交通工具的增加也给城市带来了诸如拥堵、噪声污染等交通问题。

(3) 现代综合交通阶段

从 20 世纪中后期开始,城市发展进入后工业时代,其主要特征是第三产业尤其是信息产业作为新兴产业在城市经济中所占份额日益扩大。随着城市规模的进一步扩大和相关技术的推广,各种交通方式之间实现了合理衔接,航空、铁路、水运、公路等对外交通与市内交通也开始相互协作。日益膨胀的交通需求促使城市交通工具和出行方式呈现多样化,城市交通最终形成多形式、多层次、立体化的综合交通系统。一方面,由轨道交通、公共汽车等公共交通工具所组成的城市公共交通系统,极大增强了城市的集聚力;另一方面,以小汽车为主的私人交通工具增强了城市的扩散能力,使城市从单中心的同心圆结构向分散结构发展。

2. 现代城市交通的发展模式

随着经济的进一步发展,城市化水平持续提高,城市交通需求也因日益繁忙的生活、生产活动而日益增加,选择适宜的交通模式在城市规划中显得尤为重要,目前城市交通模式的选择大致可以分为以下三类。

(1) 以小汽车交通为主的发展模式

为解决城市交通拥挤等交通问题,城市通过不断扩建城市道路,以满足

---

① 陈宽民:《城市交通系统理论分析与应用》,西安:长安大学公路学院,2003 年,第 5 页。

日益扩大的交通需求。然而有限的土地资源决定了道路不可能无限制提供，此外这种治标不治本的方式，在一段时期内降低出行时耗后，又会因新的出行需求恢复交通拥挤状态。这种战略模型主要以美国小汽车交通模式为代表，其交通工具以小汽车为主，其城市布局较为分散，城市人口和建筑密度均维持在较低水平。这种交通模式无法彻底解决城市交通问题，并使城市陷入到"交通拥堵—道路扩建—机动车数量增加—交通更拥挤"的恶性循环。

(2) 优先发展城市公共交通的模式

优先发展城市公共交通模式是以公共交通为城市交通布局的重点，通过网状式的公共交通路线将城市交通串接为一个整体。其主要以公共交通作为城市出行的主要方式，通过对城市高密度、多中心的开发，实现城市布局的优化。通常这种模式在一些人口密度和建筑密度较高的城市中较为常见，例如我国的香港就是采用这种大力发展公共交通，控制个体交通的模式。由于香港的土地资源有限，扩大道路建设的余地不大，因此为满足高度集中的交通需求，香港的土地使用具有高密度、多中心的特点。大力倡导城市居民在出行时选择公共交通，尽量减少对私家车的使用。通过改善公共交通，提供高容量的快速公交及地铁，满足城市居民日常出行需求。此外通过提高汽车燃油税，控制市中心停车场的数量等措施，有效地减少私家车的使用频率。

(3) 多种出行方式与轨道交通的换乘模式

多种出行方式与轨道交通的换乘模式是在世界铁路大发展时期所形成的，通过构建从市中心向城市外围辐射的交通网络，将轨道交通作为市内交通的重要组成部分，实现大容量轨道交通与其他出行方式的换乘衔接。汽车出行者多在城市中心区停车场进行停车换乘，常规公共交通则主要在轨道交通各站点进行接驳。这种模式的典型代表有英国伦敦、日本东京及瑞典的斯德哥尔摩。[①] 其中英国伦敦的轨道交通规模高度发达，几乎相当于我国目前所有城市轨道交通的总量。通过在各枢纽设置适当的换乘站点，实现了各种交通方式的有序衔接。伦敦这种将铁路车站、地铁站与公交站点和小汽车停车场结合的模式值得我国城市借鉴。

(二) 城市交通对城市发展具有重要作用

城市既是人口集聚地，又是产业集聚地，既是物质和服务的生产者，同

---

① 罗伯特·瑟夫洛:《公交都市》，中国建筑工业出版社2007年版，第25页。

时也是物质和服务的消费者。为保证正常的生活、生产活动，每个城市都必须不断地与其他城市或村镇进行物质、服务的交换。这种空间上的相互作用必须借助于各种交通工具才能完成。因此作为支撑城市活动最主要的基础设施之一，城市交通在城市发展中发挥着非常重要的作用，集中表现在以下几个方面。

1. 城市交通对城市发展阶段的影响

城市交通的发展及结构演变对城市规模的发展变化有着极大影响。在城市发展的不同阶段，城市交通也发挥着与之相应的功能。在农业社会，城市规模较小，城市产生的基础多为政治和宗教因素，经济因素占次要地位。这个时期的城市交通工具和出行方式主要是畜力和步行，其功能主要是通过道路的交通组织功能来体现政治需求。直到工业革命发生和蒸汽机作为交通的牵引动力后，城市才得到真正迅速发展，城市的经济功能也逐渐居于主导地位。城市规模的扩大和人口的不断增加使得城市的运行效率成为城市发展中的关键因素。而城市的运行效率在很大程度上取决于城市交通的效率，因而交通就逐渐成为城市的基本功能之一。城市交通的效率不但受交通方式的影响，更重要的在于道路等交通设施的规划。在进入信息社会之后，人们出行的需求呈现多样化特征，城市交通也相应为居民出行提供了多层次的选择。在这一时期，城市交通不只是被动地满足城市发展需求，二者开始呈现一体化趋向，相互促进，互为因果。

2. 城市交通对城市空间形态的影响

城市交通对城市空间具有支撑作用，其影响主要表现在：城市出行方式决定了出行速度从而决定了城市的空间规模；通过对城市交通的合理规划可以使城市布局结构走向合理化。《雅典宪章》中指出城市功能可以划分为居住、工作、游憩和交通四大类，并着重强调了城市交通对城市活动的重要作用，据此《雅典宪章》提出了城市功能分区的思想。[①]

城市交通作为城市复杂系统中的一个子系统，既包括城市内交通基础设施水平、交通工具、交通方式结构及交通管理水平，又包括城市交通在整体上与城市发展的匹配程度。城市交通并不是单纯处于城市发展的从属地位，其在城市空间演化过程中起着重要的引导和拉动作用。从古代以步行和马拉

---

① 城市规划资料集编委会：《城市规划资料集第一分册总论》，中国建筑工业出版社2005年版，第54页。

车等非机动化交通方式为主的出行结构到自行车、有轨电车的盛行，再到现代城市所大量使用的小汽车、大容量公共汽车以及地铁、轻轨等的发展过程中，交通方式在城市空间演化中都产生了深远的影响。在前工业时代，城市居民出行受交通工具的速度影响，活动范围被限制在狭小的区域内，步行和马拉车等交通方式在一定程度上阻碍了城市空间向外扩张的能力。工业革命之后，有轨电车和铁路的出现极大地促进了城市化和工业化的发展，对城市空间的扩大产生了积极影响，城市空间开始沿着铁路轨道逐步向外扩张。[1]而随着小汽车在城市交通方式中所占比重的逐步提高，城市空间因其所具有的快捷、便利的交通特点，呈现出多中心、带状的复合扩张模式。

3. 城市交通对城市经济发展的影响

作为城市的脉管与神经，城市交通在城市经济中发挥着重要作用，各种经济活动在必要的交通条件下才得以进行。交通运输是一个国家和地区经济发展的必要前提，具备良好交通条件的城市在产业升级中也具有充分的优势。与传统农业生产相比，现代化大生产对于交通运输有更高的要求。根据工业布局的一般规则，城市交通便利的地区通常会成为工业选址的最佳地点，而随着该地区工业的不断聚集，也对城市交通提出了新的要求，从而推动城市交通的不断发展和完善。在城市实现规模经济和聚集效应的同时，也为交通事业的进一步发展提供了现代化的技术、资金以及市场需求。从这个角度来说，现代化大生产和交通运输的发展可以说是相辅相成，互为因果。

此外完善的交通体系既可以提高城市日常运转效率，合理利用城市土地资源，对于吸引投资也具有重要作用，通畅的城市交通是城市竞争力的有力体现。由于城市交通会对企业的生产、运输成本产生极大影响，一个城市是否具备方便快捷的城市交通，投资者在权衡投资地点时会将其作为重点考虑因素。从这个意义上来讲，城市交通不但在运输人员、物资方面对城市经济的效率有直接影响，作为构成城市软实力的重要因素之一，在城市招商引资过程中也产生着重要影响。

---

[1] 黄建中：《特大城市用地发展与客运交通模式》，中国建筑工业出版社 2006 年版，第 55—56 页。

三、我国城市交通面临的主要问题

自改革开放以来，我国城市化水平得到了极大提高，但这一过程中也出现了各种各样的问题。其中城市中出现的各种交通问题成为推进城市化向更高阶段发展的障碍及瓶颈。

（一）城市交通拥堵严重，城市活动效率下降

由于我国在城市化发展之初，并没有协调好城市布局与交通规划的关系，致使城市中心区功能过度集中，交通拥堵的现象日益严重，尤其是在居民上下班出行的高峰期，拥挤堵塞已成为常态。在我国城市化进程初期，城市布局大多呈单中心集中紧凑型。这种布局模式虽然在城市发展初期可以实现城市功能的高效综合，但随着城市人口密度的提高和城市交通量的扩大，中心城区的交通压力日益加大，由此产生大量的"潮汐式"交通，严重降低了城市交通体系的稳定性和城市交通效率。

此外随着我国经济发展水平的不断提高，城市人口、经济、机动车增长速度均达到空前水平，城市交通需求迅速增长。尽管城市交通供给已有很大程度的改善，但各种车辆的增加速度要远大于城市道路建设速度，城市道路容量无法满足城市发展需求，城市交通拥堵现象时常发生，严重影响城市的正常运转效率。全国31个百万人口以上的特大城市，大部分交通流量负荷接近饱和，有的城市中心地区交通甚至处于瘫痪状态。我国城市交通堵塞和拥挤现象与城市外围的高速公路网的畅通形成了很大反差。汽车在市中心区耗时量要远大于在市区外，这给城市居民的生活和工作带来极大不便，制约了国民经济的发展。

（二）城市交通事故呈逐年增长之势

目前，因交通车祸造成的经济损失相当惊人。20世纪以来，因车祸死亡的人数达到了2500万。目前，全世界每年大约有20万人在公路上死于汽车交通事故，每两分多钟就有一人因交通事故而丧生；每年有超过150万的人受伤，每隔20多秒就有一人因事故受伤。而中国是世界上汽车交通事故发生频率最高的国家之一。国家公安部交通管理局的统计数据显示，2009年，全国共发生道路交通事故238351起，造成67759人死亡，275125人受

伤，直接财产损失9.1亿元。通过近些年对城市道路系统的完善以及交通执法力度的加强，城市交通事故呈现出逐年下降的趋势。其中2009年全国道路交通事故发生起数与2008年同期相比，下降了10.1%，死亡人数下降了7.8%（见图17.2）。

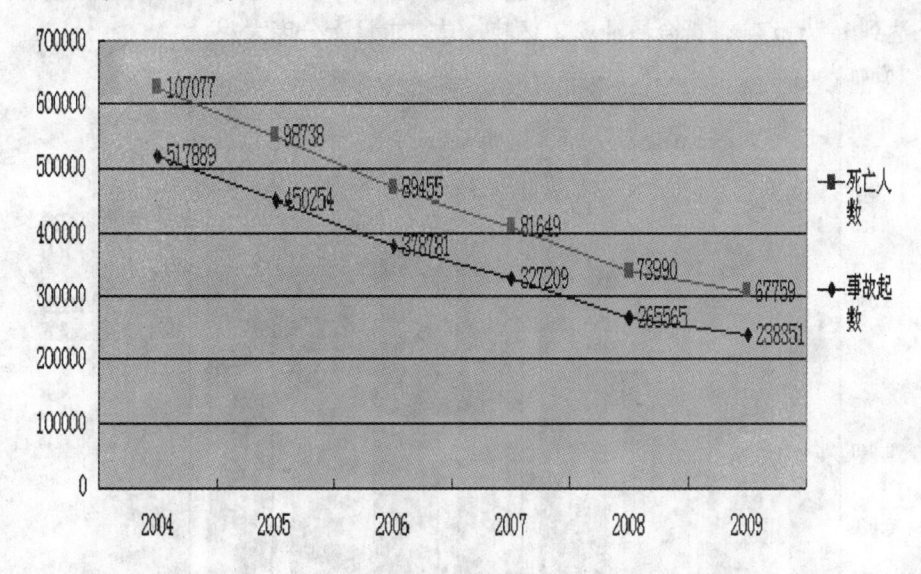

图17.2　2004—2009年全国交通事故起数及死亡人数

资料来源：公安部交通管理局网站。

（三）城市交通污染严重，生态环境受到威胁

随着城市交通的不断发展，在给城市居民出行带来便利的同时，也给城市环境带来诸多问题。城市交通以客运为主，其中以公共交通、私人汽车、出租车为能耗主体，自21世纪以来，城市各交通方式的耗能比例呈现不断上升趋势。据中华人民共和国2009年国民经济和社会发展统计公报数据显示，2008年末全国民用汽车保有量达到7619万辆（包括三轮汽车和低速货车1331万辆），比上年末增长17.8%，其中私人汽车保有量5218万辆，增长25.0%。民用轿车保有量3136万辆，增长28.6%，其中私人轿车2605万辆，增长33.8%。在交通运输活动中，城市是运输网络的重要节点与中心，城市交通是能源消耗和温室气体排放的大户。据调查，我国大部分城市60%的空气污染是由汽车废气引起的（见图17.3）。据预测，到2020年城市居民出行将达到9517亿人次，其中包括2557亿人次的公共交通和小汽车出行，这对于城市环境将产生极大影响。在未来相当长的一段时期内，伴随我国经济的稳定发展，城市机动车拥有量将会快速增长，城市交通能源消费相应会持续快速增长。交通运输行业在我国国民经济中是耗能大户，每年耗费汽油、柴油占全国能源消耗总量的35%左右，预计到2020年交通耗油将达到1.76亿吨，折合原油3.2亿吨，总需求量十分庞大。①

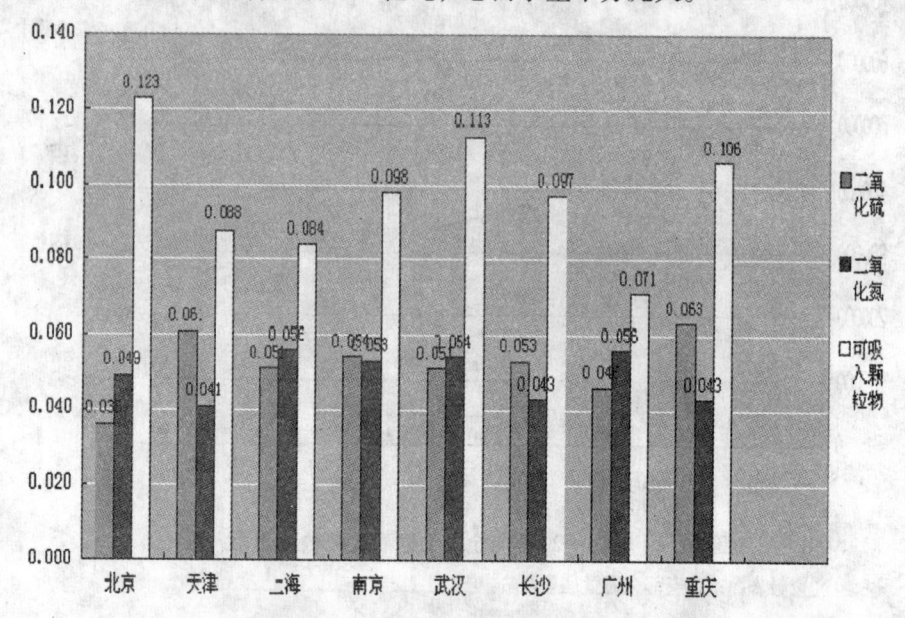

图17.3　2008年主要城市空气质量指标　单位：毫克/立方米
资料来源：《中国统计年鉴2009》，中国统计出版社。

（四）公共交通萎缩，城市综合交通系统尚未建立

依据城市消费维权联盟于2009年10月公布的中国城市居民出行方式选择倾向调查报告，中国城市居民在日常出行中，47.5%的居民愿意选择公共交通，23.1%的居民会选择私家车，8.1%选择出租车方式，只有21.1%的居民愿意采取步行、自行车非机动化的出行方式。而目前我国各大城市的交通结构普遍存在常规公共交通发展缓慢的情况，主要表现在缺乏公交专用车道，公共交通服务水平不高、轨道交通发展滞后等（见图17.4）。按照发达

---

① 吴文化、樊桦、李连成、杨洪年：《交通运输领域能源利用效率、节能潜力与对策分析》，载《宏观经济研究》2008年第6期，第15页。

国家城市交通发展经验，城市公共交通的基础设施投入应保持在 GDP 的 3%—5% 左右，否则公共交通的一些功能将无法有效发挥。但我国目前用于城市公共交通的投资只占到 GDP 的 1% 左右。尽管大部分城市都制定了"优先发展公共交通，建立以公交为主体多种交通方式协调运行的综合交通体系"的战略目标，但现实的情况是面对小汽车数量的日益扩增，公共交通发展举步维艰，其比重在一些城市中甚至出现下滑的现象。在城市交通的管理层面上，我国城市交通在信息化和智能化管理上发展缓慢，在技术上难以达到对道路、车辆的综合考量，因此城市交通管理常处于被动状态，加剧了交通拥挤的严重，城市交通效率低下。

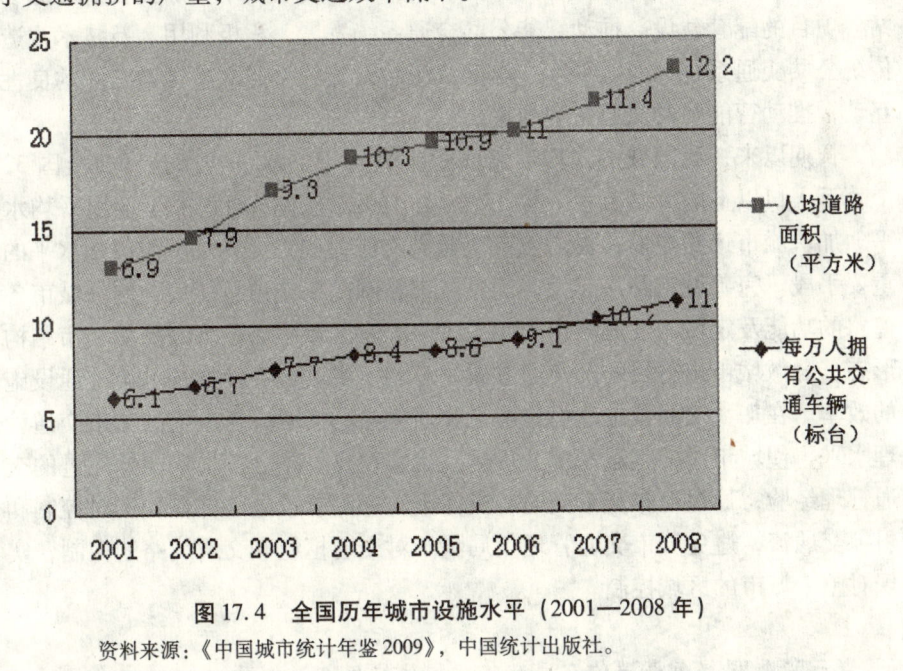

图 17.4　全国历年城市设施水平（2001—2008 年）

资料来源：《中国城市统计年鉴 2009》，中国统计出版社。

四、改善城市交通，实现美好城市的建设目标

城市交通系统是城市重要的基础设施，它实现了城市中人与人、人与物的密切联系，如同经脉一样将城市连接为一个有机整体。只有实现城市交通的最优化，才能让城市居民在更大程度上享受到城市带来的高效优质的服务。

（一）合理规划城市布局，提高城市交通供给能力

建立以社会公共交通网络为主体，以快速交通为骨干，多层次、多元化的交通方式系统。在城市规划中，处理好土地开发与交通流量之间的关系。全面掌握城市客运及货运的交通流量，合理布局城市道路网络和换乘站点。通过发展卫星城镇，缓解城市中心的交通压力，形成多核心的交通运输网络。通过对公共交通场站和配套设施的合理规划，进一步完善城市公共交通基础设施。将公共交通优先发展的战略纳入到城市旧城改造和新城建设的计划中。在新建居住小区、开发区及大型公共活动的场所中，加强公共交通场站各项目的配套建设。推动智能公共交通系统发展，积极利用高新技术改造传统公共交通系统。通过乘客、车辆、场站设施等交通环境要素之间的良性互动，推动智能公共交通系统的建成。

长期以来，我国城市人均道路面积一直处于低水平状态，目前全国32个百万人口以上的大城市中，有27个城市的人均道路面积低于全国平均水平。加快城市道路建设，提高城市交通供给能力成为提升我国城市化水平的重要手段。完善城市路网建设，优化城市路网的整体通行能力，明晰城市各道路的功能及定位。发展城市中心—次中心—区域中心的多级树状城市结构形态，分散城市出行目的及交通方式，有利于更大程度地发挥城市交通设施的效率。在加大交通设施建设，增加交通供给的同时，还应提高城市交通管理水平，使城市中的客运系统及货运系统实现良好整合。借鉴国外先进的交通管理经验，通过遍布城市交通的摄像头、探测器及电子屏幕，实时控制和引导交通流，避免城市交通管理仅局限于对交通枢纽和交通线路的控制，实现对整个城市的区域控制。

（二）提倡绿色低碳的交通方式，构建绿色交通体系

实现城市交通与城市环境的可持续发展，要在城市规划中充分考虑环境因素。扩大自行车道、人行道在城市道路中的面积，增设地下、地面及空中人行通道，形成系统化步行网络为主的绿色低碳交通方式，步行和自行车不但对环境无污染，而且是对健康最有益的出行方式。倡导绿色交通工具是改善城市交通与环境的关键，据估算，城市中每增加1万辆小汽车，要占用30万平方米的城市道路和停车场用地，而且每天要排放60多吨的有害废气物。私家车的增多必然会加重大城市土地、环境、能源等负担，也在一定程

度上加剧了交通问题的严重性。限制私家车的出行，在城市居民中推广天然气汽车、太阳能汽车等利用新能源的汽车，减少对城市环境的污染，构建绿色交通体系是我国发展交通事业所要积极推行的政策措施。

我国城市应抓住建设"资源节约、环境友好"型社会的契机，遵循市场规律，利用经济杠杆，采取多种政策手段相配套，实现城市交通的可持续发展，为应对能源危机，降低碳排放量做出积极的努力。通过稳步增加公交线路、延长营运里程、扩大公交站点覆盖面，优化道路功能等级，改善道路通行条件，为公共交通运行提供高质量的城市道路网系统，加大轨道交通及常规公交车在城市交通中所占比重，能有效缓解道路拥挤的现状。在人口大于300万的城市如北京、上海、广州等城市，有序发展与城市规模和经济发展水平相适应的城市轨道交通，满足人民群众日益增长的出行需要和多样化交通需求。

（三）优先发展公共交通，关注社会公平

集约化运输的公共交通较其他交通方式是更为高效、清洁的绿色交通方式，而人口密度高、城市用地紧张的现状也促使我国城市贯彻优先发展公共交通战略，构建以公共交通为主导的城市交通体系。首先，在政策上给予公共交通更多的倾斜与扶植，坚持以公共交通为主体、个人交通为辅的方针，加快公共交通经营体制的改革，激发公共交通活力，实现城市道路交通资源使用的合理化和高效化。进一步加大城市公共交通政策扶持力度，通过财政支持、补贴制度，对轨道交通、综合换乘枢纽、场站建设以及车辆和设施装备的配置、更新给予必要的资金和政策扶持。由于公共交通事业的非营利性，政府要对公共交通实行适当经济补贴。通过规范的成本费用评价制度和政策性亏损评估制度，对公共交通企业的成本和费用进行年度审计与评价，合理界定和计算政策性亏损，并给予适当补贴。

其次，在法律法规制定上，在城市规划、交通管理、道路建设等各个方面，加快建立确保公共交通优先发展的法律法规体系。在场站建设、车辆配备、设施装备、服务质量等方面，严格按照标准实施建设。确实保障城市公共交通的道路优先使用权，合理设置公共交通优先车道、专用车道等，提高公共交通车辆运营速度和道路资源利用率，确保公共交通车辆的优先或专用路权，将私人交通与公共交通比例维持在一个合理水平。在交通管理方面，开发高科技智能型公共交通系统，推进以智能交通为重点的行业科技进步，

提高运营车辆、运营调度系统、查询系统、场站管理系统的基础设施的科技含量，提高公共交通的服务水平。

最后，要积极稳妥地推进城市公共交通行业改革，通过投融资体制、特许经营制度的改革，鼓励社会各渠道的资本以合资、合作或委托经营等方式参与公共交通的投资、经营中。在公共交通的具体经营中，实行特许经营制度，形成国有主导、多方参与、规模经营的有序竞争格局，为公共交通事业注入市场活力。

（白亚楠）

参考文献

[1] 陈宽民：《城市交通系统理论分析与应用》，西安：长安大学公路学院，2003年。

[2] 罗伯特·瑟夫洛：《公交都市》，中国建筑工业出版社2007年版。

[3] 吴文化、樊桦、李连成、杨洪年：《交通运输领域能源利用效率、节能潜力与对策分析》，载《宏观经济研究》2008年第6期。

[4] 城市规划资料集编委会：《城市规划资料集第一分册总论》，中国建筑工业出版社2005年版。

[5] 黄建中：《特大城市用地发展与客运交通模式》，中国建筑工业出版社2006年版，第55—56页。

[6] 王育：《城市交通与土地利用相互作用的优化整合探讨——以北京为例》，《资源产业经济》2009年第8期。

[7] 罗建科、房新智：《我国城市交通发展模式探讨》，《交通企业管理》2009年第2期。

[8] 张生瑞：《城市公共交通规划的理论与实践》，中国铁道出版社2007年版。

[9] 张波：《城市管理学》，北京大学出版社2007年版。

[10] 陈燕：《城市交通结构现状分析以及发展思路浅析》，《交通财会》2009年第4期。

[11] 曹敏晖：《城市交通存在的问题及对策分析》，《重庆交通大学学报》2009年第1期。

[12] 何凌：《城市化进程对城市交通的影响》，《中国高新技术企业》2009年第12期。

第十八章 中国城市就业问题

山田浩之在《城市经济学》一书中对城市有以下描述:"在城市里,有着完备的像运输、通信网那样的社会资本的各种设施,集中着金融机关和行政机关,还有丰富的劳动力。同时,城市自身又形成一个大消费市场……而且在那里还拥有教育、文化、医疗等服务工作。由于具备了这些条件,无论是作为生产的场所,还是作为生活的舞台,城市都具有很大的吸引力。"城市作为人类与社会关系的集中地,使得城市成为一个庞大的系统。从经济视角予以考察的话,城市既是第二、第三产业的集中地,也是消化新增劳动力使之就业和农村劳动力转移的主渠道。

一、案例导入:"马路经济"对城市就业问题的折射

所谓"马路经济",即是在城市道路旁临时摆设摊点形成的一种经济形式。在"马路经济"中,临时集市、路市、夜市等一直是城市商业的重要组成部分,承载着无数人甚至几代人在城市落脚生根的生存历程,也是就业及创业的重要辅助方式。长期以来,"马路经济"一直游走在法律的边沿,城市管理者与不理解的人常把它与占道经营、无证经营、违法经营相联系,使其处在一个十分尴尬的境地。现实中摆摊人员与城市管理者之间的冲突不断,"马路经济"成为城市管理的一大"顽疾"。

(一)正视"马路经济"存在的矛盾性和合理性

用发展的眼光来看,城市中路边摊贩看似不起眼的经济活动,在城市化进程中却是稳定社会问题的"消化器"。分布于城市各处的"马路经济",尽管为城市的管理增加了难度,但作为城市商业的"末梢神经"[1],它们却是城市活力的一种表达形式。由于有了它们,城市才有了更鲜活、更丰盈的内涵。甚至在一些世界名城已然成为该城市的文化名片。或许正因为此,在对"马路经济"围追堵截之后,各城市管理者与中央政府开始寻找"马路

---

[1] 李扬:《"马路经济"更是"民生经济"》,《新华日报》,2007-5-17。

经济"的可持续发展之路。

2009年7月21日，国务院法制办向社会公布了《个体工商户条例（征求意见稿）》。意见稿称，无固定经营场所的摊贩，也可以申请登记为个体工商户。这项举措，似乎在说明国家大力推进城市化的进程中，发现城市底层人民的经济生活对城市整体经济发展有着至关重要的作用。"马路经济"放开后，无疑会增加城市管理的难度、强度，为城市管理提出不少新的课题。广州、上海、成都等地由当地政府组织进行了各种对小摊贩的管理尝试。城市的各级管理者在完善城市功能上下工夫，为更多的专业市场、便民市场和机动临时市场预留发展空间。

"马路经济"走向何方，社会各界提出了不同的意见和建议：

首先，对于"马路经济"中的小商小贩，他们并不愿意整天提心吊胆、东张西望地卖东西。一个摊贩卖一天的收入也就够一家三口人糊口。在这种情况下，他们更希望能够在人流量大的地方，安安稳稳地摆摊。

其次，如广州市城管局局长所说，"以广州的经验看，周边城区可以试点，但主城区选点困难"。选点要不影响交通、不影响居民生活秩序、不影响市容市貌，按照这"三个不"，主城区几乎无空间可选。如果征求意见稿能够通过，流动摊贩将可以获得营业执照，成为个体工商户，堂堂正正地摆摊做生意。这样，流动摊贩对其他有固定经营场所的经营者的生意很可能产生较大冲击。

按照中国相关法律，取得营业执照后要办理税务登记证，那么对转成个体工商户后的小摊贩如何收费也成为一个焦点问题。现实中，摊贩小本经营，利润十分有限，流动摊贩不愿意办理营业执照的最大原因就在于不愿意也无力承担不算轻的税费。

第三，很多市民对流动摊贩都有着双重感情。住在临近马路楼房的居民每天早晨都会被楼下小贩嘈杂的叫卖声吵醒。并且早市散去后，被丢在路边的烂水果及烂菜叶和着泔水发出的恶臭对当地居民造成不小的负面影响；而来此采购的消费者则认为，每天走最近的路就可以买到生活用品和郊区农民新鲜的蔬菜，减少了中间商的利润。

在城市发展的今天，为了解决城市市场与城市生存两难的问题，一些大城市划定时间、地区，允许流动摊贩进入规范区域经营。此种作法已与国家颁布的《个体工商户条例（征求意见稿）》的部分内容相吻合。但是具体时段、地段的定夺却也并不容易。时间短了、地段偏了，流动小贩不能维持基本的收支平衡，有可能产生"挤出"效应。为了生存流动小贩不得不在城市的其他角落或避开管制时段叫卖，或者干脆脱离管制，继续做流动小贩。

在城市保留和发展适当的"马路经济"，是城市化水平较低的客观现实，在快速的城市化和现代化进程中，保留和发展适当的"马路经济"更具有必要性和长期性。城市管理者要为灵活就业者、自主创业者，尤其是就业困难群体，留出更大的创业空间。正所谓"今日留出三尺地，摊贩他年变老板。"归根结底，需要摊贩跟城市管理者配合，在城市秩序、环境整洁与民众谋生之间取一个平衡点。

（二）"马路经济"再现城市就业结构与就业压力

"马路经济"的繁荣现象，从城市人口（固定人口和流动人口）生存的角度来看，高额的生活成本促使其消费结构转向廉价的马路经济所建立的市场，但是从城市就业角度来说的话，马路经济使城市就业和创业的方式实现多元化。在当前应对金融危机的非常时期，适度放开"马路经济"，对于低学历、低技能、低成本、高年龄的就业困难群体是雪中送炭。

众所周知，随着中国经济的快速发展，产业结构的不断升级，劳动力的就业总量和结构都发生了深刻的变化，在城市经济发展过程中，在新增劳动力、下岗转移劳动力以及农村转移劳动力的综合作用下，中国城市就业结构发生变化，就业压力日趋突出。由于产业结构和就业之间的关联，城市中有的行业在增加投入谋求高速发展的同时，直接创造大量的就业机会；而有些行业增加投入，虽然给本行业直接创造的就业机会不多，但它会直接或间接消耗其他行业的产品，引致其他行业或部门从业人员增加，最终带动整个经济系统的就业增加。而当可提供的劳动力数量大大超过可就业的岗位时，劳动者的就业必然产生巨大的压力。

二、城市就业理论综述

在诸多关于城市就业问题的探讨中，理论界大多认为，协调这样巨大的劳动力供求关系，就是解决城市就业问题的关键举措。关于劳动力就业问题，国外对劳动就业问题的研究主要是从微观和宏观两个方面展开的，微观分析主要涉及劳动的供给与需求，宏观方面主要围绕是否存在失业、失业存在的原因以及如何实现充分就业等理论展开研究[①]。

(一) 城市就业中的劳动力市场

在18世纪和19世纪的古典经济学著作中，劳动力供给理论主要探讨实际工资变化对人口增长的影响以及决定适龄劳动者在总人口中比重的因素，较少涉及劳动力供给数量和质量方面的研究。现代劳动经济学从劳动力参与率、工作时间长短、有效劳动时间等劳动力供给的数量方面和劳动力素质等劳动力供给的质量方面出发对劳动力的供给进行了研究。而劳动力需求是一种派生需求，它是由于对商品与服务的需求而导出的对劳务的需求。实现供求关系的劳动力市场，是交换劳动力的场所，即具有劳动能力的劳动者与生产经营中使用劳动力的经济主体之间进行交换的场所，是通过市场配置劳动力的经济关系的总和。劳动力市场交换关系表现为劳动力和货币的交换。

劳动力市场与一般商品市场相比具有以下特点：区域性市场为主。劳动力市场和其他商品市场一样，也应是全国统一的市场。但是，由于社会生产力在各地区发展水平不平衡，原始手工业、传统的大机器和现代技术产业并存，劳动力的素质相差悬殊，职业偏见的存在，再加上地区分割等，阻碍了劳动力在全国范围的流动，大多数只能在区域内运转，只有少数高科技人才可在全国范围内流通，从而形成的主要是区域性市场；进入劳动力市场的劳动力的范围是广泛的，一切具有劳动能力并愿意就业的人都可以进入劳动力市场。中国由于劳动力资源丰富，随着科技进步、劳动生产率不断提高，以及经济体制改革的进行，农村出现剩余劳动力，加上国有企业和国家机关的富余人员，因而在一个相当长的时间里，中国劳动力供大于求，形成买方市场。劳动力的合理配置主要是通过市场流动和交换实现的，市场供求关系调节着社会劳动力在各地区、各部门和各企业之间的流动；劳动报酬受劳动力市场供求和竞争的影响，劳动力在供求双方自愿的基础上实现就业。劳动力的市场配置行为，不可避免地会出现劳动者由于原有的劳动技能不能适应新的经济结构的变化而产生的结构性失业现象。

建立劳动力市场是市场经济条件下实现人力资源优化配置的有效手段。劳动力市场能够调节劳动力的供求关系，使劳动力与生产资料的比例相适应，实现劳动力合理配置，使企业提高劳动生产率，提高经济效益，保证社

[①] 邬雪芬：《劳动就业特征的实证研究：以浙江为例》，浙江大学出版社2008年版，第13页。

会再生产的正常进行。

(二) 影响就业的两个重要城市空间因素

除了劳动力供求关系对就业有所影响外，城市本身对就业的影响也不能忽视。在城市中寻求就业的劳动者不仅仅是劳动力的出卖者，他也是一个现实存在的人。当他作为现实的人时，他所能提供的劳动力是有成本的。生活在城市的这些劳动者所付出的成本归结在城市构成要素在空间范围内的分布和联系——城市的空间结构上。城市的空间结构是城市经济结构与社会结构在现实空间的具体表现，是城市社会经济存在和发展的实体形式，其对就业的影响着重于两大因素——通勤成本与住房成本。

一般来说，通勤源于城市人口居住和就业的两相分离。通勤成本和住房成本的理论均衡关系蕴涵在城市空间结构的竞租理论中。而竞租是一个"意愿支付租金"的虚拟概念，即某个土地使用者（居民或企业）为竞争得到某块城市土地（某个区位）所愿支付的最高租金。

在市场经济下，土地和区位资源的配置由市场决定，对某个地块出价最高者，就能竞争得到这块土地。这意味着城市中的土地利用模式由不同使用者的竞租水平之间的相互关系确定——每块土地都被出价最高的竞租者获得。区位对于劳动者的最重要影响，在于其与工作地点的距离。一般的城市中，绝大部分工作机会都集中在城市中心或工商业集中的区域。距离工作地点越远意味着需要支付更多的交通费用和通勤时间。因此，居民愿意为土地支付的租金随着土地与工作地点的距离增加而减少。在计划经济时代，居住和就业的混合程度很高，通勤量相应的很小。随着20世纪90年代以来城市交通基础设施和第三产业的发展，更加专业化的土地利用模式逐步形成：中央商务区（CBD）的范围迅速扩大，居住用地逐渐向郊区转移，工业用地则被推向城区外围，居住和就业逐渐分离，通勤量大幅增加。

这一现象实际上是企业间聚集经济效益逐渐增强的体现。但同时，居住与就业过度分离也会带来巨大的社会成本，如城市边缘的大型居住区成为"卧城"，其日常通勤给城市带来巨大的交通压力和环境污染问题。在中国快速的城市化进程中，产业结构重新布局，住宅市场日益活跃，城市空间结构也经历着迅速的扩张和结构重组。城市建成区快速扩张；交通体系大大改善；经济活动和居住用地的分离趋势逐渐明显，居民和企业在空间选址上都具有更大的灵活性。①

从劳动力市场角度所讨论的"空间不匹配"问题来看,工作岗位郊区化和普遍存在的居住隔离是造成内城工作技能不足的居民失业率较高、收入相对较低和出行时间及成本较高的主要原因。周江评先生介绍了美国学者对空间不匹配和弱势群体就业问题的相关研究及其对中国的启示②,认为国内城市中的大规模拆迁和房地产开发所导致的城市空间格局的重新分布,也会引起就业与居住的空间不匹配现象,可能带来弱势群体的就业障碍,需要引起有关学者和政府决策者的注意,目前国内学者在这方面的研究还不是很完善。

(三) 中国城市就业的变迁

中国60年城市就业体制的变化,反映了中国经济体制改革的基本进程。在巨大的人口压力之下,中国能够控制和消解历次失业危机的负面影响,促使城市长期繁荣稳定发展,并将城市打造成为国民经济的主体,政府在其中发挥了积极作用。

中华人民共和国成立初期,中国对900多万就业人员采取"统包统分"的政策。改革开放以来,城市劳动就业面临两个主要的挑战:第一,存量上调动劳动者的生产积极性,形成积极的劳动力市场;第二,增量上(包括城市劳动力人口增加的增量,也包括城市化所带来的农民工劳动力的增量)解决人口增长的压力——建构多种所有制形式下,多样化的就业渠道。在此形势下,劳动合同制成为就业改革的重要成果。随着时间的推移以及劳动合同制本身的不断改进,越来越多的国有企业采取了这一形式。但是在改革开放的初期,中国城市就业市场化程度大大低于商品的市场化程度。这主要是来自于国有部门用人机制的制度性阻力。于是,城市劳动力的就业领域被制度性割裂,变革时期导致劳动力市场产生了一定的混乱。

1994年7月,第八届全国人大常委会第八次会议通过了《中华人民共和国劳动法》。由此,城乡居民的劳动就业行为和企业的招收录用行为有了

---

① 郑思齐、张文忠:《住房成本与通勤成本的空间互动关系:来自北京市场的微观证据及其宏观含义》,《地理科学进展》2007年第3期,第35页。
② 周江评:《"空间不匹配"假设与城市弱势群体就业问题:美国相关研究及其对中国的启示》,载《现代城市研究》2004年第9期,第10页。

法律依据①，更为劳动力市场的规范化铺平了道路。随之而来的就是中国目前种种就业现象：国企的减员增效、下岗分流、农村剩余劳动力转移等等。直至现在城市劳动力市场的日趋完善与农民工产业工人化。

可以说，在中国城市就业的变迁中，正是劳动力的合理流动，加快了当代中国城市化的进程。并通过其职业身份的转化，给城市带来了廉价的劳动力资源，丰富了城市市民的生活，推动了当代中国经济的快速发展。

（四）中国现阶段城市就业的新特征

2003年到2007年我国GDP年增长率均在10%左右，而就业人口年增长率均在0.8%左右。②虽然中国经济以平均每年7.8%的增长速度远远超越了世界其他国家，但其就业水平每年仅仅以不到1%在增长。在2002年至2006年中国城镇登记失业率均保持在4.0%至4.3%的较低水平，但是中国社科院于2008年12月16日发布的《社会蓝皮书》称，中国城镇失业率已经攀升到9.4%。因此，长期存在的大量失业或就业不足人员对中国经济正常发展将产生根本性的动摇。这与暂时的经济过热相比，中国的城市就业问题是个既深刻又长久而且对经济和社会稳定影响更严重的问题。中国要想保持高速的经济增长，劳动力因素必须与技术、管理、设计、营销以及资本等其他因素有机结合。这些因素相结合后就会不断带来劳动生产率的大幅提高，其结果势必是经济增长所创造的就业岗位大量减少。中国的就业形势面临严峻挑战。③

随着金融危机对实体经济的影响加深，部分劳动密集型企业受到冲击愈发明显，对就业的影响尤为严重。进入2008年10月份以后，就业形势出现了三大变化：

一是城镇新增就业人数增速下降。从前9个月平均每月9%的增速降到10月份的8%，这是近几年来首次出现增速下降。

二是企业的用工需求出现下滑。84个城市劳动力市场供求信息调查显示，三季度以后的用工需求下降了5.5%。这也是多年来第一次在连续增长

---

① 张翼、尉建文：《当代中国城市就业体制的演进与变迁》，载《河北学刊》2009年第2期，第5页。

② 张莱楠：《就业危机下的中国经济转型变局》[EB/OL]. http://www.eeo.com.cn/observer/special/2008/12/18/123971.shtml，2008-12-18。

③ 赵建国、苗莉：《城市就业问题研究》，高等教育出版社2005年版，第45页。

的情况下出现下滑。

三是企业现有的岗位流失严重。

第三季度劳动部门重点监测的企业中,有一半存在岗位流失的情况。同时,新增加的岗位少于流失的岗位,这一现象在9月份之前不曾发生。

虽然二者差距不大,但这一趋势值得注意"这些变化说明就业压力正在加大。"人力资源和社会保障部部长尹蔚民如是说。[1]

人口众多是中国的基本国情,庞大的人口规模对中国的就业提出了挑战。中国不仅劳动力资源丰富,而且劳动参与率也较高,这使得中国的劳动市场供给总量在高速的城市经济发展势头下,出现相对过剩的情况。尤其是中国当前正处于经济结构调整和经济转轨时期,劳动力市场的供需矛盾更加突出。目前,中国政府将促进就业作为宏观经济调控的重要目标,通过采取各项措施积极促进就业,进而使得中国的城市就业规模不断扩大。与此同时,随着中国经济体制改革的不断深入,经济结构调整加速,也使得中国的就业结构发生了巨大的变化。此外,由于各地区发展不平衡,不同地区之间的就业结构变化也有所不同。[2]

三、影响中国城市就业的相关问题

(一)农村劳动力在城乡间的流动

对于劳动力由乡村向城市流动,2009年国家统计局数据对比显示,农村居民收入与城镇居民收入差距是农村剩余劳动力向城市转移的重要动因。

2009年的数据显示,全年农村居民人均纯收入5153元,剔除价格因素,比上年实际增长8.5%;城镇居民人均可支配收入17175元,实际增长9.8%。按2009年农村贫困标准1196元测算,年末农村贫困人口为3597万人。农村居民人均纯收入与城镇居民人均可支配收入的差距为12022元。城镇居民人均可支配收入比农村居民纯收入高3倍还多(见图18.1)。这样在货币收入上的巨大差距,足以促使农村剩余劳动力大量转移到城市当中谋求

---

[1] 王伟:《就业压力再大也要让百姓端稳"饭碗"》,载《劳动保障世界》2009年第1期,第8页。

[2] 赵建国、苗莉:《城市就业问题研究》,高等教育出版社2005年版,第65页。

生计。

图 18.1　2005年—2009年城乡居民收入差距

年份	城镇居民人均可支配收入	农村居民人均纯收入
2005年	10493元	3255元
2006年	11759元	3587元
2007年	13786元	4140元
2008年	15781元	4761元
2009年	17175元	5153元

资料来源：中华人民共和国国家统计局网站[①]。

同时，农民工不仅向城市流动，在经济状况不理想的情况下，农民工因生存的需要还会回流。农民工回乡就业的经济动因主要有以下几点：首先，外来务工者在城市寻求就业使得城市劳动力市场就业压力逐步增大。其中一方面，国有企业改革深化，城市下岗人员迅速增加。为了解决下岗人员的再就业问题，一些城市实施"再就业工程"，保护本地劳动力就业，限制外来劳动力就业。另一方面，随着中国农村生产率的提高和城市化进程的推进，更多的农村剩余劳动力外出，向非农产业转移。此类现象加剧了城市等工业发达地区劳动力市场的竞争，日益影响着外来务工人员在城市中的就业空间。增加了外来务工人员的就业难度，限制了他们在城市中的发展。其次，县域经济的崛起，农村市场的逐步繁荣，改善了劳务输出地的就业环境，使城市等工业发达地区与劳务输出地收入差距缩小。而且劳务输出地的住房、通勤等成本明显低于城市等工业发达地区。

从中国城乡二元结构来看，外出务工人员返乡就业，不仅表现在经济

---

① 中华人民共和国国家统计局：《中华人民共和国2009年国民经济和社会发展统计公报》EB/OL］.http://www.stats.gov.cn/tjgb/ndtjgb/qgndtjgb/t20100225_402622945.htm，2010-02-25/2010-03-04。

上，而且表现在社会上。城乡户籍制度、城乡社会保障制度的不平等性，导致外来务工人员在住房、子女教育、失业保障、医疗保障等各个方面面临巨大的困难。外来务工人员无法真正融入城市社会，无法获得城市人口基本的制度保障。另外，现行制度对外来务工人员正当权益的保护不力，作为劳动者，外来务工人员从事苦、累、险的工作，却没能获得相应的物质和精神补偿。

总的来看，外出务工人员无论从农村迁入城市，还是回乡就业，都是经济因素与非经济因素共同作用的结果。[①]

（二）大学生趋于城市的就业选择

在中国大学生培养的普及化使中国劳动力市场中高素质人才日渐增多。但是中国大学生接受的教育是使大学生适合在城市生存与发展的教育，而这种教育体制的城市指向性，即其培养目标、专业设置、教学内容等方面明显带有为城市服务的特点。学生在这种城市指向的教育体制下学习，其掌握的知识技能绝大多数也是城市指向的，带有城市专用性特点，拥有这种知识结构的大学毕业生并不适合农村就业。所以农村、城镇及城市出生的毕业大学生必然倾向于在城市求职谋生，[②] 致使大学生就业趋向城市集中。

中国大学生占国民总数的比例大大低于发达国家平均水平。在2010年5月27日教育部公布的《2003年至2009年教育系统人才工作综述》中看到，我国总人口中大学以上文化程度的超过7000万人，位居世界第二[③]。但在多方面因素的影响下，这些大学文化程度的城市就业人员集中于劳动力市场相对发达的城市地区谋求就业，致使近几年大学生就业形势十分严峻。人力资源和社会保障部部长尹蔚民于2009年9月9日在国务院新闻办公室举行的新闻发布会上回答记者关于"同龄刚毕业的大学生与农民工收入现在水平逐步趋向一致"的问题时表示，"今年（2009年）的大学毕业生比去年增加了54万，再加上今年金融危机的影响，很多企业经营困难，所以

---

① 郑英隆、黄振荣著：《工业化变革中的农民工劳动形态》，经济管理出版社2009年版，第155页。

② 王华：《"城市就业"并非"城市依赖"：北京大学教育经济系副主任岳昌君谈大学生就业的大城市倾向》，载《中国大学生就业》2006年第18期，第9页。

③ 焦新：《充分发挥教育在人才培养中的基础性作用——2003年至2009年教育系统人才工作综述》，《中国教育报》，2010-5-27。

大学生的就业难度比过去要更大"[①]。造成大学生城市就业难题的原因是多方面的,归结起来有以下几点:

(1) 用人单位方面过分关注文凭,生源地歧视和过分看重工作经验等问题;(2) 学校方面轻视学生社会能力的培养,专门人才培养的课程设置不明确,过分市场化设置了投资少、见效快的专业,或专业设置难以适应劳动力市场的需要;(3) 大学生自身也存在不少问题,如诚信问题,大学生素质下降,大学生"高不成,低不就"心理定位等方面都严重影响大学生的就业率。

基于以上几点,大学生就业问题一个更深层的问题就是高校扩招政策的实施。扩招使得全国普通本专科招生数由 1999 年的 92.4 万增加到 2008 年的 599 万人,高等教育毛入学率从 10.5% 增加到 23%[②]。这种飞速发展下培养的大学生,势必会产生上述问题。单从城市就业角度来看,大学生城市就业难题一方面折射出现行制度下城市过分集聚社会资源,只管遵循市场规律,不顾人与城市真正的发展。另一方面,突然增加的大学生及毕业生致使劳动力构成与用人单位需求不相匹配。最终导致城市人口膨胀,城市劳动力相对冗余等情况。

(三) 中国农民工进城的利与弊

农民来到城市务工面临的尴尬处境是:他们干的是工人的工作,但身份却是农民;长期生活在城市、居住在城市,但按户籍管理仍然是乡下人。这样,他们就得到了一个特有的名称——农民工,即民工。根据劳动和社会保障部劳动科学研究所研究,在 2001—2010 年的十年中,中国农村人口向城镇转移的总规模继续扩大,估计可能达到 1.6 亿—1.8 亿人,平均每年转移量在 1493 万—1662 万人。这样数量庞大的农民工进城,势必对城市的发展产生巨大的影响。

从有利方面来看,农民工为繁荣城市经济做出了很大的贡献。首先,大量农村的富余劳动力转移到城市,为当地工业的发展提供了充足、廉价的劳动力。降低了生产成本,提高了产品在市场尤其是国际市场上的竞争能力,

---

[①] 唐述权、尹蔚民:《大学生就业严峻?开展"大学生就业促进行动"》[EB/OL]. http://politics.people.com.cn/GB/1027/10019723.html,2009-9-9。

[②] 冯建华:《大学扩招十年成就与问题》,载《中国社会科学报》2009 年第 14 期,第 1 页。

促进了商品的出口。其次，进城打工的农民一般为临时工、合同工，他们多从事一些城市居民不愿干的工作，如果不依赖外地的农民工，城市的基本生活秩序都难以维持。城市中农民工的到来，为当地的市民生活带来了极大的方便。第三，大量农民工进城，成为城市中的消费群体。随着人数的增加，他们对粮食、副食品以及日用消费品数量的需求不断增多。打工者经常与家人及朋友通过电话和通信联系，把挣到的部分工资寄回家乡，这些无形中促进了城市邮电、通讯和金融业的发展。

从整体上说，农民工进城对于加速中国城市化进程，促进城乡协调发展等具有重要的作用。但同时，也对城市经济社会发展带来不利影响。其一，由于农民工的进入，增加了城市工作寻求者的人数。而城市本身也产生一定数量的就业人员。在城市就业岗位数量一定的情况下，就会造成农民工在城市就业与城市产生的就业人员在城市就业的矛盾。其二，流动人口的增加使本来就很紧张的城市交通问题更为严峻。农民工在城市流动频率高，出行率高，出行量大，并且主要依赖城市的公共交通工具，这使得交通拥挤、乘车困难的问题更为严重。农民有春节回乡团聚的习俗，节前返乡节后回城，形成一年一度的"春运高峰"。其三，对城市的社会治安带来潜在的隐患。近年来，中国大城市的违法犯罪率普遍上升，其重要特征就是流动人口作案率增加。一方面，很多不法分子混迹于"民工潮"中，从事倒买倒卖、偷窃诈骗等违法犯罪活动。另一方面，在民工中也有一部分人素质较低，只知赚钱，法律观念淡薄，在大城市从事无证经营、哄抬物价、偷税漏税等非法牟利的活动，给城市居民的生活乃至社会治安带来一些冲击。其四，大量民工居住集中地区，由于管理跟不上，常会出现垃圾遍地，污水横流，市容杂乱等现象，增加了城市环境管理的难度。

针对以上问题，概括各方面对于中国城市就业形势的研究分析，解决中国城市就业问题可重点做好以下工作：第一，构建城乡统筹就业体系，推进产业发展在空间上由城市向乡村扩散，加快乡村城市化，扩大农村剩余劳动力向非农产业转移的就业空间；第二，深化教育体制改革，强化高等职业教育培养，提高大学毕业生的职业素养和就业技能，并通过完善用人制度促进其就业水平的提高，缓解大学生"毕业即失业"的现实问题；第三，建立完善就地就业的扶持政策，缓解农民工返乡务工的压力；第四，发展各级各类职业培训，积极应对劳动力供求市场的结构性矛盾。

（巴特尔）

参考文献

[1] 山田浩之：《城市经济学》，东北财经大学出版社1991年版。

[2] 李扬：《"马路经济"更是"民生经济"》，《新华日报》，2007-5-17。

[3] 李洁：《地摊转正"马路经济"走向何方》，《城乡致富》2009年第9期。

[4] 邬雪芬：《劳动就业特征的实证研究：以浙江为例》，浙江大学出版社2008年版。

[5] 郑思齐、张文忠：《住房成本与通勤成本的空间互动关系：来自北京市场的微观证据及其宏观含义》，《地理科学进展》2007年第2期。

[6] 周江评：《"空间不匹配"假设与城市弱势群体就业问题：美国相关研究及其对中国的启示》，《现代城市研究》2004年第9期。

[7] 张翼、尉建文：《当代中国城市就业体制的演进与变迁》，《河北学刊》2009年第2期。

[8] 赵建国、苗莉：《城市就业问题研究》，高等教育出版社2005年版。

[9] 张茉楠：《就业危机下的中国经济转型变局》，[EB/OL]. http://www.eeo.com.cn/observer/special/2008/12/18/123971.shtml，2008-12-18。

[10] 王伟：《就业压力再大也要让百姓端稳"饭碗"》，《劳动保障世界》2009年第1期。

[11] 中华人民共和国国家统计局：《中华人民共和国2009年国民经济和社会发展统计公报》[EB/OL]. http://www.stats.gov.cn/tjgb/ndtjgb/qgndtjgb/t20100225_402622945.htm，2010-02-25.

[12] 郑英隆、黄振荣著：《工业化变革中的农民工劳动形态》，经济管理出版社2009年版。

[13] 杨思远：《中国农民工的政治经济学考察》，经济出版社2005年版。

[14] 王华：《"城市就业"并非"城市依赖"：北京大学教育经济系副主任岳昌君谈大学生就业的大城市倾向》，《中国大学生就业》2006年第18期。

[15] 焦新：《充分发挥教育在人才培养中的基础性作用——2003年至2009年教育系统人才工作综述》，《中国教育报》，2010-5-27。

[16] 唐述权、尹蔚民：《大学生就业严峻 开展"大学生就业促进行动"》[EB/OL]．http：//politics.people.com.cn/GB/1027/10019723.html，2009-9-9。

[17] 冯建华：《大学扩招十年成就与问题》，《中国社会科学报》2009年第14期。

[18] 致公党中央：《关于解决国际金融危机影响下我国就业问题的提案》 [EB/OL]．http：//cppcc.people.com.cn/GB/34961/161082/9667277.html，2009-07-16。

第十九章 中国城市土地开发利用问题

无论在国内还是国外，土地都被视为城市发展中最为重要的资源。对于一个城市来说，土地是其经济发展不可缺少的资源，城市发展与土地利用之间既相互依存，又相互制约。改革开放以来，随着中国城市化的快速推进，城市规模不断扩大，城市土地稀缺性凸现，土地供需矛盾日益突出。因此，如何提高城市土地利用效率，集约利用城市土地显得尤为重要。

一、案例导入："梅州模式"

梅州市位于广东省东北部，地处五岭山脉以南，全市总面积1.6万平方千米，下辖梅县、五华、蕉岭、平远、大埔、丰顺、兴宁市和梅江区等6县1市1区。1990年代以前，不期而至的梅江水患常给生活在梅城梅江两岸的百姓带来灾难。1993年，梅州提出了彻底改造梅江大堤的计划，在堤上修路，路旁营建花园，堤内开发房地产。如今的梅州城区形成了"水中城，城中水"景观，一江两岸建成园林式沿江道路18千米，罗马式长廊和传统风格长廊2千米，文化长堤2.2千米，具有现代城市特色的桥梁3座，公园和公共绿地、广场9处，体育馆1座，两岸小区已建成面积约25万平方米商住建筑。同时，"一江两岸"建设工程注重历史文脉的延续，设计的建筑物、构筑物与历史名城保护相协调，充分发展和丰富了梅州作为国家级历史文化名城的文化内涵。因此，2000年梅城"一江两岸"改造建设项目被水利部防汛总局称为可供各地借鉴推广的"梅州模式"；2002年被建设部授予"人居环境范例奖"；2004年7月获得联合国"人居环境优秀范例奖"。

作为房地产开发与城市土地科学利用目标相一致的成功范式，"梅州模式"的重要举措为梅城"一江两岸"的改造规划，该规划从河道的滩涂、沙洲和原土堤中取得将近80公顷的土地，确立了"堤围改造与房地产开发相结合，企业筹资进行堤围改造，政府以土地作为补偿"和"谁投资，谁管理，谁受益"的建设开发模式。这一政策极大地调动了各级企业参与"一江两岸"改造建设工程的积极性，城中的荒滩恶水成为梅州市城市建设的新亮点。近年来，梅城一江两岸房地产建设如火如荼，如沿江金岸、南门广场、沿江半岛、状元楼盘、客都新村、江泮花园、滨江新村等，商品房销售量持续增长。由于"一江两岸"的成功开发，整个梅州城区的投资环境得以改善。2010年2月据统计，选择货币补偿的拆迁户（占2/3）普遍已购买了比原来更理想的住宅，有效地促进了商品房的销售。同时，项目提供了7.27亿元的建筑业工程量，还可带动其他产业13亿元的产值。此外，江南东片的整体改造，完善了市政设施，使江南整片土地得到升值①。

"梅州模式"的成功启示在于，随着城市建设的日新月异，规模、功能定位的改变以及房地产市场竞争的加剧，必须在城市土地的可持续利用上下工夫。改造要有规划，开发不是破坏，对旧城改造一定要慎重，要符合可持续发展原则。

二、城市土地利用的基本特征

城市土地利用是人类通过一定的劳动，按照城市土地特性、方面和项目的不同，对城市土地进行分配和使用，利用其来满足自身需求的过程。其基本特征表现为：

（一）城市土地供给的稀缺性

城市土地是有限的经济资源，因为土地的自然供给和经济供给是有限的。一方面，单纯地从土地资源的数量角度考虑，土地的自然供给是有限的，有限的城市土地资源与人们日益膨胀的住房、商业、休闲等无限需求的矛盾越来越剧烈。另一方面，城市土地的经济供给，不单是考虑土地供给的数量，主要是针对特定用途和特定位置的土地供给。从短期来看，城市土地用途的变更是困难的，因而导致城市土地经济供给缺乏弹性；从长期来看，由于土地用途可发生一定的转换，如由农地变为城市建设用地，故城市土地供给由缺乏弹性向弹性较小转变。②

---

① 资料来源：梅州市建设局：《改善人居环境提升城市品位——梅州市梅城江南东片城中村改造情况》[EB/OL]，广东建设信息网，2010-02-11。

② 马新成：《城市土地集约利用研究——以浙江省嵊州市为例》，陕西杨凌，西北农林科技大学硕士论文，2007.7。

(二) 城市土地利用的综合性

城市土地是一个复杂的综合体,它承载了城市社会、经济、生活等各项活动,也是生态经济系统的基础因素。土地是相互连接在一起的,不能分割、不可移动。每一块土地在利用时,不仅关系到本区域的经济效益、生态效益和社会效益,更重要的是还影响到邻近区域甚至整个城市、整个国家的经济、生态和社会效益,因此土地利用如果不慎会产生巨大的社会后果。

(三) 城市土地利用途径的立体性、多样性

土地资源是一定技术条件和一定时间内可为人类利用、并从中得到收益的土地。城市经济中土地的利用是立体的、多维的,社会经济活动生产社会化程度更高,社会分工和专业化协作也多种多样,包括建筑业、工业、服务业、商业、金融业、交通运输业、旅游业以及市政管理等各个经济部门。这些部门之间相互联系、相互作用,它们是城市地区内部各种利用结构的组成部分,被分配在不同的土地功能区域内。

(四) 城市土地利用的区位性

在城市中,土地位于哪个区位是非常重要的。这是因为城市土地位于不同的位置,它所获得的收益也有很大的不同。土地的位置特征是由土地所处环境产生的集中经济效益、通车是否方便、是不是有基本的建筑环境和周围生态因素好坏等因素组成的。

(五) 城市土地边际产出递减性

边际产出递减性是西方微观经济学的重要理论。它是指在其他生产要素投入量不变时,某生产要素的投入量超过特定限度后,其边际产量会随投入量的增加而递减。对于城市土地来说,边际产出递减性表现在对土地的使用强度超过一定限度后,收益开始下降。因此,任何过度开发不仅是对环境的破坏,在经济上也是不合算的。由于土地报酬递减规律的存在,在技术不变的条件下对单位面积土地的投入超过一定限度,就会产生报酬递减的后果。这就使得人们在增加土地投入时,必须寻找在一定技术、经济条件下投资的适合度,确定最佳的投资结构,并不断改进技术,以便提高土地利用的经济

效果，防止出现土地报酬递减的现象。①

三、城市土地利用类型及利用模式的划分

（一）城市土地利用类型

在西方，城市土地利用一般划分为商业用地、工业用地、政府机关用地、住宅用地、休憩用地即绿化地带、交通用地和其他公用事业用地、农业用地和水面7大类。按照我国国家标准《城市用地分类与规划建设用地标准》（GBJl37-90）②，将城市用地分为10大类：居住用地、公共设施用地、工业用地、仓储用地、对外交通用地、道路广场用地、市政公用设施用地、绿地、特殊用地、水域或其他用地。

（二）中国城市土地利用模式

中国现代化城市是在大规模工业化建设条件下，在特定社会制度、经济发展水平和城市建设政策的影响下的发展，其空间结构的演替，显示出以功能分区为基础的有计划配置的基本特征，即由各种不同功能区——工业区、中心区、文教区、行政区、旅游区等以不同的组合关系和方式，形成了颇具特色的社会主义城市的空间结构格局。主要模式有：圈层模式和多区组合模式。

1. 圈层模式　以罗楚鹏、朱锡金、武进等学者为代表研究的圈层模式基本上仍属于同心圆的构造形式，但对城市内部各圈层已进一步划分为若干扇形的功能地块，以区分工业区和居住区的相互配置；对城市边缘区和卫星城镇的布局结构也有所论述。在对城市结构总体特征的认识上，认为中国现代城市一般都围绕着一个市中心，形成一大片浑然一体的居住区，在城市中轴线四周是环形放射状的道路系统，城市外缘布置几片工业区，再配以其他功能地段。

2. 多区组合模式　中国现代城市空间结构也形成了一定的圈层分异特

---

① 穆江霞：《西安市土地集约利用的城市空间发展模式研究》，陕西西安，西安建筑科技大学硕士论文，2007.3。
② 我国国家标准《城市用地分类与规划建设用地标准》（GBJl37-90）[EB/OL]，广州市规划局网站. http://www.upo.gov.cn/pages/zwgk/fgzc/bz/2463.shtml，2007-9-28。

征，但其主要是由于发展先后的不同而引起的，这和西方城市空间结构由地价不断调节的同心圆层特征具有本质上的差异。中国现代城市空间结构一般模式的形成发展起决定作用的，是在我国社会主义生产资料公有制和计划经济体制条件下，把城市视作一个个完整的社会和经济活动计划单元，以及强调工业建设在城市建设中的主导地位的建设思想和实践，从而形成了中国现代社会主义城市较显著的以工业用地为主导的、各项功能用地计划配置的总体结构特征。基于此，胡俊推导并提出了以工业用地布局为主导，以各项用地有计划配置为特色的中国现代社会主义城市空间结构的基本模式（见图19.1）。

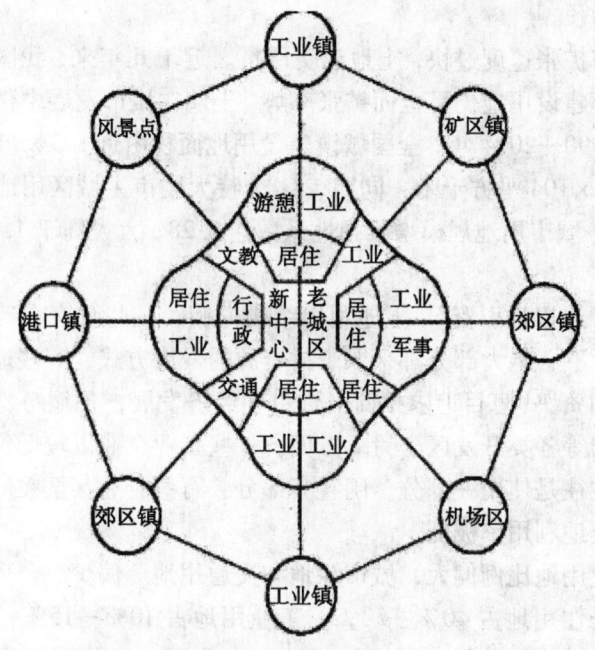

图 19.1 中国现代城市空间结构模式（胡俊）

四、中国城市土地开发利用中的问题及成因

（一）城市土地开发利用中的突出问题

一是住宅用地供应不合理，房地产空置率高。房地产行业极度膨胀，极

大地刺激了政府。由于政府追求片面的土地收益，对房地产企业开发方向也不加以任何控制，导致关系普通群众切身利益的安居房供应不足，大面积的高档商品房因购买力不够出现闲置。2010年三季度全国房地产市场运行分析与发展预测中指出：从完成开发土地面积看，2010年1—9月，全国完成开发面积15511.4万平方米，同比下降7.2%，降幅比上年同期扩大0.6个百分点；从购置土地面积看，2010年1—9月，全国房地产企业共购置土地面积29083.1万平方米，同比增长35.6%，比上年同期上升57.7个百分点。全国土地购置费用为7110.7亿元，同比增长83.7%，与上年同期相比上升88.4个百分点。从以上数字可以看出：土地购置面积增速加快，完成开发面积延续负增长。①

二是城市扩张速度过快，土地浪费严重。近十几年来，我国城镇、工矿及基础设施等建设用地仍呈全面扩张态势，土地在城市发展中付出了巨大的成本代价。1990—2004年，全国城镇建设用地面积由近 1.3×10^4 平方千米，扩大到近 3.4×10^4 平方千米，同期，41个特大城市主城区用地规模平均增长超过50%；城市用地规模增长弹性系数达2.28，大大高于1.12的合理水平。②

三是盲目"以地引资"，土地利用结构失衡。一些政府在畸形发展观和政绩观的主导下，绝大部分都采取了拼资源的发展方式，有些地方领导寄希望于"以地引资"，盲目追求招商引资带动经济发展，各地纷纷兴起了保税区、高科技园等各类开发区。另一方面，一些工业企业以较低价格受让土地使用权后，往往是使用一部分，闲置一部分，有些企业甚至在厂区内搞大面积的绿化，土地利用率极低。

四是工业用地比例偏大，城市绿地和交通用地等偏少。合理的城市用地结构是生活居住用地占40%—50%，工业用地占10%—15%，道路广场用地占8%—15%，绿地占8%—15%。③而在我国，工业用地比例偏高，居住用地偏低，道路广场和绿地不足。工业用地比例偏大，在一定程度上挤占了其他用地需求，特别是限制了居住、绿化、道路公共设施等生活用地需

---

① 2010年三季度全国房地产市场运行分析与发展预测 [EB/OL]. 国家信息中心信息资源开发部. http://guizhou.house.sina.com.cn, 2010-11-18。

② 王一娟：《四类用地粗放浪费触目惊心》，载《中国国土资源报》，2005-06-27（03）。

③ 何伟、叶晓峰：《我国城市土地利用现状透析》，载《现代城市研究》2000年第6期，第43—44页。

求。我国城市交通拥挤，城市土地利用趋向于高密度集中开发，交通压力越来越大。尤其是大中城市中心区土地开发密度普遍过高，造成交通频繁拥堵，导致出现严重的城市交通与土地利用问题，严重影响城市居民的生活质量。

五是开发区内布局松散，城市土地闲置浪费严重。很多开发区布局不合理，有的开发区从建设起就开始闲置，既浪费土地资源，又不利于配套设施的建设，而且有的开发区内行业性质混乱，各种不同的工业企业混杂，配套设施不完善，污染严重，企业发展的外部条件差，直接影响企业发展、调整和利用外资。另外，一些开发区内还存在着为数众多的农民住宅用地和乡镇企业用地，造成区内容积率低，不能充分发挥开发区的土地利用价值。

六是城市土地利用结构和布局不合理，土地利用效率低。旧城区已经成为城市土地低效利用的主要方面，有关资料显示，目前我国城市土地约40%左右被低效利用，城市规划整体容积率一般为0.4—0.45，而实际上我们的容积率不及规划容积率的70%。一些城市的旧城区已有着相当长的历史，一些房屋破旧不堪，长期空置，街巷纵横交错，给土地的合理、高效利用带来不便。城市用地空间布局不合理，优地没有得到优用，行政办公和工业用地占据城市的黄金地段，不仅土地产出率低，而且工业生产产生的"三废"污染城市环境。

（二）导致城市土地利用问题产生的主要原因

第一，城市土地利用规划不合理导致土地囤积、闲置。一方面，由于规划滞后、规划意识淡薄等方面的原因，一些建设项目存在规划布局不够合理的问题，一些边边角角的土地由于规划原因处于低效利用和不合理利用的状态，土地资产价值不能充分显现。一些地方由于只注重新城区的建设，导致一些区位条件好的旧城区长期得不到改造和利用。另一方面，一些企业及个人囤积土地，等待地价上升后再转让开发，造成土地闲置和浪费。

第二，项目建设周期长以及资金缺乏。以旧城改造为例，与发展新城区相比，旧城改造既费时又费钱，同样建设一片新城区，改造老城区的费用是前者的几倍甚至十几倍，而且时间更长，传统居住方式难以一下改变。对旧城区的居民来讲，一些人也不愿意进行旧城区改造，一是因为居高不下的房价让一部分人在改善居住环境后，也同时背负着数额不菲的住房贷款压力，二是由于传统的居住习惯，旧城区一些单门独院的居民不愿意改变居住现状,对旧城区改造不是很积极。

第三,房地产开发和工业项目的增建。一些政府领导往往不坚持科学发展观和群众观,他们往往考虑的是在任期内的政绩和短期利益,热衷于搞大开发、大建设。一些地方政府采取了所谓的"出让金返还"、"捆绑房地产项目"等手段,继续拼资源,由于低廉的土地取得成本不足以让企业学会节约利用土地,在一定程度上纵容了工业企业用地宽打宽用,多用地、用好地。

第四,城市土地利用规划不合理导致城市交通问题。在我国城市漫长的发展过程中,由于长期缺乏城市总体规划及城市建设的严格管理,城市建设及用地布局随意混乱,土地利用空间格局与交通线系统局之间缺乏统筹安排,存在许多不协调之处,随着城市的不断发展扩大,两者之间矛盾日益突出,并引发了严重的城市交通问题。

五、提高城市土地利用效率的主要设想

(一) 推进城市土地管理,鼓励合理利用地下空间

在符合城市空间利用条件的前提下,尽可能利用城市地上地下空间,提高土地利用效率。对于一些有条件的城市可以加强建设地下轨道交通建设,以缓解路面交通压力。还可以试行地下空间有偿使用。积极鼓励用地单位充分利用地下空间,明确用地单位利用自有土地建造地下停车库,面向社会提供停车服务的,只要不进行分割转让、销售或长期租赁的,可以给予相应优惠条件使用;对用地单位利用地下空间从事其他经营性活动,依法须有偿使用的,其出让金按一定比例的基准地价收取。对利用地下空间的房地产开发企业,在土地价款上给予优惠;对现有工业用地,在符合规划、不改变用途的前提下,提高土地利用效率的,不再增收土地价款;对新建工业项目,建筑容积率超过国家、省、市规定容积率的部分,不再增收土地价款。

(二) 根据具体城市发展的情况,合理制定城市发展战略

城市土地利用最佳集约利用度与城市的发展阶段密切相关。我国沿海地区工业化将进入中期阶段,产业结构将由劳动密集型产业转向技术密集型和资本密集型产业,集约化经营和内涵式发展是必然的选择。而我国内陆地区

工业化程度还很低，仍以劳动密集型产业为主。所以在制定城市发展战略时，必须根据当地城市自身经济发展的阶段，实事求是，注重实效，提高城市生态环境质量，合理确定城市的发展战略，推动城市可持续发展。

（三）建立规范化城市土地市场，提高城市土地利用效率

提高城市土地利用效率的关键是建立规范化城市土地市场，取缔不合理的土地流动，利用市场机制调节土地资源的配置，使供求双方自愿有偿地让渡城市土地。

（四）盘活城市存量土地，推动城市土地的集约利用

在社会主义市场经济条件下，进行城市存量土地的置换，对原有的城市土地进行第二次开发或内涵性再开发，有助于完善城市基础设施，优化城市用地结构，提高城市土地利用效率。① 城市存量土地主要分布在旧城区，主要是历史上遗留下来的，与城市地域空间结构、功能不相适应的部分用地，包括一些建筑质量差，环境质量差，基础设施配套差，急需改造的地区和土地闲置、倒闭的工厂企业。随着经济的发展，旧城区逐渐不能适应城市新的功能需求，成为城市发展的一大障碍。在城市土地稀缺，城市外延扩展受到限制的情况下，就应当充分挖掘城市内部用地潜力，将存量土地提到远期发展用地的高度，从长远利益出发安排存量土地的使用，从根本上实现旧城区功能结构的改变，完善城市功能结构，实现土地集约利用。

（杨博）

参考文献

［1］曲福田等：《江苏省土地集约利用研究》，社会科学文献出版社2008年版。

［2］黄贤金等：《城市土地利用变化及其响应》，科学出版社2008年版。

［3］刘书楷：《土地经济学》，地质出版社2000年版。

［4］胡俊：《规划的变革与变革的规划——上海城市规划与土地利用规

---

① 黄长军、陈荣清等：《城市化进程中抚州城市土地利用问题探讨》，载《咸阳师范学院学报》2005年第8期，第49页。

划"两规合一"的实践与思考》,《城市规划》2010年第6期。

[5]李培祥:《城市土地利用问题的制度分析》,《商业时代》2009年第19期。

[6]吕萍等:《土地城市化及其度量指标体系的构建与应用》,《中国土地科学》2008年第8期。

[7]祝小迁等:《近十年我国城市土地集约利用评价进展》,《现代城市研究》2007年第7期。

[8]周颂红:《城市化过程中的城市土地集约利用》,《国土资源导刊》2006年第4期。

第二十章 中国城市与环境协调发展问题

城市是人类社会文明和进步的代表，但是，随着城市化的迅速发展，人们在感受到城市带来的丰富的物质和精神生活的同时，也面临着日益严峻的城市生态环境危机。

一、案例导入：经济飞速发展下城市环境问题频发

随着中国城市经济的快速发展，近年来一些城市不断发生各种触目惊心的恶性事故：

事件一：2004年4月16日，重庆市天原化工总厂氯气泄露爆炸事故，造成9人死亡，15万居民被迫紧急疏散。

事件二：2005年11月13日，中石油吉林石化公司双苯厂发生爆炸事故，在这之后检测发现苯类污染物流入松花江，造成水质污染。11月20日，污水到达黑龙江和吉林交界的肇源段，硝基苯开始超标，硝基苯和苯最大超标倍数分别为29.9倍和2.6倍，最高检测浓度超过安全标准108倍。11月22日，哈尔滨市政府公告称，"根据黑龙江省环保局监测报告，中石油吉化公司双苯厂爆炸后可造成松花江水体污染。为了确保生产、生活用水安全，哈尔滨市政府决定于11月23日零时起，关闭松花江哈尔滨段取水口，停止向市区供水"。这在历史上从未发生过。11月23日，国家环保总局正式通告：因吉化双苯厂爆炸，松花江水体已被污染。污染带从80公里蔓延到200公里，导致下游松花江沿岸的大城市哈尔滨、佳木斯，以及松花江注入黑龙江后的沿江俄罗斯远东城市哈巴罗夫斯克面临严重生态危机[1]。11月27日，在各项指标符合国家标准之后，哈尔滨市开始恢复供水。松花江水质污染是一起在国内外产生了广泛影响的重大环境污染事故。

事件三：2007年5月，无锡市区域内太湖出现50年以来最低水位，加上天气连续高温少雨，太湖水富营养化较重，诸多因素综合导致蓝藻大面积

---

[1] 资料来源：《中国环境年鉴》（2000—2006年），中国环境出版社．[EB/OL] http://www.hnep.com.cn/zt/sdsj/，2009．

爆发，影响了水源地水质。造成近百万无锡市民生活用水困难。

以上环境事故的列举明显说明，中国城市在发展过程中，污染物处理措施没有随着经济的发展而得到有效的落实，严重忽视了人类赖以生存的环境保护，可以说，不少城市还停留在先污染后治理的低水平发展层次上。以2006年为例，中国经济增长10.7%，GDP总量达到21600亿美元，占世界GDP总量的5.5%左右，但能源消耗却达到了24.6亿万吨标准煤，占世界能源消耗的15%。而且，不少地方以GDP为政绩考核指标的考核制度，导致许多城市决策者搞政绩工程、形象工程，盲目招商引资促进经济增长，有些地方开始出现"因污致贫"、"因污返贫"的现象。再有，由于城市企业的不科学选址，亦导致中国环境事故发生率较高。中国7555个大型重化工项目中，81%布设在江河水域、人口稠密区等环境敏感区域；45%为重大风险源，相应的防范机制存在缺陷，危害公共安全和社会稳定。2007年国家环保总局接报处置的突发环境事件达到108起，平均每两个工作日一起。2008年1月至8月仅北京市反映大气污染的投诉就有9051件，占北京市投诉总量的63%[①]。

二、城市环境危机的种类、成因及危害

传统意义上的城市环境问题主要有四个方面：大气污染、水污染、噪声污染和固体废弃物污染。随着现在各种高科技通信手段的使用，城市电磁环境也变得日益复杂，电磁污染的危害逐渐"浮出水面"。高层建筑使用的玻璃幕墙反射自然或人工光源，这些光线反射入居民楼当中，造成光污染，影响居民日常生活的报道也屡见不鲜。新型能源如核能，也在一定程度上加大了放射性污染的风险。此外，还有现代城市所特有的"热岛"效应和"浑浊岛"效应。

（一）城市大气污染

引起城市大气污染的污染物主要包括可吸入颗粒物、二氧化硫、氮氧化物和碳氧化物等。中国城市的大气污染主要以煤烟型为主，污染物的排放大

[①] 中央信访工作督导组北京组：《城市环境信访问题原因分析及对策建议》，载《中央信访工作督导组北京组下访督导工作资料汇编》，中国科技论坛，2008：98。

多来源于煤炭的燃烧，燃煤二氧化硫的排放使得酸雨污染面积不断扩大。随着城市化的加快，大气污染的类型正在逐步向以汽车尾气、扬尘、垃圾焚烧为主的新的污染类型转化，污染类型更加复杂和多元化。

（二）城市的水环境危机

主要表现在水资源短缺和水体污染严重。城市水体污染包括点源污染和面源污染。城市点源污染主要是指城市中工业污染源和生活污染源通过管道集中排放的水污染；城市面源污染主要是以雨水径流冲刷地面垃圾、沉积物等形成。点源污染是目前城市水污染防治的重点，城市污水处理厂的建设、运营已成为城市水污染防治的重要手段，但是，目前城市污水处理情况并不乐观。水环境普遍污染、水生态退化已经成为中国城市的基本水情。正常年份有300多个城市供水不足，严重缺水的就有110个。在32个人口超百万的特大城市中，有30个城市长期受到缺水困扰。设市城市每年约有200亿吨的工业废水和生活垃圾未经任何处理直接排入水中，还有大量未达标处理的废水被偷排、漏排，造成全国流经城市的河段90%受到污染，近海赤潮现象时有发生。中国城市水污染治理依然滞后，到2005年底全国还有278个城市没有建成污水处理厂，至少30多个城市约50多座污水处理厂运行负荷率不足30%，或者没有运行①。

（三）城市噪声污染

城市噪声污染是一种感觉公害，它不但影响人们的生活和工作，还使物理装置和设备疲劳、失效，或干扰正常信号的感觉和鉴别。城市噪声的污染源可分为交通噪声、工业噪声和施工噪声、生活噪声等。据《2008年中国环境状况公报》数据，监测的392个城市中，区域声环境质量好的城市占7.2%，较好的占64.5%，轻度污染的占27.3%，中度污染的占1.0%。环境保护重点城市区域环境噪声等效声级范围在45.7—61.1dB（A）之间，区域声环境质量处于好和较好水平的城市占75.2%，轻度污染的占23.9%，中度污染的占0.9%。

---

① 建设部：《中国城市水环境普遍污染》[EB/OL]．Http：//www.chinanews.com.cn.2006-09-12．

（四）城市垃圾污染

城市垃圾主要包括生活垃圾和工业垃圾两类，工业垃圾还包括危险废物。城市垃圾数量庞大，而且中国城市垃圾一直没有实行分类管理。中国最为普遍和常用的处理方式就是掩埋、堆肥和焚烧。掩埋垃圾会占用大量土地，受到土地利用的制约。焚烧也会对大气造成二次污染。

（五）城市电磁污染

电磁污染又称电磁波污染或射频辐射污染，它以电磁场的场力为特征，并和电磁波的性质、功率、密度和频率等因素密切有关。电磁污染源有两大类，即天然污染源和人为污染源。人为电磁污染源按频率的不同可分为工频场源和射频场源。随着城市规模的扩大和城市化进程的加快，人为电磁污染的范围逐渐变广和幅度越来越大，目前，人为电磁污染源已成为环境污染的主要来源。人们有时把电磁污染形成的环境污染称为"电磁烟雾"，其影响主要表现在：对正常的电磁造成干扰，引起通信和导航系统的故障；引发意外和重大事故；影响人体机能进而影响人体健康。因怀疑有电磁辐射污染，上海的磁浮列车沿线的房价不升反降，市民以"散步"形式表达对磁悬浮电磁污染的担忧[①]。

（六）放射性污染

放射性是指原子裂变而释放出射线的物质属性，具有这种性质的物质称之为放射性物质。放射性物质排入环境后，可造成大气、水体和岩石的污染。放射性核素可被生物富集，在某些动物、植物，特别是一些水生生物体内会大量聚集放射性物质。放射性物质对人体的主要危害是通过自然界的食物链经消化道而产生的内辐射以及人体处在具有放射性的空气当中，身体受到辐射污染。放射性物质对环境的危害主要表现在对生物圈的危害、对大气环境的影响、对岩土体的影响和对人体的损害上。

---

① 裴军：《城市环境污染的现状、原因及对策建议》，载《中国科技论坛》2009年第2期，第98页。

(七) 城市光线污染

广义的光污染包括一切可能对人的视觉环境和身体健康产生不良影响的事物，包括生活中常见的书本纸张、墙面涂料的反光甚至是路边彩色广告的"光芒"亦可算在此列，光污染所包含的范围之广由此可见一斑。

在日常生活中，人们通常感觉到的光污染多由镜面建筑，如巨大的建筑物玻璃幕墙反光所导致的行人和司机的眩晕，以及夜晚不合理灯光给人体造成的不适。据光学专家研究，镜面建筑物玻璃的反射光比阳光照射更强烈，其反射率高达82%至90%，光几乎全被反射，大大超过了人体所能承受的范围。长时间在白色光亮污染环境下工作和生活的人，容易导致视力下降，产生头昏目眩、失眠、心悸、食欲下降及情绪低落等类似神经衰弱的症状，使人的正常生理及心理发生变化，诱发相关疾病。专家研究发现，长时间在白色光亮污染环境下工作和生活的人，视网膜和虹膜都会受到程度不同的损害，引起视力下降，白内障的发病率增高。夏天，高大建筑物玻璃幕墙强烈的反射光射入邻近居民楼内，破坏室内原有的自然光线，干扰居民休息，也使室温平均升高4℃至6℃，影响居民正常的生活。

(八) 城市的"热岛"现象

"热岛"现象是由于城市市区许多高楼大厦、柏油和水泥马路等建筑材料，因其热容量小，一经太阳辐射，温度很快升高，热量传递到空气中，使气温明显上升；另外城市人口集中，各种交通运输车辆排出大量废热气，各类工厂以及各个家户用炊以及其他许多行业活动，都释放热量到大气中，从而使得城市内气温比远郊区和农村的气温明显偏高。据统计，处在"热岛"效应区域中，环境大气温度比外围高1℃至5℃，最高可达10℃，地面辐射减少15%至20%，风速减小10%至30%，并可引起城乡空气环流使城区尘土扩散到城郊外围，从而进一步影响城市气候等。北京城区就是一个典型的"热岛"，其"热岛"效应的强度比沿海城市，例如上海和广州都要强，也比有大江大河穿过的城市，如武汉、哈尔滨、兰州等明显。平均而言，城区气温比郊区高1℃至2℃，晴天微风时，城郊气温差可达4℃至5℃。冬季的城区郊区气温差比夏季大，并且以0.026℃每年和0.029℃每年的速率随着北京城区的扩大而递增。北京城市"热岛"效应直接造成该地区的冬季冷期缩短和夏季炎热期延长。夏季炎热期（日平均气温25℃以上）20世纪90

年代比60年代初期多了21天；而冬季冷期相同时期却减少了17.5天。

其次，还有"浑浊岛"效应，城市中的人口、工厂、家庭和汽车排放出来的大量烟尘在空中飘浮，造成能见度下降，城市空气污浊，太阳光难以透射。

三、城市环境特征

历史学家刘易斯·芒福德在他的著作《城市发展史》中，详尽地阐述了城市的发展历程，描述了各种城市的形态，他的观点代表了历史学家对于城市的看法。他认为，城市有着不同的形态和发展阶段；城市的特性主要体现在建筑物和人们的生活方式的改变上；政治、文化、历史特征在城市中尤其鲜明。人在历史的长河中通过劳动造就了城市，人与城市的关系实际上反映的是人与自然的关系，城市环境的变化是人认识自然的因果性后，通过自己的目的性的体现来改造自然的结果。城市环境作为自然环境与人工环境的结合，是人与自然互动的结果。城市的形成和发展，有的用了几百年，有的用了上千年，也有的只用了几十年。每一代人都会在城市发展的历史中留下自己的足迹。城市环境能够满足人们生存和发展的需要，处在不同时期、不同年代的人们正是因为城市环境的这种独特性而不断涌入城市之中。事实上，乡村环境也可以满足人们的这两项基本需求，但是乡村环境与城市环境的不同之处在于，乡村所体现的更多的是自然环境，而城市所体现的是人工化的环境，人的意识和行为已经极大地改变了城市所在的自然环境。

城市环境是一个巨大的系统，由城市自然环境、城市人工环境和城市社会环境三个子系统构成。王雅莉在其《城市经济学》一书中将城市环境特征抽象为五种特征：

（一）高度人工化

高度人工化的"自然—人工"复合环境。自然环境是城市环境的基础，人工环境是城市环境的主体。城市是人类意识对自然环境干预最强烈的地方，人工控制对城市系统的存在和发展起着决定性的作用，有些过程甚至是不可逆转的。

（二）以人为主体

人是城市生态系统中主要的消费者。在城市生态系统中，生产者、消费者所占的比例与其在自然生态系统中正好相反，表现出以消费者为主体的倒三角形结构。

（三）高度开放性

城市每时每刻都进行着大量的物质、信息的流动和转化加工，包括各类资源、废弃物等。所以，城市的环境与周围区域的环境密不可分，与周边环境保持着物质、信息交流，呈现出高度的开放性。

（四）脆弱性

城市内部分工越来越细，系统功能复杂，一旦某一环节失效或比例失调，都会造成污染。城市环境因其复合的性质而更显脆弱。城市环境的污染源头较多，污染源的复杂使城市环境问题更趋复杂。城市环境高度的开放性和脆弱性使得城市环境污染问题和生态环境危机在现代的都市中更加易于爆发。

（五）公共品特性

城市环境具有典型的公共品特性，同时具备非竞争性和非排他性。城市的自然环境、人工环境和社会环境很多不能被单独使用，而是作为公共品被大众共享。城市环境的公共品特性，容易引发"公地悲剧"，导致城市环境问题的发生。

上述五种特征，也是城市环境的弱点所在，城市环境问题的大规模爆发，其根源就是以上的五种特性在一定条件下，单个的或者是数个在人为作用下一起达到了城市环境承载的临界点，作为基础的自然环境无法继续满足人工环境变化发展的需要。

四、城市环境发展趋势的经济学分析

（一）环境的库茨涅茨曲线

城市环境与城市的发展如果不能有效协调，那么城市不会成为人们美好生活的归宿，人们也就不会再向往城市的生活。以牺牲城市环境为代价的城市发展不符合发展的真正含义，一味追求经济总量的增长而破坏人类生存环境的做法得不偿失。许多学者都非常关注城市经济发展与城市环境变化之间的关系。其中最为著名的就是环境库茨涅茨曲线，这是一条倒 U 形的曲线。1995 年，美国经济学家 Grossman 和 Krueger 在环境经济学研究中，受诺贝尔经济学奖获得者西蒙·库茨涅茨的经济收入差距曲线的影响，在对全球不同国家不同地点长期污染物质排放的变动情况数据进行分析后得出，大多数环境污染物质的变动与人均国民收入的变动趋势间呈现出倒 U 形关系（如反映经济增长与收入分配之间关系的库茨涅茨曲线一样），污染程度随着人均收入增长而呈先增长、后下降的趋势，于是，两位经济学家得出了环境库茨涅茨曲线。

环境库茨涅茨曲线在一定程度上可以解释经济发展对环境污染程度的影响。一个明显的特征就是在经济增长、产业结构和技术结构演进的过程中，资源与环境问题先出现逐步加剧的特征，但是到一定拐点时环境质量又随着经济的进一步发展而逐步好转，经济发展与资源环境之间关系的变化很可能是从互竞、互斥逐步走向协调互补的。环境库茨涅茨曲线所代表的这种环境首先受到污染，然后加以改善的变化趋势，不少工业化国家所经过的发展历程都体现了这一特点，但是并不能简单地将这种曲线化的走势看做一种必然的城市经济发展规律，更不能将这条曲线当作是先污染后治理的借口。发展中国家的城市面临着与西方发达国家城市在发展初期相同的问题，但是问题的解决并不一定是通过相同的方法，发展中城市应该坚持城市可持续发展战略，走新型工业化发展道路，在发展经济的同时，把环境保护提高到与经济同等重要的位置，使城市经济健康的发展。

除此之外，还有一些关于城市环境问题的经济理论。早在 17 世纪中叶，在传统经济学的开创初期，W·佩蒂和 J·格兰特等人由于伦敦空气污染严重曾提出过环境问题；约翰·穆尔早在 19 世纪就做过增长极限的分析。环境经济的初期研究侧重于西方经济学中的外部性和公共物品经济学。环境经济学的主流理论源于 20 世纪 20 年代英国经济学家庇古关于外部性的思想，之后便形成了外部性理论主导的环境理论基础，环境经济政策也以其为理论依据。20 世纪 40 年代，前苏联经济学家斯特鲁米林提出过环境、生态、资源和经济结合起来进行研究的观点。将环境经济理论进行应用主要是在 20 世纪五、六十年代，由于新的环境法规的刺激，美国未来资源研究所 A·克尼斯等人对环境项目的经济成本和收益及相应的政策进行评估，并把以市场为依托的刺激手段，如排污收费制度同环境法规的作用相比较。20世纪60年代后期，经济学家运用经济理论对环境污染的经济原因进行了深入研究，发现了传统意义上的经济理论对于分析环境问题主要有两点不足。首先，没有充分考虑到外部性；其次是经济增长指标不能真实反映经济福利，经济发展与环境质量关系需要进一步研究。

现在，环境经济学理论已逐步成为现代城市规划的基础理论之一[1]，这主要表现在：第一，可持续发展的环境经济观。可持续发展观作为处理人类代际关系的准则，应该是比"经济人"理性层次更高的规范。第二，均等的环境伦理观。均等的环境伦理观涉及代内均等和代际均等。代内均等是指在对城市环境资源的占用和消费上，当代的每一个社会成员都应具有相同的权利和义务；特别要注重社会中的弱势阶层。代际均等是指我们社会的每一个人都有责任不让城市环境恶化对未来居住者的生存和福利造成威胁。

（二）城市环境问题的治理对策

城市环境问题的治理对策，主要是将城市环境外部性内在化的问题，最为普遍采用的途径主要有：市场价格手段，政府行政命令，社会各界监督等。

1. 市场价格手段

运用市场机制解决外部性问题，以制度经济学家科斯的产权理论为基础。科斯认为：只要市场交易的费用为零，无论产权属于何方，通过协商交易的途径，都可以达到同样的效果，即在交易费用为零的条件下，效率结果与产权有关。

市场价格手段中最为著名的是污染权的概念，污染权（Pollution Right）是环境保护法必须明确予以界定的一项重要权利，是指权利人在符合法律规定的条件下向环境排放污染物的权利。1968年，美国人戴尔斯（Dales）首先提出污染权概念。其内涵是政府作为社会的代表及环境资源的拥有者，把排放一定污染物的权力像股票一样出卖给出价最高的竞买者。污染者可以从政府手中购买这种权力，也可以向拥有污染权的污染者购买，污染者相互之间可以出售或转让污染权。通过污染权交易，有助于形成污染水平低、生产

---

[1] 赵民、何丹：《论城市规划的环境经济理论基础》，载《城市规划汇刊》2000年第2期，第54页。

效率高的合理经济格局，同时也避免了征收排污费制度中所存在的一些缺陷，保证排污费超过减少排放的极限成本，最终促使环境质量随经济增长而不断改善。由于污染权直接关系着污染物的排放量，影响着环境质量状况，因此法律对污染权规范的完善与否，在一定程度上决定着法律的调整功效。中国现行的环境立法对污染权还未作明确规定，相应的制度也还未建立。顺应中国环境保护的需要，应该尽快出台该方面的立法，立法的重点是确立污染权交易制度，即将排污权作为一种商品，对排污权进行有偿分配，获得该种资源的人如同获得某种商品一样，可以将其推向市场进行交易。

2. 政府行政命令

由政府直接干预经济部门决策，以达到资源的最佳配置，可以分为强制性管制和诱导性管制。

强制性管制是指由政府直接用行政命令的手段干预经济部门的决策，强制性地对城市环境问题制定法规，进行管制。政府行政命令的手段是一种自上而下的管制方式，通过科学合理的制定各种适合城市发展或限制城市不良发展方向的规划或布局，通过政府部门的行政命令或法规条例规范污染者，为排污制定排放标准，从而直接或间接限制污染物的排放以达到改善环境的目标。行政管理在短期内解决城市环境问题最为有效，之前提到过的城市环境的公共品属性是政府干预的重要理由之一。

诱导性管制是指对环境污染主体进行收费或收税的形式，对排污者的负外部性进行补偿。通常是通过庇古税的方式，消除这种负外部性。基本原理是污染者必须对每单位的污染活动支付税收，税额等于负外部性活动对其他经济主体造成的边际外部成本，即边际社会成本与边际私人成本的差额。可见，"外部性"必须由政府实施干预，否则排污者没有任何激励去加以改善。对污染进行征税，是现在世界各国政府治理污染的一种通行的做法。从经济学、环境和资源利用的角度来看，税收和收费是一种效率较高的手段，但是在实际的应用当中，由于信息的不对称、政策的时间差、最优税率难以确定及管理成本较高等原因使之受到很多局限。

中国城市环境管理主要措施有以下几点[①]：

（1）环境保护目标责任制。地方各级人民政府对本辖区的环境质量负责，采取措施改善环境质量。可以采取签订责任书的形式，具体规定市长、

---

① 国家环保总局：《中国城市环境保护》，载《决策管理》2005年第11期，第17页。

县长在任期内的环境目标和任务。

(2) 城市环境综合整治与城市环境综合整治定量考核。国家环境保护总局于1989年开始在全国重点城市实施城市环境综合整治定量考核制度（简称"城考"）。到目前为止，全国参与"城考"的城市已达500个，占全国城市总数的76%。由国家环保总局直接考核的有113个国家环境保护重点城市。自2002年起，国家环保总局每年发布《中国城市环境管理和综合整治年度报告》。

(3) 创建国家环境保护模范城市活动。1997年，国家环境保护总局在全国开展了创建环境保护模范城市的活动。截至目前，国家环保总局共命名了47个国家环境保护模范城市和3个国家环境保护模范城区。其中，副省级城市10个，地级市20个，县级市17个，直辖市城区3个，形成胶东半岛威海模范城市群、长江三角洲苏州、常州模范城市群。全国正在申请创模的城市和城区超过一百个。

(4) 城市空气质量报告制度。1997年首先在包括北京、上海、重庆、大连、厦门在内的13个重点城市发布城市空气质量周报。2000年开始在中央电视台和各大报纸发布全国40个重点城市的空气质量日报。目前，113个国家环境保护重点城市全部实施了空气质量报告制度，并有部分城市开展了空气环境质量预报工作。

3. 社会各界的监督

倡导绿色生活方式。各种环保的经济政策在引导城市企业生产走可持续发展经济之路的同时，也要求城市居民也参与到城市环保浪潮中，树立起健康的生活方式。包括遵循科学消费、绿色消费的生活理念，提倡物质消费节约化，旧物利用循环化和废物资源化，拒绝非环境友好型产品，支持资源回收产业发展；崇尚能源使用的高效性和必要性，减少不必要的浪费；保护生态环境，监督他人的环境行为，共同维护城市生活环境，降低生活的环境成本，为建设生态城市尽一份居民应尽的责任。同时建立完善的监督机制，通过实行环境信息公开，召开听证会，环境公益诉讼等一系列办法，保障环保非政府组织参与城市发展战略、城市产业政策等公共政策的讨论[1]。

以上三种城市环境治理的手段，在实际的运用当中，三种手段应当有机

---

[1] 杨蓉、张旺锋、张祥德：《基于环境经济政策的中国城市发展策略研究》，载《开发研究》2009年第2期，第93页。

结合、相互配合从而克服城市环境变化中的负外部性。

(三) 环境经济政策效应

正如前面提到过的三种现行最为普遍的环境治理措施，这些措施同样适用于中国的城市。中国不同的地区所拥有的城市大小不同，功能各异，所处的城市发展阶段也不尽相同，因此综合运用或者是有所侧重地实施有关的环境经济措施，会起到因地制宜、立竿见影的效果。使用环境经济政策主要有以下的一些效应。

1. 制约效应

与传统行政手段的"外部约束"相比，环境经济政策是一种"内在约束"力量，这种约束力量将更为有效地从根源上减少城市发展带来的环境问题的发生率，约束城市朝绿色经济的方向发展。例如：在环境经济政策的制约下，未来城市必将不能发展对环境不利、对人体健康不利的产业；城市建设用地也不能选址于有可能破坏生态环境的生态廊道或生态板块中。该政策通过直接或间接限制资金来源制约"双高"行业过度扩张，及时遏制企业超标排放现象；通过加大环境成本、降低双高产业的经济利益，从最根源的利益驱动降低或扼杀发展类似企业的可能性或意图。以前仅通过行政手段无法一一落实解决的环境问题在环境经济政策的实施中落实下来，因为环境经济政策能够将问题在事前得到制止，并在事中得到全程监控，约束力强且有保证。

2. 刺激效应

环境经济政策对城市经济发展的刺激效应表现在两个方面：一是给引领城市发展的市场主体一定的经济刺激，当他们的行为符合环境经济政策时，将获得相应的经济利益补偿，这样即调动了污染者治污的积极性；反之，将会受到相应的经济处罚。二是对绿色产业和绿色企业的兴起和新建提供了绿色通道，尤其是政府可通过环境税收等渠道筹集环保资金，以刺激清洁环保型企业的顺利兴起，鼓励企业从事循环经济生产、绿色制造、生态农业等绿色产业，最终有效刺激整个城市积极发展环境友好型产业，促进城市实现可持续发展。

3. 引导效应

无论是制约作用，还是刺激作用，环境经济政策的根本目的是引导作用，在城市前期决策中通过制度性引导实现资金的绿色配置、产业的绿色选择，以完善市场经济运行秩序，从而引导城市真正走向绿色发展之路，具体表现为：

（1）引导城市产业结构调整和升级。过去，城市主导产业的选择主要是"资源论"和"市场论"。"资源论"即依托自然资源，将资源优势转化为产业优势，至于如何合理地开发利用资源，以求达到什么样的效果，并没有充分的评估考察。"市场论"即城市为促进经济快速增长，竭力增加有市场前景的项目，往往忽视生态环境损失。环境经济政策在城市主导产业的选择上要优于"资源论"和"市场论"，其生态的和可持续发展的思路也是国家在新世纪中所倡导的，必将引导城市决策者在选择产业时抛开"资源论"和"市场论"，把生态环境放在第一位考虑；尤其引导城市主导产业的结构调整和升级换代朝着符合环境经济政策的方向发展。该政策通过加大环境成本，包括资源成本和排污成本，引导城市产业结构朝着提高资源利用效率，降低资源损耗，重视资源回收利用，减少污染物排放量，即向环境友好型方向调整；在直接融资和间接融资渠道引导城市企业由资源型向技术型升级，由低附加值向高附加值升级。总之，环境经济政策的实施为中国产业结构调整和升级指明了方向，明确了目标。

（2）科学引导城市招商引资。近年来，一些落后地区急于发展但引资困难，于是，城市决策者为了完成上级布置的各项指标，一味追求增长速度，往往不加选择，盲目上项目，忽视生态环境保护，甚至不惜以牺牲生态环境为代价换取经济指标的增长。环境经济政策通过奖励绿色企业，惩罚污染企业，通过资金渠道鼓励环保产业发展，限制污染产业壮大的方式引导城市科学地进行招商引资，推动城市经济可持续发展。

（3）引导城市用地的拓展方向。环境经济政策引导城市改变经济利益至上，牺牲环境的做法。这类政策将引导城市在拓展新的发展用地时做出可持续决策；引导城市选址时不仅考虑距离资源地远近和眼前经济收益，也要综合计算分析选址地的环境成本。环境经济政策引导城市在确定发展方向以及引导企业在确定选址地时将环境问题提到应有的高度，环境成本化后选址自然会朝着综合考虑经济成本和环境成本，最终比较得出最佳选址地，保障城市经济发展与环境保护实现双赢，同时降低城市环境事故和危机爆发的几率。

（4）协调效应。环境经济政策用统一的政策体系结束城市污染企业向农村转移的现象，统筹城乡协调发展，结束发达地区污染企业朝不发达地区转移的现象，统筹区域协调发展；通过跨流域及流域上下游水资源优化利用补偿、流域生态环境效益共建共享、资源环境受益方对受损方补偿、高消耗的富裕人群对低消耗的贫困人群给予利益补偿、污染产业对环保产业补偿等措施实现区域资源环境公平享有、节约利用；调节社会贫富差距，促进社会公平协调发展；最终促进城市自然环境与经济增长协调发展，人与自然和谐相处美好局面的早日实现。

(5) 保障效应。具有较强可操作性的环境经济政策将事后再解决问题转为在事中解决问题，使企业行为从忽视考虑生态环境且未能做到环保要求转变为必须把生态环境放到最重要的位置考虑且可以做到各项环保要求，有效保障国家各项环保政策的真正落实，实现城市经济增长与环境质量协调发展；有效保障因环境事故造成的受损方的利益得到补偿，促进社会和谐发展。

五、中国城市环境可持续发展对策

(一) 逐步优化城市产业结构

如今，城市发展重点已不只是促进产业结构调整，实现经济快速增长，而更重要的是优化产业结构，落实节能减排目标，实现经济又快又好的发展。

1. 优先、重点发展符合环境经济政策的具有比较优势的产业

城市应在充分认识自身资源禀赋、发展潜力和发展定位的基础上，用长远的眼光选择符合环境经济政策的相对优势产业，尤其应优先发展环保清洁型产业，只有这样，城市才会有较强的竞争力。

2. 加快技术进步，推动现有主导产业中"两高一资"产业转型

技术进步是城市产业优化和升级的重要推动力，是转变城市经济增长方式，城市科学发展、可持续发展的根本保障。针对当前中国城市产业发展中的两个问题：一是产业发展的总体素质不高，技术水平较低，直接导致高能耗、高投入和低效益；二是产业结构及布局不尽合理，未能充分"扬长避短"，发展中的"错位"现象较为严重，生态环境越脆弱的地区经济增长越粗放。环境经济政策中提出继续发展"两高一资"产业将付出昂贵的环境代价，与可持续发展相背离。因此，今后城市必须严格控制高能耗、高污染

和资源型（"两高一资"）行业盲目增长，加快技术进步，提高资源利用率，改进生产技术和生产工艺，促进经济发展向低碳型转型；资源型城市要加快经济结构转型，包括功能转型和产业转型两个方面。产业转型是核心，没有产业转型，资源型城市转型就失去了载体；功能转型是产业转型的前提。转型取向可多样选择，包括在原有的产业基础上延长产业链，加大科技投入，提高产品附加值，扩展接续产业；培育全新的产业替代资源枯竭的产业，努力进行二次创业[①]。

（二）发展循环经济，实现城市可持续发展

环境经济政策引导城市必须突破资源、环境"瓶颈"制约，大力发展"最有效利用资源、保护环境"的循环经济，努力建设增长绿色型、资源节约型、环境友好型城市。

1. 工业循环经济

城市工业循环经济包括两方面：一是在企业内部大力发展清洁生产，包括促进能源和原料循环利用、不断改进工艺技术、使用先进机器设备、改善环境管理与资源综合利用等流程措施，从生产的投入端抓起，提高资源使用效率，减控污染；二是在企业之间组建生态工业链，促进资源综合利用，建设较为完整的工业生态体系。

2. 服务业循环经济

城市应重视服务业的能耗和资源利用问题，统筹规划人流、物资流、交通流、信息流、资金流，实现节能降耗减污。减少过多的服务环节，缩短服务流程，发展参与式服务和自助式服务，倡导"绿色服务"；树立绿色商业服务理念，简化商品包装，减少一次性消费商品的使用；发展售后商品的使用维护、以旧换新与回收等全过程服务模式。

3. 积极创新地推进城市生活节能

生活节能是城市走向绿色发展道路的重要组成部分。如在景观照明、路灯、公共交通等方面节约能源，创新性地应用清洁能源；宣传鼓励城市居民在日常生活中积极参与节能行动，为城市良好的生活环境尽自己的义务和责任。此外，城市应根据自身自然条件开发新的清洁能源。如甘肃省利用丰富

---

① 王亚飞：《我国经济可持续增长与经济增长方式转变》，载《思想理论教育导刊》2008 第 4 期，第 39 页。

的风能资源、适宜的温度条件、大面积地可利用荒漠建设风力发电站，10年内将建成中国最大的风能产业带。

（三）加强公众参与环保的力度，倡导绿色生活方式

环境经济政策不光引导城市生产走循环经济之路，它同样要求城市居民也参与到城市环保浪潮中，树立起健康的生活方式。包括遵循科学消费、绿色消费的生活理念，提倡物质消费节约化，旧物利用循环化和废物资源化，拒绝环境非友好型产品，支持资源回收产业发展；崇尚能源使用的高效性和必要性，减少不必要的浪费；保护生态环境，监督他人的环境行为，共同维护城市生活环境，降低生活的环境成本，为建设生态城市尽一份居民应尽的责任。

（四）制定可行性的城市发展考核体系，有效引导城市科学发展

环境经济政策要求城市研究实施绿色 GDP，用一套充分体现环境和资源价值的综合指标评价国家的真实发展状况；进一步真正落实环保指标纳入官员政绩的考核，如节能减排指标，形成我们衡量、选择政府官员更全面的标准；国家将按照《国家主体功能区划》划分的优化开发、重点开发、限制开发和禁止开发这四类功能区出台相应的财税、产业、投资、土地、人口、生态环境和绩效考核政策框架，各城市按照所属功能区，重新制定相应的发展目标和方式，设定相应的考核标准。

中国的城市正处在高速增长之中，如何协调环境和经济的发展，使之从原来的相互对立，走向未来的协调互补发展，是中国经济发展的关键。

（张博）

参考文献

[1] 王雅莉：《城市经济学》，首都经贸大学出版社2008年版。

[2] 刘耀彬：《城市化与资源环境相互关系的理论与实证研究》，中国财政经济出版社2007版。

[3] 海云志：《试论未来城市的发展趋势及其现实意义》，《江苏城市规划》2009年第5期。

[4] 纪晓岚：《现代城市环境特征》，《中国人口资源与环境》2003年第5期。

[5] 杨蓉、张旺锋、张祥德：《基于环境经济政策的中国城市发展策略研究》，《开发研究》2009年第2期。

[6] 潘岳：《细论环境经济政策》，《中国乡镇企业》2008年第4期。

[7] 李克国：《环境经济政策在中国的应用与发展》，《中国环境管理干部学院学报》2000年第12期。

[8] 王金南、陆新元：《中国的环境经济政策：实践与展望》，《世界环境》1997年第1期。

[9] 王亚飞：《我国经济可持续增长与经济增长方式转变》，《思想理论教育导刊》2008年第4期。

[10] 王建廷、李旸：《生态城市建设及城市经济学理论创新》，《中国城市经济》2009年第5期。

[11] 李双成、赵志强、王仰麟：《中国城市化过程及其资源与生态环境效应机制》，《地理科学进展》2009年第1期。

[12] 孙津：《可持续发展的真正含义》，《中国人口资源与环境》2003年第2期。

[13] 王晓玲：《以人为本的城市化实现途径研究》，《济南大学学报》（社会科学版）2009年第1期。

[14] 程怀儒：《对中国城市化问题的冷思考》，《农业经济》2004年第1期。

[15] 刘超：《对当前城市生态与城市经济理论的评述》，《山西建筑》2007年第10期。

第四篇 中国城市化进程中的"21世纪战略"

2000年7月4日,由巴西、新加坡、南非和东道主德国等国共同倡议的"21世纪城市未来"国际会议在德国首都柏林举行,时任联合国秘书长安南在开幕式上作了题为《人类未来在于城市》的报告,他在报告中指出,"目前,城市居民几乎占了世界人口的一半。再过25年将有2/3的人口居住在城市,而这个巨大的增长尤其表现在发展中国家里。我们已经跨入了城市世纪。"至此,"21世纪是城市世纪"成为当今世界的发展主题。作为一个拥有世界总人口1/4的发展中国家,中国城市在21世纪的发展亦将更令人关注。

由中国发展研究基金会发布的《中国发展报告2010:促进人的发展的中国新型城市化战略》报告指出,从"十二五"开始,我国将用20年的时间解决"半城市化"问题,使我国的城市化率在2030年达到65%。可以预见,在历经半个多世纪的艰难曲折之后,中国特色的城市化道路还将继续探索,城市管理体制改革、城市发展模式的选择、城市发展转型、国际化城市的打造等城市发展战略的实施将推进中国城市发展迈入全新的成长阶段。

第二十一章 城市化进程中的"撤县并市"[①]

所谓"撤县设市"即是县建制的经济发展水平、居民结构以及城镇设施等方面达到国家规定的一定标准后,经审批撤销其县建制,设立市建制,以新市辖原县的行政区域。撤县设市作为政治体制改革在行政区划上的一个体现,其理论性、政策性、现实性都是很强的。它不只是一个名称的改变,而是我国行政体制改革的重要内容,是在一定历史条件下加快我国城镇化进程的一种战略性选择。

一、案例导入:顺德区划变迁[②]

1992年,顺德"撤县设市",成为县级市。但随着经济的快速增长,顺德遇到了"成长的烦恼":即经济实力与行政区划所赋予的经济管理权限之间不匹配,改革走到一定的阶段,再次遇上了如何放权的问题。

1999年,广东省委、省政府确定顺德为率先基本实现现代化试点市,给予顺德地级市管理权限。除公检法系统及党组织继续归佛山管辖之外,顺德的其他序列都直接对省里负责。

为了打造"广东省第三大城市",在顺德"撤县设市"之后的10年,即2002年,在行政主导之下,大佛山的整合以消除体制壁垒、政策壁垒、管理壁垒、市场壁垒和资源配置壁垒的名义,将顺德、南海、高明、三水等县级市"撤市并区"。作为全国百强县,"富有"的顺德并入佛山之后,由于佛山推行的一系列"同区同待遇"的举措,资源整合的效果不明显。

在珠三角掀起的新一轮改革规划中,久负盛名的顺德再次站到了一个需要突破的历史节点上。2009年8月21日,广东省委、省政府正式批复同意

[①] 本文"撤县并市"包含"撤县设市"和"撤县(市)设区"两部分内容。
[②] 邢少文:《区域夹缝中的顺德变迁》[EB/OL]. http://www.nfcmag.com/articles/1674,2009-9-22。

佛山市顺德区继续开展以落实科学发展观为核心的综合改革试验工作，同意在维持顺德区目前建制不变的前提下，除党委、纪检、监察、法院、检察院系统及需要全市统一协调管理的事务外，其他所有经济、社会、文化等方面的事务，赋予顺德区行使地级市管理权限。

二、"撤县设市"与城市发展

中华人民共和国成立以来，我国实施的设市设镇模式大致分为两种类型：20世纪80年代初以前多采取"切块设市"、"切块设镇"的模式，即从县域（乡域）范围内划出城市化水平较高的城区（镇区）及其近郊区单独设市设镇；80年代后主要选择的是"整县设市"、"整乡改镇"模式，即全县（全乡）地域范围是改市（改镇）后的城市地域范围。与传统的切块设市相比，整县设市的优点具体表现为：（1）不增加新的县级建制，有利于减少机构编制，减少管理成本；（2）有利于城乡经济协调发展，市内既有城市经济，又有农村经济，可以较好地统筹城乡资源，实现城乡经济互补、优势互补，发展城市反哺农村；（3）有利于避免切块设市带来的市县矛盾。切块设市模式如果太大，县域发展受到严重削弱；切块小了，市的发展没有足够空间，最终不得不重新进行行政区调整。（4）有利于节约耕地，提高城市规模效益。城市规模越大，人均占用耕地越少，而且第二、第三产业越发达，经济发展效益越好。

（一）"撤县设市"的缘起

撤县设市是我国行政体制改革的重要探索。其缘起，从城市经济学的研究角度来讲，主要目的在于加速国家和区域内的城镇体系建设，使县城成为大、中城市与广大农村密切联系的"中转站"和"桥梁"，既可以充分发挥大中城市的中心作用，又可借以推进农村市场经济的发展。[1]

而从行政管理实践来看，全国各地的许多县建制纷纷申请改为"县级市"，或申请晋升为高一级的"地级市"则不同程度地基于以下原因：第一，市的实际行政权力要比县高；第二，一个原来的县或县级市升格为

---

[1] 李澜：《西部民族地区城镇化——理论透视、发展分析、模式构建》，民族出版社2005年版，第183页。

"地级市"之后，一来可以摆脱"上级市"有形无形的约束，二来自己成了地级市后，还可以反过来"代管"附近的县和县级市，得到更多的实际利益；第三，县改市、县级市晋升地级市后，水涨船高，所有当地公务员或习惯上与公务员攀比的不少非公务员，也都因而会获得行政上高一等级的待遇；第四，我国目前实行"广域型市"的行政区域设置政策，即为：一座城市或一县之内任何一座城市，无论多大，都不能独自为市，而必须把这个城市与大面积的乡村合并在一块，才堪称为市。

(二)"撤县设市"对城市发展的积极作用

1. 充分行使管理城市和管理农村双重职能

新建市政府的职能突出地表现为管理城市和管理农村双重职能。一方面它要搞好城市的规划，促进城市基本设施建设，使之适应区域经济中心的要求，管理好城市，使之具有城市的风范；另一方面，它又必须负责管理城市之外的广大农村，促进农村经济的发展。

2. 产生积极的经济社会效应

以福建南安撤县设市为例，1993年5月12日国务院批准南安撤县设市。截止到2003年，设市十年来全市经济持续快速健康发展，国内生产总值年均增长21.8%，农民人均纯收入年均增长13.7%，财政收入9558亿元，比设市前的1992年翻了三番；乡镇企业和"三资"企业蓬勃发展，建材业、纸制品、石油化工、电子机械、轻纺鞋帽、食品饮料、家私装潢以及高新技术、信息产业迅速壮大；科技、教育、文化、卫生、体育、广播电视及旅游等社会事业蓬勃发展，群众性精神文明创建活动蔚然成风，"文明村镇"、"文明行业"等先进典型层出不穷，环境保护、劳动就业、社会保障等其他事业日益得到重视并取得了长足的发展。① 可见，撤县设市产生了积极的经济社会效应。

(三)撤县设市对城市发展的不利影响

1. 造成虚假城市化

少数县不顾本地经济、社会发展的实际，一味追求形式上的变化，为达

---

① 余列江、黄仲熙、陈文辉、潘志卿：《成功故里看成功——福建南安撤县建市十年成功之路》，载《今日中国》2003年第12期，第74—77页。

到撤县设市的目的，不惜弄虚作假。有些"爆发型"城市城区面积一天天扩大，但经济却并不繁荣，工商业没有得到发展，农业生产却受到极大影响，这种"换汤不换药"的做法，违背了城市随着社会经济发展自然形成的规律，最终事与愿违，起不到撤县设市促进工业化、城市化的作用。

2. 强化行政、社会经济一体化

实行撤县设市后，国家行政管理与地区内的经济事务管理纠缠在一起的管理方式合法化，等于用行政手段管理社会经济事务的合理性得到正式承认，因而不利于顺利开展以公共行政管理与经济管理相分离为重要特征的体制综合改革。

3. 造成东中西部地区城市布局不合理

现行撤县设市标准是以国家文件为依据的。这个标准总体来说是科学的，也是行之有效的。但是，这个文件没有体现"因地制宜"的精神，有一刀切之嫌。东部地区经济发达，在设市上出现过热。而中西部地区经济发展水平相对低一些，达到标准的县较少。这样就起不到调整城市的合理布局与空间分布的作用。

（四）"撤县设市"存在后续发展问题

1. 城镇化推进水平低

撤县设市引发城镇化推进重数量、重外延而轻质量、轻内涵问题，以至于城镇化的推进水平不高，发展后劲不足。[①] 不少县改为市后，受原有城镇发展的历史基础、自然条件、经济基础、各类基础设施建设状况的"瓶颈"限制，城市面貌、环境、经济文化发展依旧，甚至是城市产业、范围依旧，整个城市缺乏活力。

2. 关于市管市、地管市的体制问题

目前，县级市多数由省辖，地、市代管。这种体制使县级市与代管地、市之间在一些问题上产生矛盾。地、市都试图利用代管的身份，对县级市加以一定的控制，从而使县级市受制较多，在一定程度上束缚了县级市的经济腾飞，不利于县级市积极性和主动性的发挥。

3. 关于城乡界限混乱、城镇建设用地矛盾问题

一些经济社会发展条件不很成熟的县改设为市之后，由于行政辖区城乡

---

① 李澜：《西部民族地区城镇化——理论透视、发展分析、模式构建》，民族出版社2005年版，第182—183页。

界限混乱，城乡优势发展难以管理和调控；二是旧城换新城后，城镇建设用地失去了原有的约束力，土地的合理利用、资源的可持续开发、突出的人地矛盾等都成为地区经济发展的障碍，造成城市发展乏力。①

三、"撤县（市）设区"与城市发展

"撤县（市）设区"通常的做法是将大城市周边的县或县级市改为区，纳入到大城市行政区划范围内，从而为大城市及其周边地区的统一规划和协调发展创造条件。② 近年来，这一行政区划调整在我国东部沿海发达地区较多，具体做法一般分为两种：一是撤县级市，改为区。如浙江省撤销县级余杭市和萧山市，设立杭州市余杭区和萧山区；河北省撤销县级丰南市，设立唐山市丰南区；广东省撤销顺德市、南海市、三水市，成立禅城区、顺德区、南海区、高明区、三水区。二是撤销县，改为区。如上海撤销南汇县和丰贤县，设立南汇区和丰贤区。

（一）"撤县（市）设区"对城市发展的积极作用

1. 协调城市发展

"撤县（市）设区"一是为中心城市营造更广阔的发展空间；二是扩大中心城市的规模，增强中心城市的实力；三是协调中心城市与周边县（市）的道路、港口、机场等重大基础设施的建设和规划；四是解决县（市）同城的问题；五是解决双城问题。因而，撤县（市）设区对城市发展有积极影响，体现在有利于相邻城市协调发展；有利于扩大中心城市的发展空间和规模，增强城市竞争力；有利于加强对某些重要资源的开发。③

2. 促进城市郊区化

撤县设区促进了城市郊区化。目前，江宁、锡山等郊县都已经改成市辖区，这样南京、无锡等城市在行政命令的干预下，市区面积有了很大的扩

---

① 李澜：《西部民族地区城镇化——理论透视、发展分析、模式构建》，民族出版社2005年版，第183—184页。
② 谢涤湘、文吉、魏清泉：《"撤县（市）设区"行政区划调整与城市发展》，载《城市规划汇刊》2004年第4期，第20页。
③ 谢涤湘、文吉、魏清泉：《"撤县（市）设区"行政区划调整与城市发展》，载《城市规划汇刊》2004年第4期，第21页。

张,同时也使得该地区的利益主体得到统一。这可以避免出现割裂规划,基础设施不衔接,新城建设铺大摊子却迟迟形成不了城市功能等问题,大大加强人流、物流、资金流等要素流的强度,有力地促进了这些地区的城市郊区化的进程。①

3. 为都市区的形成和壮大提供条件

以镇江市丹徒区为例,"撤县(市)设区"为都市区的形成和壮大提供了有利条件,如积极推动了都市区治理模式的改革;消减城乡二元结构,促进区域空间的协同发展;促使区级经济与城市建设水平大幅度提升;增强了土地市场与城市建设的统一规划管理。②

4. 有利于产业结构调整,发挥产业效应,推动城市化进程

以广东省佛山市为例,2002年撤县设区后,GDP逐年上升,第一、第二、第三产业占GDP的比重也发生了显著变化,从2001年的6.4:52.94:40.66变为2007年的2.58:62.40:36.42(见表21.1)。

表21.1 广东省佛山市城市化率及经济增长情况表

年份	城市化率（%）	人均GDP（元）	GDP（万元）	第一产业占GDP比重（%）	第二产业占GDP比重（%）	第三产业占GDP比重（%）
2001	44.8%	32868	11038915	6.4	52.94	40.66
2002	51.5%	34689	11759169	6.13	53.21	40.65
2003	99.8%	40134	13815951	5.63	55.35	39.03
2004	100%	47207	16564573	4.97	57.82	37.21
2005	100%	67230	23831836	3.18	60.40	36.42
2006	100%	81778	29281597	2.58	62.92	34.50
2007	100%	99842	36051142	2.28	64.57	33.15

数据来源:《中国城市统计年鉴(2002—2008)》,中国统计出版社。

撤县设区后,第二产业迅速发展,推动了佛山市城镇化进程,2007年城市化率已达100%。同时,城镇化水平的提高促进城市经济的发展,使城市化与经济发展相得益彰。

---

① 范宇、姚士谋:《由"撤县建区"引起对中国城市郊区化的思考》,载《世界地理研究》2001年第4期,第87页。

② 张蕾、张京祥:《撤县设区的区划兼并效应再思考——以镇江市丹徒区为例》,载《城市问题》2007年第1期,第38页。

(二)"撤县(市)设区"对城市发展的制约作用

1. 带来虚假城市化

"撤县(市)设区"调整虽然起到了立竿见影的效果,但"撤县(市)设区"带来了许多问题,如不利于城市间的竞争;不利于保持行政区内稳定良好的社会经济秩序;带来了虚假城市化;不利于制度创新。因而,"撤县(市)设区"行政区划是一种有待完善的行政手段。[1]

2. 存在城市治理问题

以镇江市丹徒区为例,"撤县(市)设区"引发了许多新的问题。如出现规划权限交接不到位,区域整体竞争力的提升不明显,同城而不同待遇的矛盾凸显,这些问题的出现促使我们去探索一种更为积极的都市区治理方式。[2]

3. 出现城市管理矛盾

以广州市番禺区为例,"撤县设区"给当地发展带来了一系列问题,如上下级政府职能"缺位"、"越位";城市规划、建设中出现"控—规—建"失调;农村地区城区化管理问题重重。[3]

4. 影响城市健康发展

经过对特大城市边缘地区"撤县(市)改区"模式进行透视,可以得出这种行政区划调整模式存在弊端。一是造成城市持续向外蔓延,耕地资源大面积锐减;二是混淆了不同类型的行政区,出现假性城市化现象;三是有可能对原郊县的社会经济发展产生负面影响。[4]

(三)"撤县(市)设区"后城市发展面临新挑战

1. 撤市设区后的城市规划与城市管理问题

以广州市番禺区为例,"撤市设区"后城市管理和规划存在问题,如权

---

[1] 张蕾、张京祥:《撤县设区的区划兼并效应再思考——以镇江市丹徒区为例》,载《城市问题》2007年第1期,第38—39页。

[2] 谢涤湘、文吉、魏清泉:《"撤县(市)设区"行政区划调整与城市发展》,载《城市规划汇刊》2004年第4期,第21页。

[3] 李开宇、魏清泉、张晓明:《从区的视角对"撤县设区"的绩效研究——以广州市番禺区为例》,载《人文地理》2007年第2期,第112—113页。

[4] 李丽雅:《特大城市边缘地区城市化与行政区划体制改革研究——对特大城市边缘地区"撤县(市)改区"模式的透视》,载《经济地理》2002年第4期,第462—473页。

利空间重新配置引发城市规划与建设管理部门行政效率下降；市、区两级政府"规划权"与"发展权"额度矛盾激化；"撤市设区"导致城市发展空间等方面的冲突；"撤市设区"后对被动城市化区域的管理和建设措施缺乏弹性。

在当前我国经济体制和政府职能转型时期，可采用城市规划的制度设计功能应对行政区划调整的冲击；加强区域管治，强化区域规划的约束性；从优化产业结构入手提高非农就业水平，完善土地使用制度保护失地农民利益；从社会文化和经济制度等方面引导农村城市化发展，从多个层面解决行政区划调整中的被动城市化问题，应对"撤市设区"后出现的城市规划与城市管理问题。[1]

2. 撤市设区后土地持续利用问题

以"金源故地"——黑龙江省阿城撤市设区为例，2006年国务院正式批准阿城撤市设区，并入哈尔滨市市区版图。有关学者从生态效益、经济效益、社会效益、代际关系和调控能力与方向选择17项指标，对原阿城的城市土地可持续利用做出定量分析与评价，结果表明其土地总体上处于可持续利用的初步阶段。为提高其可持续利用程度，需从以下几方面着手：树立正确的土地可持续利用观，从只追求经济效益最大化转变为追求整个地区土地利用的综合效益的最优化；在提高阿城本区经济发展水平的同时，应该考虑到城市化带来的土地扩张速度远远超过人口城市化和产业城市化的速度等问题；大力挖掘阿城区内部土地利用的潜力，逐步改变目前城市化快速发展过程中的土地资源闲置和浪费问题；健全土地市场，完善市场功能，保证土地的合理流转。[2]

3. 撤市设区后区域空间格局问题

以重庆市涪陵区为例，1998年"撤市设区"后，其接受来自重庆中心城市的辐射较弱，与渝中、渝北、沙坪坝、南岸、江北等几个主城区相比，很难在政策倾斜、项目投入、投融资优惠等方面与之比肩。针对涪陵区域空间格局现状，研究者提出，涪陵应该将自己分解成两个角度认识，从区的角度来看（行政区角度），涪陵要以服务全市工作为前提条件，积极接受来自

---

[1] 李开宇：《撤市设区后的城市规划与城市管理——以广州市番禺区为例》，载《城市管理》2009年第3期，第75—78页。

[2] 刘晓玲、宋戈：《行政区划调整后土地可持续利用的定量分析与评价——以黑龙江省哈尔滨阿城撤县设区为例》，载《国土资源情报》2008年第12期，第11页。

重庆在行政上的垂直领导;从二级中心城市职能的角度(经济区角度),涪陵则应该主动与其原先行政范围的周边区县协调发展,积极发挥其辐射作用。概括起来就是在加强依托重庆的同时,要利用现有较好的基础,努力自主发展,扩大经济空间。①

(四)"撤县(市)设区"后的城市发展展望

1. 推动城镇建设

以江苏省扬州市邗江区为例,随着邗江融入扬州市区,依托扬州主城区,引申基础设施,错位发展经济,引导城镇聚集建设,打造30分钟城镇圈。当前及今后一段时间,邗江区城镇建设的总体思路应调整确定为"一主四中",即由邗江经济开发区、杨庙镇、瓜洲镇构成的一个主城区和由瓜州古镇建设、李典滨江新城建设、杭集旅游日化用品城建设、北山中心城镇建设构成的四个中心城镇。②

2. 优化产业结构

以北京市平谷区为例,平谷区以撤县设区为契机,以发展为主题,以结构调整为主线,以改革和科技进步为动力,以富民强区为目标,全面实施"绿色经济"发展战略。随着经济结构的进一步优化,全面形成了工业、农业、建筑房地产和旅游四大支柱产业,今后将加快现代化卫星城建设,推进工业、农业、建筑、旅游、商贸等各业的发展。③

3. 推进产业化经营

以宝坻为例,宝坻撤县设区后,其农业在经济格局中的地位仍然十分重要,全区是京津地区重要的农副产品供应基地。当前,宝坻农业面临的主要任务是加快调整结构,提高生产水平和经济效益,尤其要大力推进农业产业化经营,逐步实现生产专业化、农工商一体化、服务社会化和产加销各个环节的利益分配合理化。④

---

① 郭素君、曹荣林:《"撤市设区"行政区划调整后涪陵区域空间格局研究》,载《重庆大学学报》(社会科学版)2005年第6期,第20页。

② 周景高:《浅谈撤县设区后城镇建设的初步设想》,载《小城镇建设与管理》2008年第1期,第89—90页。

③ 赵克忠、史贵升:《以撤县设区为契机,谱写平谷经济和社会发展新篇章》,载《首都经济》2002年第7期,第35页。

④ 尹玉辉、张宇:《抓住撤县设区机遇、深化宝坻农业产业化经营》,载《天津经济》2002年第3期,第44页。

四、关于民族自治县"撤县并市"的特殊性思考

民族自治地方撤县并市，在自治州和自治区范围内与一般地方相同，没有什么困难，主要看经济社会发育程度。但自治县撤县并市则遇到了与国家实行民族区域自治的基本政策相抵触的情况。在现行体制和有关规定之下，民族自治县撤县并市，要么撤销自治县，要么保持自治县，这种二者只能选择其一的做法，对于民族自治县的少数民族来说无疑是极为困难的一种抉择。

目前，全国共有5个民族自治县和2个州辖县已改为普通市或普通市辖区县。具体为：辽宁省凤城满族自治县于1985年成立，1994年撤县改为凤城市；辽宁省北镇满族自治县于1989年成立，1995年撤县改为北宁市；海南省东方黎族自治县于1987年成立，1997年撤县设立东方市；黔江土家族苗族自治县于1984年成立，2000年撤县改为黔江区；广西防城各族自治县于1958年成立，1993年该县的主体部分改为防城港市防城区。此外，1988年成立大庸市（1994年改为张家界市），把原属于湖南省湘西土家族苗族自治县管辖的大庸县、桑植县，划归为张家界管理，变为张家界市的永定区、桑植区。

撤除民族自治地方后，各地各项经济指标都有所增长。但这些地方撤除民族自治地方后，尽管上级政府承诺继续享受民族自治地方的优惠政策，但由于不再是民族自治地方，一些民族地区的政治权利没有了，这对当地经济和社会发展具有重要影响。

随着民族地区经济和社会的发展，以后将会有更多的自治县达到国家规定的设市（区）标准，在新形势下如何坚持和完善民族区域自治制度、如何贯彻落实党和国家的各项民族政策的问题在对待民族自治地方在城市化进程中出现的新问题，应该具备与时俱进的精神。从长远来看，应及时对"民族自治市"的问题进行立法研究，一方面保护当地少数民族的自治权利，另一方面促进民族自治地方城市化进程。[①]

总体来看，"撤县设市"、"撤县（市）设区"形式不同，本质相同。本

---

① 金炳镐、田烨：《新世纪中国民族自治制度创新的一个亮点——"民族自治市"》，载《西北民族大学学报》2007年第5期，第42—54页。

质都是为了使行政区划及相应的行政管理体制适应经济发展的需要，加速国家和区域内的城镇体系建设，加快全国的城市化进程。随着城市化进程的加快，城市空间的扩展超越目前的行政范围，撤县设市、撤县（市）设区行政区划调整几乎成为重新整合区域资源的一种手段。但如果只是简单地、过多地通过区划兼并的手段进行集权式管理，不仅束缚了原本较为灵活自主的县域经济发展格局，而且使得都市区管理的层次和职能不能完全覆盖到广泛而多样的城乡地域范围，客观上造成了管理效率的降低和政策空间的"缺位"与"空白"。因此，行政区划的调整应该因地制宜，符合"撤县设市"要求的县进行撤县设市，符合"撤县（市）设区"要求的县或县级市进行撤县（市）设区。与此同时，要重视民族自治县撤县设市（区）的特殊性，在撤民族自治县设市（区）后应当继续享受民族区域自治权利，推动民族地区加快发展。

（德青措　杨勇杰）

参考文献

[1] 李澜：《西部民族地区城镇化——理论透视、发展分析、模式构建》，民族出版社2005年版。

[2] 余列江、黄仲熙、陈文辉、潘志卿：《成功故里看成功——福建南安撤县建市十年成功之路》，《今日中国》2003年第12期。

[3] 谢涤湘、文吉、魏清泉：《"撤县（市）设区"行政区划调整与城市发展》，《城市规划汇刊》2004年第4期。

[4] 张蕾、张京祥：《撤县设区的区划兼并效应再思考——以镇江市丹徒区为例》，《城市问题》2007年第1期。

[5] 李开宇、魏清泉、张晓明：《从区的视角对"撤县设区"的绩效研究——以广州市番禺区为例》，《人文地理》2007年第2期。

[6] 李丽雅：《特大城市边缘地区城市化与行政区划体制改革研究——对特大城市边缘地区"撤县（市）改区"模式的透视》，《经济地理》2002年第4期。

[8] 李开宇：《撤市设区后的城市规划与城市管理——以广州市番禺区为例》，《城市管理》2009年第3期。

[9] 刘晓玲、宋戈：《行政区划调整后土地可持续利用的定量分析与评价——以黑龙江省哈尔滨阿城撤县设区为例》，《国土资源情报》2008年第

12期。

[10] 郭素君、曹荣林：《"撤市设区"行政区划调整后涪陵区域空间格局研究》，《重庆大学学报》（社会科学版）2005年第6期。

[11] 周景高：《浅谈撤县设区后城镇建设的初步设想》，《小城镇建设与管理》2008年第1期。

[12] 赵克忠、史贵升：《以撤县设区为契机，谱写平谷经济和社会发展新篇章》，《首都经济》杂志2002年第7期。

[13] 尹玉辉、张宇：《抓住撤县设区机遇，深化宝坻农业产业化经营》，《天津经济》2002年第3期。

[14] 范宇、姚士谋：《由"撤县建区"引起对中国城市郊区化的思考》，《世界地理研究》2001年第4期。

[15] 金炳镐、田烨：《新世纪中国民族自治制度创新的一个亮点——"民族自治市"》，《西北民族大学学报》2007年第5期。

第二十二章 城市化进程中发展动力的多样化

面对新世纪的到来，中国特色的城市化道路探索中，凭借独特的区位优势，以特色自然资源、特色人文资源开发为依托，促成了一批迥异于传统工业城市的旅游城市、边贸城市等各类新兴城市的迅速成长，这在城市发展理论和发展实践上都具有一定的突破性。

一、案例导入：旅游业推动丽江发展

丽江市位于我国云南省西北部，辖古城区及玉龙、永胜、宁蒗、华坪四县，2005年末户籍人口113.76万人。[①] 丽江旅游业起步于20世纪90年代初期，凭借资源优势，分别开发了以玉龙雪山、虎跳峡、泸沽湖、老君山为主体的自然旅游区及以丽江古城、东巴文化、摩梭风情为主体的人文旅游区。目前，旅游业已发展成为丽江的支柱产业。从1995年—2008年，丽江游客接待量和旅游综合收入由84.5万人次和3.3亿元，增加到625.5万人次和69.5亿元，分别增长了7.4倍和21.1倍。旅游总收入占全市GDP的比重，从1995年的18.3%增加到了2008年的68.7%。来自旅游业的财税收入占全市财政收入的70%以上。目前丽江旅游业直接从业人员达到4万人，间接从业人员超过10万人。[②] 旅游业带动了交通运输、邮电通讯、餐饮住宿等各行各业的空前兴盛，转移了大量农村剩余劳动力，大大加快了丽江的城市化步伐。丽江已成为依托旅游业推进城市化的典型旅游城市。

在城市发展理论史上，无论是从西方发达国家还是发展中国家来看，工业化都对城市发展有不可低估的作用。正因为如此，我国很多省区市也纷纷提出"工业强市"口号，一味发展工业。这样做不但收效甚微还抑制了很多省区市有特色地发展，并且对城市环境造成了破坏。现如今，丽江成功的发展模式给我们以启示：这座美丽的城市发展并非传统工业化的推动，而是

[①] 葛敬炳、陆林、凌善金：《丽江市旅游城市化特征及机理分析》，载《地理科学》2009年第2期，第134—140页。

[②] 丽江市委书记：《对丽江旅游产业发展战略再思考》，[EB/OL]. http://news.sohu.com/20091223/n269158918.shtml, 2009-12-23。

根据当地特有的风景资源，引入城市历史文化，塑造了一个美丽神奇而又令人心驰神往的城市。

二、城市化动力相关理论综述

(一) 传统意义上的城市化动力——工业化

1. 工业化促进城市化发展的内在动因及路径

从18世纪起，机器逐步取代了传统手工业，在西方国家飞速发展。在全世界，无论是被动地以殖民地的形式接受，还是主动向西方发达国家学习，工业化发展使全球变成了一个庞大的世界工厂。正因为这样，西方的大城市作为世界工厂的节点而形成，如最早的工业城市及工业区：英国的伦敦、法国的巴黎、德国鲁尔—莱茵工业区、美国东北部与五大湖工业区等等。

城市化作为经济、社会、生态和文化诸方面全面转变的动态过程，是乡村分散的人口、劳动力和非农业经济活动不断向城市集聚，城市文明不断向乡村扩散，城市成长为经济发展主要动力的过程。在一般的城市化进程中，推力与拉力即城市的吸引力与乡村的扩张力，是构成城市化持续推进的动力机制。在推力与拉力的相互作用下，发达国家城市化道路走过了一条工业化水平不断提高、产业结构不断升级、城市化进程不断推进的内生化道路。[①] 从某种角度说，城市化是工业化的产物。工业化对城市化的带动作用，主要体现在以下几个方面：

首先，工业化从生产方面带动了城市化。工业的发展带动了规模经济的发展，产生了越来越明显的聚集效应，再发展到聚集经济。工业化的进程带动了人口和经济的集中，从而加速了城市化的发展。这种聚集效应以工业集中为中心，逐渐扩大到交通运输、服务业、市场规模等各个方面，促使人口向城市集中进而城市密度上升。这成为工业化带动城市化最重要的原因。

其次，工业化从消费需求方面带动了城市化。工业化的演进带动了城市经济高速增长、人均收入水平和消费水平的上升，引起了社会消费结构和消

---

① 黄益民：《西部地区城市化动力机制研究》，载《合作经济与科技》2010年第2期，第17页。

费方式的变化，从而为人口的迁移、集中和城市的发展创造了经济条件。

再次，工业化从结构转变方面带动了城市化。在工业化过程中，工业带动服务业的产出比重不断上升，相应的，劳动力由农业向其他非农业转移。这种生产结构和就业结构的转变，有力地带动了农村城镇化和城市的发展。

2. 现代城市的发展是城市化与工业化相互促进的结果

工业化与城市化的相互促进主要表现在：工业的发展带动了相关产业的扩张，引起了市场规模的扩大，从需求和地域两个方面促进了城市化的发展；而城市的发展带动了劳动力、资本、技术、信息等生产要素的聚集，形成了生产扩张的有利条件，反过来支持工业化的进一步扩张。

城市是物质文明与精神文明的集合体，是社会发展的核心推动力。在我国，城市化是实现工业化、摆脱贫困和走上现代化道路的必然过程。[1] 大城市一般都是一个国家或地区的信息中心、资金中心、物流中心等，对工业化有极大的促进作用。我国工业化水平最高的北京、上海两地正好是我国两个最大的城市。

中国第一大工业城市上海，就是城市化与工业化二者相互促进共同推动城市经济发展的典型。从1843年开埠通商后，上海这个小渔村的近代工业开始兴起。中华人民共和国成立前，上海的工业生产能力和产品产量在全国占有很大比重。改革开放以来，上海工业结构调整取得了显著进步，产业结构从以前的纺织、食品等劳动密集型和资源密集型产业为主，逐步转向了以深度加工为主，现代化、高附加值的技术密集型和资金密集型的产业结构。工业化的高速发展铸就了上海市的经济腾飞。城市的发展同时提高了上海的知名度，带动了劳动力、资本、技术的聚集，为工业的发展提供了源源不断的动力。20世纪80年代后期，上海市有重点地发展了一批新的工业支柱产业（包括汽车、通信设备、钢铁、石油化工和精细化工及家用电器六大行业）作为经济增长点来保证上海经济持续、快速、健康发展。20世纪90年代初，上海市政府明确提出要重点培育和发展电子信息、现代生物、医药和新材料三大高科技产业，用高新技术改造和提高传统产业，加快形成以高科技和深加工为特征的工业格局。工业化打造的上海，在今天，不仅是中国重要的科技、贸易、金融和信息中心，更是一个世界文化荟萃之地。上海已经发展成为一个国际化大都市，并致力于建设成为国际金融中心和航运中心。

---

[1] 李伟娜、李秀：《浅谈中国城市化》，载《山西建筑》2007年第9期，第27页。

总体说来，工业化通过拉动生产、刺激消费需求、加速结构转变三种路径带动城市化的发展，城市化通过经济活动聚集起来的人力资本和多样化的市场，不断促进工业的技术创新，从而又加快了城市的经济增长。

3. 近现代工业化促进我国城市化的历史进程

1840年的鸦片战争，使清政府打开了闭关自守的大门。从19世纪中叶起，资本主义工商业首先在沿海沿江城市出现，形成了一批近现代工业城市，如上海、天津、大连、青岛、广州、重庆迅速崛起；资本主义工业的发展也产生了不少新兴城市：抚顺、本溪、鞍山、唐山、焦作等；在交通线上产生了如满洲里等城市。

中华人民共和国成立以来，中国的城市化和工业化经历了两个重要时期：第一个是从1949—1978年，为建立独立的工业体系和国家安全，我国采取了优先发展重工业的赶超战略，实行了高积累、高投入、以追求数量扩张为特征的外延型工业化道路，这对加快中国城市化进程、聚集中国特大城市的崛起，起了重要的作用。这时，长春第一汽车制造厂、沈阳机床厂、风机制造厂等建成投产，同时城市化率也缓慢地增加到18%。二是1978年改革开放以来至今，为第二个时期。这一时期又可分为两个阶段：第一阶段是1978年至1996年，改革唤起巨大经济活力，我国充分利用国外资源和市场背景，在农轻重产业均衡发展的推动下，中国城市数量迅速发展。这时中国城市化率提高到43%，同时温州、东莞、中山、深圳等明星城市产生。第二阶段是1997年至今，这也是今后的一个趋势。在国内资源有限和国际竞争加剧的条件下，各城市分别走上以提高城市综合竞争力和可持续发展的新型城市化和工业化道路（即信息产业和高新技术走资源节约型城市化道路），为中国城市的发展奠定了重要基础。

4. 工业化对城市发展的副作用

改革开放以来，伴随着工业化的快速推进，我国城市化进程加快，城市数量迅速增加。随着城市规模的扩大，各种生产要素不断向城市聚集，城市化水平有了很大的提高。然而，随着城市人口负担加重，城市经济结构不合理、资源浪费等问题日益凸显。传统工业化在带动中国经济快速发展的同时，对我国城市的发展也产生了一些负面的影响。近几年，我国众多学者在其研究中对此问题进行了深刻的揭示。卢东斌、孟文强（2009）用实证分析的方法研究城市化、工业化、地理脆弱性对城市环境质量的影响。结论表明，应该在妥善调整工业产业结构、提高工业化质量的同时，改善并提高城市化和工业化发展速度。① 李彦军（2009）认为，我国城市和城市经济发展在现代化进程中发挥着重要作用，城市和城市经济已成为支撑我国现代化发展的主要力量。现阶段，城市在国民经济中的地位更加重要和突出，人们从城市的发展中获取的机会更多。城市的繁荣是21世纪中国崛起的动力源泉，但如果经济发展的资源瓶颈与环境的承载力不能突破，必然会阻碍城市的发展，最终使城市由繁荣走向衰退。② 李峰（2006）认为，中国近十多年来经济快速发展，其原因主要在于：把工业化和城市化作为发展的方向。虽然中国从经济上不可否认地取得了快速发展，但在发展过程中，依然走上了大多数发达国家以消耗资源、牺牲环境为代价的道路，同时存在很多浪费资源和破坏环境的问题。为解决此类问题，应该拓展国际市场、发展高技术产业和信息产业来推进城市化进程。③ 苏雪串提出我国的工业化长久以来是以破坏环境为代价，导致粗放型城市化的说法，认为必须发展环保产业。这既是提高城市化质量的物质技术保障，也是增加城市就业、促进城市化进程的重要途径。④ 衣保中、林莎（2001）在研究东北地区工业化的特点时认为，在百余年的工业化进程中，东北地区基本上采取了传统工业的发展模式，即依靠掠夺自然资源和破坏生态环境来挟取经济的高速增长。这使东北地区成为全国资源破坏和环境污染最严重的地区。必须重视工业化的环境代价问题，积极探讨可持续发展的工业化之路。⑤ 我们不能无视环境的代价，必须重新审视、改造传统产业，加快城市化进程，走可持续发展的工业化之路。

（二）城市发展的新动力研究

1. 旅游业与城市化相互促进

随着社会经济文化的发展，旅游作为城市化的一种动力已显示出巨大作

---

① 卢东斌、孟文强：《城市化、工业化、地理脆弱性与环境质量的实证研究》，载《财经问题研究》2009年第2期，第22—28页。

② 李彦军：《精明增长与城市发展：基于城市生命周期的视角》，载《区域与城市经济》2009年第6期，第68—72页。

③ 李峰：《中国工业化发展所面对的资源与环境问题》，载《商场现代化》2006年第2期，第292页。

④ 苏雪串：《环保型工业化对城市化的影响分析》，载《城市前沿》2005年第5期，第23—25页。

⑤ 衣保中、林莎：《东北地区工业化的特点及其环境代价》，载《税务与经济》2001年第6期，第48—51页。

用。20世纪后期旅游城市化现象在西方发达国家逐渐凸现。

城市化是城市规模和人口数量增加的过程，同时也是生活方式转变的过程，城市化不仅提供了数量巨大的消费者，而且诱发了人们的消费需求，转变了人们的消费观念。这样，人们更多地会向往大自然或远离所居住的城市去找寻自我，追求心灵的享受和愉悦。可以说，城市化极大地促进了旅游业的发展，这表现在以下三个方面：第一，城市化的发展会加快城市功能的齐全，给旅游业提供前提保证。第二，随着城市化水平的提高，城市居民对旅游的需求越高，从而旅游消费越多。这是因为城市是人类物质文明和精神文明的产出地，居民相对收入也比较高，而旅游需求正是随着经济发展产生的一个更高层次的需求。第三，因为城市的集聚效应，城市化能够形成如吃、穿、用、住、行、娱等一系列完整的旅游产业结构和链条，有利于旅游产业的整体发展。

武夷山市，作为中国最优秀的旅游城市之一。在旅游业的带动下，2009年武夷山的招商引资也取得了不俗成绩。据统计，2009年在武夷山注册的台资企业达28家，注册资金4.78亿美元。台企业出口额达1849万美元，创数年来新高。[①] 由此可见，城市化的加速促进旅游业的发展；而旅游业的发展又会拉动城市经济，加快城市化进程。

2. 文化是城市发展的软实力

《辞海》中有关文化的概念为：人类社会历史实践过程中所创造的物质财富和精神财富的总和。从狭义来说，指精神生产能力和精神产品，包括一切社会意识形态。美国19世纪的哲学家艾默生说过，城市是靠记忆而存在的。时间的延长会使城市文化不断创新和积淀，一座城市过去的文化和现在的文化都是其价值所在。

在当今社会经济发展条件下，文化已经成为社会发展的驱动力，它在城市发展中的地位和作用是无法替代的。文化作为一个城市的灵魂，可以提升城市的品位与形象，也可以凝聚城市居民的共同意识。历史是城市之根，历史文化资源是一种难以复制的稀缺资源，有着优秀历史文化传统的城市往往会表现出文化的精致与厚重。我国很多城市都有深厚的历史文化底蕴、丰富多彩的历史故事和历史文化古迹。即使一些落后地区也有深厚的历史文化积

---

① 城市化网：《十大活力县级城市——武夷山市》[EB/OL]．http：//www.ciudsrc.com/，2010-1-25。

淀，或突出的地方特色。①文化与历史结合就会形成一种城市精神，这就是可以推动城市不断发展的竞争力。城市作为一定地域范围内政治、经济、文化和社会的中心，它是物质与精神的结晶，代表着人类文明的进步。文化是城市的灵魂，人文特色则是推进城市化进步的重要软实力。

文化产业在城市发展中也显示了强大的作用和影响。例如，张家界市是湖南省西北部一个以发展旅游业为特征的新型省辖地级市，随着好莱坞大片《阿凡达》的全球热映，国内外游客纷至沓来，以欣赏在影片中气势恢宏的"哈利路亚山"的原型——乾坤柱。这为张家界不仅带来了知名度，还促进了城市经济的发展。像图书、宣传片、网络传媒等不但可以创造就业，还可以提升城市居民的文化素质。另外，文化产业可以给城市的历史文化资源注入新的活力。多种多样的历史文化、民俗风情等不但可以带来直接经济效益，还能提高城市的形象与地位，促进城市进一步发展。

3. 贸易推动边境城市经济发展

在古代，我国就有汉族同周边各个少数民族互市的传统，形成了很多边境的贸易城市，如凭祥、丹东、临夏等。随着海上丝绸之路的开辟，又在我国沿海地区形成了如泉州、广州等对外贸易城市。可以说，以贸易为先导，因商而兴，也是我国近代很多城市优先发展成为大城市的一个重要原因。

我国许多省际民族地区城市（兰州等），它们作为民族地区的枢纽拥有优越的交通地理环境，这有利于它们在各民族或地区间进行以天然产品和手工业产品为主的初级贸易。从而，城市商业贸易的兴起和大量商人的聚集，也有力地推动了城市工业、通讯业、运输业、金融业的发展，并使城市成为区域性的贸易中心和重要的商业物资集散地。②贸易对边疆城市经济发展也起着重要作用。以西北地区边疆城市为例，当地许多城市经济发展缓慢，由于历史地理等原因当地并不适宜发展大工业。那么就应该以边贸口岸城镇建设为重点，用边贸促进城市发展。西北民族地区的很多城镇与蒙古、俄罗斯、哈萨克斯坦等国毗邻，加上亚欧大陆桥的建立和新兴"丝绸之路"的开

---

① 陈柳钦：《历史文化特色：城市健康发展的根基》，载《改革与开放》2008年第8期，第41—42页。

② 张河清：《省际边界民族地区城市发展动力研究——以湘西洪江古商城发展变迁为例》，载《社会科学家》2007年第1期，第30—33页。

辟，对外开放的条件非常有利。① 因此这些城镇就应充分发挥独特的区域优势，将贸易作为重要的发展点。

4. 交通枢纽有利于发挥城市中心作用

在古代，交通地理位置和自然地理条件在城市的产生及发展中具有很大的自然作用。许多城市的产生和发展都在于其作为地域的政治、经济、宗教、文化中心，或者自然条件优良的海港，抑或是贸易繁华之地等。自鸦片战争后，中国被迫进入世界市场体系和交通网络中，沿海诸多城市作为通商口岸而兴起。同时随着外国资本主义势力向中国内陆的渗透，铁路、公路沿线也兴起了如满洲里之类的城市。由于作为交通枢纽的城市拥有便利的交通，通过贸易、人力资本、技术、资金等的聚集，促进了城市经济的发展。可以说，无论是因为交通枢纽而兴起还是发展，它都是城市源源不断的活力来源。

重庆成为直辖市以来，一直致力于建设成为"长江上游地区综合交通枢纽"。据新华社2008年7月21日消息："重庆将决定加快高速公路、铁路、航道、港口、机场建设，打通连接周边省会城市的大通道和出海大通道。今后五年，重庆至少各有一条高速公路和铁路干线连接成都、贵阳、昆明、西安、武汉、长沙等省会城市，同时进一步打通三大出海通道并着手开辟郑渝昆铁路连接东南亚、兰渝铁路连接欧亚大陆桥的两条陆路出境大通道。"铁道部《中长期路网规划》描绘了一幅宏伟蓝图，地处西南的重庆在2020年将形成"一枢纽十三干线三支线"的格局，成为长江上游和西部地区重要的铁路枢纽。② 重庆的交通枢纽建设，不仅有利于城市自身经济文化的发展，也促进了成渝都市圈的发展。

可见，在城市化进程中，城市交通枢纽的形成对城市的产生具有巨大的作用；交通枢纽的建设也在城市化中占有十分重要的地位。一个快捷、便利的城市交通网络有助于发挥城市中心作用。另外，交通枢纽也对提升城市功能品位，辐射城市所在区域的经济发展具有重要作用。

5. 重大活动是城市发展的契机

纵观中国历史上的重大活动，他们都对城市发展有巨大的影响作用。如

---

① 刘晖：《西北民族地区城市发展研究》，载《西北民族研究》2002年第4期，第104—110页。

② 铁路建设助重庆由"交通瓶颈"变为"交通枢纽"［EB/OL］. http：//www. gov. cn/jrzg/2010 - 02/15/content_ 1535632. htm，2010 - 2 - 15。

唐朝在长安修建大明宫及建立东都洛阳，明代朱棣将都城迁往北京等，这些在政治上的重大活动对城市的发展无一不起到了举足轻重的作用。对城市有积极作用的重大活动可使城市繁荣发展，而对城市消极的重大活动甚至可以使这个城市湮灭在历史的长河中。

近现代以来，随着工业化的逐步发展，我国无可避免越来越多地参与到国际事务中。北京2008年成功地举办了第29届奥运会，这不但全面显示出我国经济、文化和综合国力，还使北京这个古老与现代融为一体的城市更具吸引力。奥运会为北京扩大了就业机会，促进了旅游业的发展，为中国的公司、企业在全球扩大了影响，同时奥运会也为北京留下了包括竞赛场馆等在内的众多奥运遗产。舞动的新北京就此出现在全世界人民的眼中。

2010年上海世界博览会的主题是：城市，让生活更美好。这促进了城市多元文化的融合，城市经济的繁荣和城市科技的创新等。世博会虽然是一个世界性的活动，但其理念、主题和互动等都传递了上海市的城市形象，使上海文化元素在全球范围内得到公开的表达。[①] 对世博会主办城市而言，世博会的选址往往能成为推动城市建设的巨大动力。上海未来的城市发展，就要把这样各种各样的文化包容其中，这是保障一个富有魅力的城市氛围实现的前提。[②] 世博会的举办，标志着上海融入世界，积极推动城市发展的国际化程度，在更大范围上积极参与国际分工和合作，使城市成为连接世界的重要枢纽。

三亚同样是一座受重大活动青睐的海滨城市。自2003年第53届世界小姐总决赛在三亚举办以来，三亚成为世界的焦点。自此之后，众多世界性的活动在这里成功举办，如2007年的国际沙滩音乐节、2008年第25届世界精英模特大赛等。大型文化赛事活动使越来越多的目光聚焦三亚。这些活动的举办增强了城市实力，提高了城市品位，为三亚建设成为世界著名、亚洲一流的国际滨海旅游城市奠定了基础。

---

① 孙祥飞、陈姗姗：《上海世博会——上海城市文化的嵌入式传播》，载《科教文汇》2008年第5期，第160页。

② 许懋琦、杨欣欣：《2010世博会：上海城市发展的重要契机——法国巴黎八届世博会的借鉴》，载《艺术与设计》（理论）2008年第10期，第201—203页。

三、对我国不同类型城市发展动力的思考

(一) 工业城市可持续发展及其转型问题

1. 资源型工业城市的可持续发展

资源型城市（包括资源型地区）是以本地区矿产、森林等自然资源开采、加工为主导产业的城市类型。[①] 作为不可再生资源，如果没有合理开采与开发，会对其城市所在地区造成矿产、森林面积骤减，带来不可弥补的损失。资源型城市在我国工业化发展时期，以其提供的能源和原材料等促进国民经济的快速发展。但一些资源型城市没有合理开发，生态破坏严重，产业结构失衡，导致经济发展水平下降。

资源型工业城市必须依照自身优势从产业振兴、生态保护等方面，加大发展的广度深度，促进资源型城市可持续发展，并探寻其后续发展动力。

第一，针对产业结构不合理的问题，资源型工业城市必须发展接续产业，调整产业结构。资源的减少以致枯竭，是资源型工业城市发展的阻碍。所以，必须根据各个城市优势，因地制宜地发展新的主导产业和支柱产业。大庆是中国最大的油田和重要的石油化工基地，这座老牌资源型工业城市在促进城市经济繁荣，打造绿色油都的基础上大力促进"非油"经济及后续产业发展。从上世纪90年代起，以辟建高新区为标志，大庆市便开始进行在发展接续产业上的探索，经过近20年的不懈努力，一些产业已形成了较大的规模，显示出了巨大的成长力。未来，大庆也在接续产业的发展上明晰了方向：即以高新技术为先导，重点发展石油化工、农产品精深加工、机械装备制造、现代服务业和现代农业五大接续产业。

第二，生态环境的改善对资源型工业城市尤为重要，可以发展循环经济。城市不仅仅是工业发展、经济增长之地，更应该是人与自然和谐相处及人的自我价值实现的乐土。所以，这就要求资源型工业城市走可持续发展的道路，不能因为工业而争夺人的生存空间。循环经济不但可以提高资源的利用效率，增加产品附加值，还能保持清洁生产，防止对生态的破坏。例如，

---

① 张秀生、陈慧女：《我国典型资源枯竭型城市的可持续发展——基于9个典型资源枯竭型城市的分析》，载《武汉理工大学学报》（社会科学版）2009年第6期，第85—88页。

拥有得天独厚的自然资源并处于特殊地理位置的新兴工业城市格尔木，它在荒漠中崛起，成为中国西部最具活力的工业化城市。自从改革开放以来，百万吨钾肥和石油天然气三项工程项目的投资和兴建，形成了格尔木市的工业框架和基础。格尔木除了拥有石油、天然气、盐湖资源以外，还有相当丰富的风能和太阳能资源。全市工业经济快速发展，第二产业在三大产业中的比例上升到60%以上，成为全市主导产业。① 格尔木在发展新型工业化的道路时，主动选择了循环经济模式。它发展循环经济的重点是结合盐湖资源的综合开发，加快延伸产业链，将电力、石油、天然气化工、盐湖化工、有色金属等多种产业横向链接起来，初步构建循环经济生态工业链。

2. 老工业城市的可持续发展

老工业城市往往是在大企业存在的基础发展起来的城市。但近年来，由于机器技术老化、人力资源匮乏、地区产业结构僵硬且信息技术跟不上国际先进水平的发展速度，企业的衰亡导致城市的衰败。曾为祖国做出巨大贡献的老工业城市纷纷出现工厂停产、工人工资大幅缩水、人员下岗速度加快等问题，城市化遇到了瓶颈。这些工厂里的工人已经成为机器的一部分，分工使他们只能从事独立的工种。离开了工厂，他们单一的知识结构不足以寻找维持自己生活的工作，这也给社会增加了极大的不稳定性。所以，针对以上问题应该对人力资源进行再开发，对滞留在产业内的人员，进行人力技能培训，以适应新的生产环境②。同时，应该对下岗或失业人员进行再培训，解决重新上岗问题，这也是实现产业结构调整的必然选择。

在21世纪，知识经济广泛运用，特别是信息产业在内的第三产业对城市化的推动作用日趋突出，它已经作为国民经济和社会发展的主要推动力。信息化可以推动城市发展，提升城市质量。与工业化相对比，信息化是经济和社会形态从以物质生产为主，向信息资源开发利用为主转变的过程，这是社会发展过程中一个极其重大的转折。如同工业化带动农业和服务业发展一样，在信息化发展过程中工业、农业和服务业也加速发展。信息化带动工业化，促进产业结构升级转化，促进市场体系演进并拓展城市的发展空间，创造更多的就业机会，带动乡村城市化。先进的信息技术改造可以提升传统产

---

① 马生林、刘景华：《"聚宝盆"中崛起的新兴工业城市——格尔木篇》，科学文献出版社2008年版，第2—5页。

② 郭砚莉、汤吉军：《东北地区产业结构调整退出障碍与产业政策》，载《长白学刊》2009年第2期，第97—99页。

业，从而逐步形成以信息化带动工业化、服务业全面发展的新格局。

（二）民族地区旅游城市经济结构问题

从西方经济学一般意义上来讲的产业结构，是指国民经济各产业部门之间以及各产业部门内部的构成，是在一般分工和特殊分工的基础上产生和发展起来的，并且三大产业结构具有依次替代的作用。然而，在很多风景秀丽的小城镇是否也必须经历工业再到第三产业的发展模式呢？答案当然是否定的。总结历史的发展经验，这种经济结构并非必须。反而，如果没有因地制宜，在任何地方都发展工业，必然会导致一些有特色的小城镇黯然失色。

对我国大多数少数民族地区城市来说，它们的经济水平普遍不发达，城市的发展也明显处于初始阶段。从一般城市发展史来看，城市化必须要伴随着工业化才能实现，城乡人口的转化也只能通过工业聚集的方式才能完成。然而少数民族地区发展晚且起点低，在市场经济条件下很难占有优势。因此，在少数民族地区发展城市工业难度很大。那么，应当如何克服少数民族地区城市化与工业化的矛盾，完成它们的城市化进程呢？这就需要我们改变城市化必须由工业化推进的传统观念，根据民族地区的具体情况确定城市化的道路和模式。

甘南藏族自治州政府曾经将甘南藏族自治州的资源优势总结为牧业、矿产、水电、旅游、藏药和山野珍品五个方面。从甘南藏族自治州的实际情况看，真正可以利用的只有旅游资源和藏药及山野珍品。这表明，甘南藏族自治州缺乏发展工业的基础，而旅游业和商贸业的发展却有较大的可行性。甘南地区的夏河县因为拉卜楞寺而享誉海内外，这里藏族风情浓郁，享有"小西藏"的美称，是甘南地区的宗教中心和旅游中心。[①] 但是，随着在国内外知名度的提高，旅游者和朝圣者不断增多，夏河县基础设施不足、城市功能欠缺的特征日益凸显，难以满足旅游者的众多要求，已不能适应当地旅游业发展的良好态势。近年来，经过当地政府对政策上的调整和城市建设以旅游为支柱产业的重新定位，状况大有改善。甘南地区的其他城镇发展，也应当树立以第三产业为主导的思想，通过第三产业的发展，吸引人口向城市流动，加速城市化进程。

---

① 王雅红：《少数民族地区城市发展的若干思考——以甘南藏族自治州为例》，载《民族论坛》2006年第12期，第16—17页。

在人文或风景独特的城镇，如平遥、凤凰、洪江古城等也可以将旅游作为城镇建设的重点。悠久的历史、特殊的地貌、纯朴的民风、独特的民族风情都是优秀的人文旅游资源和自然旅游资源。旅游业投资相对较少，但对地区经济的推动作用很大。所以，一些有独特资源的城市就应以旅游业为突破口，在一些知名度高、发展潜力大的旅游景区附近修建旅游城镇，用旅游业作为城市发展的支柱产业。但无论是如何发展，我们的首要任务是兼顾经济效应、社会效应、环境效应、资源效应的可持续的城市化发展。

（三）历史悠久的城市发展新途径问题

1. 历史悠久的城市所面临的问题

我国学者王光直在其1985年对中国初期"城市"这个概念一文中就提出："中国初期的城市，不是经济起飞的产物，而是政治领域中的工具。"政治因素是我国诸多大城市发展的首要因素，政治中心功能一直是城市的主要功能。大多历史悠久的城市发展模式存在着许多弊端，包括巨大的生态赤字、文化和社会的断层、城乡之间的不协调性等。为了保证城市的可持续发展，应该在未来城市的发展中遵循社会、经济、文化和环境综合发展的模式。[①] 当下，我们要建设的既是经济繁荣昌盛的城市，同时也应是文化绚丽多彩的城市；既是生产型城市，更应是服务型、生活型、发展型的以人为本的文化城市。[②] 传统城市的发展模式，即不惜牺牲环境大力发展工业提高城市经济，已经不能适应当今社会对城市的要求。

2. 城市活力的重要支柱——文化资源

一般说来，一个城市的历史文化积淀越深厚，且没有中断发展进程，并在当代没有落伍的话，它的文化品位就越高。[③] 城市本身是一个由不同社会组织构成的复杂系统，规模越大、历史越长，各类文化在城市中相互冲突、碰撞和融合，文化资源就越丰富。以西安市为例，从盛唐长安开始融合了多元外来文化起，就成为一座经济繁荣、文化灿烂的城市，其文化资源及自然

[①] 段进军、张腊娥：《对未来城市可持续发展模式的思考》，载《苏州大学学报》2009年第1期，第16—19页。

[②] 黎仕明：《政治、经济、文化——中国城市发展动力的三重变奏》，载《现代城市研究》2006年第6期，第23—25页。

[③] 陆晓文、郁鸿胜：《城市发展的理念——和谐与可持续》，上海三联书店2008年版，第78页。

资源都相当丰富。西安拥有众多旅游文化资源，如秦始皇兵马俑、大雁塔、华清池、翠华山、大唐芙蓉园等，这些重要的旅游资源无论是自然景观、人文建筑都融入了丰富的人类创造的物质文明和文化元素。还有特色街区文化资源，如西大街、书院门、骡马市等一批特色商业步行街，不但展示了老街道悠久的历史，而且融入商业文化的特色，让人感受到这座城市的文化底蕴。文化广场作为城市的重要节点和空间也展示给游人，同时为市民提供良好的休闲环境，如大雁塔北广场建成了亚洲最大的音乐喷泉广场。近年来，文化产业的创立，影视、图书文化产品的层出不穷，如《望长安》和《大秦岭》等纪录片的拍摄。可见，诸如西安等这些历史悠久的城市，应该把文化资源作为城市的载体，在城市化进程中，以历史文化产业推动城市发展，给古老城市增添新活力。

3. 城市的精神动力——城市文化

可以说，城市文化随着城市的诞生而诞生，伴随着城市经济的发展而发展。城市文化是在一定基础上产生的，其进一步发展又给城市创造了新的经济增长点。随着当下网络文化的兴起，城市文化资源的开发必然可以收到良好的经济效益和社会效益。城市文化作为城市的创造，它有利于市民素质的提高和对人才资源的吸引，一旦城市文化凝聚成这个城市的精神力量，形成城市的性格，反过来都会对城市的发展形成巨大的推动作用。

四、主要结论

（一）应当正确认识工业化对我国城市化的促进作用

我们知道，在世界历史上工业促进了大城市的产生，工业化使世界经济飞速发展的同时加快了资本主义世界的繁荣。在理论实践上，工业化也对我国经济的发展、城市化的演进，起到了不可磨灭的作用。工业化通过拉动生产、刺激消费需求、加速结构转变三种路径带动城市化的发展；城市化聚集了大量的人力资本和繁荣多样的市场，促进了工业的技术创新，加快了城市经济的增长。然而，工业的发展也对我们生存的城市产生了巨大的负面作用，无论是世界各国都遭受到工业生产对环境的破坏，甚至对社会产生了很大影响。在现阶段，我们必须正确认识工业化对城市化的作用，克服弊端，扬其所长，具体问题具体分析，因地制宜地发展工业。通过调整产业结构，加快信息化发展，挖掘后续产业及循环经济，走可持续发展的工业化道路。

(二) 我国的城市化应当具有不同特色的发展模式

虽然城市是一个错综复杂的综合体，主宰城市发展的因素有很多，如经济、政治、文化、军事、宗教等，但是城市经济才是决定城市产生和发展的重要因素。[①] 工业化可以促进经济发展，但也并非是所有城市发展的必由之路。在现代社会，城市经济是工业、商业、交通运输、服务业等多种产业的综合，它们共同形成了城市发展的外部经济环境。同时，城市内部环境如人文、历史、民俗、贸易等，也已成为城市可持续发展的关键因素。中国城市历史悠久，积累了前人留下的大量的物质财富和智慧。我们应该根据不同城市的特点走不同的发展道路，形成有文化的、宜人的、有特色的城市化。

(三) 城市化的新路径更具可行性，给老城市增添新活力

城市要发展，就要把握重大活动的契机，繁荣城市文化。城市是人类文明的结晶和标志，文化是城市的灵魂。城市能否成为诗意的生活环境，文化是主要因素。文化是每个国家和民族在发展过程中沉淀、累积下来的精神财富，文化因为世界的丰富多彩而多元化、民族化[②]。随着经济的高速发展与我国城市化速度的加快，我国城市以它所处的自然地理环境、人文、历史的不同又形成了各自的特色。传统的"功能城市"应该向"人文城市"转变，城市应该融入其宝贵的文化、自然资源，提高城市品位和质量。这是城市中不可替代的重要财富，也是城市可持续发展的资本和动力，同时还能够焕发城市的青春和魅力。城市文化已经成为现代城市经济发展的重要因素，给传统的老城市增添了新活力。

（戴婧妮）

参考文献

[1] 马学强、郁鸿胜、王红霞等著：《中国城市的发展历程、智慧与理念》，上海三联书店2008年版。

[2] 周叔莲、王延中、沈志渔等著：《中国的工业化与城市化》，经济

---

① 周干峙：《走具有自己特色的城市化道路》，载《城市发展研究》2006年第4期，第13—14页。

② 陈柳钦：《历史文化特色：城市化健康发展的根基》，载《改革与开放》2008年第8期，第41—42页。

管理出版社 2008 年版。

[3] 陆晓文、郁鸿胜：《城市发展的理念——和谐与可持续》，上海三联书店 2008 年版。

[4] 李澜：《西部民族地区城镇化》，民族出版社 2005 年版。

[5] 龚仰军：《上海工业发展报告——生产力的空间布局与工业园建设》，上海财经大学出版社 2007 年版。

[6] 张河清：《省际边界民族地区城市发展动力研究——以湘西洪江古商城发展变迁为例》，《社会科学家》2007 年第 1 期。

[7] 赵晓雷：《城市经济与城市群》，上海人民出版社 2009 年版。

[8] 王洁、杨武：《新编中国经济地理》，中央民族大学出版社 2008 年版。

[9] 叶裕民：《中国城市化之路——经济支持与制度创新》，商务印书馆 2005 年版。

[10] 钟秀明、武雪萍：《城市化之动力》，中国经济出版社 2006 年版。

[11] 张秀生、陈慧女：《我国典型资源枯竭型城市的可持续发展——基于 9 个典型资源枯竭型城市的分析》，《区域与城市经济》2009 年第 10 期。

[12] 王雅红：《少数民族地区城市发展的若干思考——以甘南藏族自治州为例》，《民族论坛》2006 年第 12 期。

[13] 刘晖：《西北民族地区城市发展研究》，《西北民族研究》2002 年第 4 期。

[14] 陈柳钦：《历史文化特色：城市健康发展的根基》，《改革与开放》2008 年第 8 期。

[15] 黎仕明：《政治、经济、文化——中国城市发展动力的三重变奏》，《现代城市研究》2006 年第 6 期。

[16] 周干峙：《走具有自己特色的城市化道路》，《城市发展研究》2006 年第 4 期。

[17] 李伟娜、李秀：《浅谈中国城市化》，《山西建筑》2007 年第 9 期。

[18] 马生林、刘景华：《"聚宝盆"中崛起的新兴工业城市——格尔木篇》，科学文献出版社 2008 年版。

[19] 刘立刚、罗元文：《资源型城市可持续发展战略》，经济管理出版社 2006 年版。

[20] 陈甬军、景普秋、陈爱民：《中国城市化道路新论》，商务印书馆 2009 年版。

第二十三章 城市化进程中的资源型城市转型

考察城市经济发展的历史，可以清晰地看到，依托自然资源条件发展起来的资源型城市，特别是在发达国家中那些工业化早期引领世界产业革命潮流的工业城市，不少都经历了兴起→发展→衰落→转型→重振，进而走向更加繁荣发展的过程；当然也有某些资源型城市未能成功实现转型，酿成矿竭城亡，最终以没落而合上城市繁华的发展大幕。在21世纪城市化进程中，中国的发展正在经历经济发展方式转变的关键期，怎样确定资源型城市的发展方向，怎样促使资源型城市顺利转型，是亟须解决的重大现实问题。

一、案例导入：城市转型的成与败

案例一：云南省东川境内铜矿储量丰富，铜文化历史悠久。在西汉时就用"火烧水泼法"开采铜矿，其被称为"天南铜都"。除了矿产资源，东川的旅游资源也很丰富，如天然泥石流景观、奇异的山石地貌等。但是1998年，因为东川市资源枯竭而又无续存产业，而被迫撤销地级市建制。东川市也成为中国首例撤销地级市建制的资源型城市，昔日的繁荣已成历史。

东川矿务局倒闭，原是亚洲第一铜矿选矿厂的落雪选矿厂由于无矿可选而停产，设备被当做废铁处理，厂房中的钢筋都被农民砸出卖钱。矿区大批房屋闲置，人去楼空的住宅楼被村民用来做猪棚、鸡舍，衰败景象目不忍睹。原政府驻地新村镇下岗职工占总职工人数的50%，群众心态消极。矿业的开发导致生态环境的恶化，森林覆盖率由1958年的30%下降到1990年的14.6%。东川地区因此成为典型的雨洪型泥石流多发地区，自然条件的恶劣更加速了东川的衰败。虽然现在东川再就业特区已见成效，但昔日之教训是不能忘记的。[①]

案例二：河南焦作市因煤而建，因煤而兴。早在春秋战国时期，这里就因煤炭而闻名。由于多年的开采，20世纪90年代后期，煤炭由年1000多万吨减至年300万吨。在"九五"全国经济快速增长的背景之下，焦作经

---

① 李志群：《东川市的可持续发展问题探讨》，载《资源·产业》，2005年第2期，第13页。

济增长率缓慢，且环境污染严重。如何摆脱因资源枯竭而衰的厄运，成为当时焦作市讨论的热点话题。

1999年，焦作开始进行经济结构调整，逐步形成以铝工业、化学工业、机械制造业为支柱的工业体系，并且由煤城向旅游城市和山水园林城市转型。经过近十年的发展，从总体上看实现了经济结构转型和城市空间转型的双向结合。虽然还存在着产业层次低、环境约束问题突出等一系列问题，但焦作成功地由"黑色印象"向"绿色主题"转变则是可喜的。[①]

二、资源型城市的特征与转型的理论基础

根据城市地理学对于城市职能分类的研究，资源型城市主要是指因资源的开采或开发而兴起，且资源型产业的产值占城市总产值的30%以上，或其资源型产业的从业人数占城市总就业人数的30%以上的城市。从资源类型上看，传统的资源型城市包括矿业型和林业型两种。从形成途径上看，资源型城市可分为两种：一种是在已有行政建制城镇范围内因资源开采，推动城市经济发展而形成以资源型产业为主的城市；另一种则是在原来并没有行政建制或人口聚居的地区，因资源的开采或开发而形成的城[②]。

由于大多数资源的不可再生性，资源城市转型是世界性普遍现象。纵观世界经济与城市发展的历史，可以清晰地看到，世界的资源型城市大都经历了转型，而后繁荣振兴，走向繁荣发展；也有少数资源型城市未经转型，最终走向矿竭城亡。[③]

在资源型城市转型的过程中，城市的重新定位，即城市主导产业的重新选择或原主导产业的转型，是资源型城市转型成功与否的关键。资源型城市的发展实际上涉及两个方面，一是资源型产业的发展；二是城市的发展。资源型产业的发展和城市的发展是两种不同的经济社会现象，各自遵循着不同的发展规律，但两者又有非常密切的关系。

资源型城市具有一般城市的功能和特征，更具有自己的特殊性：（1）城市多由不可再生资源的开发而形成，其形成与发展对资源具有高度的依赖

---

① 李建华：《资源型城市可持续发展研究》，社会科学文献出版社2007年版，第21页。
② 张飞飞：《资源型城市转型模型的战略选择》，中国科学技术大学，2008年。
③ 齐建珍：《资源型城市转型学》，人民出版社2004年版，第1页。

性；（2）资源禀赋和分布状况决定了资源型城市的空间区位，使其在全世界各国分布具有非均衡性；（3）城市的形成具有急骤性且有飞地性；（4）发展的历史相对较短，文化底蕴不丰厚；（5）城市与农村有密切的融合性；（6）与资源型产业发展的阶段性相适应，城市自身发展具有鲜明的成长期、繁荣期、衰退期的阶段性，或称周期性；（7）具有产业结构和城市职能的单一性；（8）对少数乃至单个大企业的高度依赖性；（9）城市功能与企业功能具有同构性；（11）自身发展的相对封闭性；（12）具有城市环境破坏的严重性及其特殊性；（12）存在城市转型的必然性。

三、资源型城市存在的问题

（一）可持续发展问题

因为资源产业衰亡的不可逆转性，使得资源型城市随着可采资源的逐步衰竭，面临城市发展的不可持续问题。

可持续发展所追求的是人类多重的价值满足以及多样化人类社会的多种需求，既要追求物质经济活动的增长，也要追求环境生态功能的维护，还要追求两者间的协调。然而在现实中，环境质量退化与经济增长往往是相随而行，那么在人类的经济活动中应该如何在两者间进行权衡呢？怎样才能兼顾两个目标而使人类个体利益和整体利益得以共同提高？因而，经济增长——生态维护的权衡问题也就成为可持续发展研究中的一个重要课题。[①]

总体上说，环境与经济发展始终是一种权衡取舍的关系，经济的发展或多或少总会对生态环境造成某种程度的损害，而经济发展又是人类需求满足的重要手段，所以根本不可能为了维护生态而放弃经济发展。因此，两者之间也只能根据人类多种需求的组合变化来做出权衡取舍。如果两者之间的权衡关系掌握得不适当，就极有可能导致经济发展超越环境所能承受的范围，进而导致环境的不可持续性和经济的不可持续性。另一方面，如果过分强调环境的稳定，则会使经济社会止步不前，随着人口等因素的变化同样会导致经济社会的不可持续。

这里讨论的生态维护—经济增长权衡，至少包含着以下几个方面的内

---

① 钟茂初：《可持续发展经济学》，经济科学出版社2006年版，第98页。

容：1. 人类物质需求、人文需求与生态需求的权衡；2. 人类成员个体利益、群体利益与人类整体利益的权衡；3. 物质需求者、人文需求者、生态需求者群体间的认识差异与博弈；4. 人类整体当前利益与长期利益的权衡及决策；5. 历史权衡与短期权衡的综合。①

（二）资源型城市发展与转型中的环境问题

资源型城市环境质量水平低劣，环境治理压力大。工矿业经济活动是严重的环境污染和破坏性产业，特别是煤炭开采、石油化工炼制与加工、铁矿及有色金属矿产开采与加工等。我国因采矿毁损土地累计40万公顷；因采空或超采地下水引起地面沉降、塌陷、滑坡、地裂缝及泥石流等地质灾害达千余处；全国每年工业固体废弃物排放量中85%以上来自矿山开采，现有固体废矿渣存积量高达60亿到70亿吨，其中仅煤矸石就有30多亿吨，形成煤矸石山1500余座，占地5000公顷；矿山生产过程中排放大量废水废气，仅煤矿排放的废水每年达26亿吨，废气达1700亿平方米。②

山西省被称为"中国煤仓"、"乌金之乡"、"煤炭之乡"，其煤炭资源分布极广，储量丰富，品质优良。现已探明的煤炭储量达2000亿吨，远景储量8000亿吨，储量占全国的1/3，产量占到全国的1/4。全省37.2%的面积含煤，全省105个县市中94个有煤矿资源。③ 但是因为过度开采，造成了严重的环境问题。据中新山西网报道，山西省环境污染和生态破坏形势十分严峻。目前全省城市大气质量位居全国倒数第一，11个重点城市空气质量均劣于国家二级标准，除太原和长治外的其余9城市均劣于国家三级标准；全省地表水六成以上断面为劣五类水质，已经失去水体功能，位居全国倒数第二；固体废弃物排放量居全国第一；大气污染排放总量居高不下，2005年，全省每平方公里承受约10吨二氧化硫，超过全国平均水平近4倍。

据新华网太原频道载，继2003年名列全国113个重点城市空气质量污染"冠军"之后，山西省临汾市在2004年"城考"中，又戴上了污染最严重的"黑帽"。而阳泉、大同两个城市在全国城市质量排名中依然名列倒数

---

① 钟茂初：《可持续发展经济学》，经济科学出版社2006年版，第99页。
② 齐建珍、刘粤湘：《中国矿业城市新形象——关于矿业城市发展的思考》，见《资源型城市转型学》，2007年，第7页。
③ 郑建国：《环境与山西社会经济发展》，经济科学出版社2007年版，第72页。

第二、第三位。

山西省政府积极促进资源型城市的转型并着手进行环境治理,实施"蓝天碧水"工程和植树造林工程,积极推进节能减排。万元地区生产总值综合能耗2007年首次实现下降5.6%的目标。万元地区生产总值二氧化硫、化学需氧量排放量分别下降55.2%、53.4%。11个重点城市环境空气质量明显好转,其中被国家重点监测的5个城市全部退出十大污染最严重的城市之列。森林覆盖率达14.1%。[①]

环境问题是资源型城市转型与发展中不可忽略的问题。一方面环境问题必须得到根治,这是实现城市结构优化升级的必备条件。城市环境改善,能更好地吸引各方面生产要素集聚,也是提高城市整体竞争力的条件。另一方面,环境和城市的发展是和谐共存的,良好的城市环境反过来可以促进城市的发展。

(三) 资源型城市职能发展不合理

资源型城市和其他类型城市相比,在经济积累、城市形成的准备阶段并没有经历一个自发漫长的过程。他们大多是由于资源的发现开采,或是国家对资源需求增大的条件下,制定政策使大量的资金、人力、物力迅速聚集。在聚集经济和规模经济的作用下,资源型城市的发展极为迅速。与此同时,资源型城市并不是区域经济发展的产物,而是全国对资源的需求促成的,这样造成了资源城市的飞地性,容易导致城市发展的不合理。资源型城市的建立常常和以资源开发为主的大企业的建立相伴相生,企业在兴建的同时,也会办一些社会服务性机构,随着企业的发展,其自身形成了自我服务的庞大体系。这样开发企业和城市发展密切相连,企业的功能就是城市的功能。由此容易派生出两个履行城市职能的主体,形成大企业小市政、政企不分的局面,从而形成城市对企业的依赖,加重了其发展的不合理性。

(四) 资源型城市产业结构不合理,人才结构单一

资源型城市一般是以资源型产业为基础而建成的,因此其城市布局大都以资源开发为核心。产业结构一般呈稳态型,因为资源型城市因开发资源而立,其需要投入的资金和劳动量大,资源型产业建设周期长,占用资金多,

---

① 《山西经济年鉴2008》,山西经济年鉴社2008年版,第1页。

产业调整弹性小。资源型城市与资源型产业、资源型企业存在着互为依托、兴衰与共的紧密联系。所以资源型产业的兴衰一般对城市的影响十分巨大，对城市的发展具有举足轻重的作用。但是，一旦资源产业遇到市场风险，常会给城市经济造成严重性打击。不仅如此，城市资源产业的高利润将吸引资本的进入，会对其他产业的发展造成冲击，这时其他产业为了更好地发展，必须花费更高的成本来吸引劳动力等生产要素，导致成本上升，竞争力下降。这也造成了资源型城市第二产业占绝对主导地位，第一、第三产业相对薄弱的局面。

相对应的在人才方面，往往是资源型产业人才较多，而其他产业科技力量不足，人才缺乏。此外，由于资源的开采，对普通工人的技术水平需求不是很高，所以城市职工的文化层次偏低的比重较大，这也加剧了资源型城市转型的困难。

四、对资源型城市转型的建议

资源型城市转型的最佳时期，应该是在其发展和繁荣时期，而我国资源型城市转型却多在老年期进行，这无疑增加了资源型城市转型的难度（见表23.1）。

表23.1 资源型城市转型模式转型时期最佳选择一览表

城市类型 阶段	有依托资源型城市	无依托资源型城市
幼年期	矿区建设和初采时期 资源产业不断发展，产量产值不断提升；原来城市的其他产业仍占主导地位。	矿区建设和初采时期 资源产业不断发展，产量产值不断提升；资源产业是城市的支柱产业。

城市类型 阶段	有依托资源型城市	无依托资源型城市
青年期 转型起步最佳期，发展与资源联系密切的加工及配套产业，提高产品的附加值。	产业开始由一元向多元发展 产业与城市发展相协调；原有产业在城市中的比重下降，资源产业产值比重上升，成为城市的支柱产业。	产业开始由一元向多元发展 大力发展与资源相关的后侧和旁侧产业；资源产业的产值迅速上升。
成年期 转型关键时期，培植新兴产业，产业结构得到合理调整，三大产业比重趋于合理。矿、城协调发展。	多元产业并存的局面已经形成 资源产业产值比重下降，成为城市产业中的一元；城市原有产业得到加强和发展；新兴支柱产业初见端倪；高技术含量、高附加值的产业发展迅速。	多元产业并存的局面已经形成 资源产业产值比重下降，成为城市产业中的一元；新兴支柱产业初见端倪；高技术含量、高附加值的产业发展迅速。
老年期 城市转型顺利完成	资源产业萎缩，资源枯竭；新的支柱产业已经形成；服务业比重不断上升。 资源型城市转变为综合型城市	资源产业萎缩，资源枯竭；新的支柱产业已经形成；服务业比重不断上升。 资源型城市转变为综合型城市

资料来源：孙雅静：《资源型城市转型与发展出路》，中国经济出版社2006年版。

（一）大力发展循环经济

循环经济模式是一种以模拟生态群落物质循环为特征，以物质不断循环利用、循环代替为方式的经济发展模式。把传统的依赖资源消耗线性增加的发展，转变为依靠生态型资源循环来发展经济。循环经济以实现可持续发展为目标，以资源的高效利用和循环利用为核心，以协调人与自然的关系为准则，以低消耗、低排放、高效率为基本特征，使经济活动按照自然生态系统的规律，重构组成一个"资源—产品—再生资源"的物质反复循环流动的过程。①

　　大力发展循环经济是资源型城市实现可持续发展的必然要求。资源型城市必须通过发展循环经济，促进资源的高效利用和循环发展，才能有效缓解资源约束矛盾。通过发展循环经济，延伸产业链，延长资源型城市的生命周期。发展循环经济还是转变经济增长方式，缓解生态压力，制止环境恶化，加快实施可持续发展战略的方式。实施循环经济的发展方式，可以从源头上减少污染物的产生，可以将众多废弃物循环、回收、再利用，可以大大减少固体废弃物的排放。甘肃金昌市是一个典型的例子。金昌历史悠久，文化源远流长。1958年永川县白家嘴发现铜矿。1981年2月9日，国务院决定设立金昌市，这标志着我国镍工业生产基地的建立，也标志着一座以开采冶炼镍铜等有色金属为主的资源型工矿城市的诞生。金昌市矿产资源丰富，镍矿总储量居世界第三位。在国内铜的储量仅次于江西德兴，钴的产量仅次于四川攀枝花。镍产量占全国的90%，被誉为"中国的镍都"。但由于金昌市资源消耗高、产业链条短，环境污染问题十分严重。② 金昌市存在的主要问题可以归结为：1. 城市对矿产资源的依赖性太重。至2004年金昌市工业增长的80%，财政收入的60%来自于金川公司。2. 产业结构不合理，第三产业落后。据统计第三产业占GDP的比重在13%—18%，阻碍了城市的进一步发展。3. 生态环境恶劣，集中表现为水资源匮乏和生态环境脆弱与污染程度较为严重。其中永昌电厂、金川公司等五家企业的污染排放量占全市的85%以上。4. 人才资源匮乏且分布发展不平衡。5. 城市功能不强。金昌市作为矿业城市，城市规划和基础设施建设相对滞后，城市结构不尽合理。为了解决以上问题，金昌市立足现有产业基础和资源禀赋大力发展循环经济，精心打造循环产业链，着力调整优化产业布局，淘汰落后产能大力推进清洁生产。转变依靠资源消耗支撑发展的粗放型增长方式，依靠科技进步和自主创新，围绕有色金属等主导产品发展精深加工业，不断延伸产业链，走循环经济的道路。经过几年的努力，金昌市实现了经济增长和环境改善的双向进步。

---

① 张东东：《论循环经济与资源型城市的发展》，载《商业研究》2006年第16期，第23页。
② 李建华：《资源型城市可持续发展研究》，社会科学文献出版社2007年版，第64页。

（二）深化产权制度改革

产权制度是制度的核心组成部分，有效的产权制度是鼓励企业组织进行创新的关键。资源型城市是国有大企业和特大企业的聚集地。因此在转型中必须深化产权制度改革，破除单一的国有经济模式。要采取各项优惠政策鼓励和吸引各种经济成分进入，这样既能给国有企业改革提供更大缓冲空间，又能为国有企业提供配套服务，形成产业集聚优势，提高区域竞争力。政企分开还能使政府从微观领域退出，从而转向向企业提供服务、城市基础设施建设和管理，真正成为服务型政府。

（三）实行人才发展战略

人才流失和人才难以引进是资源型城市人才匮乏的原因。政府应合理确立人才标准，规范人才市场，提高城市的经济实力，改善人才生活环境和工作环境。具体应该做好以下几点：首先，政府应该努力改善城市经济环境，塑造城市良好形象，投资或引进一批有潜力、有影响力的企业；其次，政府要完善城市基础设施建设，改善人文环境，创造良好的生活环境；再次，在城市内部要确保人才的合理流动。

（四）更新观念，完善城市功能

我国资源型城市大多建立和发展于计划经济体制时期，这就使城市一方面在规划、建设和管理上并不符合现阶段的要求，体现在城市功能不健全，另一方面也导致城市环境不尽如人意。这就要求资源型城市在转型过程中，要确立新型的城市效益观，引入经营城市的观念，以较低成本和最大的收益来进行资源型城市的转型，以保证城市转型的可持续。完善城市功能不仅仅取决于改善城市的硬件设施，也取决于资源型城市发展的软条件。如提高政府服务质量，更新政府管理观念，完善政府内部各项创新制度等。只有同时提高城市的软、硬两方面条件才能使城市得到更好的发展。

（任正实）

参考文献

[1] 赵吉仁：《走出资源型城市可持续发展的路子》，《甘肃经济日报》，2009（4）。

[2] 李建华：《资源型城市可持续发展研究》，社会科学文献出版社2007年版。

[3]《中国城市规划发展报告2008—2009》，中国建筑工业出版社2009年版。

[4] 郑玉生：《大力发展循环经济积极谋划资源型城市可持续发展》，《县市领导谈发展》，2008（9）。

[5] 张桂芳：《金昌市经济可持续发展研究》，《财会研究》，2008（13）。

[6] 刘荣增：《河南省资源型城市问题与转型对策探讨》，《商场现代化》，2008（12）。

[7] 李志群：《东川市的可持续发展问题探讨》，《资源·产业》，2005（2）。

[8] 方培虎：《落实科学发展观，促进资源型矿业城市转变经济发展方式》，《中国科技信息》，2009（11）。

第二十四章 城市化进程中的户籍制度改革

中国的户籍制度背后承载的劳动就业制度、医疗保健制度，以及在接受教育、转业安置、通婚子女落户等方面所衍生出的许多具体规定，整体构成了一个利益向城市人口倾斜、包含社会生活多个领域、措施配套、组织严密的体系。随着我国市场经济的发展，现有户籍制度的弊端逐步凸显，引起了政府官员、学者等各界人士的关注，改革的呼声一浪高过一浪。虽说"狭义"的户籍改革在 2002 以后一些省区市就有了实质性举动，但中央层面上的制度推进尚不明晰。而广义的"大户籍制度"改革，即户口登记改革与教育、医疗等"附加功能"的改革，从"十七大"以来已然成为政府最重要、也是最艰巨的命题之一。

一、案例导入：上海实施户籍制度改革新政

2009 年 2 月 23 日，上海户籍新政出台，广受关注。"新政"规定，"居住证转户籍"应当同时符合 5 个条件：持上海市居住证满 7 年，参加上海市城镇社会保险满 7 年，持证期间依法在上海缴纳所得税，在上海被聘任为中级以上专业技术职务或具有技师以上职业资格且专业及工种对应，无违法犯罪及其他不良记录者。政策试行期为 3 年。上海现有常住人口约 1900 万，其中约 600 多万人没有上海户籍。改革开放 30 年来，上海先后在 1994 年、2002 年、2004 年三次调整户口迁移政策，这次"居住证转户籍"改革被称为上海第四次户籍制度改革。如果说上海前三次的户籍改革只对"顶级人才"开放，是一种目标群体非常有限的改革，那么，这次改革就具有更多的普遍性，受惠群体要广得多。

二、中国户籍制度的形成及历史作用

户籍管理是国家行政管理的重要组成部分和重要基础性工作，也是国家行政管理的一项基本制度。1958 年 1 月 9 日，经全国人大常委会讨论通过，毛泽东签署一号主席令，颁布了中华人民共和国第一部户籍制度的法规：

《中华人民共和国户口登记条例》（下文简称《条例》）。《条例》确立了一套颇为完善的户籍管理制度，它包括常住、暂住、出生、死亡、迁出、迁入、变更等7项人口登记制度。

（一）户籍制度变迁

中国的户籍管理制度变化分为三个阶段：第一阶段，1958年以前，属自由迁徙期；第二阶段，1958—1978年，为严格控制期；第三阶段，1978年以后，半开放期。

1. 自由迁徙期（1958年以前）

1954年，中国颁布实施第一部宪法，其中规定公民有"迁徙和居住的自由"。

1955年6月，国务院发布《关于建立经常户口登记制度的指示》，规定全国城市、集镇、乡村都要建立户口登记制度，开始统一全国城乡的户口登记工作。

1956年、1957年不到两年的时间，国家连续颁发4个限制和控制农民盲目流入城市的文件。

2. 严格控制期（1958—1978年）

1958年1月，以《中华人民共和国户口登记条例》为标志，中国政府开始对人口自由流动实行严格限制和政府管制。第一次明确将城乡居民区分为"农业户口"和"非农业户口"两种不同户籍。在事实上废弃了1954年宪法关于迁徙自由的规定。

1975年，宪法正式取消了有关迁徙自由的规定，此后一直没有恢复。

3. 半开放期（1978年以后）

1984年10月，国务院颁发《关于农民进入集镇落户问题的通知》，允许农民自理口粮进集镇落户。

1985年7月，公安部又颁布了《关于城镇人口管理的暂行规定》，"农转非"内部指标定在每年万分之二。社会主义市场经济的逐步确立终于使户籍制度做出了相应的初级改革。

1998年7月，国务院批转了公安部《关于解决当前户口管理工作中几个突出问题的意见》，解决了新生婴儿随父落户、夫妻分居、老人投靠子女以及在城市投资、兴办实业、购买商品房的公民及随其共同居住的直系亲属，凡在城市有合法固定的住房、合法稳定的职业或者生活来源，已居住一定年限并符合当地政府有关规定的，可准予在该城市落户等几个群众反映强烈的问题。

2001年3月30日，国务院批转了公安部《关于推进小城镇户籍管理制度改革的意见》，对办理小城镇常住户口的人员，不再实行计划指标管理。

2005年10月27日，全国已有陕西、山东、辽宁、福建、江西、湖北等11个省的公安机关开展了城乡统一户口登记工作。

(二) 户籍制度产生的历史背景及作用

任何一项合理或者不合理的制度的产生和发展，都不会是毫无缘由的，尤其是户籍制度，其形成更是具有深刻的历史背景。

中国政府之所以要建立严格的户籍管理制度，首先是因为当时的国际形势较为严峻。中国工业当时刚刚起步，由于中苏交恶，苏联停止了对中国工业化的后续投资。苏联停止援助后，政府财政赤字大规模增加，基本丧失了扩大再生产能力，没有新增扩大再生产就没有新增就业，所以1959年政府不得不把进城的人向外迁移。温铁军教授在《我们是怎样失去迁徙自由的》一文中提到，在1952—1957年中国"一五"计划时期，大约有2000多万农民工已经自由流动进入城市。但从1959年开始到1960年，大概用两年左右的时间，又从城里迁出2000万人。

其次，为了改变旧中国的落后面貌，尽快建立工业体系和国民经济体系，中国选择了优先发展重工业的道路和计划经济制度。建立严格的城乡户籍管理制度体系，也是为了保障计划经济体制和重工业的发展。江从文(2004)认为在重工业优先发展的工业化战略环境下，为了集中尽可能多的资金用于工业发展，我国实行服务于工业化的城市化策略：(1) 收入分配策略。压低城市总消费，提高城市工业部门的资本积累。压低城市的总消费，一是降低市民人均消费标准，二是限制城市人口数量。(2) 投资分配策略。压低城市基础设施建设标准，限制对城市基础设施的要求。(3) 人口控制策略。限制城镇人口数量，控制城镇发展。据统计，到1978年，我国100万人口以上的特大城市只有18个，50—100万人口的大城市27个，20—50万人口的中等城市60个，小城市则由1957年的114个减少到82个，建制镇由1956年的3672个减少到2600多个[①]。

---

① 陈立：《中国国家战略问题报告》，中国社会科学出版社2002年版，第100页。

再次，户籍制度的建立能够缓解粮食等日用必需品的供求矛盾。由于连年战争的严重破坏，以及朝鲜战争等外部因素的影响，粮食等日用必需品严重短缺。为此，国家逐步实行与户口性质相挂钩的粮油统购统销政策。1955年，国务院公布了《市镇粮食供应暂行办法》，对企业单位集体供粮、城镇居民供粮以及粮食转移证、粮票等管理使用办法作了规定，明确粮食按城镇户口（即非农业户口）实行计划供应。同年，国务院还公布了《农村粮食统购统销暂行办法》，对农民吃自产粮作出了规定。此后，国务院及公安部又陆续制定了一系列的政策和规定，将劳动用工、住房、医疗、教育、就业等公民的权益事务同户口性质挂钩，进一步明确了以供应市、镇居民定量粮为标准划分农业户口和非农业户口的二元户口管理体制。

总之，迫于中华人民共和国成立后紧张的国际国内形势，出于优先发展重工业、解决粮食问题的目的，户籍制度应运而生。户籍制度的建立基本上顺应当时社会形势和计划经济体制的要求，有一定的必要性和合理性。"三农"问题专家李昌平曾撰文指出："户籍制度在建立之初并不一定是一项歧视制度，只是实施紧缺生活品配给的手段之一，是适应当时计划经济体制需要的。"[①] 严格的户籍制度限制了农村人口向城市自由流动，将大部分社会成员固定在土地上从事第一产业，使得农村支撑城市、农业为工业化提供积累，保证了国家集中有限资源在短时期内建成了一个种类齐全的现代工业体系，缓解了当时粮食供应不足的问题。

户籍制度曾经发挥过重要的历史作用，时至今日，户籍管理制度在社会管理中的作用也是不可完全抹杀的。公安部一位负责人评价户籍制度的作用时指出：一方面可以通过公民身份登记，从而证明身份并确立民事权利和行为能力；另一方面可以为政府制定国民经济和社会发展规划、劳动力合理配置等提供基础数据和资料；此外，户籍管理是治安管理的基础和重点，在维护治安、打击犯罪方面起到了巨大作用。

三、中国现行户籍制度的弊端

随着市场经济的发展，现行户籍制度的弊端逐步凸显，引起了学者们的关注。总的来说，其弊端主要体现在以下几个方面。

---

① 李昌平：《中国户籍制度：城市的耻辱》，《中国经济时报》，2005-04-30。

(一) 户籍制度是导致城乡差距扩大的因素之一

传统的户籍管理派生出地方城镇户口、蓝印户口、居住证户口等形式,户口成为社会身份和社会地位的象征。公民从出生就被烙上不同的身份,长时间被赋予不同的地位、待遇、权利和义务。户籍制度与就业、教育、医疗、住房、福利、社会保障乃至部分商品供应等一系列待遇有着制度化的联系,加剧了社会分化。孟大川、张为波(2008)认为这些制度性的城乡差异,使中国城市居民和农村农民在基本权益上形成巨大的反差。陆益龙(2004)研究了户籍制度下人口流动带来的城乡两大子系统相对开放的三元结构,即,城市体制内的市民、城市体制外的过渡群体和农村农民阶层,并分析了过渡群体的基本状况、职业地位、收入地位、政治地位。在此研究的基础上,他提出,户籍为城市等级结构的形成提供了符号资源。

中华人民共和国成立之初,为了维护计划经济,户籍制度便成了管理劳动力流动的最佳工具,几十年下来,使得城乡差距越来越大。1978年城市居民可支配收入与农村居民人均纯收入的比例为1:2.57,1984年缩小到1:1.67的水平,2000年城乡居民收入的比例达到1:2.78,2003年达到1:3.24,2009年城镇人均收入为17175元人民币,农村地区为5153元,城乡收入比为1:3.33,达到1978年以来最大水平。

(二) 封闭僵化的户籍制度与市场经济体制格格不入

随着市场经济体制的逐步建立和完善,划分"农业户口"和"非农业户口"、实行城乡分割的户籍管理二元结构,已经越来越阻碍人力资源的优化配置和地区间的合理流动,越来越不利于城市化建设和农村经济的发展,越来越不适应市场经济发展的要求。

从事过大量相关研究的中国社会科学院人口与劳动经济研究所学者都阳,在接受中国经济时报记者采访时说:"户籍制度影响经济发展首先体现在其阻碍了劳动力流动和国内统一劳动力市场的形成。"[①] 城乡二元户籍制度对于人口的流动实行事前登记原则,1958年《条例》第十条规定:"公民由农村迁往城市,必须持有城市劳动部门的录用证明,学校的录取证明或者城市户口登记机关的准予迁入的证明,向常住地户口登记机关申请办理迁移

[①] 陈宏伟:《谁妨碍了我们的经济发展》,《中国经济时报》,2005-4-27。

手续。"户籍制度种种的限制使得人才的流动与市场的需求出现矛盾,人力资源不能得到有效的配置,进而加大部门间、城市间的差距。其次是阻碍了城市化进程,对农业现代化及农村人口的转移形成体制性障碍。陶然、徐志刚(2008)认为户籍制度的继续发挥作用,造成了我国特有的"不完全城市化",不仅城市化水平滞后于工业化进程,而且城乡就业以及人口比例与城乡经济结构比例脱节严重。再者就是遏制了消费市场的进一步发展。大量城市务工农民连基本的生存条件及安全感都没有,身份不明工作不稳,城市需求及消费畸形发展。

(三) 户籍制度加重了农民负担并阻碍了农村、农业发展

中国的农民一直在为国家的工业化默默地做着巨大的贡献与牺牲,但却很难在国家工业化中得到直接或间接的就业、财富分配机会。可以说中国的农民承担着工业化的成本,却享受不到工业化的成果。其根本原因就在于不合理的户籍制度已经成为城乡隔绝的制度化壁垒。

中国"三农"形势跟踪调查课题组所撰写的调研报告中写道:"当市民以户籍制度把农民排斥在全民的范围之外而独占国家资源和全民财产后,农民宪法上的双重身份最终回落到单一身份——农村集体的所有人。"北京理工大学教授胡星斗分析,对比西方国家先发展轻工业、积累了大量资金再逐渐投资到重工业的发展模式,中国优先发展重工业的战略"客观使得轻工业没有为重工业提供积累的机会",只能通过"把农民固定在土地上,让他动弹不得,永远种粮食这种方式来实现资金积累",从而演变为一场对农民的"掠夺"①。

高强(2006)认为由于城市偏向,削弱了农业自身积累能力和再生产能力。据统计,1959—1978年通过工农业产品价格"剪刀差"一项就"掠夺性"地转移农业积累4075亿元,占同期财政收入的21.3%。改革开放以来,农业继续为工业输血,而农村人口的过快增长,导致几十年来中国农户耕地面积一直呈现不断细小化的趋势。农业经营规模缩小,使农业生产成本逐年上升,不仅影响了农业自身的经济效益,而且也极大地削弱了中国农业在国际市场上的竞争能力。

---

① 《户籍改革成中国政府艰巨命题》[EB/OL]. http://news.sohu.com/20080213/n255140061.shtml,2008 - 2 - 13。

(四) 现行户籍制度限制了人口自由流动

1949 年中国人民政治协商会议第一届全体会议通过的《共同纲领》和 1954 年第一届全国人大第一次会议通过的《中华人民共和国宪法》都明文规定，居住迁徙自由是每一个公民的基本权利。然而，现在的户籍制度政策对于外来人口来说，明显与《中华人民共和国宪法》第三十三、三十四条之规定相矛盾。

人口流动包括户口、教育、医疗和人事关系在内的"人口"全部外延和内涵都可以流动。严格限制人口流动的结果造成了中国劳动力流动过程中的畸形现象：有人口流动而无人口迁徙；有城市流动人口，而无城市新迁移民。尽管外来人口也在纳税和创造社会财富，但是他们不能在居住地行使选举权和被选举权，不能与当地人口一样平等地获得就业机会、劳动报酬、社会福利。这些被称作流动人口的社会劳动者由于不被城市接纳只能成为一只只"候鸟"。

(五) 城市户口成为权钱交易的商品并滋生腐败现象

我国的户籍涉及的利益差异使得城市户口——特别是经济较好的大城市的户口成为交易的商品，多数人为了享有大城市人口同样的待遇和条件，不惜花费高昂的代价办理大城市户口。可以说，一种落后的制度造就了稀缺的资源，然后又靠着这种稀缺资源来进行交易。根据第五次人口普查的数据显示，我国 1.21 亿的迁移人口中已有 9000 万左右迁移到城市，大约 8500 万是从农村到城市的迁移，并且这个数据还在不断增长，其中不乏以非正常渠道换取的城镇户口。

买卖户口成为当前社会的顽疾，同时更容易诱发权钱交易的犯罪。甘肃农业大学经贸学院杨慧敏认为，正是户籍管制造成了中国产业结构的畸形发展，而滋生了诸多腐败现象。比如，曾经为争得"农转非"指标，获得"城市户口"所带来的实实在在的利益，一些相关人员不择手段，大肆行贿受贿，使本来应该按有关政策规定运行的程序变成了权钱交易的不法行为。

四、城市化进程与户籍制度改革的相关思考

(一) 户籍制度与城市化进程的关系

1. 户籍制度对城市化进程的影响

在中国城市化的进程中，户籍制度曾发挥了一定的积极作用。舒长根、王飞军等（2008）认为户籍政策对城市化的积极影响不容忽视。首先，它防止了过度城市化的出现；其次，它保障了城乡一系列改革的顺利进行；再次，它保障了社会的稳定。张白平（2007）指出中国严格的户籍管理制度是维护中国特定的城乡二元结构体制的强力工具，在中国建设社会主义，维护城市的稳定，加快城市工业化的进程起到了积极的作用。

然而随着城市化进程的不断推进，当前中国城市化面临的最为直接、最严重的制度障碍恰恰就是户籍制度障碍。我国的二元户籍制度曾是计划体制下农民相对贫困化和城市化滞后于工业化的制度性根源之一（林国先，2002）。曹晓军、齐晓安（2006）认为，城乡分割的二元户籍制度尚未彻底打破，我国的户籍制度与就业、医疗、保险、教育等利益紧密挂钩，这严重阻碍了人口向城市的地域转移进程。朱士群、唐克（2007）认为，衍生在制度之上的各种特权与利益分配使得户籍制度改革错综复杂，给现行城市化进程设置了重重障碍，延缓了城市化的推进。蔡昉等（2001）认为在所有阻碍劳动力流动的因素中，尚未根本改革的户籍制度是最为基本的制度约束，是妨碍城乡劳动力市场发育的制度根源和义理性所在。

2. 城市化发展对户籍制度改革的影响

城市化的滞后发展，城市公共资源的有限性，会构成户籍制度改革的"瓶颈"。潘丽萍（2008）认为城市化滞后，城市发展程度不高，其吸纳、接受、转化农民的功能就存在局限性，这也制约了现行户籍制度的改革进程。

随着城市化的发展，城乡差距的不断拉大，户籍制度的弊端愈发凸显。因此，不断前进的城市化进程对户籍改革提出了新的要求，成为户籍改革的源源动力。

（二）城镇化进程中户籍制度改革的困境

近年来学者们对现行户籍制度的弊端和诟病已有相当充分的揭示，这对推动户籍制度改革，无疑具有良好的启发作用。但绝不能简单地认为只要把户籍制度改革了，就意味着彻底拆除了城乡藩篱。任何一个国家都有自己的户籍制度，它是人口管理和社会活动的基础，然而中国的户籍制度在其最基本的户籍人口管理职能上附加了许多利益分配的功能，成为城乡居民不同利益分配的制度载体，这一点是户籍制度改革的难点所在。中国公安大学教授王太元曾对户籍利益作了一个形象的比喻：所谓户口是一个门卫，屋子的主人让他把谁拦住，他就把谁拦住。而屋子的主人就是住房、福利、就业等短缺资源。我们一些人只敢骂门卫，而不去直接找主人，这个问题就没法解决。

日益增长的流动人口是推动户籍制度改革的直接动力，而户籍制度改革所面临的诸多矛盾以及改革所带来的一些负面影响也成为户籍制度改革的阻力。从小城镇开始的新一轮户籍改革，打破了户口管理的农与非农的界限，破除了城乡行政分割体制下的身份不平等，同时也使一些过去在户籍制度背后的各种利益关系显性化了，暴露出了城乡二元体制的许多深层次问题：城市公共资源的紧缺问题、半城镇化和隐性城镇化问题、新的社会不平等和城乡政策统一的问题、统一城乡人口管理体制问题（王海光，2009）。

对于这些深层次上的问题，学者们从不同角度进行了细致分析。谭庆刚（2008）认为户籍制问题集中在公共产品上，公共产品最为紧张、本地人和外来人矛盾最为尖锐的一些城市成为改革的难点和重点。王菊英、王晓明（2008）则认为土地集体所有使农村形成一个个集体利益共同体，农村户籍是确定集体利益共同体成员资格的唯一依据，人口在农村的横向流动与城市向农村的纵向流动是不可能的，土地集体所有是户籍制度改革的真正障碍。徐亚军、任维中（2006）将户籍制度看做是国家与地方之间的一个长期隐含契约，并认为国家不能自由退出这一契约使得中国户籍制度改革不能深入。王卓宇、周三华（2006）明确指出现行户籍制度改革的难处在于其还涉及其他部门的协调改革，以及长期实行的这种户籍制度已经有一个稳定而庞大的既得利益阶层。

如果通过立法将现存户籍制度"一刀切"式地取消，可能使问题更为棘手（如郑州试点改革）。况且一般来说城市越大，承载的福利因素越多，要一步到位全面放开是不可能的,所以户籍改革只能是一个渐进的分层次的过程。刘慧君(2009)认为在现阶段应放宽中小城市落户条件,使在城镇稳定就业和居住的农民有序转变为城镇居民,并出台相应的户籍管理措施。而对人口已极度膨胀的大城市,在一定时期内仍应继续实行相对严格的户籍管理制度。因此,目前我国城市化道路的现实选择是:适度控制大城市人口规模,积极发展中小城市,有重点地发展小城镇,适当设置门槛,合理调节城市化节奏。

(三) 现有文献的其他研究共识

从学者们在户籍制度改革与城市化关系这一问题的研究中我们可以看到,人们比较关注和希望的是户籍制度的改革能够为城市化扫清制度上的障碍,不再限制劳动力的自由流动。然而城市化主要强调的是人口从农村到城市的迁徙,而现实中的人口迁徙还包括农村到农村的迁徙,甚至是城市到农村的迁徙,单以城市化作为户籍改革的目标不够全面。事实上在追求城市化的同时,公民迁徙自由、平等权利的实现才是户籍制度改革的始终不变的价值内涵。

在探讨户籍制度的作用时,明显可以看出学者们对其弊端更为关注,讨论较多。这或许是因为随着我国市场经济体制的确立,户籍制度在计划经济时期所起的积极作用在逐渐减少,而在新的市场条件下其弊端却愈加突出。学者们更加关注现实问题,纷纷指出了进行户籍制度改革的必要性和必然性,并认为在城市化的进程中,现有户籍制度仍然有着巨大的阻碍作用。

最后,学者们从不同方面指出了目前户籍制度改革的困境与阻碍,基本的观点是户籍制度及其背后承载的一系列其他制度——劳动就业制度、医疗保健制度,以及在接受教育、转业安置、通婚子女落户等方面所衍生出的许多具体规定,整体构成了一个利益向城市人口倾斜、包含社会生活多个领域、措施配套、组织严密的体系,从而大大增加了改革的难度。

如果放开户籍管理,除了会出现学者们提到的公共产品紧缺,人口管理增加难度等问题,在当前改革的过程中,笔者也发现了一个新的问题在逐渐显现,即"非转农"的问题。统一城乡户籍制度,同时也意味着城市人口可以自愿流向农村,但是由于农村户口涉及土地承包的问题,"非转农"的门槛同样很高。例如珠三角等地区农村出现了一批福利水平超过城市的集体经济体,或者城中村周边的土地大幅升值,原来的土地福利已经异化为地产资本。因此在这些地区，户籍改革的难题是农民不愿转出农村，村集体单位还会以村规民约的方式限制城市居民、甚至是大中专毕业生迁入农村。随着国家大力推行新农村建设，农村人口的生活水平在不断提高，农村对城市人口的吸引力也将越来越强，那么"非转农"的新问题应当得到我们更多的关注。

（马丹）

参考文献

[1] 唐克：《户籍制度改革与城市化进程研究》，《内蒙古社会科学》（汉文版），2007（2）。

[2] 林国先：《城镇化道路的制度分析》，《福建农林大学学报》（哲学社会科学版），2002（5）。

[3] 刘飞：《对我国户籍制度及其改革的若干思考》，《经济研究导刊》，2007（11）。

[4] 刘慧君：《我国户籍改革的价值取向及其路径》，《法制与社会》，2009年（10）。

[5] 谭庆刚：《构建和谐社会视角下的户籍制度改革与城乡协调发展》，《现代财经》，2008（2）。

[6] 潘丽萍：《城市化的户籍制度障碍及创新综述》，《理论导刊》，2008（9）。

[7] 陆益龙：《1949年后的中国户籍制度：结构与变迁》，《北京大学学报》（哲学社会科学版），2002（2）。

[8] 舒长根、王飞军、吕建星：《户籍政策与人口城市化》，《城市问题》，2008（2）。

[9] 叶裕民：《中国城市化之路》，商务印书馆2001年版。

[10] 张白平：《对中国城市化进程的理性分析》，《农业经济与科技》，2007（9）。

[11] 孟大川、张为波：《关于建立城乡统一户籍制度的思考》，《西南民族大学学报》（人文社科版），2008（12）。

[12] 陶然、徐志刚：《城市化过程中户籍与农地制度的变革及其政策组合》，《上海城市管理职业技术学院学报》，2008（2）年。

[13] 蔡昉、都阳、王美艳：《户籍制度与劳动力市场保护》，《经济研

究》，2001（12）。

[14] 王菊英，王晓明：《城乡户籍制度改革与农村土地集体所有权变革的思考》，《吉林省经济管理干部学院学报》，2008（4）。

[15] 王海光：《2000年以来户籍制度改革的基本评估与政策分析》，《理论学刊》，2009（5）。

[16] 徐亚军、任维中：《我国户籍制度改革困境：从国家"退出"角度的分析》，《华东交通大学学报》，2006（3）。

[17] 王卓宇、周三华：《户籍制度改革的困境及其原因》，《社科纵横》，2006（10）。

[18] 王维海、周乃宁、张雄、蒋泽：《户籍制度改革的动力、阻力与途径探讨》，《理论导刊》，2008（3）。

[19] 陈启春：《我国户籍制度的历史作用及其开放条件研究》，《太原师范学院学报》，2007（5）。

[20] 邹建锋：《特定历史产生特定制度》，《中国经济时报》，2005-4-30。

[21] 江业文：《新中国户籍制度的历史形成及历史地位探析》，《广西社会科学》，2004（1）年。

[22] 陆益龙：《超越户口——解读中国户籍制度》，中国社会科学出版社2004年版。

[23] 乔伟伟：《现行城乡二元户籍制度的弊端与改革思路》，《法制与社会》，2009（6）年。

[24] 陈立：《中国国家战略问题报告》，中国社会科学出版社2002年版。

[25] 张军丽：《中国户籍制度改革——基于价值层面的分析》，《西北大学学报》（哲学社会科学版），2004（1）。

[26] 李昌平：《中国户籍制度：城市的耻辱》，《中国经济时报》，2005-04-30。

[27] 陈宏伟：《谁妨碍了我们的经济发展》，《中国经济时报》，2005-4-27。

第二十五章 在世界城市格局中建设"世界城市"

目前,世界城市建设已成为推动全球一体化的先锋力量。学界在世界城市的标准特征问题上也基本形成了共识,归纳起来,认为"世界城市是全球经济文化政治社会的控制节点;世界城市共同构成全球交流网络联系;世界城市网络内部存在等级体系。但目前在全球城市的研究基本建立于西方发达国家的世界城市的基础上,而发展中国家的城市,尤其是东亚的世界城市的发展规律和主要特征与前者有着较大的差异"[①]。总体而论,判断一个城市是不是世界城市,主要看其是否在全球经济体系中具有举足轻重的地位和作用,特别是看其能否左右全球经济态势,引领全球经济发展。在此基础上,还要综合判断该城市是否国际机构云集,以及研判其在全球政治、经济、文化、科研教育、信息交流与交通运输中的控制力与影响力。

一、案例导入:北京将启动"世界城市"行动计划

2010年1月25日,北京市人大代表、市委书记刘淇在参加东城区代表团小组审议时,向代表们详解了北京发展"世界城市"的原因和发展目标。刘淇表示,政府已经组织北京社科院等单位就"世界城市"内涵进行详细研究,"世界城市"行动计划将在北京"十二五"规划中分解落实。

在小组讨论时,很多代表认为北京发展世界城市的具体内涵和目标不够清晰。对此刘淇解释道,世界城市并不是一个新概念,而是北京在新形势下的发展方向,是现代化国际化城市的高端形态。"国家给北京批的规划中就提出了要建设'世界城市'的要求:提高北京在世界城市体系中的地位和作用。我们现在是落实国家给北京批的发展规划。"刘淇说道。

对于"世界城市"的内涵,刘淇说,北京建设世界城市,其内涵是符合科学发展的,具有人文、科技、绿色三个方面,同时要有别于纽约、东京等世界城市,"我们要学习他们,但不能照抄,北京要发展社会主义的世界城市。"

---

① 苏宁:《世界城市理论综述与启示》,载《上海商学院学报》2010年第2期,第71—76页。

对于2009年北京市政府工作报告中没有明确提到如何建设"世界城市",刘淇解释,如何完善世界城市的内涵、形成理论、安排目标和措施都需要研究过程,目前政府已经组织北京社科院等单位进行仔细研究。具体的行动计划有望在北京的"十二五"规划中分解落实。北京发展世界城市的指标体系除了医疗、文化、国际交往、政治经济影响力、国际金融总部数量外,还要注重首善之区的和谐建设,加强社区、社会建设,关心那些最弱势、最困难的群众,让他们感受到发展带来的好处。①

二、世界城市概念的历史演化

概念是历史与逻辑的缩影。无论是古代城邦还是现代城市,其社会结构组织的最小单位都是家庭,家庭的联合体从血缘维度构成城市的社会存在。随着世界城市化的演进,越来越多的人成为市民。对此,奥斯瓦尔·斯宾格勒研究指出:"人类所有伟大文化都是由城市产生的……世界史就是人类的城市时代史,国家、政府、宗教等等,无不是从人类生存的这一基本形式——城市中发展起来并附着其上的。"② 无疑,城市是人类社会文明的集结地。联合国《世界城市状况报告(2005)》指出:今天世界上已有一半以上的人口生活在城市中,城市居民人数达到30亿。到2030年,世界城市人口接近50亿,约占世界总人口的60%。③ 马克思曾指出:"物质劳动和精神劳动的最大的一次分工,就是城市和乡村的分离。"④ 纵观国际城市理论研究相关文献,其相关的概念主要有国际性城市、全球性城市、国际化城市、国际城市、全球城市和世界城市等六种提法。

早在1889年,德国学者哥瑟(Goethe)就曾使用"世界城市"一词来描述当时的罗马和巴黎。1915年,英国城市和区域规划大师格迪斯(Patrick Geddes)在其所著的《进化中的城市》一书中,明确提出世界城市这一概念,意指"世界最重要的商务活动绝大部分都须在其中进行的那些城市"。但真正最早从事现代世界城市研究的西方学者是英国地理学家、规划

---

① 康琪雪:《北京市人大开幕世界城市写入政府报告》[EB/OL]. http://demo.bjd.com.cn/jryw/201001/t20100125_556920.htm, 2010-01-25。
② 奥斯瓦尔·斯宾格勒:《西方的没落》商务印书馆1993年版,第105—106页。
③ 张培刚、张建华:《发展经济学》,北京大学出版社2009年版,第380页。
④ 马克思、恩格斯:《马克思恩格斯选集》,人民出版社1972年版,第56页。

师彼得·霍尔（Petter Hall），他从政治、贸易、通讯设施、金融、文化、技术和高等教育等多个方面对伦敦、巴黎、兰斯塔德、莱茵—鲁尔、莫斯科、纽约、东京7个世界城市进行了综合研究，认为它们居于世界城市体系的最顶端。[①] 1986年，英国社会学家弗里德曼（Friedman）在《环境和变化》杂志上发表了《世界城市假说》（The World City Hypothesis）一文，从七个方面对世界城市的范型和特征进行了详细描绘。

时至20世纪90年代，一方面，由于东欧剧变，国际政治经济格局朝着多极化方向不断演进；另一方面，世界经济增长核心带域间的联系日益紧密。围绕城市的相关理论研究因此而更加着眼于整体性与系统性。

具体说来，全球城市体系、城市化经济、城市等级、城市网络、城市系统、城市规模、城市群、城市带与都市圈等理论范式日渐成为城市研究的新方向与新热点。国外学者对全球城市的研究路径主要包括以下五种：（1）以跨国公司的集聚程度为主要标准判定全球城市；（2）以国际金融中心的发展探讨全球城市的功能、作用与层次；（3）以国际分工与信息化为依据，研究全球城市的形成机制；（4）以生产者服务业的集聚和发展状况为标准，探讨全球城市的功能与作用；（5）全球性服务公司或服务部门的综合性指标，研究世界城市网络的等级与体系。[②] 要而言之，经济全球化对城市发展产生了重大影响，使城市在全球经济中所扮演的角色日益重要。城市之间的经济网络开始主宰全球经济命脉，并涌现出若干在空间权力上跨越国家范围、在全球经济中发挥指挥和控制作用的世界城市。对世界城市有关问题的研究从早期的P. Hall到后来的Friedmann、Sassen、Castells、Thrift、Knox、Taylor等，云集了一大批著名的城市学者，研究内容主要集中在世界城市的概念、功能、分类、形成机制以及世界城市网络等方面。[③] 2010年，中国学者金元浦研究指出："'世界城市'着重于城市内部基本功能研究，而'全球城市'着重于城市的向外影响力研究。"[④] 这是从理论内涵上开始尝试清晰界定有关概念的重要线索。

[①] 谢守红、宁越敏：《世界城市研究综述》，载《地理科学进展》2004年第5期，第56—66页。

[②] 苏宁：《世界城市理论综述与启示》，载《上海商学院学报》2010年第2期，第71—76页。

[③] 谢守红、宁越敏：《世界城市研究综述》，载《地理科学进展》2004年第5期，第56—66页。

[④] 金元浦：《北京：走向世界城市》，北京科学技术出版社2010年版，第37页。

三、世界城市网络格局的形成与发展

(一) 经济学视域中的世界城市生因

经济由人的劳动与需要而生,城市则以众人的经济活动为根;经济的高速发展是城市生成发展的基石。对此,中国学者李澜研究指出:"城市作为一种经济现象,是人类社会发展的必然产物。"① 美国学者阿瑟·奥莎利文(Arthur O'Sullivan)亦研究指出:"不同经济活动的频繁接触是城市经济的本质特征,而这只有在大量厂商和家庭集中于相对较小的区域内才能发生。"② 与此同时,他认为:"城市之所以存在,是因为人类科技已经创造出了生产和交换系统,为人类向自然规律提出挑战奠定了物质基础。一个城市的发展必须满足农业生产过剩、城市生产及用于交换的运输体系三个条件。"③ 由此可见,城市的生成根植于人类定居后的经济生活,人的聚集、城的安全与市的繁荣共同催生出巨大的社会生产力,有力推动着城市文明的蓬勃发展。

更进一步说,作为城市发展高端形态的世界城市是经济全球一体化发展的必然结果。弗里德曼在《世界城市假说》(World City Hypothesis)一文中集中论证指出:(1)一个城市与世界经济的融合形式和程度以及它在新国际劳动地域分工中所担当的职能,将决定该城市的任何结构转型;(2)世界范围内的主要城市均是全球资本用来组织和协调其生产和市场的基点,由此导致的各种联系使世界城市成为一个复杂的空间等级体系;(3)世界城市的全球控制功能直接反映在其生产和就业结构及活力上;(4)世界城市是国际资本汇集的主要地点;(5)世界城市是大量国内和国际移民的目的地;(6)世界城市集中体现产业资本主义的主要矛盾,即空间与阶级的两极分化;(7)世界城市的增长所产生的社会成本可能超越政府财政负担能力。④ 随着工业化的纵深推进,社会生产力的空前发展,超级城市、巨城

---

① 李澜:《西部民族地区城镇化——理论透视·发展分析·模式构建》,民族出版社2005年版,第4页。
② 阿瑟·奥莎利文著,周京奎译:《城市经济学》,北京大学出版社2008年版,第2页。
③ 阿瑟·奥莎利文著,周京奎译:《城市经济学》,北京大学出版社2008年版,第3页。
④ Friedmann J. The World City Hypothesis. Development and Change [J], 1986 (17): 69–83.

市、城市集聚区和大都市带等概念应运而生，以致世界城市成为全球经济运转的调控中心。事实上，历次产业革命主导的工业化不仅是社会生产力空前发展的重要标志，而且是全球主要城市变迁升级的主要动力。

总体而言，全球经济一体化是当今时代的显著特征。一方面，经济活动在国际空间内集聚扩散而成的网络节点就是世界城市体系中一颗颗璀璨夺目的世界城市；另一方面，世界城市是国际经济体系构建不可或缺的载体与枢纽。辩证察视，经济综合表征出地理区位、自然资源、人口规模、政治与文化环境等核心要素对城市发展的重要作用，是研究世界城市问题的主要方面。

（二）世界城市网络格局的变迁

承前述及，随着国际贸易的增长、国际分工与协作的扩大以及跨国公司的崛起，城市间的经济、政治与文化联系日益紧密；联系度已然成为衡量一个城市在全球城市体系中所处层级的重要标准。特别是在全球经济体系中具有引领、控制和枢纽作用的世界城市网络研究，对于北京建设世界城市具有重要的借鉴意义。

展开来说，相关研究表明，在全球城市网络体系中，可根据其与世界联系性的强度及其影响范围的大小进行城市分组。处于最高层级的全球或世界城市（伦敦、纽约、东京——对世界金融机构的统治使他们荣膺此列）；较特殊的支配性城市集中了特定的工业，如底特律的汽车工业和休斯敦的石油工业；政治支配性城市包括国家首都，如华盛顿特区、巴西利亚；区域的和当地的城市，以较低水平的公司活动为特色，其活动也日益受到国际贸易和产业重组的影响；全球等级中较低层次的城市承担着劳务移民的征募、自然资源和剩余价值的提取以及市场深化所必需的消费类型的扩散等任务。[①] 由此可见，位于全球城市网络等级阶序顶端的国际城市因其操控国际金融市场而彰显出其对全球政治、经济与文化的巨大影响力。

由此，弗里德曼先按美洲、西欧与亚洲三大子系统将世界城市划分为核心—边缘序列（参见表25.1），之后又从全球和区域联系视角将上述划分进行了调整和优化，凸显出城市集群与区域集聚特征（参见表25.2）。由表25.1和表25.2相较可知，随着科技革命主导的历次产业革命的发生，不仅

---

① 周振华：《全球化、全球城市网络与全球城市的逻辑关系》，载《社会科学》2006年第10期，第17—26页。

世界城市间的联系越来越紧密，而且其对区域政治、经济与文化的影响力越来越大；更重要的是，进入21世纪以来，世界城市网络对整个世界经济的控制力、主导力和影响力正在与日俱增，世界城市日益成为创新的制高点。

表 25.1 按核心—边缘划分的世界城市等级结构

	核心第一序列	核心第二序列	边缘第一序列	边缘第二序列
美洲子系统	纽约、芝加哥、洛杉矶	多伦多、迈阿密、休斯敦、旧金山	圣保罗	布宜诺斯艾利斯、里约热内卢、加拉加斯、墨西哥城
西欧子系统	伦敦、巴黎、鹿特丹、法兰克福、苏黎世	布鲁塞尔、米兰、波恩、马德里		约翰内斯堡
亚洲子系统	东京	悉尼	新加坡	香港、台北、马尼拉、曼谷、汉城

资料来源：李国平：《世界城市格局演化与北京建设世界城市的基本定位》，《城市发展研究》2000年第1期，第12—16页。

表 25.2 按空间连接划分的世界城市等级结构

空间连接类型	欧洲区域	美洲区域	亚洲—太平洋地区
全球金融连接	伦敦（也包括国内连接）	纽约	东京（也包括跨国连接、东南亚）
跨国连接	法兰克福（西欧）、阿姆斯特丹	迈阿密（加勒比海、拉丁美洲）、洛杉矶（环太平洋）	新加坡
主要的国内连接	巴黎、苏黎世、马德里	墨西哥城、圣保罗	汉城、悉尼
次要的国内或区域连接	米兰、里昂、巴塞罗那、慕尼黑、杜塞尔多夫—利隆—埃森—多特蒙德（莱茵—鲁尔地区）	旧金山、西雅图、休斯敦、芝加哥、波士顿、温哥华、多伦多、蒙特利尔	大阪—神户（关西地区）、香港（珠江三角洲）

资料来源：李国平：《世界城市格局演化与北京建设世界城市的基本定位》，《城市发展研究》2000年第1期，第12—16页。

总体来看，国内外后继研究者对世界城市网络格局的研究基本未从根本上突破弗里德曼提出的范式。例如,中国学者段霞对世界城市基本格局研究(表25.3所示)是具有一定创新性的,其将世界新的经济增长极——中国纳入了研究范畴,对上海和北京在全球城市体系中的地位做了分析。但从内在逻辑上,整个研究与弗里德曼的研究范式是自洽的。尽管2008年北京成功举办第29届夏季奥林匹克运动会,使得北京的发展迈上了快车道;特别是2008年由美国次贷危机诱发的国际金融—经济危机爆发以来,资本主义体系内的世界城市发展遭遇前所未有的严峻挑战,而北京,这座因中国特色社会主义制度孕育而焕发勃勃生机的世界历史文化名城正在以前所未有的速度迅速崛起。但是,正如金元浦所做的研究中指出:"北京现在仍然处于世界城市结构体系的第三层,只是国内政治、文化中心,同时经济方面在国内也有巨大影响力,我们想要入驻核心层仍然任重道远,需要不断学习先进城市的经验,不断挖掘自己的优势。"[1] 客观而言,北京的确在自主创新、资源整合、产业深化和人均GDP等方面与纽约、东京等世界城市还有很大差距。

表25.3 世界城市的基本格局

世界城市体系结构	城市发展层次	作用与影响	划分标准	代表城市
核心层	全球性城市	发挥全球性的战略作用	能发挥全球性经济、政治和文化影响	纽约、东京、伦敦
次核心层	区域性国际城市	既是国际经济、政治、文化、信息中心,同时也是国内经济与国际经济结合点	能在几个主要地区和国家的政治、经济、文化和社会生活中发挥主导作用	巴黎、洛杉矶等
第三层	国家或地区中心层次	带动国内各城市融入世界城市格局的前卫力量	本国的首都或本国的政治、经济、文化中心,是联系外部世界的窗口	上海、北京

资料来源:段霞:《世界城市的基本格局与发展战略》,《城市问题》2002年第4期,第12—16页。

---

[1] 金元浦:《北京:走向世界城市》,北京科学技术出版社2010年版,第40页。

四、新兴世界城市发展的路径选择

(一) 世界城市崛起路径的一般规律

近代资本主义的发展伴随着工业化和城市化,现在所有工业化国家都是高度城市化国家。[1] 研究以北京为代表的新兴世界城市发展路径,首先需要探讨世界城市崛起的一般规律。诚如前述,以科技新进展为标志的历次产业革命积累释放的社会生产力是世界城市形成的主推力。一般而言,国际城市形成的路径主要有经济路径、政治路径、区位路径、文化路径和环境路径五种,不同的国际城市形成是由一种以上路径组合而成的,其中经济路径是国际城市生成的必由之路。

具体来看,城市均是或大或小的区域性交通枢纽,其中一些城市由其综合优势逐渐发展成为区域经济、贸易与金融中心;在此基础上,国际经济、政治与非政府组织择优选取进驻促动了综合基础较好的城市逐渐拓展成为国际经济、贸易与金融中心,并最终成长升级为后工业化时代的全球科技创新与文化创意中心,由此获得世界城市的殊荣。与此同时,超越国界的物流、信息流、人流以及资本流的加速运动,形成了全球规模的经济圈。位于全球规模经济圈的中心城市在强化对控制上述各种流的中枢管理机能过程中,突出了其作为全球级世界城市的地位。[2] 这就是世界城市崛起路径的一般规律(具体路径见图 25.1)。

就世界城市形成而论,六维模型说是较为广泛采用的提法,即为政治经济环境、人口和人才要素、经济活力和控制力、能动性基础设施、生活环境和生活质量、城市综合形象。[3] 此外,就产业结构演进而论,世界城市作为主宰全球经济命脉的系统顶层城市,第三产业、特别是现代服务业发达是其显著特征。纽约、伦敦、东京等著名世界城市的第三产业占 GDP 的比重均在 70% 以上;截止 2010 年,纽约第三产业占 GDP 的比重更是高达 93.4%。

---

[1] 高鉴国:《新马克思主义城市理论》,商务印书馆 2006 年版,第 1 页。
[2] 李国平:《世界城市格局演化与北京建设世界城市的基本定位》,载《城市发展研究》2000 年第 1 期,第 12—16 页。
[3] 蔡建明、薛凤旋:《界定世界城市的形成:以上海为例》,载《国外城市规划》2002 年第 5 期,第 16—24 页。

由此观之，经济形态由工业主导型经济形态向服务主导型经济形态转变，城市产业因此呈现出以现代服务业为主的结构特征是一个城市跻身世界城市核心序列的重要标志。

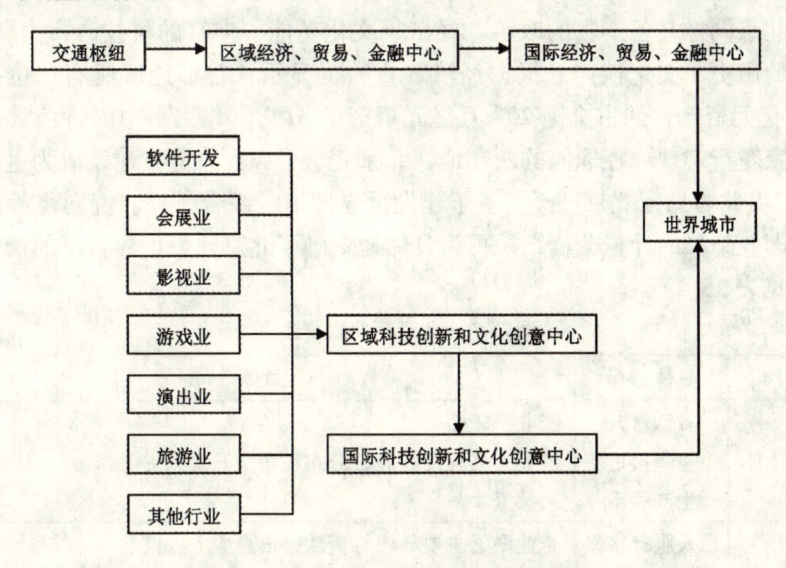

图 25.1 世界城市发展一般路径示意图

资料来源：金元浦：《北京：走向世界城市》，北京科学技术出版社 2010 年版，第 122 页。

（二）北京国际化路径选择的特殊性

如前所述，经济的发展是城市化水平提升的主要动力。纽约、伦敦、巴黎和东京等世界城市崛起均是建立在所在国度与区域卓越的经济实力基础上的。2010 年，中国已经跃升为世界第二大经济体，首都经济圈一体化步伐明显加快，这对北京建设世界城市来说，是极为有利的条件。对此，中央政治局委员、北京市委书记刘淇指出："当今世界正处于大发展、大变革、大调整的重要时期，政治多极化、经济全球化的趋势日益明显。特别是在应对国际金融危机的过程中，我国的国际地位发生了新的变化。客观上要求国家的首都必须面向世界谋划城市的发展，顺应国家统筹国际国内两个大局的需要，不断提升城市发展的国际化水平。"[①] "建设世界城市我们已经具备了良

---

① 刘淇：《加快经济发展方式转变 推进世界城市建设》，载《求是》，2010 年第 10 期，第 8—11 页。

好的发展基础。去年（2009 年）全市人均国内生产总值突破 1 万美元，地方财政收入超过 2000 亿元，第三产业比重已达到 75.8%，首都的发展已经进入了全面建设现代化国际大都市的阶段。与纽约、东京、伦敦和巴黎相比，北京同样具备丰富的政治、经济、文化功能，丰富的科技、智力资源，丰富的历史、文化遗产。根据经济普查数据显示，首都地区所有单位拥有 64 万亿元资产，约占全国 207 万亿元资产的 31%。北京是中国特色社会主义国家履行宏观调控职能的所在地，北京完全可以而且应当建设成为世界城市。① 由此可见，北京已经具备了建设世界城市的综合条件。倪鹏飞等人对北京产业集群的计量分析结果更为具体地刻画了北京建设世界城市的产业条件（见表 25.4）。

表 25.4　北京产业集群生态

	具体指标	总体
产业本体	产业链 空间接近 生产联系	产业链较短 产业集聚程度较高，分布在各个开发区内 较频繁
服务支持	私人服务水平 纯公共服务 准公共服务	企业融资主要靠银行贷款，信息服务较发达 政策上鼓励发展高新技术产业 中介服务水平不高。特别是行业协会没有发挥应有作用
技术创新	技术研发 技术模仿 集体学习	科技开发能力强，科研投入高，新产品、新技术不断涌现 加大引进先进技术、合作开发技术的力度 企业间相互交流机会多
资源要素	区位资源环境 公私基础设施 基本生产要素 高级生产要素	水、土地资源匮乏，交通区位优越 公共交通网络立体化，各项基础设施完善 劳动力资源充足 高级研发人员较充足，高级管理人才增多，国际人才回流增多
外部气候	国际经济环境 国内经济形势 区域经济联系	国际高新技术产业转移 国内高新技术产业发展迅速，现代制造业北移 与天津、河北各城市联系较少

---

① 刘淇：《北京为什么要建设世界城市》，《人民日报》2010 - 7 - 22。

	具体指标	总体
制度文化	创业氛围	缺乏
	创新氛围	浓厚
	交往操守	企业、个人信用不断提高
	企业制度	国有企业比重过高，达50%以上，企业经营能力较差
	市场制度	市场完善，企业良性竞争
	政府管制	较为优越
	民间网路	需要加强
组合条件	上述综合	主要条件都已具备

资料来源：倪鹏飞等：《北京城市产业体系选择研究：培育世界城市的战略引擎》，社会科学文献出版社2010年版，第163—164页。

就北京国际化路径选择的特殊性而论，李国平等人研究认为："北京作为崛起大国的首都，需要从更高层次谋划未来发展。北京建设世界城市不仅要符合世界城市的一般规律，更应具有北京特色。其基本判断为以下四个方面：第一，作为世界城市网络中的高层节点，中国三个高阶世界城市（香港、北京、上海）的一极；第二，北京世界城市将是政治、文化、科技以及经济职能高度统一的整体；第三，北京世界城市将区域性世界城市向全球性世界城市逐步过渡；第四，北京世界城市必须以京津冀以及环渤海地区的优势互补为基础。"[①] 国务院参事室参事牛文元研究指出："北京要实现世界城市的目标，必须经历五大革命性的转移：一是要经历从传统型业态向现代型业态的革命性转移。以纽约为例，在13个业态组成中居前4位的分别是：金融保险业、专业科技服务业、信息服务业、与管理相关的服务业，在整个国际贸易中这四者占将近50%，财富的积累主要靠这四个领域。绿色世界城市更要注重从传统的货币资本管理走向自然资本管理（资源银行、环境银行、生态补偿银行、碳交易银行）的创新体系。二是要经历从传统经济向生态经济的革命性转移。在现代世界城市当中，传统的零售业、批发业只占10%左右，而80%以上的财富来源于以知识与智慧为依托的服务经济与生态经济，这个北京还有很长的路要走。三是要经历从末端产品向源头绿色

[①] 李国平、孙铁山等：《世界城市及北京建设世界城市的战略定位与模式研究》，载《北京规划建设》2010年第4期，第21—26页。

创意产品的革命性转移。获得源头绿色创意产业对完整产业链的领导能力、获得与供货商订立战略联盟的能力、获得生产过程与流通过程的可控能力、获得向微笑曲线两端顺畅延伸的能力。四是要经历从打造名牌向创造绿色标准的革命性转移。获得自主知识产权、获得核心技术能力、获得市场领导能力的话语权、获得全球定价权,引领世界绿色标准制定,将技术产品和服务产品推向原创性水平。五是要经历从国家城市向世界绿色城市的革命性转移。具有人与自然和谐的世界号召能力,具有国际社会广泛认同的依据能力,具有引领世界绿色发展的创新能力,具有世界一流的生态产业的集聚高地,具有公共服务均质化的公平典范,一直到成为国际权威性的政治、经济、文化、商贸等总部的首选地。[①] 总之,作为后发崛起的世界城市,北京需要高瞻远瞩,以服务经济、知识经济、创意经济、体验经济和生态经济路径落实绿色北京理念,从而实现跨越式发展,这是北京建设世界城市的必由之路。

(三) 北京国际化路径选择的复杂性

路径选择包含着复杂性,对复杂性的研究是为了决策与行动更趋完备。刘易斯·芒福德研究认为:"城市从完整意义上来说是一种地理网络,一种经济组织,一种制度性进程,一个社会行为的场所,和一种集体性存在的美学象征。一方面它是日常家庭和经济活动的物质框架,另一方面又是为人类文化更有意义行为和更崇高冲动而形成的一种令人关注的环境。"[②] 埃德加·莫兰则认为:"经济方面包含着其他方面,我们不能以单方面的方式理解任何现实。对多维的意识把我们引导到如下观念:任何单方面的观点、任何专门化的、分块化的观点都是贫乏的。必须把这样一种观点与其他方面的内容联系起来,由此产生了人们把复杂性视为完备性的想法。"[③] 进而言之,世界城市研究是一个具有复杂性哲学意蕴的宏大课题。人文学科、社会科学与自然科学众多分支均有涉及。跨学科与新兴交叉学科综合研究是推进其理论创新的必由孔道。更进一层,城市本身就由城与市的概念复合而生。城侧重于表征军事、政治与宗教力量,市则侧重于反映商业交换、经济往来与人

---

① 牛文元:《建世界城市北京缺什么》,《中国改革报》,2010-8-13。
② Munford, Lewis. 1938. The Culture of Cities. London: Martin Secker & Warburg Ltd. P. 480.
③ 埃德加·莫兰:《复杂性思想导论》,华东师范大学出版社2008年版,第70页。

口集聚。由此可见，城市学研究几乎可以网罗世间所有的学问，我们应充分认识到世界城市理论与实践的复杂性，只有这样，北京才能加速国际化进程，从而早日建成世界城市。

北京，千年东方文明存续繁荣的象征。北京国际化，中国特色社会主义实践的前沿。北京建设世界城市，是后奥运时代北京前进的方向。悠远的历史文化底蕴、先进的社会主义制度与后起新兴的国际化情境是北京建设世界城市的三个重要前提，加之2008年国际金融危机爆发后，世界经济演进不确定性的增加，共同构成北京未来发展的复杂生态本相。

有鉴于此，北京建设世界城市需要辩证施治。一方面要博采"田园城市"、"光辉城市"等理论之长，充分挖掘自身优势，进而集聚优势，着力推进朝阳区世界城市试验区建设；另一方面要清醒认识复杂多变的国际国内大环境，善于化危为机，机中求进。在具体路径选择上要慎之又慎，充分估计到各种复杂局面，着眼全局，立足自身；借助海淀区学府科研集群强大的智库力量努力突破核心科技创新能力弱的发展瓶颈；毫不动摇地选择同新一轮科技革命及全球产业结构高度化发展相适应的自主创新型发展路径。

五、奥运会后北京国际化的战略要点

（一）抢占世界城市升级发展制高点

21世纪是城市化的世纪，国与国之间的竞争日益表现为国际化大都市特别是世界城市之间大竞争，世界城市已然成为全球经济、政治与文化竞争与合作的大舞台。在这样的时代背景下，通过提升北京的经济实力进而有效提升北京的自主创新能力和文化影响力就显得尤为重要。具体而言，发展高新技术是首都北京产业发展的龙头，是产业结构升级、传统产业改造、产业发展布局的龙头，是提高生产率与提高经济效益的根本性措施，也是提高产品性能、质量和国际竞争力的有效途径。所以，我们必须抓住当今世界大力发展高新技术的契机，占领若干高新技术领域的制高点，建立一批技术水平较高、效益较好、科学管理较先进、竞争能力较强的富有生机活力的产业群。① 一个没有独创性核心科技创新能力的城市是无法跻身世界城市序列的。奥运会后的北京已经树立起"全链条、全要素、全社会"的科技成果转化思路,但产业集群优势尚未充分显现。

因此,北京建设世界城市关键在于大力提升自主创新能力,从而控制价值链高端环节。特别是中关村国家自主创新示范区核心区需要真正发挥出高端聚集、示范引领、辐射带动作用,成为北京乃至全国经济发展方式转变的先行者和产业结构升级的发动机。换言之,只有坚持自主创新,才能实现21世纪首都现代化的新四化目标,即:(1)业务电子化;(2)技术高新化;(3)发展持续化;(4)生活高质化。②只有坚持自主创新,才能实现居住环境优美化、交通出行速达化、衣着适令时尚化、饮食结构科学化、消费满足个性化、邮递信函速递化、医疗服务优质化、休闲娱乐健康化、社会安全保障化的北京城市建设理想。总体而言,没有不断创新的核心技术就没有城市的持续竞争力。北京建设世界城市必须抢占产业发展制高点,推动产业结构高度化,全力落实科技北京理念。

(二)促动首都圈一体化建设上水平

经济全球一体化的纵深发展已经终结了城市单打独斗的时代,生产活动向全球范围扩散与生产管理向世界城市集中并存;区域经济一体化日渐成为世界经济发展的大势。在此情势下,北京建设世界城市需要京津冀首都经济圈产业结构与整体实力的提升,需要京津冀为龙头的环渤海区域经济成为带动全球经济发展的增长极。

从北京建设世界城市的高度出发,京津冀环渤海都市经济圈通过实施自主创新、集群共生和适度竞争等战略,必须将自身的发展置于带动全球经济发展的战略高度,打造世界性大都市圈。只有这样,才能使北京真正提升国际影响力,最终获得世界城市的入场券。但是,目前的状况不容乐观,仅以京津冀区域为例,产业结构趋同严重,缺乏深层次的协作,区域发展不平衡。中国学者王德新研究指出:"京津冀地区发展存在明显的不平衡性,京津冀三地的产业落差较大,京津两大城市技术水平、产业定位、产业结构水平明显高于河北,但河北省却相对较低,配套能力弱,区域内产业链残缺,

---

①② 郑友敬:《21世纪的首都现代化新概念》,载《北京社会科学》2003年第1期,第41—46页。

造成产业的产地落差大，无法顺利扩散，形成所谓的'悬崖'，影响了京津产业升级和京津冀产业的一体化发展。天津和河北未能充分分享北京高端产业的溢出效应。"① 因此，有关部门必须破除发展中的"小农意识"，根除地方保护主义，将以京津冀为核心的环渤海地区置于全国、亚太及全球经济体系中进行通盘考虑，制定出以京津冀为核心，环渤海为域限的统一整体发展规划。换言之，京津冀环渤海都市经济圈建设不仅要统筹其与长三角、珠三角等基础较好的都市经济圈的互补合作关系，还要兼顾其在亚太地区国际经济中的竞争与合作关系，更要思考其作为一个整体在哪些领域实现重点突破，从而为世界经济贡献独特价值，最终使得北京成为全球经济政治体系中举足轻重的支撑节点。

综而观之，北京的世界城市建设必将成就京津冀环渤海都市经济圈的蓬勃发展。而且，北京也只有在京津冀环渤海都市经济圈整体实力与其整个区域全球影响力的增强中成就自身的未来。

（三）以城市主题文化建设整合优势

世界城市必然独具文化魅力。城市主题文化是吸引世界优势资源顶级的平台，其系统性会为城市产业链的整合提供机遇。展开而论，城市主题文化将城市特质要素处于最佳组合中，将城市的经济、文化、建筑塑造成城市主题文化的符号，通过城市主题文化的科学组合，将城市主题文化的能量达到最大的饱和以及元素更新，使城市不仅受到瞩目，并产生独特的气质，从而获得高品质的城市形象和品牌。② 形象与品牌是城市的灵气，是城市个性的集中体现。世界城市是一个开放的巨系统，文化要素是整合系统各要素，从而发挥系统合力的集结点。对此，刘易斯·芒福德在《城市发展史——起源、演变和前景》一书中亦研究指出："密集、人众、包围成圈的城墙，这些只是城市的偶然性特征，而不是它的本质性特征，虽然后世战事的发展的确曾使城市的这些特征成为主要的、经久的城市特性，并且一直延续至今。城市不只是建筑物的群集，它更是各种密切相关并经常相互影响的各种功能的复合体——它不单是权力的集中，更是文化的归极（Polarization）。"③ 文

---

① 祝尔娟：《京津冀都市圈理论与实践的新进展》，中国经济出版社2010年版，第173页。
② 付宝华等：《城市主题文化与世界名城崛起》，中国经济出版社2007年版，第3页。
③ 刘易斯·芒福德著，宋俊岭、倪文彦译：《城市发展史——起源、演变和前景》，中国建筑工业出版社2005年版，第91页。

化是实在的,是人类智慧的至高表达。文化对内具有凝聚力,对外具有吸引力,人文北京理念是北京建设世界城市的不二法门。

我们建设国际城市的根本目的,是要在全球范围内谋求更大的发展空间,使中华民族和北京的悠久历史文明和当代文明走向世界,通过开放和竞争以及与其他文明体系的比较和交流,在相互影响和借鉴的过程中,既延续和发扬中华文脉,也丰富和促进世界文明体系的发展。① 我们相信,以人文北京、科技北京、绿色北京建设为引擎,北京必将建设成为对全球政治、经济、文化均具有巨大影响力的世界城市。

(刘江荣)

参考文献

[1] 刘淇:《加快经济发展方式转变 推进世界城市建设》,《求是》,2010(10)。

[2] 本报评论员:《打造世界人才之都 引领世界城市建设》,《北京日报》,2010-8-2。

[3] 黎念青:《北京建设社会主义世界城市研究》,《北京规划建设》,2010(4)。

[4] 叶立梅:《北京:新的时代特征和国家战略视角下的世界城市建设》,《北京规划建设》,2010(4)。

[5] 王伟光:《世界城市建设与中国特色》,《人民论坛》(中旬刊),2010(3)。

[6] 屠启宇:《金融危机后全球化态势与世界城市发展模式的转变》,《南京社会科学》,2009(11)。

[7] 柴彦威、塔娜:《北京市60年城市空间发展及展望》,《经济地理》,2009(9)。

[8] 苏雪串:《论世界城市的经济功能》,《学习与实践》,2009(4)。

[9] 熊九玲:《国际关系中的世界城市:世界体系论的视角》,《北京行政学院学报》,2007(6)。

[10] 金元浦:《北京:走向世界城市》,北京科学技术出版社2010年

---

① 张敬淦:《把北京建成一流的现代化国际城市》,载《城市问题》2003年第2期,第2—4页。

版。

[11] 奚洁人：《世界城市精神文化论》，学林出版社2010年版。

[12] 王东、王放：《北京魅力——北京文化与北京精神新论》，北京大学出版社2008年版。

[13] 高国鉴：《新马克思主义城市理论》，商务印书馆2006年版。

[14] 孙逊、杨剑龙：《都市、帝国与先知》，上海三联书店，2006年版。

[15] 李丽萍：《国际城市的理论与实践》，新华出版社2005年版。

后 记

在平静的海面上，每个人都可以成为领航员。但如果只有阳光而没有阴影，只有欢乐而没有痛苦，那就不是完整的人生。人们在生命的严肃时刻，在悲伤与丧亲的阴影下，才最接近真实的自我。在生活和事业的各个方面，才智的功能远不如性格，头脑的功能远不如心性，天分远不如自制力、毅力与教养。作为编者，我们在本书编撰过程中切身体会到诺贝尔文学奖获得者海明威在其名篇《真正的高贵》中播撒的上述智慧，也正是这些智慧的火种为我们照亮了前方，激励着大家克服编写过程中遇到的种种困难，直到将书稿交付出版社。在此照录这些智慧文字，谨与读者共勉共进。

大学之道，在明明德，在亲民，在止于至善。研究生教育给我们的不再是答案，而是寻找答案的方法。在研究生学习阶段，面对博大精深的知识海洋、人文日新的学术世界、丰富多彩的课余生活和直入基层的调研实践，我们深深感到掌握科学的理论思维方法与丰富的研究手段对于我们独立思考、判断和行动的重要性。特别是通过此次文稿的编撰研究，大家普遍地、更加深刻地认识到，点滴思想的锤炼与萃取重在日积月累，知识结构的夯实与提升亦非一日之功。

《易经》曰："天行健，君子以自强不息"，君子效法天之日月星辰，从不间断地刚健运行；"地势坤，君子以厚德载物"，君子效法广袤大地，有容乃大的宽厚、包容。衷心希望我们全班同学能够在严谨为学中启迪智慧，在诚信为人中健全心智，在厚积薄发中开阔心灵，在自强不息中止于至善；更希望大家在毕业后不同的人生道路上都能像山一样坚韧不拔，像水一样包容变通，以始于此时的点滴行动在彼时成就更好的自己！

谨以此书见证我们的同学之谊！

中央民族大学经济学院、少数民族经济研究所
2008 级中国少数民族经济专业 27 位硕士研究生
2010 年 11 月 30 日